ISBN 1-4392-1143-4.

Surge Books

www.israelshamir.net
info@israelshamir.net

Israël Adam Shamir

To Morgane
(Not Le Fey)
with admiration

La Bataille du Discours

[illegible]

Paris, Sept. 3, 2011

Texte établi par Maria Poumier

www.israelshamir.net

SOMMAIRE

Avant-propos 11

PREMIÈRE PARTIE

Au Moyen Orient

Chapitre I	**La Terre sainte en état de guerre**	21
Chapitre II	**Gaza : des souris et des hommes**	30
Chapitre III	***Paradise Now***	41
Chapitre IV	**Vrais et faux amis**	51
Chapitre V	**Les raisins de la colère**	60
Chapitre VI	**Entre la victoire des uns et la défaite des autres**	69
Chapitre VII	**Le homard de l'Iran**	77
Chapitre VIII	**Téhéran, le point de rencontre**	87
Chapitre IX	**Gaza : ils sont sortis du ghetto !**	93

DEUXIÈME PARTIE

Ailleurs

Chapitre X	**Empire ottoman : reviens !**	100
Chapitre XI	**Le malaise français**	108
Chapitre XII	**Régal hollandais**	115
Chapitre XIII	**Arrête ton char, Lobby !**	123
Chapitre XIV	**Les lézards de Jaffa**	137
Chapitre XV	**Le tsunami de la repentance**	153

TROISIÈME PARTIE

La gauche

CHAPITRE XVI	**Les juifs et le communisme**	160
CHAPITRE XVII	**Notre bon vieux temps**	164
CHAPITRE XVIII	**Les marxistes et le Lobby**	175
CHAPITRE XIX	**Sionisme et antisémitisme**	186
CHAPITRE XX	**Danny Le Bleu et Blanc**	190
CHAPITRE XXI	**Autodafé à Paris**	198
CHAPITRE XXII	**Lettre à Manuel Talens**	208
CHAPITRE XXIII	**Le Syndrome d'Haman**	211

QUATRIÈME PARTIE

Lignes de front

CHAPITRE XXIV	**Pour qui sonne le glas?**	228
CHAPITRE XXV	**Ce n'est pas un jeu**	238
CHAPITRE XXVI	**Qui veut la peau de Vladimir Rabbit?**	246
CHAPITRE XXVII	**La reconversion du Führer**	250
CHAPITRE XXVIII	**Les Pâques sanglantes du Dr Toaff**	256
CHAPITRE XXIX	**Bâillonnée, pauvre Clio!**	274
CHAPITRE XXX	**On se calme, les Arméniens**	293
CHAPITRE XXXI	**Carter et l'essaim de moucherons**	301
CHAPITRE XXXII	**La tyrannie du libéralisme**	310
CHAPITRE XXXIII	**C'est le printemps!**	325
CHAPITRE XXXIV	**Resplendissez encore, Cubains!**	333

CINQUIÈME PARTIE

Pardès, du côté de la Kabbale

CHAPITRE XXXV	**Sur la route de Suez**	350
CHAPITRE XXXVI	**To be or not to be**	354
CHAPITRE XXXVII	**Peshat**	366
CHAPITRE XXXVIII	**Raz**	383
CHAPITRE XXXIX	**Derash : L'âne du Messie**	391
CHAPITRE XL	**Sod : « Israel is real »**	397
CHAPITRE XLI	**Des mondes et des dieux**	408
CHAPITRE XLII	**Droite et gauche contre Mammon**	422
CHAPITRE XLIII	**Josias : le retour**	428
CHAPITRE XLIV	**La pompe spirituelle**	434
CHAPITRE XLV	**La Terre sainte**	441
CHAPITRE XLVI	**Malédiction ou bénédiction**	452
CHAPITRE XLVII	**Leçon de civilisation, au restaurant chinois**	462
POST-SCRIPTUM		467
CODA	**Le glaive de saint Michel**	471
INDEX		481

AVANT-PROPOS

Sur ce tank, photographié sur la terre irakienne, on peut lire le slogan : « Aujourd'hui Bagdad, demain Paris ! ».

Durant la guerre en Irak, aux jours de l'opposition de Jacques Chirac à l'agression des Etats-Unis, cette animosité était très répandue parmi les Yankees : en la France, ils voyaient leur pire ennemi. Mais le pire qu'ils aient pu commettre, c'était de rebaptiser les « French Fries » (les frites) en « Freedom Sticks » (bâtonnets de la Liberté), ce qui a beaucoup fait s'esclaffer les gens intelligents.

Toutefois, quelques années plus tard, ce slogan est devenu réalité : après la prise de Bagdad, Paris aussi est tombé aux mains des forces américaines. Pour installer un fantoche américain à Bagdad, les Américains avaient dû se battre durant plusieurs semaines. Mais le fantoche américain du Palais de l'Elysée y a été installé sans qu'on ait eu à tirer la moindre balle.

En dépit de son look de Panthère Rose, Sarkozy restera comme un des personnages les plus sinistres de l'histoire de France. La

France avait été le seul pays au monde, qui eût réussi à se débarrasser de l'occupation yankee ; c'est désormais du passé. Le Président Sarkozy a décidé de détricoter le grand œuvre de Charles de Gaulle, lequel avait réussi à chasser l'armée américaine d'occupation et à placer l'armée française sous le contrôle de la nation. Sarkozy a remis l'armée française sous la coupe de l'Otan. Il a envoyé des soldats français en Afghanistan, versant leur sang sur l'autel de la soumission à l'atlantisme. Dans un de ces discours pompeux dont il a le secret, il a juré « de ne pas livrer l'Afghanistan » [aux Afghans, j'imagine...] « Une guerre est en cours, dans ce pays – une guerre contre le terrorisme, contre le fanatisme, une guerre que nous ne pouvons pas nous permettre de perdre, et que nous ne perdrons pas ! » Il n'a fait que répéter les propos tenus par Jacques Doriot, lorsque celui-ci décida d'envoyer des « volontaires » français se battre aux côtés du Troisième Reich, contre l'Union soviétique.

Alors : « Bienvenue en France occupée » ? Oh non : quelle absurdité ! La vie n'est pas si horrible : les cafés sont ouverts, les théâtres sont pleins, les Français sont libres de s'exprimer, allez-vous objecter. Mais, sous l'occupation allemande, les cafés étaient tout aussi pleins, et les Halles étaient tout aussi achalandées. Récemment, il y a eu une exposition de photos prises par André Zucca, intitulée « Les Parisiens sous l'Occupation », et cette expo nous a rappelé que le train-train quotidien se déroulait comme d'habitude, même alors. Maimonide a écrit, très sagement, que la vie continuera comme d'habitude, même une fois le Messie venu : le soleil se lèvera, puis il se couchera, les filles tomberont amoureuses, et les gars se battront.

Sans même y prendre garde, la France – et avec elle l'Europe – est passée de l'ère de la démocratie à la tyrannie du libéralisme totalitaire, fondé sur trois pouvoirs a-démocratiques et non élus – celui des banques, celui des médias et celui des juges – et soutenu par les armées et par les banques des USA. Cette tyrannie sans nom n'a pas non plus de visage : nous n'élisons pas ceux qui tiennent notre sort en leurs mains ; nous ne les connaissons même pas, nous ne savons pas ce qu'ils veulent faire de nous, mais nous en ressentons le pouvoir écrasant.

Les essais ici réunis ont été écrits principalement en Israël/Palestine, et ce lieu de leur écriture m'a rendu particulièrement sensible à un trait étrange, et quelque peu inattendu, de la nouvelle tyrannie : généralement dépourvue de tout sentiment humaniste, elle est extrêmement partiale, dès lors qu'il s'agit des juifs (en leur faveur, bien entendu). Pour un centième de ce que font les juifs, quotidiennement, les Palestiniens peuvent être affamés jusqu'à ce que mort s'ensuive, les Libanais bombardés, les Iraniens vitrifiés et les Russes ostracisés. Ce sont les hauts postes tenus par des juifs, dans les trois branches non-élues du pouvoir, qui fournissent une explication d'une telle partialité.

Les hommes politiques français le sentent bien : à chaque fois qu'un juif est blessé, tous les dirigeants politiques français se précipitent à son chevet, et des milliers d'hommes et de femmes bien intentionnés défilent, en solidarité. Si le mur d'une synagogue est sali de graffitis, le président de la République accourt, afin de faire part de sa colère et de sa tristesse. Mieux vaut nier la Création du monde et la Crucifixion du Christ que douter de la suprême importance de l'Holocauste, cette nouvelle religion élitiste et antidémocratique, fondement de l'interventionnisme et de la supériorité des riches-et-puissants. Bien que ce culte démente la soi-disant séparation de l'Eglise et de l'Etat, nul émule de Voltaire n'écrase l'infâme et, quand bien même y en aurait-il un qui le veuille, la République a de nouvelles prisons, qui valent bien celle de la Bastille.

Essayez seulement, pour voir, de formuler la moindre critique au sujet de l'apartheid à direction juive en Palestine, de ses racines historiques et idéologiques. On ne vous expédiera pas dans un camp, c'est vrai, mais on vous submergera sous les pénalités jusqu'à vous faire disparaître. Mon ouvrage consacré à cette question, *The Galilee Flowers*, a été publié en plusieurs langues et dans beaucoup de pays, tant en Europe qu'ailleurs. Il a été publié, également, en France, sous le titre *L'Autre Visage d'Israël.* Mais il n'y a qu'en France que la première édition de ce livre a été brûlée, sur les injonctions du CRIF, et que l'éditeur de la deuxième édition a été condamné à une amende d'un montant de quinze mille euros.

Ainsi, moi, qui suis Israélien, j'ai été poursuivi par le CRIF pour manque de respect envers les juifs, et un tribunal français a reçu la plainte transmise par la LICRA. Y a-t-il une autre communauté, existe-t-il une autre religion ou un autre groupe de personnes qui jouissent d'une telle protection? Ne vous y trompez pas: ces jugements ne sont nullement fondés sur le droit, mais uniquement sur son interprétation biaisée. Quand un raciste antimusulman est poursuivi pour offense à l'Islam, les tribunaux rejettent, indignés, de telles plaintes, au nom de la liberté d'expression. En fait, les tribunaux ne jouissent jamais d'une totale liberté de décision: ils sont susceptibles d'accepter une plainte afin de protéger la dignité de quelqu'un, ou bien ils peuvent la rejeter, afin de protéger les libertés. Les juges sont des êtres humains: ils savent surtout ce qui est bon pour eux-mêmes. S'ils interdisaient les attaques contre l'Islam, tout en autorisant la critique de la judéité, ils pourraient probablement dire adieu à leur promotion, pour commencer… Aujourd'hui, les juifs sont dans la position de l'aristocratie sous l'ancien régime: ils sont au-dessus de toute critique et il est tout simplement inenvisageable de les mettre en cause.

Nombreux sont ceux qui ont remarqué les origines juives de Sarkozy. Mais cela ne veut pas dire grand-chose. Si vous voulez observer ce que sont le véritable sycophantisme et l'authentique soumission aux juifs, alors écoutez plutôt Fadela Amara, la secrétaire d'Etat française (d'origine algérienne) chargée de la Politique de la Ville*. Pour elle, seuls importent la souffrance juive, les droits juifs, la mémoire juive. Et rien d'autre; ni les peines des Français, ni celles de son propre peuple. Elle donne de la voix pour défendre le sang de responsables juifs potentiellement déloyaux. Elle « regrette » le malheur des Algériens ou des Africains colonisés, mais « cela ne saurait être comparé » au sort des juifs. Elle hait le Hamas, le gouvernement palestinien démocratiquement élu, elle abhorre le président de l'Iran; elle soutient les caricatures et les films antimusulmans, et se elle sent comme chez elle en Israël.

Elle vous gouverne, dans l'ombre courte de Sarkozy. Un autre ministre, celui des Affaires étrangères, Bernard Kouchner, fut le *gauleiter* de l'Otan au Kosovo occupé ; sous son administration bienveillante, des milliers de Kosovars de la « mauvaise » ethnie ou de la « mauvaise » croyance religieuse ont été chassés de chez eux, ou tués. Aujourd'hui, il vous gouverne. Sioniste et activiste droit-de-l'hommiste, il a soutenu toutes les interventions militaires fondées sur les « droits de l'homme » : bombardements de la Serbie, invasion de la Somalie, invasion de l'Irak... (Remplissez les pointillés...) Il a gouverné le Kosovo conquis par l'Otan, et il a autorisé ses chouchous, les gangs albanais, à brûler des églises et à expulser les Serbes. Aujourd'hui – normal – il soutient les plans d'attaque de l'Iran fomentés par Bush, et les projets israéliens d'étranglement de Gaza.

Ni Sarkozy, ni Kouchner ne seraient parvenus au pouvoir, si ces puissances non-élues que sont les médias, les banques et la justice, n'avaient pas comploté contre votre liberté, placé BHL et Finklelkraut à l'intérieur de chaque téléviseur et de chaque poste de radio, arrêté et jeté en prison des gens pensant différemment, et financé exclusivement certains projets bien particuliers, à l'exclusion de tous les autres. Il faut réinstaurer la démocratie ; les pouvoirs non-élus doivent être placés sous le contrôle des électeurs.

Ce qui se passe en France préoccupe énormément le monde entier. La France était un phare de civilisation, un bastion de culture et le pays par excellence où il faisait bon vivre. Nous, les milliards d'étrangers, nous aimerions que vous restiez à la hauteur de vos glorieuses traditions françaises.

Nous en vous conjurons : ne devenez pas, à votre tour, des clones produits en masse !

Israel Adam Shamir
Jaffa

* Fadela Amara (43 ans), secrétaire d'Etat à la Politique de la Ville, est féministe et célibataire, militante dans l'âme et elle a l'anti-islamisme dans le sang. Bien que liée à la gauche idéologique, elle est ministre dans un gouvernement de droite…

Comme chez elle, en Israël

Amara dit qu'en Israël, elle s'est sentie, de fait, comme chez elle.

L'Holocauste : incomparable

« Il est exact que mon père, né sous le colonialisme, était privé de ses droits. Il n'avait pas pu aller à l'école, et je ne peux que regretter ces « intervalles malheureux » qui parsèment l'histoire de la France. Mais il n'y a rien de commun, en cela, avec la Solution finale. Le terrible Holocauste fut l'acte le plus barbare auquel le monde ait eu jamais à faire face. Cela n'est comparable à absolument rien d'autre. Même pas au génocide, au Rwanda. »

Mais, au Rwanda, il s'agissait d'un génocide organisé, cependant ?

« Certes, mais il n'avait pas été planifié, ni mis à exécution, de la même manière, mécaniste et perverse. A mon avis, le piège auquel certains intellectuels tentent de recourir en mettant tout sur le même plan, au nom d'une sorte de compétition entre les différentes mémoires, représente le summum de l'antisémitisme. C'est là un acte d'antisémitisme de luxe… L'antisémitisme est en train de revenir, sous une nouvelle formule, dans les banlieues, où les islamistes ont pourri le cerveau de nos gamins. Si nous avions rempli notre rôle comme il aurait fallu, ***et si nous avions radicalement réduit l'antisémitisme en France, y compris dans l'administration***, nous n'assisterions pas, aujourd'hui, dans les banlieues, à sa forme islamiste, ni à son discours, qui a des tonalités fascistes. Tout cela, c'est le résultat de notre lâcheté, et aussi du fait que nous n'avons pas voulu l'admettre, que nous voulions ne pas savoir. »

Soutenez-vous la proposition controversée du Président Sarkozy, d'assigner à chaque élève des écoles élémentaires la tâche de se souvenir d'un enfant juif particulier ayant péri dans l'Holocauste ?

« Oui. Je suis si terriblement angoissée à l'idée que cela puisse se produire à nouveau, que je ferais n'importe quoi à ce sujet. L'idée de l'adoption de la mémoire d'un enfant disparu dans l'Holocauste – peut-être pas par un élève en particulier, mais par une classe entière – est une idée qui est, à la fois, bonne, efficace et nécessaire. En particulier, aujourd'hui.

« Les gens évoquent un si grand nombre de mémoires – colonisation, esclavage, etc… Mais c'est sur l'Holocauste qu'il faut mettre l'accent, parce que nous n'en avons pas suffisamment internalisé la mémoire.

« Etant quelqu'un qui respecte la démocratie, et opposée aux forces islamistes, j'ai été très très triste, quand le Hamas a remporté les élections…

« Quoi qu'il en soit, on ne peut permettre à quiconque de remettre en cause le droit à l'existence d'Israël, comme le fait ce psychopathe de président iranien !..»

Ce « président psychopathe », comme vous dites, vous effraie-t-il ?

« Quiconque affirme ne pas avoir peur de quelqu'un comme lui est aussi fou que lui ! »

Quelle est votre position en ce qui concerne la publication des caricatures du Prophète Mahomet ?

« En tant que partisane fanatique de la liberté d'expression, je la défends. Je comprends que d'aucuns puissent avoir été offensés par cette publication, mais je ne comprends toujours pas pourquoi elle a pu provoquer un tel tollé. »

Et vous soutenez aussi la distribution du film produit par le Hollandais d'extrême-droite Geert Wilders, qui affirme que le Coran est d'essence fasciste, et qui le compare au *Mein Kampf* d'Adolf Hitler ?

« Oui ! », répond Amara avec ferveur. « Je suis contre la comparaison établie avec *Mein Kampf*, mais j'exige qu'on me permette de combattre pour que les gens puissent s'exprimer conformément à leurs idées et à leurs croyances. »

Même s'ils ont l'intention de provoquer ?

« Oui. S'il existe des gens qui pensent que l'Islam est une religion de terroristes, je dois être en mesure de les entendre dire cela, et de leur répliquer sur ce point : c'est l'essence même de la démocratie ».

Adara Primor, le 26 août 2008, in *Haaretz* (Israël)
« La gauchiste de Sarkozy » (extraits)

https://www.haaretz.co.il/hasen/pages/ShArtStEngPE.jhtml?itemNo=971505

PREMIÈRE PARTIE

AU MOYEN ORIENT

CHAPITRE I
LA TERRE SAINTE EN ÉTAT DE GUERRE[1]

Au Nord de la ville portuaire prospère d'Hertzliya – la capitale des industries israéliennes high-tech, aux sushi-bars de Cocagne –, se trouve une plage agréable, surplombée par une falaise vertigineuse, presque comme au bord du Pacifique. C'est une côte inattendue, sans maîtres-nageurs, fréquentée par les étrangers amoureux de la nature et des familles palestiniennes joignant l'agréable à leur visite au sanctuaire voisin de Sayyid-nâ (Notre Seigneur) Ali. Si vous poursuivez, à pied, encore un peu plus au Nord, en franchissant les panneaux qui vous interdisent le

1. Première version : « Il est minuit moins cinq, Dr Sharon », 20 octobre 2003.

passage (en raison d'un danger avéré de chute de pierres), vous vous retrouverez dans une crique entièrement fermée – une rareté, tout au long de la côte palestinienne, dépourvue de reliefs. C'est un endroit idéal pour piquer une tête dans les eaux transparentes de la Méditerranée. De gros rochers polis, couleur de terre, semblent garder cette crique, mais un examen attentif vous révélera qu'il ne s'agit nullement de formations naturelles : ce sont des bastions du château des Croisés d'Arsur, dont les ruines s'élèvent sur le plateau, bien au-dessus de la plage. Ces bastions avaient été conquis et précipités dans la mer d'émeraude par Baïbars, un grand général arabe, qui vainquit et les Mongols et les Croisés, au XIIIe siècle.

C'est un siècle et demi plus tôt que les Croisés avaient conquis sans difficulté la Terre sainte ; ils s'y étaient installés avec la même facilité, y élisant domicile. Ils construisirent des forteresses et des fermes, épousèrent les femmes chrétiennes orthodoxes et les Arméniennes du voisinage, et ils y vécurent, heureux, des générations durant. Malheureusement, ils attirèrent des aventuriers étrangers, et ils offrirent à ces racailles des havres sûrs – apportant ainsi aux autochtones la preuve irréfutable de leur incapacité à être de bons voisins. On leur accorda de nombreuses chances, mais ils les gaspillèrent toutes, et ils restèrent des alliés potentiels de tout agresseur étranger.

Et puis, à la longue, ce Levant « faible et efféminé » produisit Baïbars. Il ne faut pas se contenter de chasser les Croisés, décida-t-il, car cela avait déjà été fait une fois par Saladin ; or, les Francs étaient revenus. La seule façon de s'en débarrasser consistait à désertifier les régions côtières de la Palestine, afin qu'ils ne pussent plus jamais venir s'y installer. C'est ainsi que, château après château, implantation après implantation, ville après ville, Baïbars réduisit en ruines toute la région côtière de la Terre sainte : Césarée, Askalân, Jaffa, Arsur. Il regrettait ces destructions, mais il savait qu'il n'y avait pas le choix : c'était ça, ou une guerre sans fin.

Apparemment, l'histoire s'apprête à se répéter. Sauf retournement imprévu des événements, la douce terre de Palestine est condamnée à la perdition. Les sous-marins atomiques (de fabrication allemande et équipés par les Etats-Unis) de l'État juif sont prêts à semer la désolation en Iran, en Syrie et en Arabie Saoudite. Il semble bien qu'Israël n'ait aucun projet de devenir un voisin acceptable, au Levant.

Les juifs se sont vu offrir beaucoup d'opportunités de s'enraciner dans la terre de Palestine et de faire la paix avec la population autochtone. Mais ils ont tout fait échouer, à chaque fois. La récente frappe aérienne israélienne non-provoquée dans la profondeur du territoire syrien rappelle, à ceux qui l'auraient oublié, que l'État juif est une entité agressive et dangereuse pour toute la région. Trente années de calme entre la Syrie et Israël ont été écartées du revers de la main par les généraux de Sharon, comme si cela comptait pour du beurre. Personne n'a été dupe de la tentative laborieuse de lier la Syrie à l'acte sanglant de vengeance personnelle commis par une jeune femme d'Hébron dont le frère et le fiancé avaient été assassinés, et au père de laquelle l'armée israélienne avait refusé tout accès aux services d'urgence. Le clairvoyant Premier ministre malaisien Mahathir Mohammad interpréta cet incident de manière succincte : « Israël a supplié l'Amérique d'envahir la Syrie, mais les Américains semblaient réticents. Alors, pour leur forcer la main, Israël a procédé à sa frappe aérienne ».[2]

L'existence d'un État juif est non seulement la source des souffrances des Palestiniens, mais une cause de problèmes pour toute la région, de l'Inde à l'Ethiopie (Esther, 1) et au-delà. De fait, la cinquième colonne des partisans d'Israël s'active en permanence à instiguer des guerres dans le monde entier, de la Tchétchénie aux Philippines et de la Corée du Nord à Cuba, à seule fin de calmer un peu la soif de barbarie d'Israël et aussi, peut-être, de faire un peu de battage, histoire de faciliter ses ventes d'armes. Ils ont en train de pousser le monde tout droit vers l'Armageddon. Pendant que John Bolton en appelle à la prise de contrôle de l'Iran, Murawiec

2. www.nttv.com/template/template.asp?template=Palestine&slug=Malaysian %

exige un changement de régime politique en Arabie Saoudite. Le quotidien sioniste enragé *New York Post* vise la France, « un des pires ennemis de l'Amérique » – cette France dirigée par Chirac, « ce pygmée moral, dont l'absence de scrupules est, par chance, contrebalancé par sa couardise et son impuissance » (...) « Il faut faire souffrir la France, stratégiquement et financièrement. Les Français nous ont poignardés dans le dos ; en riposte, nous devrions les écorcher vifs », poursuit sobrement le quotidien américain (et – à en juger à l'aune sioniste – il nc s'agit pas seulement là de figures de style).

L'État juif est un panier de crabes extrêmement dangereux. La doctrine militaire israélienne est calquée sur la stratégie nixonienne de l'Homme fou : agissez follement, et le monde vous craindra. La menace bidon d'un Irak nucléaire a été rendue ridicule par la menace, très réelle, d'un État d'Israël puissance nucléaire. Les scientifiques israéliens mettent en pratique la guerre chimique et biologique. D'ailleurs, ils ont effectivement utilisé des gaz neurotoxiques contre des manifestants à Gaza, et ils ont empoisonné l'eau potable durant le siège de Saint-Jean-d'Acre – comme l'a écrit Abu Sitta, dans le quotidien égyptien *Al-Ahram*.

Israël est impliqué dans une longue série de kidnappings et d'assassinats perpétrés en territoire étranger. Personne n'est à l'abri du long bras criminel d'Israël. Ils ont assassiné en Norvège (la tristement célèbre affaire Lillhammer), ils ont kidnappé à Rome (l'affaire Vanunu), ils ont fait sauter à la bombe la bibliothèque britannique et le consulat américain du Caire (l'affaire Lavon), ils ont coulé l'USS Liberty, ils ont tenté d'assassiner Robert Mugabe et ils ont probablement assassiné le secrétaire d'État américain antisioniste James Forrestol. Ils ont été *au minimu*m impliqués dans l'assassinat du Président Kennedy – comme l'explique très clairement Michael Collins, dans son ouvrage intitulé *Fin* – car le président américain insistait sur le désarmement nucléaire d'Israël. L'assassinat (en 2003) d'Anna Lindh, ministre suédoise des Affaires étrangères – alors qu'elle était en train d'organiser un boycott d'Israël – reste, à ce jour, un mystère.

Pourtant, ils ne font pas particulièrement des cachotteries, à ce sujet. Aujourd'hui, nous savons qui a assassiné le Comte Folke Bernadotte en 1948, qui a perpétré l'assassinat de masse de prisonniers de guerre allemands en 1946, et qui a assassiné des prisonniers de guerre égyptiens en 1956 – car, de nos jours, ceux qui ont perpétré ces crimes s'en vantent. Demain, nous saurons qui a commis d'autres atrocités ; mais notre connaissance ne servira à rien, car Israël est un havre sûr pour les criminels. Quand il est pris sur le fait, Israël rejette du revers de la main l'opinion publique, car – comme l'a dit Ben Gourion, notre premier ministre : « Ce que disent les goyim n'a strictement aucune importance ; seul compte ce que les juifs font ! ».

Ce triste état de choses, ramené à nos mémoires rafraîchies par la frappe aérienne contre la Syrie, le 6 septembre 2007, et par les préparatifs de frappe nucléaire contre l'Iran, prouve qu'il est strictement impossible de faire d'Israël un membre « sortable » de la communauté des nations. Il répond aussi à la question de savoir si les efforts de paix et les tentatives pour faire rentrer Israël à l'intérieur de ses anciennes frontières riment encore à quelque chose. Non, ces efforts ne riment à rien : qu'il soit contenu à l'intérieur de ses frontières de 1967, de 1948 ou de 1973, Israël sera toujours une tête de pont pour l'agression, une menace pour la paix mondiale et un assassin de dirigeants mondiaux. Comme la secte assoiffée de sang des Assassins [les Hashshâshîn, ndt], qui furent jadis la plaie de cette région, les partisans d'Israël sapent ou assassinent les meilleurs gouvernants – et soutiennent des mauviettes prêtes à suivre les ordres. Le retrait de Cisjordanie d'Israël ne changera en rien la nature de cet État : le léopard ne saurait changer ses taches, comme l'a dit le prophète Jérémie (13:23).

Pour partie, le comportement d'Israël est lié au complexe juif de l'exclusivité, et les manifestations les plus évidentes de ce complexe, ce sont les lois d'apartheid de l'État juif. La minorité blanche qui gouvernait l'Afrique du Sud était, de la même manière, impliquée dans la destruction des voisins de ce pays (le Mozambique et la Namibie), et elle était impliquée aussi dans des complots dans l'ensemble de l'Afrique. Le complexe de supériorité des Blancs africains a été soigné grâce à l'« amour vache » qu'a représenté le démantèlement de l'État de l'apartheid, et Israël doit subir le même traitement. Les événements de l'année 2007 l'ont démontré au-delà de tout doute possible. Le démantèlement graduel de la suprématie juive par les moyens pacifiques de la démocratisation est la seule alternative réaliste à la descente d'Israël dans l'enfer d'un chaos violent. Les habitants majoritaires, c'est-à-dire les Arabes palestiniens, doivent tout simplement se voir accorder une voix. Tout en portant leur style bricolé de gouvernance au niveau de la « folie calculée », les dirigeants israéliens sont incapables de comprendre qu'ils sont en train de créer toute une génération de gens qui ne redoutent absolument pas la mort.

Jusqu'à une date récente, c'était la peur des représailles, qui permettait à Israël de tenir ses adversaires en respect. En 1991, le président irakien Saddam Hussein possédait de puissantes armes de destruction massive, mais il ne les a pas utilisées contre Israël – car il n'était pas assez désespéré pour ignorer les conséquences de leur utilisation : en effet, il savait qu'Israël détruirait l'Irak, à la moindre incartade de sa part. Il se pensait intouchable, même dans la défaite, aussi longtemps qu'il n'esquisserait aucun geste agressif envers Israël. Ce qu'il ignorait, à l'époque, c'était que la stratégie des Etats-Unis était entre les mains de juifs, et que les généraux américains étaient formés à des tactiques de guerre hébraïques, qui ignorent la pitié. Si Saddam avait su que les corps de ses fils martyrisés seraient entreposés dans une morgue de Bagdad, qu'il allait être lui-même transformé en réfugié vagabond, qu'il finirait pendu et que son pays serait ruiné par dix années de sanctions, après quoi il deviendrait une proie pour l'envahisseur sioniste, il aurait fort bien pu tenter de choisir la solution de Samson, et d'emporter avec lui en enfer l'État juif.

Saddam Hussein n'est plus, mais à l'heure qu'il est, tout dirigeant, où que ce soit dans le monde, sait à quoi il doit s'attendre dès lors qu'Israël en demande la tête sur un plateau d'argent à son Golem américain. Paradoxalement, c'est la cruauté-même d'Israël qui est devenu un argument contre leur résipiscence – après tout, puisque les sionistes s'apprêtent à faire de leur pire, dans tous les cas de figure, il serait absurde de se rendre à leurs exigences...

Les juifs d'Israël ont réitéré la folie de Napoléon à Jaffa. En 1799, le jeune général corse traversa le désert du Sinaï et fit route vers le Nord, à l'intérieur de la Palestine. Rafah et Ramléh se rendirent à ses troupes, les soldats palestiniens n'ayant trouvé aucune raison de combattre une force européenne de passage. Napoléon se dirigea alors vers le port de Jaffa, où la garnison de la ville, forte de six mille hommes choisit, elle aussi, de se rendre. Ils s'attendaient à ce qu'on les désarmât et à ce qu'on les renvoyât chez eux, dans leurs chers villages – mais Napoléon était réticent à laisser des soldats ennemis aussi nombreux derrière ses lignes, et il donna à ses hommes l'ordre de tuer tous les prisonniers. Il fallut trois journées entières aux Français pour exécuter une telle masse d'hommes. Ils furent amenés, par groupes, du couvent de l'église arménienne Saint-Nicolas, et passés à la baïonnette, sur la plage.

Après ce massacre, plus aucun Palestinien n'allait avoir encore l'idée de déposer son arme devant un Français. Les troupes de Napoléon étaient prises en embuscade dans chaque orangeraie, et quand il parvint sous les murailles de Saint-Jean d'Acre, il n'était plus question d'une quelconque reddition. Les gens avaient compris que cela aurait été tout simplement absurde. Ils n'avaient rien à perdre à mourir en combattant. Après quelques mois d'efforts en vain, Napoléon abandonna la partie – laissant ses soldats blessés à la merci d'un ennemi désormais sans pitié, qui les égorgea tous. Dans le centre boboïsé de Jaffa, on peut voir une statue râblée en papier-mâché du Petit Caporal coiffé de son tricorne : elle rappelle aux touristes et aux habitants de la ville à quel point la cruauté peut, parfois, vous sauter à la figure. Les dirigeants israéliens empruntent aujourd'hui la même voie : cette politique scellera leur propre sort.

La sensation pesante d'un désastre imminent est une des raisons jamais évoquées, derrière la « solution à un seul État » que nous proposons et que nous prônons. C'est vrai, « un seul État », cela serait bon pour les Palestiniens; cela serait bon, aussi, pour les Israéliens. Mais le choix du partage – la « solution à deux États » – contribuerait elle aussi, à alléger un peu la souffrance des Palestiniens, comme le notent à bon droit le professeur Neumann et beaucoup de militants pacifistes modérés. Cette option peut même avoir la préférence des élites israélienne et palestinienne, mais un État indépendant, en Cisjordanie et à Gaza, ne résoudrait certainement pas le problème des réfugiés. Or le principal problème, c'est que le partage ne diminuerait en rien le danger que représente l'État juif voyou pour la paix du monde, et qu'il n'empêchera en rien le désastre, imminent, en Terre sainte.

Même plus petit, même réduit, l'État juif n'en continuera pas moins à être le siège du Mossad et de son unité d'assassinats, le Kidon. Même un État juif plus petit posséderait l'arme nucléaire. Quand bien même serait-il plus petit, l'État juif serait empoisonné par son idéologie profondément enracinée et extrêmement xénophobe, et resterait une source de contamination idéologique. Même plus petit, l'État juif serait toujours impliqué lourdement dans les politiques de subversion, de Moscou à Washington DC. Tôt ou tard, le temps viendra où quelque leader, de quelque État, poussé dans ses derniers retranchements (qu'il s'agisse de la Corée du Nord, de l'Iran, de l'Egypte, ou encore, de la Russie) réfléchira aux cadavres des fils de Saddam, et décidera de suivre la voie choisie par l'impavide Baïbars – ainsi que par ces sultans mongols, qui massacrèrent les Assassins jusque dans leurs nids d'aigles. Car, sans Israël, les forces armées américaines se contenteraient de vaquer autour de leurs bases en Géorgie et au Texas, au lieu de pourchasser les « haïsseurs-de-juifs » sur les cinq continents. Le démantèlement d'Israël est inévitable; la seule question posée est de savoir s'il sera détruit par la force, et le territoire avec lui, ou bien s'il sera pacifiquement absorbé par la région du Moyen-Orient.

Egalité en Terre sainte: ça n'est pas seulement une exigence morale, c'est la seule façon de sauver le pays de sa destruction annoncée. Non par nous – nous les gens pleins de bonne volonté, nous qui faisons le bien, nous qui aimons la paix – mais par le torrent de l'Histoire. A la fin des fins, l'ensemble de la situation va se réduire à deux options : l'égalité, ou la mort.

La cruauté, la vindicte d'Israël et son incapacité à respecter autrui ont convoqué des centaines de Palestiniens à l'horreur du martyre. En vérité, la Palestine et devenue une nation de martyrs. Vivant dans des rues de terre battue, dans des bidonvilles passés au bulldozer, devant parcourir des kilomètres pour trouver de l'eau potable, devant attendre des journées entières pour être autorisés à franchir des *checkpoints* militarisés – ces gens ne sont rien d'autre que des gens patients et souffrants. Toutefois, leur souffrance trouvera une fin rapide, le jour où un martyr aura été équipé d'une bombe nucléaire miniaturisée, et non plus de plastic de Tsahal, et l'histoire tragique de l'État juif trouvera alors sa conclusion apocalyptique.

En Israël, les points de peuplement majoritairement juif sont peu nombreux et éloignés les uns des autres, et quelques bombes nucléaires bien ajustées résoudraient la « crise démographique » de l'État juif une bonne fois pour toutes. Certes, Israël risque « d'emporter le reste du monde avec lui », comme l'a prédit le professeur van Creveld, de l'Université Hébraïque de Jérusalem, car les armes nucléaires israéliennes sont pointées, toujours d'après van Creveld, sur les capitales européennes aussi bien que sur ses voisins. Reste qu'aucune mesure de sécurité, aussi drastique soit-elle, ne pourra jamais arrêter un kamikaze nucléaire, et une personne désespérée pourrait très bien ne tenir aucun compte du sort de gens qui ont apporté la démonstration qu'ils étaient incapables de protéger et la Palestine et le peuple palestinien.

C'est alors, quelques années plus tard, que les ruines de Tel Aviv se fondront harmonieusement dans celles d'Arsur…

CHAPITRE II
GAZA : DES SOURIS ET DES HOMMES[3]

Un jour, le chat appela la souris tapie sous le plancher : « Sors de là, très chère, ne crains rien ! Je suis désormais un fervent végétarien, et je me prépare à la sainteté, je t'en prie : vaque à tes affaires en toute liberté ». « Merveilleuse nouvelle ! », s'écria la souris, qui sortit de son trou ; la pendule éternelle marqua un arrêt, puis la souris se retrouva entre les griffes du chat, selon la fable de Nizami.

Tel est, en résumé, le drame qui s'est joué à

3. Première version : juillet 2006

Gaza, et qui avait commencé par l'annonce tonitruante mais mensongère du retrait, ou du « désengagement » israélien de Gaza, à l'été 2005, suivi par le non moins mensonger consentement à des élections démocratiques pour le choix du gouvernement palestinien.

— « Sharon n'est plus le même ! », s'écrièrent les Gentils, américains et européens ; le voici prêt – et Olmert, après lui – à faire la paix, prêt pour la réconciliation ».

— « C'est nous, qui avons libéré Gaza ! », disait le Hamas.

— « Hélas, trois fois hélas ! », gémissaient les colons.

Les cris de joie et de deuil suivant la feinte du retrait ne s'étaient pas encore tus que le siège proprement dit de Gaza, avec bombardements, commençait. Après quelques mois de pilonnage, l'invasion de Gaza et l'emprise sur la direction palestinienne ont fini d'illustrer la fable du Raminagrobis jouant avec sa souris.

Nos lecteurs se souviendront peut-être qu'au moment culminant des applaudissements saluant le retrait, nous appelions chacun à mettre la pédale douce.[4] Une reculade israélienne est toujours suivie d'une percée israélienne, comme dans une scène de viol. Cessez d'attendre le dernier acte : les Anglais se retirent sans saluer, les Juifs saluent mais ne s'en vont pas, dit une blague juive. Mes lecteurs avaient reçu, comme chaque fois, l'avertissement ad hoc. Et, en effet : voilà les Juifs de retour.

L'entracte a été tristounet aussi, d'ailleurs. Après le retrait, Gaza était devenue l'un des endroits les plus sinistres au monde, entre la famine et le chômage, et ce n'était pas la faute des habitants : que ce soit sous la férule du Hamas ou celle du Fatah, Gaza ne peut rien faire seule ; c'est une bande de terre étroite, encerclée par les troupes israéliennes et les barbelés, et les habitants de Gaza n'ont aucun moyen pour vendre leurs produits ou pour importer ce dont ils ont besoin, si ce n'est à travers les points de passage contrôlés par les Israéliens. Amenez des gardes de la SS tout autour, don-

4. Voir : « Gaza, beaucoup de bruit pour rien », www.israelshamir.net/French/Gaza.htm (25 août 2005).

nez toute autonomie à ce camp, mais gardez-en les portes bien fermées du dehors, et vous aurez le tableau de Gaza. Les Juifs ont détruit l'industrie de Gaza et son commerce en l'assiégeant : les fruits et les fleurs de Gaza pour l'exportation ont pourri au checkpoint de Karmi, et des investissements de millions de dollars sont partis en fumée. Les habitants ont ouvertement regretté leur « indépendance », car au temps de l'administration israélienne, ils pouvaient gagner leur pain dans les usines israéliennes, et les bombardements étaient nettement plus modérés, alors que Gaza « indépendante » est soumise à un pilonnage incessant. Des centaines de missiles et d'obus ont été lancés contre cette minuscule bande de terrain, tous les jours, faisant quelques morts et mettant à bout de nerfs tous les habitants.

Moi-même, en tout cas, je sais ce que cela veut dire : en 1974, mon unité commando a passé un peu moins de six mois dans le cratère fortifié d'un volcan éteint ; à quelque 40 km au sud de Damas. Tous les jours, l'artillerie syrienne nous harcelait, et nos armes légères ne pouvaient pas répondre à leurs canons. A la première bombe nous nous cachions dans les bunkers pour attendre le cessez-le-feu. Parfois ce n'était qu'un obus, d'autres fois il était suivi d'une kyrielle de missiles Katyusha. Nous avons eu très peu de pertes : deux blessés et un tué, pendant tous ces mois, mais nous avions le système nerveux en lambeaux. Nous avions arrêté de nous laver les dents et de nous raser : cela n'a pas de sens, quand la mort est aussi imminente. Nous avons cessé d'écrire des lettres. Même les étapes des combats les plus intenses, au milieu de douzaines de camarades tués, étaient préférables à ce pilonnage incessant. Les habitants de Gaza, enfants, hommes et femmes, ont enduré plus d'un an de désespoir aggravé par les bombardements aériens, dont nous avions été protégés par la supériorité aérienne israélienne.

La tactique israélienne à Gaza ressemble à la stratégie « les affamer jusqu'à les mettre à genoux », appliquée au Nord Vietnam par le Pentagone, selon les Documents du Pentagone, le projet stratégique le plus monstrueux de tout le XXe siècle.

« Les attaques contre la population civile peuvent non seulement susciter une vague contre-productive d'indignation, tant chez nous qu'à l'étranger, mais elles font courir le risque que la guerre s'étende aux pays voisins. La destruction des barrages et des écluses, en revanche, ne tue pas, ne noie personne. En provoquant l'inondation des rizières, cela accule à la longue la population à la famine (qui peut tuer plus d'un million de personnes) avant que lui soit fournie une aide alimentaire, ce dont nous offririons d'ailleurs de nous charger, à la table de conférence. »[5]

Si les Juifs devaient bombarder et envoyer dans l'Au-delà cent mille habitants de Gaza, il y aurait sans doute une « vague d'indignation », alors que les destructions, la faim et la soif sont tout aussi efficaces, et perturbent beaucoup moins la conscience mondiale. La destruction de la centrale électrique de Gaza était d'ailleurs une décision tout à fait profitable : cette installation, construite et entretenue par les Etats-Unis, faisait concurrence à la compagnie d'électricité israélienne, pour la fourniture d'énergie électrique aux habitants de Gaza.

Même en tournant à 50 % de ses capacités, la station faisait obstacle au monopole juif pour la fourniture d'énergie.[6] C'est fini : désormais, les habitants de Gaza seront obligés d'acheter toute leur électricité aux Juifs, à un tarif bien plus élevé. Mariant le bénéfice et l'agrément, cette destruction a aussi permis d'assoiffer les Palestiniens, pour compléter la famine, dans la mesure où Gaza n'a pas de cours d'eau, et où il faut de l'électricité pour actionner les pompes.

Et pourtant, pendant la brève période de « l'indépendance » de Gaza, les gens ont prouvé qu'ils sont des hommes, et non des souris. En lançant obstinément leurs roquettes Qassam, ils manifes-

5. *The Pentagon Papers*, Gravel Edition, Volume 4 Chapter I, "The Air War in North Vietnam, 1965-1968, pp. 1-276. Boston : Beacon Press, 1971.
6. www.counterpunch.com/bryce07032006.html « Gaza in the Dark » par Robert Bryce.

taient leur esprit impossible à briser : ils refusaient de plier, même mourant de faim. La roquette Qassam est à peine une arme, dans l'acception moderne de ce terme. Il s'agit d'une arme médiévale, d'une catapulte, tout au plus : un bout de ferraille propulsé par un appareil simple, sans charge explosive. Nous fabriquions et nous lancions des missiles semblables quand nous étions enfants, au cours préparatoire. Certes, un bout de fer peut tuer, dans le cas, improbable, où il atteint une cible humaine, mais cela n'arrive pas souvent.

Leur raid sur une unité des assiégeants israéliens, courageux et bien préparé, a restauré notre estime pour les capacités de combattants des gens de Gaza. Ce n'est pas simple, d'attaquer des tanks à mains nues. Bien sûr, Israël a sauté sur le prétexte de cette courageuse attaque pour entreprendre la ré-invasion de Gaza, mais *Ha'aretz* a révélé dans son édition du 29 juin 2006 que les projets d'arrestation massive de la direction palestinienne et pour la ré-invasion avaient été mis en place bien longtemps avant.

Le gouvernement israélien a qualifié le raid en ces termes : « une attaque terroriste grave et horrible a été menée à bien par des factions palestiniennes, débouchant sur la mort de deux soldats, un soldat supplémentaire blessé, et l'enlèvement de Shalit ». Notre ami Jeff Blankfort a judicieusement souligné : « On pourrait imaginer Gilad Shalit en petit garçon piégé par un satyre notoire alors qu'il allait acheter des bonbons à l'épicerie du coin, et non en soldat de Tsahal en service actif. »

Le professeur palestinien et chrétien Azmi Bishara, membre du parlement, a dit, à juste titre, parlant des combattants de la résistance : « Quelques personnes ont choisi de riposter au meurtre des civils palestiniens par l'attaque d'une installation militaire israélienne. Ils ont fait le choix le plus difficile, et ils ont choisi le chemin le plus périlleux. Tous ceux qui n'ont pas pris ce chemin, qui n'ont pas fait ce sacrifice, tous ceux qui n'ont pas exposé leur courage à ce test, ou tout ceux qui font des crises de nerfs dans un tunnel plongé dans l'obscurité, mais qui ont néanmoins un minimum de sentiments délicats face aux souffrances de Palestiniens pourraient au moins épargner cette opération en s'abstenant de la qualifier de « terroriste ». »

Oui, c'est très juste : quand les Juifs attaquent, il s'agit d'une guerre, et quand ils sont attaqués, c'est du terrorisme ! Uri Avnery a appelé cela une « guerre unilatérale », conséquente avec le « retrait unilatéral ». Mais cet unilatéralisme est un trait constant des rapports entre Juifs et autochtones : à chaque fois que des Juifs attaquent des autochtones, il s'agit de vengeance légitime, et s'ils reçoivent des coups en retour, c'est un pogrome. Bien avant que les Juifs calomnient les Palestiniens en les traitant de terroristes, ils accablaient d'injures leurs voisins précédents, qu'il s'agisse des Polonais, des Ukrainiens, des Russes, des Espagnols, ou des Allemands, en les traitant d'antisémites pervers et infrahumains. Tandis que nous rejetons les diffamations contemporaines des juifs contre les Palestiniens, nous commençons aussi à reconsidérer leurs accusations contre d'autres autochtones, et c'est tout le discours officiel sur la souffrance juive qui s'écroulera.

Soudain, le problème de la Palestine, ou plutôt le problème des mauvais traitements que les Juifs infligent à leurs « *goyim* » indigènes, semble un vieux problème. Il est logique de supposer que les juifs règnent, de nos jours, de la même manière qu'ils dominaient, par le passé, dès lors qu'ils en avaient la possibilité. Bien avant que le mur de l'apartheid encercle la Palestine, les Juifs n'autorisaient pas un Espagnol de souche à rentrer dans la citée murée de Lucena, où ils étaient les maîtres.[7] Bien avant de bombarder Gaza, ils avaient rempli le réservoir de Mamilla, à Jérusalem, avec le sang de Chrétiens égorgés.[8]

Voici une bonne nouvelle pour les descendants de Juifs : on nous avait fait un lavage de cerveau à base de haine envers une humanité censée être "antisémite". Le viol de Gaza est arrivé, et maintenant nous comprenons que l'humanité avait raison et qu'elle

7. *History of Jews in Christian Spain*, par Yitzhak Baer, Philadelphia v.1
8. Voir « Le réservoir de Mamilla » in *L'Autre Visage d'Israël*, Paris, 2004, éd. Alqalam, p. 131-141.

était bonne, tandis que nous faisions fausse route. Il vaut mieux se retrouver du côté de ceux qui ont tort qu'accuser toute l'humanité, car chacun peut se repentir de son égarement personnel. Il vaut mieux se trouver honni pour ses propres bêtises que pour sa race. C'est moins honorable, mais plus facile à guérir.

La compréhension de ces choses a commencé à faire son chemin dans nos consciences. Anwar Sacca, un habitant de Jaffa, a adressé un courrier à *Tikkun Magazine* : « Au long de leur histoire, malheureusement pas seulement pour les Juifs mais pour le monde entier, [les Juifs] ont toujours été des suprématistes autodestructeurs. En tant que minorité résidant dans n'importe quel pays et jouissant de sa citoyenneté, ils se sont toujours dressés contre leurs concitoyens, en dominant complètement leur économie, leurs médias, leur mode de vie, etc… et cela sans limite, au point de donner lieu à des conséquences atroces, et ils ont dû payer un prix très lourd. C'est la même situation qui se reproduit, aujourd'hui, en Palestine… »

Le viol de Gaza s'accorde trop bien avec ce schéma séculaire. La direction juive n'a jamais tenté de laisser ses Goyim captifs mener une vie normale ; les chats seront devenus végétariens avant que cela arrive. Quoi qu'ils fassent, attendez-vous au pire. *Timeo Danaos et dona ferentes* : « Leurs comportements aimables sont aussi dangereux que leurs crimes patents ». Dans les années 1880, Dostoïevski prophétisait : si, un jour, les Juifs prennent le pouvoir, ils écorcheront vifs les Goyim.[9] En Palestine, cette prophétie est en train de se réaliser. Ce n'est pas une question de qualités juives innées : un Juif peut être bon et faire le bien, un juif peut se repentir, mais « Les Juifs » ne le peuvent pas, dans la mesure où cette entité politique existe justement pour entrer en concurrence avec les autochtones et les combattre, que ce soit en Palestine, ou ailleurs.

Idéologiquement, un État juif agira « en juif », c'est-à-dire qu'il combattra les autochtones et l'Église, que celle-ci soit chrétienne,

9. Dans son *Journal d'un écrivain.*

ou islamique. « Si les Juifs de jadis devaient revenir, écrivit Simone Weil, ils détruiraient nos églises et ils nous massacreraient, tous ». « La tradition juive est bassement ethnocentrique et elle déshumanise les dissidents avec un entrain inégalable », écrivait Ed Herman dans son *Triomphe du Marché*.[10] Dans l'État juif, les Juifs d'autrefois sont de retour, et la tradition juive est devenue reine.

C'est pourquoi le Hamas a raison de refuser de reconnaître l'État juif : cet État ne peut en aucune manière devenir un voisin supportable, qu'il soit dirigé par Peres, du parti Travailliste, ou par le parti Kadima d'Olmert, ou même, dans un cas extrêmement improbable, par Uri Avnery. Cet État doit être démantelé, de même que l'État extraterritorial des Assassins, qui jadis dominèrent le Moyen-Orient. Les Assassins tiraient leur pouvoir de leur talent et de leur expérience dans l'art d'assassiner les dirigeants les plus éminents parmi les Croisés et les Musulmans, tandis qu'ils ne laissaient en vie que les gouvernants faibles, qui n'auraient jamais osé s'en prendre à eux.

Les Juifs font la même chose : parfois, c'est par l'épée, d'autres fois, c'est avec leur argent, d'autres fois encore avec leurs médias, mais aucune forte personnalité n'a jamais pu émerger dans leur sphère d'influence.

Les assassinats par les médias sont les plus fréquents, et c'est un sujet bien documenté. S'ils décident d'éliminer une personne par leurs outils médiatiques, ils tentent d'éviter toute référence à son nom ; si cela ne marche pas, ils pratiquent l'attaque *ad hominem*, en répandant des mensonges et des distorsions. C'est le traitement dont ont bénéficié récemment les dirigeants de l'Iran : la presse juive a répandu le mensonge selon lequel les Iraniens cherchaient à obliger tous les juifs iraniens à porter l'étoile jaune. Leur mensonge a été rapidement démenti, mais le correctif est paru dans les toutes dernières pages des journaux, une fois que le mal était fait. Les politiciens des États-Unis qui ont essayé d'aller à l'encontre des ordres juifs ont généralement été assassinés par les mé-

10. South End Press, Boston 1995, p. 131.

dias juifs, ou bien ils se sont retrouvés dans le dénuement le plus total.

Les assassinats par l'argent sont également fréquents : qu'il nous suffise de mentionner l'éminent industriel américain Henry Ford, qui avait tenté de combattre l'influence juive. Un jour il reçut une offre qu'il ne pouvait pas refuser : il s'excusa, fit brûler ses livres, et se repentit. Il préférait cela à la destruction de son empire automobile.

Les assassinats par l'épée ont eu lieu quand rien d'autre n'avait marché : Lord Moyne, le comte Folke Bernadotte, Sheikh Yassine. Des centaines de dirigeants palestiniens ont été assassinés par les juifs. Un numéro récent de *Ha'aretz* mentionne l'opération Zarzir (« étourneau »), un projet « d'envergure, opérationnel, un programme d'assassinats à l'échelle nationale » visant les dirigeants ennemis, tant politiques (comme Emile Khouri) que militaires, tel Hassan Salameh et Abdel Khader al-Husseini. Khaled Meshal échappa à leurs assassins de justesse, quand ils tentèrent de lui inoculer du poison dans l'oreille, dans un style tout-à-fait shakespearien.

Autrefois, le salut vint de là où on ne l'attendait pas : l'Asie occidentale fut conquise par les Mongols, et ces guerriers farouches tirèrent les Assassins de leurs caches dans la montagne, puis mirent en pièces leur conspiration. Les descendants des Assassins sont les Ismaéliens inoffensifs, des gens pacifiques qui ne troublent plus la paix. Si nous ne parvenons pas à régler le problème, de nouveaux Mongols viendront démanteler l'État de Sodome, et ils feront, des descendants des juifs, des gens aussi doux que peuvent l'être les Ismaéliens.

Mais il y a un moyen moins brutal de traiter le problème : en introduisant la réciprocité en lieu et place de l'unilatéralisme. Une chronique médiévale rapporte que le roi juif des Khazars dit, un jour, à un visiteur musulman : « Nous voulions détruire toutes les églises et les mosquées dans notre royaume sans attendre, mais nous ne pouvons pas le faire, de peur qu'ils détruisent les synagogues de Bagdad et Constantinople ». Certes, si, en réponse à la destruction de la centrale électrique de Gaza, une centrale énergétique israélienne avait sauté à Césarée, et si les Juifs devaient passer le torride été palestinien sans climatisation, ils ne recommenceraient pas. Si les Juifs en Europe voyaient leurs droits aussi rétrécis que ceux qu'ils accordent aux Palestiniens, la Palestine serait libre, dès demain.

Mais pourquoi nous complaire dans le rêve éveillé ? Qui pourrait accomplir un tel exploit ? Les Arabes sont assujettis. La conquête états-unienne de l'Irak a éliminé le dernier État arabe indépendant. L'Iran est durement bousculé, et son puissant État musulman rend grâce tous les jours de n'avoir pas encore été bombardé. La Syrie est dans le collimateur des États-Unis, aidés par les Français pour contenir Damas. Les nobles combattants du Hezbollah ont sauvé la dignité arabe avec leurs exploits et leurs sacrifices, mais ils n'arrivent pas à atteindre le monstre. Jamais auparavant, depuis Saladin, le Proche-Orient n'a été aussi désarmé et impuissant.

L'Europe et l'Amérique sont également assujetties : pas la moindre figure médiatique qui oserait faire objection au *Drang nach östen* juif de Gaza. « Pourquoi ne bougez-vous pas ? » s'est écrié Jonathan Steele dans le *Guardian* (6 juillet, « La réponse de l'Europe au siège de Gaza est honteuse »). Vraiment : vous ne connaissez pas la réponse, M. Steele ? Tous ceux qui ont essayé ont été traités invariablement d'antisémites et de néo-nazis, ils ont perdu leur gagne-pain et leur réputation. Je le sais, puisque j'ai essayé de défendre les Palestiniens, et que j'ai été poignardé dans le dos par un couple de gentils militants pour la Palestine, MM. Ali Abunimah et Nigel Perry, du site ouèbe *Electronic Intifada*, suivis par une cabale d'autres militants « pro-palestiniens ». Si quelqu'un comme le Shamir de Jaffa se retrouve attaqué de la sorte, à quoi peut s'attendre un Dupont quelconque ou un John Smith du Wisconsin ? Tous ceux qui ont essayé de défendre les Palestiniens ont eu droit au même traitement, dès lors qu'ils enfreignaient la loi parmi les lois : ne jamais prononcer le mot commençant par un J. Cela ne me fait certainement pas regretter d'avoir dit la vérité, parce que si nous nous taisions, ce sont les pierres qui crieraient.

Les Palestiniens n'ont aucune chance de s'en sortir tant que nous ne nous serons pas libérés du contrôle mental juif. Et c'est là qu'il peut être utile de nous tourner vers l'autre mot commençant par J, le mot qui est beaucoup plus puissant que le premier : Jésus. La servilité actuelle de l'Occident a commencé par un tout petit pas. Dans les années 1960, les églises occidentales ont retiré de leur liturgie la prière « *Oremus pro perfidis Judaeis* », c'est à dire « Prions pour les Juifs perfides[11], que Dieu notre Seigneur ôte le voile de leur cœur, et qu'ils connaissent la lumière de Sa vérité qui est notre Seigneur Jésus-Christ, afin qu'ils soient délivrés de l'obscurité. » Cela fut jugé « antisémite », malgré le fait qu'il s'agit, en l'occurrence, d'un lointain écho de la prière juive « *Shepokh Hamatha* » : « Seigneur, que votre fureur s'abatte sur les goyim qui ne connaissent pas votre nom ». Mais les Juifs ont gardé leur prière vindicative, alors que les Chrétiens égarés et soumis laissaient tomber leur prière miséricordieuse. Dites cette prière aujourd'hui, dites-la dans votre église, renvoyez le prêtre qui n'osera pas la dire, et demain vous ne grimacerez plus face au déplaisir juif. Et Gaza, comme votre âme, sera sauvée. Et si votre prière est exaucée, les Juifs aussi seront sauvés.

11. Au sens ancien du terme latin : « qui trahit la foi ».

CHAPITRE III
PARADISE NOW
CONFESSIONS D'UN AGENT SECRET[12]

[Le protocole d'interrogatoire ci-dessous du général Dan Ayalon, par le Comité de Réconciliation (président : Mustafa Nashashibi, vice-président : Yossi Atzmon, secrétaire : Svetlana Kuznetsova) est daté du 12 juin 2015, c'est-à-dire quelques années après l'unification d'Israël et de la Palestine dans un unique État : le Royaume de Canaan. Toutefois, cette confes-

12. 5 juin 2006 (Un hommage à Hani Abu Assad [http://www.imdb.com/title/#04455620] et à son film *Paradise Now*, au sujet des kamikazes palestiniens).

sion du dernier chef du service israélien de sécurité avait été estimée tellement sensible que sa publication avait été repoussée jusqu'à cette année – l'année 2035]

Président: Parlez-nous des attentats kamikazes des années 1990 et 2000. Pourquoi n'avez-vous pas pu les empêcher?

Ayalon: Tout d'abord, permettez-moi de vous rappeler que rien de ce que je vais dire ne pourra être retenu contre moi, en vertu de la loi de Réconciliation. J'ai l'intention de quitter ce bâtiment en **homme lib**re…

Secrétaire: Bien sûr. Nous tous, ici, nous savons cela. Exprimez-vous librement.

Ayalon: Les attentats suicides ne se sont pas produits à cause de notre négligence. Ni de notre impuissance. Au contraire, ces attentats sont notre plus grande réussite.

Vice-Président: Que voulez-vous dire, par « réussite » ? Des centaines d'Israéliens innocents ont été tués!

Ayalon: Vous vous souvenez du début des années 1990? Après la victoire électorale de Rabin, la Cisjordanie et la bande de Gaza ont été totalement coupées d'Israël; des checkpoints ont été installés, et les ouvriers palestiniens se sont vus interdire de venir travailler dans les villes israéliennes. Ils ont été remplacés par des dizaines de milliers de travailleurs invités, que nous avons fait venir de Thaïlande et de Chine. Les travailleurs palestiniens n'ont d'ailleurs pas trouvé de travail chez eux, non plus: leurs terres avaient été confisquées par les colons et par l'armée israélienne. Evincés de leurs terres, bouclés dans leurs propres villages et villes, les Palestiniens allaient résister. Nous n'avons pas pu empêcher totalement la résistance palestinienne. Ce fut notre premier échec, notre première présomption démentie. Nous étions supposés laisser du mou quelque part, en canalisant leur résistance vers quelque forme d'expression admissible. Ce fut notre deuxième prétention de femme soûle. Quant à notre troisième illusion, ce fut notre désir de conserver notre principal avantage, à savoir: leur relative inexpérience en matière militaire. Pour entraîner un combattant, il faut du temps: il faut au moins six mois, pour des grands débutants. Un combattant qui a survécu à quelques dures batailles vaut au moins dix « bleus ». Avec de l'expérience, un combattant devient à la fois plus audacieux et plus prudent. Nous redoutions qu'à travers la résistance, ne se forme une véritable armée de guérilla bien entraînée, qui aurait représenté une menace pour notre mainmise sur la Palestine.

Président : Vous plaisantez !? En 1993, Arafat est rentré à Ramallah et à Gaza, accompagné de milliers de combattants aguerris, qui avaient combattu tant en Jordanie qu'au Liban !

Ayalon : Mais les combattants d'Arafat avaient reçu leur solde, et ils ne voulaient pas se battre. Ils voulaient gouverner quoi que ce soit, le moindre truc qu'on leur laisserait. Ils avaient encore à prendre leurs marques en Palestine, parce que le pays avait énormément changé depuis 1967, et ils n'avaient eu pratiquement aucun contact avec le terrain depuis lors. Aussi l'armée d'Arafat était-elle le cadet de nos soucis. Les gens qui nous inquiétaient, en revanche, c'était les jeunes de la Première Intifada. Ils étaient courageux, audacieux ; on peut dire qu'eux, ils n'avaient pas froid aux yeux ! Ils connaissaient le pays comme leur poche, et nous ne leur faisions pas peur. Nous pouvions leur briser les membres, comme Rabin nous en avait donné l'ordre, mais nous ne pouvions rien faire contre leur moral…

Une fois, au cours d'une session de brainstorming, dans mon bureau – c'était en 1993 – Motti, le chef du bureau Psy-Op, dit :

— « On ne peut pas stopper leurs attaques ; mais on peut éliminer tous leurs attaquants.

— Comment ?

— Nous pouvons inventer un virus d'autodestruction et l'injecter à leur jeunesse.

— Que voulez-vous dire, un virus ?

— Un virus système, comme celui qui s'attaque aux ordinateurs. Nous avons le plus grand pouvoir qui soit au monde : notre contrôle des médias. Grâce à ce pouvoir, nous glorifierons ceux qui meurent, et non pas ceux qui poursuivent le combat. Ce que je veux dire, c'est ceci : encourageons leurs attentats suicides… »

A mes yeux, cette proposition était insensée, et je le dis. Les « attentats suicides » que nous connaissions, à l'époque, étaient généralement effectués au moyen de voitures bourrées d'explosifs, au Liban. Dans la plupart des cas, le conducteur ne savait pas ce qu'il conduisait ; sinon, il aurait eu de grandes chances de s'en sortir. Deux de nos héros nationaux de la guerre de 1948[13] conduisirent un camion bourré d'explosifs jusqu'à la mairie de Jaffa. Ils étaient prêts à mourir en même temps que l'ennemi, mais le mécanisme de retardement fonctionna à merveille : 30 Arabes furent tués, et nos héros purent s'enfuir. Un attentat suicide digne de ce nom, cela visait généralement un objectif très sérieux, quelque chose pour lequel il valait le coup de mourir, comme la base des Marines, à Beyrouth, en 1983. En l'occurrence, le chauffeur kamikaze perdit la vie, mais en emmenant avec lui dans la mort 250 Marines, et cela détermina le retrait des troupes américaines du Liban…

— Non, dit Motti. Je ne parle pas de voitures. Avec des voitures, le terroriste peut s'enfuir. Nous les inciterons à se ceinturer d'explosifs, à même le corps !

Je n'étais absolument pas convaincu. Où allions-nous trouver des suicidaires aussi stupides ? Un Arabe ne peut s'approcher d'aucune cible qui vaille le coup, en Israël. Il n'a aucune chance de pénétrer dans une base militaire, ni dans un ministère, ni dans le domicile d'un personnage important. Aussi, il s'agirait nécessairement d'une cible de deuxième ordre, et ce sont des combattants de très haute qualité qui mourraient pour ces merdes. Pas vraiment une bonne affaire, pour la résistance ! Mais Motti avait un plan :

— Pour les attirer dans le piège, nous devons leur permettre de marquer des points, de temps à autre…, nous devons leur concéder d'obtenir un bon score. Après, quand ils seront devenus accros, leurs succès vont bien entendu décliner, peu à peu… Mais nous, nous obtiendrons ce que nous voulons : les meilleurs d'entre les

13. http://www.zmag.org/content/showarticle.cfm?ItemID=10079

Palestiniens, les plus nobles et les plus courageux crèveront, jusqu'à ce qu'il n'y en ait plus aucun!

Il sortit son calepin et se mit à dessiner le schéma. Son idée était la suivante: par l'entremise de nos agents au sein de la résistance, les combattants devaient être envoyés faire sauter des autobus. Nous connaîtrions leurs plans, et nous les aiderions à franchir nos postes de contrôle. En même temps, nos liens avec les médias permettraient d'exagérer fortement notre incapacité face à cette menace. Celle-ci se verrait même qualifier d'« arme secrète des Arabes ». Un excellent dessinateur de mode de Tel Aviv créerait une ceinture d'explosifs sexy, pour *shuhadâ'* « in ». Tous les journaux et toutes les télés parleraient des martyrs. Ils bénéficieraient d'une couverture énorme, et cela attirerait de jeunes disciples, tandis que les exploits de la résistance qui pourraient être réellement dangereux pour nous seraient étouffés et, en définitive, tus.

Président: Pourquoi n'avez-vous décidé du recours à cette méthode qu'en 1993? Pourquoi pas avant?

Ayalon: Il y a, à cela, deux raisons. Mais seule l'une des deux a été débattue ouvertement. A l'époque, un mouvement islamique clandestin prenait son tout premier essor et et montait des opérations de résistance armée; ce mouvement manquait de cadres expérimentés, mais il était impatient de montrer ce dont il était capable. Ils étaient prêts à passer à la vitesse supérieure, et l'idée d'obtenir des résultats sans avoir à subir un entraînement long et fastidieux leur tournait la tête. Et puis, il y a aussi le fait qu'ils attiraient à eux des jeunes hommes et des jeunes femmes à l'orientation plus spirituelle, qui étaient prêts à sacrifier leur propre vie.

Vice-Pr: Bien. Et la deuxième raison? La raison cachée?

Ayalon: Eh bien, personne, chez nous, n'était vraiment un fan de Yitzhak Rabin, ni de l'aile gauche du parti travailliste, ni des accords d'Oslo. Nous avions le sentiment que si, par la même occasion, notre plan envoyait la gauche israélienne dans le décor et amenait le Likoud au pouvoir, ça ne serait pas une mauvaise chose. Et c'est bien d'ailleurs ce qui s'est produit!

Secrétaire : Vous n'avez donc pas de cœur ? Comment avez-vous pu laisser vos ennemis assassiner des passagers d'autobus innocents ?

Ayalon : Messieurs, nous ne pouvions pas endiguer la colère des Palestiniens, pour qu'elle aille se perdre dans les sables ! Il fallait bien que quelqu'un soit tué, mais nous pouvions nous offrir le luxe de décider quelle sorte de tuerie obtiendrait notre feu vert. Si nous ne les avions pas laissé faire sauter le tout-venant de piètre qualité qui utilise les autobus, ils auraient frappé des cibles spécifiques, beaucoup plus douloureuses. Pensez au ministre Rehavam Zeevi[14]. Il a été descendu dans un hôtel de Jérusalem, et son assassin s'est enfui. Là, oui, c'était un assassinat douloureux : aujourd'hui, ils tuent Gandhi [surnom de Zeevi, sans doute par antiphrase], et demain ils descendront qui ? Le Premier ministre ?

Vice-Président : Ou bien, pourquoi pas vous ?

Ayalon : Je ne vous le fais pas dire : même moi ! Ils auraient pu s'en prendre à des cibles spécifiques et nous rendre la vie impossible. Ces cibles pourraient paraître justifiées, aux yeux de l'opinion publique étrangère, et même à ceux de certains Israéliens. Nous avons découvert un plan visant à couler les entreprises contractantes de la construction du Mur. Les noms des sous-traitants étaient parfaitement connus, et nous n'aurions pas pu tous les protéger. Deux ou trois frappes bien ajustées de la part des « terroristes », et nous n'aurions plus trouvé aucun sous-traitant prêt à risquer sa peau pour construire notre Mur ! Ils auraient pu cibler des gens particulièrement connus pour leur cruauté. Par exemple, un quotidien israélien a publié une interview du « Capitaine Georges »[15], un officier du Shabak qui avait violé un de ses prisonniers libanais, Dirani. Le journal donnait suffisamment d'in-

14. http://www.fromoccupiedpalestine.org/node.php?id=495
15. http://arabnews.com/? page=4&section=0&article=38715&d= 28&m =18y=2004]
16. http://israelreporter.com/2005/09/22/interview-avri-ran-king-of-the-hilltops]

dices pour retrouver le tortionnaire, et un groupe palestinien s'efforçait de localiser « la Bête », comme ce quotidien l'appelait. Un autre groupe planifiait un attentat contre le colon Avri Ran[16] qui terrorisait les paysans de la localité de Yanoun. Ils auraient pu prendre de la graine sur nous, et liquider des partisans éminents d'Israël : des éditeurs en chef de journaux, des journalistes, des hommes politiques, aux Etats-Unis et en Europe… Cela aurait eu pour effet de refroidir notre base de soutien rapidement, comme l'avait fait notre liquidation de Lord Moyne en 1944, tant il est vrai qu'« *adam karov etzel atzmo* », dit le Talmud : « l'homme se préoccupe avant tout de sa propre peau ! » C'est la raison pour laquelle nous avons donné notre feu vert aux attentats contre les bus. Ce n'est qu'une fois ce pattern bien établi, à partir du moment où tout enfant palestinien rêvait de la gloire des kamikazes, que nous avons sanctuarisé les bus. Après ça, les kamikazes n'ont eu que peu de succès : des marchés, des endroits fréquentés par des paumés, des gargotes à mal bouffe. Votre kamikaze moyen vous tuait 1,4 Israélien, mais même ces un Israélien et quatre dixièmes étaient généralement pauvres – des retraités, ou d'autres gens sans aucune espèce d'importance.

Vice-Président : Comment pouvez-vous dire des choses pareilles, alors que vous parlez de vos frères juifs ! ? !

Ayalon : Dans ma jeunesse, j'ai rencontré Yitzhak Sade, un commandant de la Haganah, un héros de la guerre de 1948. Je lui ai demandé des informations au sujet du MS Patria, un bateau chargé de réfugiés, que Sade et ses hommes ont coulé dans le port de Haïfa, causant la mort de deux cent cinquante juifs. N'avait-il aucun remords ? Sa conscience ne le travaillait-elle pas ? Il me répondit : Parfois, il faut sacrifier des juifs, afin que le Peuple Juif puisse vivre pour l'éternité… Mais nous avons tout fait, afin d'épargner ces juifs. Par exemple, une de nos opérations les mieux préparées visait les Russes. Ce fut un grand succès : les victimes furent principalement des immigrants russes non-juifs qui allaient offenser le Shabat dans une discothèque du bord de mer ; et cette explosion contribua à rapprocher de nous la communauté russe !

Avant cet événement, les Russes se sentaient peu solidaires d'Israël. De plus, nous avons organisé le séjour du ministre allemand des Affaires étrangères, Joshka Fischer, dans un hôtel – et même carrément une chambre! – qui donnaient sur cette discothèque. Et ça, il fallait le faire... Ce n'était pas si facile que ça en a l'air: jamais aucun hôte officiel de haut rang n'était descendu dans ledit hôtel – il était bien trop éloigné du centre de Tel Aviv... Mais nos agents l'avaient convaincu qu'il s'agissait d'un hôtel presque neuf et très confortable. Il y descendit, donc: il assista pratiquement en direct à l'explosion, et il devint un dévot de la cause juive...

Président: Comment vous y êtes-vous pris, pour amener la bombe dans cet endroit particulièrement fréquenté?

Ayalon: Dans le cas d'espèce, le terroriste émargeait chez nous, et il n'avait pas la moindre idée du fait que son attaché-case contenait une bombe! C'est un de nos agents qui l'avait amené à la discothèque, avec la consigne de remettre l'attaché-case au directeur. Dans d'autres cas, ce sont nos agents infiltrés dans la résistance palestinienne qui ont dirigé les kamikazes. Quoi qu'il en soit, les terroristes ne comprenaient rien à la société israélienne. Ainsi, un jeune étudiant de Naplouse, particulièrement brillant et à l'avenir prometteur, se fit sauter au Marché Carmel de Tel Aviv. Il pensait qu'à Tel Aviv, comme chez lui, à Naplouse, tout le monde se rend au supermarché. En fait, il a tué deux retraités et un ouvrier immigré chinois, tout en se bousillant grave. Toutefois, ces opérations n'ont pas réussi à 100 % : certains de ces idiots de kamikazes ont explosé ailleurs que là où nous l'aurions souhaité. Mais ils n'étaient pas près de recommencer (ha-ha-ha!) ; c'était au moins déjà ça! Ils crevaient à tous les coups – et ça, dans notre plan, c'était le point le plus réussi...

Pensez seulement cinq minutes à ce qu'ils auraient pu faire s'il en était allé différemment! Vous vous rappelez sans doute le sniper isolé du Wadi Haramiyyéh, qui continuait à tirer sans être vu, jusqu'à avoir tué dix de nos soldats? [17] Son principal avantage te-

17. Voir *L'autre Visage d'Israël*, « La bataille de Palestine », p. 72-75.

nait au fait qu'il agissait seul, si bien qu'aucun de nos agents n'avait pu nous informer de ses projets par avance. Ce gars-là ne cherchait pas à mourir, il cherchait à tuer: nuance! S'il y avait eu plus de combattants dans ce genre-là, notre domination se serait rapidement effondrée…

Secrétaire: Mais les attentats suicides ne se produisaient pas seulement en Palestine. Il y en avait aussi en Irak. Et ailleurs! Iriez-vous jusqu'à prétendre que c'était, là aussi, votre œuvre?

Ayalon: Non, bien sûr. Et c'était bien le plus beau! Après que nous ayons créé le modèle, les gens allaient se contenter de le plagier. De fait, les gens copient toujours les faits qui font l'objet d'une publicité bien faite. Etant donné que nous avions à l'époque une énorme influence sur les médias mondiaux (que nous possédions, en grande partie, d'ailleurs), nous pouvions faire des « relations publiques » sur absolument tout ce que nous voulions. Si la fantaisie nous avait pris d'assurer une couverture totale du sniper du Wadi Haramiyyéh, il y aurait eu, dès le lendemain, des centaines de jeunes qui auraient essayé de renouveler son exploit; c'est bien pourquoi nous avons fait disparaître son nom… Mais les attentats suicides n'en continuaient pas moins de bénéficier d'une couverture médiatique maxi. De manière amusante, cette invention qui nous revient de droit devint une sorte de marque déposée musulmane, en dépit du fait que, jusqu'en 1993, aucun musulman n'avait jamais été kamikaze! Pour dissimuler ce fait dérangeant, nos gens des médias et nos experts au sein du monde universitaire semèrent leur confusion, en faisant allusion aux hérétiques Assassins de la Montagne et aux voitures piégées que faisaient sauter des Libanais, bien que ces terroristes-là eussent une possibilité de s'enfuir et d'en réchapper. Ils attaquaient – autre différence notable – des cibles importantes. Nous, nous avons inventé la seule méthode imparable permettant de liquider la fine fleur de la jeunesse palestinienne et musulmane pour un prix dérisoire – en leur injectant notre virus de l'autodestruction, cultivé dans les incubatrices des médias.

Président : La commission va se retirer pour délibérer. Veuillez attendre ici. [**Quelques minutes plus tard**]. Merci, Général, pour votre franchise. Vous appréciez le fait que des jeunes hommes et des jeunes femmes si nombreux – la fine fleur de la jeunesse palestinienne – soient morts de cette manière à la fois tellement horrible et tellement vaine. La découverte qu'il s'agissait en fait du résultat de vos manigances pourrait ruiner la vie de leurs parents altiers. De plus, vous ne fournissez pas de preuve de votre version des événements : il pourrait s'agir du simple produit de votre imagination. Il vaut mieux, pour tout le monde, laisser les héros disparus dormir du sommeil du « juste ». C'est pourquoi, conformément à l'article 12b de la loi de Réconciliation, je déclare ce sujet forclos et incommunicable au public pour une durée de cinquante ans.

CHAPITRE IV

VRAIS ET FAUX AMIS[18]

Voilà deux semaines que la guerre s'est installée tranquillement au Proche-Orient, comme une vieille tante qui revient périodiquement rendre visite à ses neveux. Elle est bien partie pour y rester, et maintenant que le choc initial, celui de la bataille pour le Liban, est passé, on y voit plus clair. Tout d'abord, voyons ce qui est nouveau, là-dedans. Malgré la puissance sinistre de l'attaque israélienne, d'une brutalité et d'une sournoiserie sans précédents, les

18 Juillet 2006.

inébranlables combattants de cheikh Hassan Nasrallah ont tenu bon. Le *blietzkrieg* prévu par les stratèges de Tel Aviv a marqué une pause sur les pentes des collines de Maroun Ras, et a été happé par les rues de Bint Jbail. Si en 1982, durant l'invasion israélienne antérieure, les tanks juifs avaient franchi le fleuve Litani en 48 heures à peine, cette fois-ci leur avance se mesure strictement en mètres.

Une arme vieillotte mais redoutable, mise au point par les Russes à l'époque de leur combat décisif contre les Allemands, et qui reçut le nom d'une jeune fille, Katyusha, maintient en alerte l'arrière pays israélien, jusque là imprenable, tout le long du chemin jusqu'à Haïfa. Les vaisseaux israéliens Apache dans les airs, les Saar sur la mer, et les meilleurs tanks Merkaba ont été atteints par des missiles précis. L'envahisseur frustré a tapissé les routes et les villages du Liban avec des centaines de corps d'enfants libanais déchiquetés ; mais, étonnamment, bien peu de combattants du Hezbollah ont été tués ou faits prisonniers. Ils brandissent une arme secrète : le Hezbollah est la première organisation arabe que les Juifs n'ont pas réussi à infiltrer. Les services secrets israéliens ne savaient pas quelles armes ils avaient ni quels plans ils avaient préparés. Les combattants du Hezbollah n'ont pas fait plaisir aux Juifs et ne se sont pas suicidés en criant « Dieu est grand ! » : ils se battent, ils battent l'ennemi et ils détruisent à la fois deux mythes : celui de l'invulnérabilité israélienne et celui de l'impuissance arabe.

L'importance de ce qu'ils font ne peut pas être surestimée : si le Liban avait succombé avec une faible résistance, les tanks israéliens rouleraient vers Damas, et les bombardiers israéliens viseraient déjà Téhéran. C'est le vœu des néocons américains (peut-être faudrait-il orthographier neo-cohens ?) William Kristol s'exprime tout simplement : « Dans la mesure où la Syrie et l'Iran sont les ennemis d'Israël, ce sont également les ennemis des États-Unis. Nous pourrions envisager de contrer cet acte d'agression de la part

19. www.weeklystandard.com/Content/Public/Articles/000/000.012/433fwbvs.asp

de l'Iran par une frappe militaire contre les installations nucléaires iraniennes. Pourquoi attendre? Quelqu'un s'imagine-t-il qu'un Iran doté de puissance atomique puisse être arrêté? »[19] Michael Ledeen nous ressort la rhétorique de la guerre froide: « On ne peut pas échapper aux mollahs. Il faut soit les battre à plate couture, soit se soumettre à leur épouvantable dessein ».[20] Larry Kudklow est sûr de la victoire: « Il faudra à Israël et aux États-Unis environ trente-cinq minutes pour venir à bout de toute la marine iranienne et de sa force de frappe aérienne... C'est le moment de se débarrasser du dictateur syrien, 'Baby'Assad ».[21] Les neocons ont une bonne raison de pousser à la guerre tout de suite: leur position dans l'administration US commence à se fragiliser, et les premiers signes de la révolte goy se sont matérialisés dans une éclatante étude critique sur le lobby juif. Une « bonne guerre » les ramènerait au cœur du pouvoir à Washington.

L'attaque israélienne sur Damas et Téhéran peut encore se produire, mais chaque jour qui passe, le coup de frein libanais diminue les chances d'une guerre régionale. On commence à entendre le mot bien inquiétant de « défaite » sur les chaînes de télévision israéliennes: « coincés au Liban », c'est le vieux cauchemar des Israéliens, qui ont déjà connu cette situation et n'ont aucune envie de la revivre. Une « défaite au Liban » serait certes une défaite limitée; cela n'amènerait pas le vainqueur jusqu'à Haïfa, mais cela apprendrait la modestie aux Israéliens, pour commencer. Voilà pourquoi dans cette guerre, les vrais amis d'Israël souhaitent pour son armée une défaite retentissante au sud Liban, une défaite qui ramène les soldats chez eux et qui détournera d'autres entreprises aventureuses les généraux pour un bon moment. Les faux amis d'Israël sont ceux qui souhaitent la victoire israélienne, une victoire qui les mènerait à Téhéran, à la guerre nucléaire, à la destruction

20. http://article.nationalreview.com/?q=NDE4MDA3NDUyYjAOZGY1MzQ4NjM5NjM1MWY4NDVkZGM=

21. http://article.nationalreview.com/?=ZjM1OGMxZWU0YzQ4MTQwZGU5NGRkMzQzM2MzNzdiNDc

de masse et à la mort. Tandis que les faux amis, qui sont les Juifs américains organisés, faisaient des marches de soutien à l'aventure libanaise, les vrais amis d'Israël, c'est à dire les Israéliens, manifestaient dans les rues de Tel Aviv en dénonçant les crimes de guerre de leurs dirigeants.

En tant qu'Israélien, je ne peux pas me réjouir quand Haïfa est bombardée, et Tel Aviv menacée. Il y a trop d'innocents qui ne peuvent pas distinguer leur main droite de leur main gauche, et il y a trop de moutons. Et pourtant, je ne peux pas condamner non plus la chose, car ce remède de cheval peut marcher là où les doux sermons ont échoué. Les missiles du Hezbollah peuvent encore secouer les méninges israéliennes et casser leur addiction à la puissance militaire. De la même façon, un bon Allemand aurait prié pour la défaite de ses compatriotes en Hollande en 1940, parce que cela aurait pu les sauver du drame de 1945.

Les Allemands étaient trop forts, pour leur malheur. Cette puissance excessive les amena au désastre. C'est le même destin qui attend Israël. Trop de puissance ne vaut pas mieux que pas assez : « Les forts ne sont jamais absolument forts, non plus que les faibles ne sont parfaitement faibles. Ceux qui ont reçu du destin la puissance se reposent sur celle-ci, et se retrouvent anéantis. La puissance est aussi impitoyable pour celui qui la possède (ou qui croit la posséder) que pour ses victimes. Elle écrase celles-ci, et intoxique les autres », écrivait Simone Weil, la philosophe française, en se rapportant à la guerre de Troie.[22]

Cette guerre en est une bonne illustration : une escarmouche mineure a débouché sur une grande bataille et sur la destruction massive de la nature et de villes entières, à cause de la puissance militaire excessive d'Israël. De petits incidents de frontière ont lieu tous les jours, de par le monde, mais ils ne donnent pas lieu à des excès semblables. Si l'Israël était plus malin, il aurait compris quelle serait la riposte prévisible à sa brutalité envers Gaza. Si l'Israël était

22. « L'Iliade ou le poème de la force » fut publié dans les *Cahiers du Sud* en 1940, sous pseudonyme.

plus faible, il aurait riposté de façon proportionnelle, sur le plan militaire. Mais c'est un pays trop stupide et trop fort pour comprendre son intérêt.

Les Juifs retombent tout le temps dans leurs erreurs. En 66 après Jésus-Christ, il y a presque deux mille ans, les Juifs avaient accompli un grand exploit : ils avaient battu la XIIe légion de Cestius Gallus. C'était aussi ahurissant que la guerre des Six Jours, parce que les légions romaines n'étaient pas du menu fretin. Les Juifs ont été entraînés par leur haut-fait, et ils ont cru, du haut de leur suffisance, que Dieu combattrait à leurs côtés. Mais Dieu avait d'autres projets, et dès 70 ap. J.-C. le temple était en ruines. Une fois de plus, aujourd'hui, les Juifs sont intoxiqués par leurs prouesses militaires, par l'obéissance des États-Unis et de l'Europe, par le contrôle qu'ils exercent sur les médias. Leur arrogance et leur brutalité les conduisent au désastre, parce qu'après le viol de Gaza et le viol du Liban, même l'habitant le plus tolérant du Proche-Orient arrivera à la même conclusion que les Romains il y a deux mille ans : **il ne peut pas y avoir de paix dans la région tant que l'État juif existera**. Après avoir vécu sous la férule des néocons, les Américains arriveront à la même conclusion.

Une autre erreur que les Juifs font à nouveau consiste à maltraiter les autochtones. Après la victoire des Hasmonéens sur les Séleucides (victoire décrite dans le livre biblique des Macchabées), ils s'étaient emparés de la Palestine. Leur premier exploit fut l'expulsion des habitants de Césarée, et le repeuplement de la ville par les juifs : déjà, la Nakbah… A cette époque, les habitants de la Palestine n'avaient pas de centrales électriques, de sorte que les Juifs durent se contenter de détruire leurs temples. Poursuivant leur but de devenir « la lumière des nations », les Juifs se devaient de plonger les nations dans les ténèbres les plus noires, ce qu'ils firent. La centaine d'années de gouvernement juif absolu (de 168 à 68 av. J. -C.) fut l'époque la plus horrible pour la région, et le général romain Pompée fut reçu comme un libérateur lorsqu'il soumit les Juifs et parvint à borner l'exercice de leur puissance à Jérusalem et à quelques autres zones.

« Il ne s'agit pas d'une guerre, mais d'une campagne anti-terroriste ; Israël combat les terroristes du Hezbollah », disent les médias juifs. Mais des centaines de bâtiments carbonisés, les ponts effondrés et les centrales électriques éventrées, les femmes et les enfants piétinés, les réfugiés terrorisés, réfutent ce bobard éculé. Napoléon prétendait combattre les Mamelouks, et non pas la Sublime Porte, mais l'Empire ottoman envoya ses troupes en Palestine, et il dut prendre la fuite après la désertion de ses soldats. Adolf Hitler prétendait qu'il luttait contre les « communistes », et non pas contre la Russie, mais les Russes s'unirent autour de Staline et ils éventèrent la ruse. George Bush prétend qu'il veut en finir avec Saddam Hussein, et non pas achever l'Irak, et des milliers de soldats américains tués démentent son mensonge. Or, voici que les Libanais ont rejeté le slogan publicitaire, et qu'ils affirment carrément : ceci est une guerre juive contre le Liban, une guerre totale contre les citoyens de ce pays ; le mot d'ordre en a été formulé par le généralissime israélien Halutz : « Pour chaque roquette, nous détruirons dix grands immeubles à Beyrouth ». Et les Libanais ont compris le message ; ils n'ont pas embrayé sur le prétexte juif d'en finir avec le Hezbollah. Ils ont eu le sentiment que le Hezbollah les représente, qu'il est partie intégrante du Liban. L'armée libanaise devrait prendre place aux côtés du Hezbollah, et cela enraierait complètement les plans de l'envahisseur.

Les Juifs ont même bombardé Ashrafieh, la banlieue chic maronite de Beyrouth, qui était à la tête du mouvement pour le retrait de l'armée syrienne hors du Liban. « Haram, ya Ashrafieh », désolé de ce qui vous arrive. Votre légèreté a vite été malmenée. Tout faibles et brutaux qu'ils étaient, les Syriens auraient protégé vos paradis des noirs vautours du sud. Vous êtes comme l'agneau qui a rejeté son vieux berger encombrant et qui s'est vite retrouvé dans la gueule du loup. Le rêve d'un Liban indépendant n'était qu'une illusion bricolée par les Maîtres des Rêves. Le concept d'indépendance ne marche pas : le Liban serait bien mieux loti en tant que partie intégrante et autonome de la Syrie ; et la Syrie s'en sortirait mieux si elle s'unissait à l'Irak, à la Jordanie, à la Palestine. L'Empire ottoman aurait dû se muer en Commonwealth oriental, et non pas en entité brisée, car unis, nous nous imposons et, divisés, nous chutons.

La France porte une lourde responsabilité dans la destruction du Liban. C'est la France qui a chassé les Syriens du Liban. Les États-Unis, ennemis évidents des Arabes, n'auraient pas pu le faire sans le soutien de Paris. En chassant le protecteur syrien, la France s'est mise dans l'obligation morale de défendre Beyrouth. « Vous êtes responsable à jamais de ceux que vous apprivoisez » disait le renard au Petit Prince, dans le conte de Saint-Exupéry. Et la France a apprivoisé le Liban. Le triste et raciste spectacle de l'évacuation des ressortissants étrangers devrait être remplacé par un autre : le débarquement de troupes française pour la bataille, non pas à titre de force de paix de l'Onu ou de l'Otan, mais à titre de défenseurs justifiés du Liban. Ils savent s'y prendre : en 1860, la belle époque des Druzes, les soldats français ont débarqué et restauré la paix en repoussant l'agresseur. Ils peuvent renouveler l'exploit ; si les Français combattaient au coude à coude avec les Libanais, contre l'envahisseur juif, cela amènerait la paix au Proche-Orient et à la France. Certains pays arabes ont trahi leur devoir de fraternité. L'Égypte, l'Arabie Saoudite et la Jordanie ont condamné non pas l'agresseur juif, mais le résistant, le Hezbollah. Les pays du Golfe n'ont rien fait pour sauver le Liban. Ils devraient avoir honte de leur trahison. De fait, ils pourraient remettre en vigueur l'embargo sur le pétrole de 1974, qui avait été un succès, et forcer l'Europe à faire reculer le pitbull sioniste en folie. La résistance du Hezbollah, tenace et brave, fait honneur aux combattants, et fait honte à d'autres dirigeants arabes. Ils devraient se souvenir que ceux qui ont trahi la Palestine ont été punis : le Roi Farouk a été renversé, et le Roi Abdallah a été assassiné. Plus la guerre dure, plus les chances de se voir chassés par leurs peuples augmentent pour ces dirigeants. Voilà une bonne raison pour ne pas rechercher le cessez-le-feu.

Les soldats du Hezbollah sont les véritables héros du Proche-Orient. Non pas pour leur puissance, mais en raison de leur compassion. Eux seuls, en effet, ont ressenti de la compassion pour le martyre des Palestiniens: ils ne sont pas restés les bras croisés, à observer le viol de Gaza dans l'indifférence, ils ont essayé d'arrêter le violeur avec leurs modestes moyens, exactement comme l'Angleterre jadis avait exprimé sa protestation face à la conquête allemande de la Pologne. La compassion et la solidarité sont plus importantes que la souveraineté.

C'est la raison pour laquelle nous ne pouvons pas condamner les combattants du Hezbollah ni même dire qu'il y aurait des torts « des deux côtés ». Un philosophe russe du nom d'Ivan Ilyin (1883-1954) faisait une distinction claire entre le violeur et le résistant (dans *La résistance au mal par la force*) :

« Le violeur dit à sa victime: « Tu es en mon pouvoir », tandis que le résistant répond au violeur: « Tu détruis et tu seras détruit, renonce donc! Car je mets ici même fin à ta tyrannie ».

En fait, les Juifs ont tenté de dominer les Palestiniens si complètement, ils les ont torturés si librement, sans l'ombre d'un remords, qu'un résistant devait apparaître un jour. Face à l'obéissance honteuse du reste des Arabes, les combattants du cheikh Hassan Nasrallah méritent toute notre admiration. Ils ont été les premiers opposants à bousculer les règles du jeu israéliennes et à amener la guerre sur le territoire juif, – jusqu'à ce jour, les ennemis d'Israël acceptaient tacitement d'en faire un sanctuaire. Même en 1948, les armées de l'Égypte, de la Transjordanie, de la Syrie, du Liban et de l'Irak n'avaient pas franchi les frontières de l'État juif; elles s'étaient contentées de sécuriser les territoires attribués par l'ONU à l'État palestinien arabe. Entre 1967 et 1971, lors de la guerre d'usure, l'Égypte de Nasser n'a pas osé envoyer un seul bombardier sur Tel Aviv, alors que l'aviation israélienne bombardait et incendiait les villes égyptiennes. Grâce au cheik Nasrallah, les villes israéliennes ont éprouvé – certes, à dose homéopathique – ce que connaissent Gaza et Beyrouth.

Espérons que cette expérience servira à démolir le complexe de supériorité juif, de façon à ce que les Israéliens en ressortent plus modestes, plus ouverts au compromis, plus enclins à la considération pour leurs voisins. Ils ne devraient pas tenter exagérément leur chance, car la chance actuelle des Juifs nous rappelle dangereusement le poème de Friedrich Schiller sur le très chanceux Polycrate (poème tiré d'un récit d'Hérodote). Son hôte était fort marri parce que trop de chance finit souvent par un désastre. Il pria Polycrate de prendre son anneau, d'une valeur inestimable et de le jeter à la mer – ce qu'il fit. Mais, le lendemain, un pêcheur se présenta à la cour pour lui offrir l'énorme poisson qu'il avait attrapé. Quand on éventra le poisson, on retrouva la précieuse bague dans son estomac. « Terrorisé, l'invité répartit : "Je ne puis rester plus longtemps ici, les dieux ont décidé de vous faire périr, et pour ne pas périr moi-même, je dois m'enfuir" ».[23] Effectivement, Polycrate subit un terrible revers du destin, et il finit crucifié par les Perses.

Israël pousse sa chance trop loin. Ses généraux sont coupables du pire des crimes de guerre, le crime d'agression. Ils tuent impunément et sont applaudis par leurs vassaux américains. Maintenant, voilà qu'ils ont défié l'ONU et flingué quelques soldats de la paix, mais ne vous en faites pas : personne ne les grondera pour cela. L'ambassadeur israélien à l'ONU a déjà exigé des excuses à cet invertébré d'Annan, et je suis sûr qu'il les obtiendra. Les Juifs n'ont rien à craindre, mais le chef du clergé orthodoxe, l'archevêque grec Christodoulos d'Athènes, comme l'archevêque palestinien Théodose Atalla Hanna de Sébaste leur a rappelé ceci : « Craignez la colère de Dieu ! ».

23. www.poetry-archive.com/s/the_ring_of_polycrates.html

CHAPITRE V
LES RAISINS DE LA COLÈRE[24]

Une petite troupe de combattants déterminés prend le dessus et repousse l'armée la plus puissante dans sa région : c'est classique, dans l'Histoire. Ecartez-vous et dégagez, les Thermopyles : Bint Jbeil fait son entrée ! L'Evêque d'Antioche Philippe a comparé le nivellement de cette petite ville libanaise à la destruction de Sta-

24. Publié sous le titre « Le joug de Sion » le samedi 5 août 2006

lingrad. Mais ces deux villes ont aussi en commun le courage de leurs défenseurs respectifs. Cela n'est pas si fréquent : toutes les générations ne méritent pas d'assister à un exemple aussi éclatant de courage. Trois longues semaines durant, une poignée de combattants du Hezbollah – deux mille hommes, selon les estimations les plus optimistes – ont repoussé les assauts de troupes israéliennes dix fois, vingt fois plus nombreuses, jusqu'au point de les paralyser. Voici quarante ans de cela, les Israéliens vainquirent trois armées en une semaine. Mais aujourd'hui, le talisman des envahisseurs s'est éventé – plus probablement, il est passé chez le vaincu. Dans le narratif quelque peu efféminé de la victime, qui prévaut de nos jours, la souffrance attire plus l'attention que la bravoure masculine. Ainsi, le massacre de Qana a éclipsé un événement plus important : la résistance inébranlable des combattants libanais. Mais le deuil d'Andromaque ne doit pas occulter le courage d'Hector : les hauts-faits du Hezbollah méritent d'être immortalisés par les aèdes.

Pourquoi, cette guerre ? Laissons les menus détails à un futur Plutarque ; il s'agit en fait d'une énième bataille pour la Palestine. Soutenus par l'Empire qu'ils tiennent à leur merci – les Etats-Unis – les juifs avaient toutes les armes, toutes les munitions, tout le soutien diplomatique, quand, enivrés par leur *hybris*, ils ont fait irruption dans une Gaza affamée et désarmée, afin d'en massacrer les derniers résistants et de lui imposer le Joug de Sion. Leur invasion avait été préparée par un siège imposé depuis un an et par des bombardements incessants : leur outrecuidance les avaient donc persuadés qu'ils ne feraient qu'une bouchée de Gaza, au moment où ils en auraient ainsi décidé. Et, de fait, tout le monde resta interdit : les Egyptiens vendirent la gloire de la Guerre de Ramadan pour une poignée de billets verts, les fils du Hedjaz et du Nedjd étaient tout à leur boulot à leur pompe à essence et les princes du Golfe s'occupaient exclusivement de leurs faucons. Les juifs se sentaient sûrs d'eux, quand ils se mirent en marche pour aller massacrer Gaza : qui allait déranger le lion de Juda rugissant au-dessus de sa proie ? Et voilà qu'une petite force, depuis le Mont

Liban a dit: « nous » ! Ils ont attaqué les juifs tout-puissants; ainsi le nain coupa-t-il le jarret de Nazgul prêt à tuer. L'armée israélienne a abandonné sa proie et, se retournant vers le Nord, elle a frappé les combattants du Hezbollah de toute sa puissance. Mais ceux-ci n'ont pas lâché.

C'était là quelque chose de tout à fait inattendu. Les Israéliens avaient coutume de tuer – ou de disperser – des Palestiniens piètrement armés et non entraînés. Là, les combattants de Sayyed Nasrallah s'incrustèrent dans les collines dénudées de Bint Jbeil, et ils livrèrent bataille. S'ils avaient été promptement éliminés, les généraux israéliens auraient emmené leurs troupes victorieuses jusqu'à Damas et à Téhéran, avant de revenir dépouiller la Palestine de son joyau inestimable: le Haram al-Sharif, le Dôme du Rocher. Cette catastrophe peut encore se produire, mais le risque en a été amoindri par l'opiniâtreté du Hezbollah.

Plus important: le Hezbollah a refusé de cesser le feu tant qu'Israël occuperait le territoire libanais. Cette position courageuse a sapé toute la stratégie des sionistes. Ils envisageaient d'occuper le Sud du Liban et d'attendre qu'une force internationale (voire même l'Otan!) vienne faire le sale boulot à leur place. Il ne manque qu'une seule chose pour que la décision prise par le Hezbollah soit parfaite: le cessez-le-feu doit s'étendre également à la Palestine. Il est inconcevable que le Liban dépose les armes, tant que Gaza est assiégée et Naplouse engloutie.

Le Premier ministre israélien Ehud Olmert a déclaré: « Nous avons changé le Moyen-Orient ». Je ne sais pas si l'ensemble du Moyen-Orient a été changé, mais en ce qui nous concerne, en Israël, nous constatons un grand changement. Jusqu'à présent, seuls, quelques hommes et femmes d'Israël demandaient à leur gouvernement de renoncer à leur agression contre Gaza et le Liban… Mais la pluie de roquettes Katioucha a fait changer d'avis à plus d'un. Entraînés, au début, par l'arrogance de leurs généraux, les Israéliens ont désormais découvert le prix exorbitant de la guerre. Leurs premières réclamations au sujet de l'échec de l'armée à « assurer » ont cédé la place à la critique de la politique gouvernementale. Ils ont commencé à comprendre que le temps ne joue pas en leur faveur.

A chaque instant, désormais, les régimes collabos de certains pays voisins risquent soit de tomber, soit de secouer le Joug de Sion. Leurs dirigeants avaient été amenés à croire en la supériorité juive, et c'est la raison pour laquelle ils ont jugé malin de condamner l'« imprudence du Hezbollah ». Mais aujourd'hui, leurs peuples constatent que même une petite armée de combattants déterminés peut battre l'ennemi ; ils ne trouvent aucune justification au comportement lâche de leurs dirigeants. Cela peut amener des révolutions. Souvenons-nous que le Roi Farouk avait été évincé par de jeunes officiers dignes de Fallouja, déçus par sa faiblesse lors de la guerre de 1948.

Neil MacFarquhar écrit, dans le *New York Times* du 28 juillet :

« Aux prémisses de la crise libanaise, les gouvernements arabes, Arabie saoudite en tête, ont sermonné le Hezbollah au motif qu'il provoquait inconsidérément une guerre, donnant ce que les Etats-Unis et Israël ont pris pour un clin d'œil et un hochement de tête d'approbation signifiant qu'ils pouvaient poursuivre les opérations. Aujourd'hui, après des centaines de morts chez les Libanais et tandis que le Hezbollah tient toujours fermement, face à une armée israélienne fanfaronnant depuis plus de deux semaines, la vague de l'opinion publique, d'une extrémité à l'autre du monde arabe, se soulève pour soutenir cette organisation, transformant le chef de la formation chiite, Sheikh Hassan Nasrallah, en héros populaire et imposant un changement dans les déclarations officielles. Ainsi, la famille royale saoudienne et le Roi Abdallah II de Jordanie, qui étaient initialement très préoccupés par l'ascension de la puissance de l'Iran chiite, principal soutien du Hezbollah, font tout ce qu'ils peuvent pour tenter de se distancier de Washington. »

Ce journaliste voit dans l'opinion populaire, la fameuse « rue arabe », le vecteur du changement. Mais celui-ci peut aussi venir d'en haut. Le cruel bombardement de Beyrouth et de l'ensemble du Liban était supposé effrayer les autres nations arabes et les amener à résipiscence. Bien au contraire, il a convaincu les Arabes riches et puissants que, tant que ce seront les juifs qui donneront le « la », au Moyen-Orient, leurs richesses et leur pouvoir risquent de leur être confisqués à tout instant par le caprice d'un général juif. Beyrouth était pacifique, Beyrouth avait été d'accord pour chasser les Syriens, Beyrouth était le pays le plus pro-occidental, or cela n'a pas protégé cette ville contre les juifs ? Et ce, même pas par vengeance, puisqu'il n'y avait rien à venger ? Non : par simple brutalité arbitraire. Les Arabes au pouvoir se demandent si l'État juif sera un jour capable d'être un voisin pacifique, ou bien s'il n'est pas (comme le dit le Président iranien Ahmadinejad) intrinsèquement belliqueux et s'il ne conviendrait pas plutôt de le traiter comme le Royaume des Croisés avait dû l'être.

De fait, ce Royaume de Jérusalem a duré plus que l'État juif aujourd'hui, et il aurait sans doute persisté durant des siècles, n'eussent été son agressivité innée et sa propension à servir de tête de pont aux invasions européennes. Le tournant, dans les fortunes des Croisés, se produisit voici environ huit cent cinquante ans, au cours de la Deuxième Croisade, qui ressemble de manière troublante à la Deuxième Guerre du Liban… A l'époque, les nations arabes étaient absolument persuadées de l'invincibilité des Croisés ; leur arrogance absolue conduisit lesdits Croisés à marcher contre Damas, leur voisine paisible, complaisante et hédoniste, capitale du moins belliqueux des pays arabes indépendants et terriblement divisés, une sorte de « Liban du douzième siècle ». Tout d'abord, les Croisés eurent affaire à la résistance du Hezbollah de l'époque, et ils perdirent beaucoup de soldats. Quand ils assiégèrent la ville, le gouverneur de Damas fut contraint d'appeler à la rescoussc Nourédine – le Mahmud Ahmadinejad d'alors – dont les renforts rappliquèrent. Les Francs durent lever leur siège et se retirer en toute hâte.

Les voisins arabes en tirèrent deux leçons :

1) la soumission et la complaisance ne sauraient leur assurer la paix, car l'État croisé est une épée de Damoclès éternellement suspendue au-dessus de leurs têtes et

2) les Croisés peuvent être vaincus.

De la Deuxième Croisade émana Saladin, un neveu de Nureddin, qui unifia la Syrie et l'Egypte et finit par défaire les Croisés à la bataille des Fourches de Hittin. Aujourd'hui, ce sont exactement les deux mêmes leçons qui ont été inculquées aux Arabes par les bons soins de « Tsahal ». Peut-être allons-nous faire la connaissance d'un nouveau Saladin ?

Mais les juifs risquent d'être confrontés à un autre danger, né de leur confiance démesurée en eux-mêmes. Ils s'appliquent à eux-mêmes la terrible prophétie des Révélations 19:15. « De sa bouche s'échappe un glaive acéré, avec lequel il massacrera les goyim, et il les mènera comme un troupeau avec une baguette de fer ; et il écrase de ses pieds les raisins de la colère de Dieu ». Ils prennent ça tellement à la lettre qu'ils avaient appelé leur massacre de Qana (en 1996, avec cent vingt réfugiés équarris) « Les Raisins de la Colère ». On a connu plus motivant, en matière de perspectives, et les Arabes ne sont peut-être pas les seuls à regimber à l'idée de se voir mener à la baguette… de fer.

Les Etats-Unis paient très cher les bêtises des juifs. Un Américain pauvre peut très bien haïr l'idée qu'il n'a pas de sécurité sociale, mais que son gouvernement verse des subsides au riche Israël. L'Américain moyen qui fait le plein de sa bagnole peut ne pas apprécier de payer le soutien de son gouvernement à l'État juif, car, avant que les neo-cohens ne s'emparent du pouvoir au sein de l'Administration, le pétrole était incommensurablement meilleur marché. Un Américain riche et citoyen du monde peut très bien tirer ombrage du fait qu'on lui tire une gueule de trois pieds de long où qu'il aille : depuis Paris jusqu'à Istanbul – alors qu'il était bien accueilli, avant le Joug de Sion.

Un Américain sans façons peut fort bien ne pas apprécier de ne pas pouvoir injurier un flic juif, sans découvrir un article à ce propos dans le *New York Times* le lendemain.[25] Un Américain pieux peut être dérangé par le fait de ne pouvoir mentionner le Christ

25. www.forward.com/articles/8222

sans risquer d'être convoqué au tribunal[26]. Un Américain – ou un Européen – honnête peut très bien en avoir ras-le-bol de leur hypocrisie. Non seulement ils poussent à la guerre, [27] mais ils en accusent d'autres de le faire ![28] Non contents d'assassiner des enfants par dizaines, ils pérorent sur l'inestimable valeur de la vie humaine !

Un Américain féru de Bible peut très bien se souvenir de la prophétie d'Ezéchiel : 22, qui dit aux princes d'Israël, au nom du Seigneur : « Vous êtes coupables du sang que vous avez répandu ; tous, chacun de vous, n'avez-vous pas mobilisé toutes vos forces afin de verser le sang ? » Il s'agit du sang des Palestiniens et des Libanais innocents ; Ezéchiel a aussi prophétisé le Rassemblement Sioniste des juifs, et le fait que cela entraînera un désastre majeur pour les sionistes : « La maison d'Israël m'est devenue odieuse ; aussi je vous rassemblerai au centre de Jérusalem et je soufflerai sur vous le feu de ma colère, et vous y fondrez, et vous saurez que moi, le Seigneur, j'ai déversé ma fureur sur vous. Les Israélites ont opprimé leurs voisins, les ont spoliés, ils ont accablé le pauvre et le nécessiteux ; certes, ils ont opprimé les Gentils d'une manière abjecte » : Ezéchiel semble bien en avoir prédit les conséquences…

Un homme politique américain, peut-être même un Président, peut très bien, un jour, en avoir ras-le-bol des exigences du lobby juif, réclamant à la fois sympathie ou privilèges, censure idéologique et discipline de Parti, de leurs chantages, de leurs poches rembourrées et de leur mainmise sur les médias, de l'épée de Damoclès qu'ils agitent en permanence au-dessus de nos têtes.

De plus, un Américain ou un Européen qui se revendique aujourd'hui comme « juif » devrait se demander s'il a bien quoi que ce soit en commun avec ce peuple dont les poètes exhortent leurs soldats en ces termes délicats :

26. www.jewsonfirst.org/schoolprayer.php/jersey
27. www.weeklystandard.com/Content/Public/Aticles/000/000/012/433fwbvs.asp
28. www.commondreams.org/view06/0724-21.htm

« Déferlez sur le Liban et sur Gaza, Labourez-les et ensemencez-les de sel, rasez-les au sol, ne laissez en vie aucun être humain.

Faites de leur pays un désert, des décombres, une vallée de désolation, dépeuplée.

Sauvez votre nation et lancez les bombes

Sur les villages et sur les villes, canardez leurs maisons en train de s'effondrer

Tuez-les, répandez leur sang

Faites de leur vie un Enfer sur terre ! »[29]

Il peut y réfléchir à deux fois avant de décider s'il souhaite devenir une arme secrète d'Israël, pour reprendre les propos du Premier ministre Olmert, qui a déclaré : « Les armes arabes, même quand elles nous frappent, ne sont rien en comparaison de l'arme secrète infiniment puissante que nous possédons : cette arme secrète, c'est rien moins que le peuple juif, répandu dans le monde entier, et ce sentiment particulier d'amour et d'engagement mutuel qui prévaut entre tous les juifs, quels qu'ils soient.[30] Il peut tout simplement cesser de se considérer juif et se fondre dans la commune humanité, comme l'ont fait avant lui des millions de ses semblables.

Un de mes amis juifs a écrit : « J'ai demandé à plusieurs de mes amis, des Américains, s'ils pensaient que le mantra sioniste conservait son pouvoir, et ils m'ont tous répondu par la négative. Le lobby n'a pas, je pense, un avenir très brillant devant lui – c'est la raison pour laquelle ses agents entament des poursuites judiciaires. Même si leur emprise sur le Congrès persiste encore quelque temps, leur domination sur l'opinion américaine ne peut désormais que diminuer. Je suis d'accord avec Lenni Brenner lorsque celui-ci affirme que les jeunes juifs sont en train de déserter en masse le judaïsme et le sionisme. »

Les Israéliens – c'est-à-dire les habitants de la Palestine qui se considèrent juifs – doivent aussi, désormais, se demander s'ils veu-

29. www.haaretz.com/hasen/spages/746268.html
30. www.ynetnews.com/articles/0,7340,L-3281295,00.html

lent se battre et défendre le Joug idéologique de Sion, qui ne leur apporte que la haine, à l'extérieur, et la pauvreté, à l'intérieur. Au lieu de vivre dans la prospérité économique et en harmonie avec nos voisins, le Joug de Sion ne fait que nous transformer en chair à canon nécessiteuse.

Et puis, en fin de compte, les Américains et les Européens peuvent tout simplement finir par en avoir ras-le-bol, de ces gens, qui ne cessent de faire la leçon aux autres et qui ne veulent jamais écouter l'avis d'autrui. Il n'est pas jusqu'aux Allemands qui ne puissent un jour envoyer valser d'un coup de pied leur interminable repentance. Alors, c'en sera fini du Joug de Sion, car ce Joug n'est qu'une croyance partagée en je ne sais quelle supériorité juive. Alors, les juifs parfaitement bénins devront apprendre à devenir des citoyens ordinaires de leurs pays respectifs, sans accès spécial aux Présidents, aux coffres des banques, ni aux écrans des postes de télévision…

CHAPITRE VI
ENTRE LA VICTOIRE DES UNS ET LA DÉFAITE DES AUTRES[31]

Les dernières heures de la guerre du Liban ont été particulièrement dramatiques, mais le drame n'a pas effacé l'essentiel; l'armée israélienne a été battue en profondeur. C'est probablement pour cette raison qu'Israël a tenté de monter un show, et a échoué sur ce plan aussi.

La résolution de l'ONU – écrite par les Etats-Unis, et approuvée par Israël – est profondément injuste: les troupes de l'ONU seront stationnées, non pas en Galilée, afin de protéger le Liban de la furie juive, mais au Sud Liban, afin de protéger le puissant voisin... C'est

31. Première version: dimanche 13 août 2006, 22h22 GMT

l'agressé qui tente de se défendre, qui sera désarmé, et non pas l'agresseur. C'est injuste. Mais, injuste, ça ne l'était sans doute pas encore suffisamment, aux yeux des juifs : à peine cette résolution venait-elle d'être adoptée, que l'armée israélienne fonçait, afin de s'emparer d'autant de terrain possible avant l'heure officielle du cessez-le-feu. C'était là un tour pendable, violant totalement l'esprit de la résolution de l'ONU, mais qui en respectait scrupuleusement la lettre. A propos de ce genre de magouille, les juifs disent : « C'est casher, mais ça pue ! »

La décision prise par le gouvernement israélien a été authentiquement orwellienne, voire schizophrénique : accepter le cessez-le-feu tout en poursuivant à fond la caisse la conquête du Sud Liban ? ! ? D'après les éclaircissements donnés par le commandant de l'armée israélienne pour la région Nord, Israël a l'intention d'encercler le Sud Liban et d'y continuer le combat y compris après le cessez-le-feu. Il a appelé ça : « la nécessité de nettoyer les terroristes ». A nouveau, le Liban a gagné, les tanks israéliens ont été repoussés jusqu'au fond du Wadi Saluki. Douze de ces machines à tuer, le nec plus ultra, ont flambé, les autres ont fait demi-tour.

La défaite s'est installée, bien que la participation américaine à la guerre ne se soit pas limitée pas au soutien diplomatique total et aux fournitures militaires : allant jusqu'à mettre ses propres troupes en Irak en danger, le Pentagone a privilégié la sécurité des troupes juives par rapport à celle des Américains, il a déplacé ses satellites espions géostationnaires de la verticale de Bagdad jusqu'au ciel du Liban. Provisoirement aveugles dans une contrée hostile, les USA ont été obligés d'effectuer un transfert massif de soldats de la Garde nationale vers Bagdad.

De plus, d'importants juifs américains amis d'Israël, à Washington, ont appelé le gouvernement israélien à se battre pour vaincre, car un Israël non-victorieux, l'Empire n'en a nul besoin.[32] L'éditorialiste du *Washington Post* Charles Krauthammer a ainsi écrit, cette semaine : « … La quête d'une victoire à bon marché par

32. www.haaretz.co.il/hasite/spages/749179.html

Olmert a mis en danger non seulement l'opération au Liban, mais tout autant la confiance placée dans Israël par l'Amérique. » Max Boot, membre du Conseil des Relations Extérieures, a écrit, dans le *Los Angeles Times* : « La Syrie est faible, et elle est juste à côté. Pour sécuriser ses frontières, Israël doit frapper le régime [du Président Bashar] al-Assad. » Les juifs américains exigent la guerre, et la victoire d'Israël : « La Juiverie américaine [doit] se comporte[r] comme un État totalitaire communiste, dès lors qu'il s'agit de guerres juives »[33], a pu écrire un éditorialiste de *Tikkoun*, une publication jadis réputée progressiste.

Les exhortations belliqueuses venues de la mouvance du JINSA[34] sont liées à la chute d'une première victime juive américaine du conflit. En effet, Joseph Lieberman, un belliciste démocrate éminent, vient de perdre les élections primaires, dans l'État du Connecticut. Les ondes sismiques émises par sa défaite ont menacé la base bipartisane du soutien à Israël au Congrès. Le Président Bush a exprimé sa sympathie à ce soi-disant « démocrate » totalement dévoué à Israël et à la guerre au Moyen-Orient. Les forces pro-guerre, aux Etats-Unis, flairant le danger, ont intensifié leurs efforts visant à étendre la guerre à l'ensemble du Moyen-Orient. Ces forces ont de nombreux alliés en Israël, dont le leadership est en train de ressasser sa déculottée militaire dans ce qui était supposé devoir être une brillante campagne éclair, et cherche un bouc émissaire. Les généraux blâment le gouvernement, qui leur aurait dénié leur totale liberté de mouvement, et ils bougonnent, évoquant un coup d'État ; des ministres blâment l'armée ; des officiers du renseignement affirment – contre toute vraisemblance – qu'ils avaient prévu ce qu'il allait advenir. Le Premier ministre Olmert doit partir, a exigé Ari Shavit, un des principaux éditorialistes du quotidien *Ha'aretz*, devenu un néo-fasciste « né deux fois », et qui a accusé le libéralisme israélien de la responsabilité de la défaite ; tandis qu'un encart payé, à la une du *Ha'aretz*,

33. http://online.wsj.com/article/SB115508199528130506.html
34. Jewish Institute for National Security Affaires (USA)

ce quotidien réputé progressiste, exhorte « Ehud [Olmert] et Amir [Péretz] à vitrifier l'Iran ! »[35]

Cette requête risque malheureusement encore d'être satisfaite, même si la blitzkrieg n'a pas si bien marché que cela, au Liban. Les missiles du Hezbollah représentaient une contre menace pour Israël : ils risquaient d'être activés, en cas de déclenchement d'une attaque israélo américaine contre l'Iran et la Syrie. Désormais, la menace de ces missiles étant écartée – et après un repos et un réarmement réparateurs – les Israéliens risquent de continuer la mise en application de leurs plans visant à rayer Damas et Téhéran de la carte. Telle est, en tout état de cause, la seule raison vraisemblable de leur acceptation d'un cessez-le-feu.

Le cessez-le-feu, c'est l'arme secrète d'Israël. Dès lors que Tsahal prend sa baffe, les juifs mettent en branle l'arme secrète et gagnent une mi-temps, et une opportunité de reprendre les combats, à leur convenance, après s'être réarmés et reposés. L'arme du cessez-le-feu avait été utilisée pour la première fois en 1948, les Nations Unies le déclarant à deux reprises, associé à un embargo sur les armes. Les deux fois, l'État juif naissant a tiré un maximum de profit de ces deux cessez-le-feu : les livraisons d'armes aux Palestiniens étaient frappées d'embargo, tandis que les juifs recevaient des cargaisons d'armements sophistiqués du gouvernement (à déguisement stalinien, mais très largement juif) de Prague. Réarmés et rafraîchis, les juifs reprirent leur offensive, quand ils furent prêts pour cela, et ils écrasèrent la résistance palestinienne.

Le cessez-le-feu fut à nouveau déclenché en 1973 : il sauva alors l'État juif d'une défaite annoncée, en permettant à l'administration américaine, sous la houlette de Kissinger, de réarmer les Israéliens, tout en les autorisant à violer ledit cessez-le-feu dès lors qu'ils le jugeraient opportun. La stratégie du coup du lapin à base de cessez-le-feu a été intégrée dans les plans de guerre israéliens, dès le début de la guerre au Liban. Les juifs ont bombardé les civils, au Liban. Si le massacre de Cana est le plus notoire, il y a eu des dizaines de

35. www.haaretz.com/hasen/pages/749484.html

Canas, de la même manière qu'en 1948 le massacre de Deir Yassin n'a été que le plus célèbre de toute une série de massacres [perpétrés en Palestine]. La population civile israélienne a souffert, elle aussi, mais ce sont les Palestiniens de la Galilée [les « Arabes israéliens »] qui ont le plus souffert, parce que l'artillerie israélienne bombardait le Liban depuis leurs villages quasiment dépourvus d'abris, en espérant (et en causant immanquablement) des tirs en retour, à la grande joie des nationalistes juifs.

Quand la conscience mondiale exigea qu'il fût mis fin au massacre des innocents, Israël posa son ultimatum, par l'intermédiaire de sa superpuissance alliée, les Etats-Unis, disant en substance : « Si vous voulez que les tueries s'arrêtent, alors, s'il vous plaît, faites notre [sale] boulot à notre place : désarmez la résistance, imposez l'embargo à ses fournitures d'armes, recolonisez le Liban, afin que, quand nous serons en mesure de reprendre la guerre, le Liban nous tombe entre les mains, comme un fruit mûr. »

Seuls la ténacité et le courage des combattants du Hezbollah ont amené les Français à améliorer un tout petit peu le projet de résolution israélo-américain ; néanmoins celui-ci est à peu près aussi généreux que les conditions du prêt stipulées par Shylock, dans *Le Marchand de Venise*.

Le Conseil de Sécurité m'a fait penser à cet arbitre d'une nouvelle brève de Jack London – *Le Mexicain* :

Le personnage principal de cette nouvelle, un garçon mexicain souple et agile, Rivera, doit combattre un grand boxeur catégorie poids lourds, Danny, une sorte de Tyson de l'époque, afin de remporter un prix richement doté qui lui permettra d'acheter des fusils pour la Révolution. Au début, Rivera attaque : « On ne saurait qualifier cela de combat. Ce fut une boucherie, un massacre. Danny, à n'en pas douter, montrait ce dont il était capable – splendide démonstration. Le public était tellement sûr de son pronostic qu'il ne remarqua même pas que le jeune Mexicain tenait encore debout. Le public avait carrément oublié Rivera… Il faut dire qu'il ne le voyait que de temps à autre, tellement il était enveloppé par l'attaque anthropophagique de Danny. C'est alors qu'il se produisit une chose stupéfiante : Rivera était debout. Mais seul ! Danny, le redoutable Danny, était sur le dos. L'arbitre faisait des va-et-vient entre eux deux, et Rivera put soupeser à quel point les secondes qu'il comptait étaient interminables. Tous les Gringos étaient contre lui, arbitre compris. A « neuf », l'arbitre repoussa Rivera d'un geste brusque. C'était injuste, mais cela permit à Danny de se relever. » Puis, à chaque occasion, « l'arbitre s'affaira, décollant Rivera de Danny afin que celui-ci puisse le rouer de coups de poing, donnant à Danny tous les avantages qu'un arbitre partial est capable d'accorder », poursuit Jacques London. Pourtant, en dépit de ces avantages, Tyson fut battu. La ténacité et la pugnacité du svelte Mexicain lui permirent de vaincre son adversaire avant que l'arbitre et les policiers n'aient pu lui voler la victoire.[36]

Les Libanais et les Palestiniens peuvent encore remporter la victoire, malgré la puissance énorme d'Israël et de l'Amérique. Mais, dans la « real politique », il est inutile de pousser à la victoire : nous pouvons nous satisfaire d'un modus vivendi. De plus en plus d'Israéliens sont en train de dessaouler, y compris le mouvement La Paix Maintenant !, qui a soutenu la guerre depuis le début. Le principal danger continue à provenir des sionistes extrémistes américains, qui sont prêts à se battre, depuis leurs chaises longues, jusqu'au dernier Israélien. Il faut absolument que leurs concitoyens leur jettent un seau d'eau froide, pour les ramener à la raison. En Israël, l'intoxication belliqueuse est certes en train de s'évaporer, mais pas encore suffisamment vite. Les destructions, au Liban, sont indescriptibles : des reporters israéliens les comparent au Berlin de 1945. Des dizaines de combattants israéliens et libanais, et beaucoup de civils israéliens et libanais sont morts à cause de la tentative désespérée pour marquer d'ultimes points, déployée par les dirigeants israéliens. Aucun gouvernement israélien ne devrait être récompensé pour son inconduite. Les résolutions du Conseil de Sécurité sur le Liban appellent au désarmement des forces non autorisées par le gouvernement de

36. www.jacklondons.net/writings/ShortStories/the_mexican.html

Beyrouth. Aussi les dirigeants libanais devraient-ils intégrer le Hezbollah dans leur État et dans leur appareil militaire, ce qui couperait court immédiatement au complot sioniste. Les Libanais peuvent prendre de la graine du précédent de 1948, année où les organisations terroristes juives (Palmach, Haganah, Etzel, notamment) avaient été incorporées et intégrées à l'armée israélienne. Le Hezbollah a démontré sa puissance, sa capacité à combattre l'ennemi et à cacher son jeu, en serrant ses cartes sur sa poitrine. Il s'agit là de qualités non négligeables. Ces atouts, le Liban doit les garder, s'il veut survivre à la prochaine aventure juive.

Cela, le Président maronite du Liban, Emile Lahoud, l'a bien compris, lui qui a répondu aux jérémiades sionistes habituelles d'un journaliste occidental d'une manière très favorable au Hezbollah : « Le Hezbollah, c'est cette force qui a été capable de libérer les territoires du Sud du Liban, en 2000. Notre armée est une armée nationale, or la résistance est une résistance nationale. Vous voudriez que l'armée de la Nation désarme la résistance nationale, laquelle est complémentaire de l'armée, même si elle opère à partir d'une autre salle de commandement des opérations ? Pas question ! »[37]

Mais il est une autre grande victoire du Hezbollah, qui est d'avoir su cicatriser la querelle entre Sunnites et Chiites, cette querelle qui a été suscitée et entretenue par Al-Qa'ida. Ce groupe nébuleux, basé en Afghanistan, créé par les Etats-Unis afin de combattre les Soviétiques dans les années 1980, était resté dans la naphtaline, jusqu'en 2001, année où les décideurs de la politique américaine le ressuscitèrent au moyen des attentats du 11 septembre, même si encore aujourd'hui – bientôt cinq années après – son implication dans ces attentats n'a pas été démontrée. Quels que soient les auteurs des attentats contre les Tours Jumelles du World Trade Center et contre le Pentagone (et on ne sait pas qui ils sont), ils se sont attiré une vague de sympathie auprès des désenchantés du Nouvel Ordre Mondial, de Paris à Téhéran et de

37. www.abc.net.au/am/content/2006/s172385.htm

Moscou jusqu'en Oklahoma. Les Maîtres du Discours s'inquiétaient du fait que cette immense moisson ne risque de tomber aux mains d'un groupe capable et dangereux (pour eux) (non nécessairement musulman) et ils ont préféré l'offrir à leur créature domestiquée : Al-Qa'ida. Depuis lors, Al-Qa'ida s'est montrée un outil précieux pour le marketing américain : elle n'a pourtant rien fait de particulièrement digne d'être mentionné : elle a décapité des touristes, en filmant leur décapitation ; elle a fait tout ce qu'elle pouvait pour susciter une guerre de religions entre Sunnites et Chiites en Irak, faisant sauter des bombes dans des mosquées et tuant des pèlerins. Elle a su attirer des jeunes gens valeureux et audacieux, sur la base de ses états de service en septembre 2001 – mais Al-Qa'ida les amenés à leur perdition.

L'ascension du Hezbollah est venue défier ces petits arrangements entre soi. Au lieu de se battre contre ses coreligionnaires musulmans, le Hezbollah se bat contre l'Empire judéo américain. Diamétralement opposé à ce leurre qu'est Al-Qa'ida, le Hezbollah est une résistance authentique, qui mène une vraie guerre : il ne s'arrête jamais de combattre pour poser devant les caméras de télévision. Les jeunes hommes inspirés, désireux de combattre pour une juste cause, se sont par conséquent tournés vers Nasrallah.

Les pantins sans âme d'Al-Qa'ida ont appelé leurs ouailles à combattre le Hezbollah, mais en vain. La querelle intestine entre Sunnites et Chiites s'estompe, et la majorité sunnite du monde arabe a préféré Sayyed Nasrallah, le Défenseur des Opprimés, à ceux qui prétendent imposer la loi islamique (*shari'a*) par la force, comme Ben Laden et Al-Zarqâwî.

Quant au « Complot des Poudres » d'Heathrow, il ne s'agit apparemment que d'une tentative désespérée déployée par les patrons d'Al-Qa'ida afin de redorer la gloire défraîchie de leurs créatures, en tentant de démontrer qu'ils ne sont pas totalement éteints.

La bonne raclée administrée par le Hezbollah à l'armada sioniste aura de sérieuses conséquences bien au-delà du Liban : elle va réunifier l'Orient, contre l'Empire.

CHAPITRE VII
LE HOMARD DE L'IRAN[38]

« L'Iran incarne la plus grande menace [pour nous, les juifs], depuis les Nazis », a dit le ministre israélien de la Défense, Shaul Mofaz, d'après le *Guardian* : « Le monde ne doit pas attendre ! Depuis Hitler, nous, les juifs, n'avons jamais été confrontés à une telle menace », incarnée par Mahmoud Ahmadinejad, lequel « a, une nouvelle fois, scandalisé le monde entier en préconisant la réinstallation des juifs israéliens en Europe »…

38. 30 avril 2006

Ces gens sont vraiment difficiles ! Dans les années Trente, Hitler a préconisé l'installation des juifs en-dehors de l'Europe. Qu'ont fait les juifs ? Ils lui ont déclaré la guerre. Aujourd'hui, Ahmadinejad appelle à la réinstallation des juifs en Europe. Que font les juifs ? Encore une fois, ils répliquent en faisant sonner leurs tam-tams de guerre. A moins que quelque chose n'ait échappé au *Guardian* dans son reportage et que le scandale n'ait eu en réalité pour origine ces mêmes Européens qui avaient préféré, à l'époque, que ce soient les Palestiniens qui servent d'hôteliers involontaires à ces hôtes particulièrement exigeants ?... Quoi qu'il en soit, je ne suis pas d'accord avec cette assertion. Pour moi, le Président Ahmadinejad est la pire menace depuis l'époque où Gérard de Nerval, un poète français flamboyant, promenait un homard attaché à une laisse bleue, tout comme on promène son chien. Il parcourait ainsi les jardins du Palais Royal afin d'« épater le bourgeois » [en français dans le texte, ndt].

Âme authentiquement poétique, enfant terrible [en français dans le texte, ndt] s'il en fut jamais, Ahmadinejad a voulu nous tirer de notre bien trop longue sieste d'après-déjeuner.

Qu'aurait-il pu faire d'autre, notre Iranien, puisque « juif » est le seul mot magique capable de nous tirer de notre léthargie ? Des allusions sexuelles n'émouvraient même pas un enfant tout juste sorti de son cours d'éducation sur la prévention du Sida. Une attaque contre le christianisme aurait été lourdement applaudie par ces maîtres incontestés des âmes européennes que sont Messieurs Sauerkraut et Finkelkrot. En notre âge postmoderne, où les *Monologues du Vagin* ont fait leur entrée au répertoire des matinées théâtrales, il n'est pas si facile d'épater une bourgeoisie de plus en plus blasée.

Si Ahmadinejad en avait appelé à la réinstallation de six millions de musulmans européens hors de l'Europe, personne n'aurait soulevé un sourcil, à l'exception probable d'Oriana Falacci et de M. Le Pen, lesquels auraient été fondés à se formaliser d'un tel plagiat. S'il avait prôné l'élimination de la France de la mappemonde, les Français assoupis ne se seraient même pas redressés dans leur fauteuil, ils n'auraient point protesté : de toutes les manières, ils pensent qu'assurément, une directive bruxelloise à une telle fin a certainement déjà été adoptée !

J'admire cet Ahmadinejad-là. Non pas en tant qu'homme politique : laissons les Iraniens juger de ses mérites. Non pas en tant que prêcheur : je laisse cela aux musulmans. Non : en tant qu'authentique poète, qui a dévoilé notre hypocrisie et abattu notre dernière vache sacrée. C'est là l'unique explication possible de ses actes et de ses propos : les Iraniens n'ont véritablement aucune raison de se préoccuper de l'holocauste juif, de quelque manière que ce soit. Personne ne les accuse, pas même M. Yehuda Bauer, de l'Institut du Mémorial de l'Holocauste de Jérusalem, qui est pourtant enclin à dénoncer le Monde et sa nièce de n'avoir pas su sauver les juifs. Les Perses, de Cyrus à Mohammad Reza Shah, en passant par Khosroès, ont toujours été magnanimes envers les juifs ; même en ces jours de folie, il y a une communauté juive, importante et très prospère, en Iran.

Si Ahmadinejad a parlé de l'Holocauste, c'est pour la même raison qu'Hillary se lançant à la conquête de l'Everest : c'est parce que cela représentait un défi !

Les historiens révisionnistes innocents ont été enthousiasmés, quand il a joué avec l'idée qu'il « découvrait enfin la vérité ». Ils ont préparé leurs ouvrages de référence aux pages cornées et leurs graphiques de consommation de gaz et de températures d'incinération.

Mais Ahmadinejad s'intéresse aux faits concrets de la Seconde guerre mondiale à peu près autant que Nerval se souciait de la forme physique de son homard hors de l'eau. L'acceptation du dogme holocaustique est une marque de soumission à l'axe Tel Aviv – New York ; c'est une marque du néocolonialisme. Ahmadinejad a refusé de se soumettre, exactement de la même manière que saint Paul refusa les lois noachiques[39] : non que saint Paul tînt

39. Sur le contenu de ces lois, voir www.le-carrefour-de-lislam.com/Noachisme/Noah.htm

absolument à pratiquer les sacrifices païens, mais bien parce qu'il ne voulait pas prendre ses ordres auprès des juifs.

Les dirigeants européens – ces partisans dociles de criminels de guerre patentés, tel un George W. Bush, cet assassin d'un nombre indéterminé d'Irakiens et d'Arabes divers, ou un Shaul Mofaz, assassin d'une fillette de huit ans (parmi des centaines d'autres victimes), la semaine dernière, dans Gaza assiégée [40], se sont tous redressés afin d'exprimer leur indignation. Ils n'ont jamais élevé la moindre protestation quand Israël massacrait et bombardait des habitants de Gaza sans défense. Quand des hommes politiques israéliens ont menacé de transformer l'Iran en « désert radioactif », ces dirigeants européens n'ont pas qualifié cela d'« appel au génocide ».

Par son défi, le président Ahmadinejad a sauvé l'honneur de l'espèce humaine, comme seul un poète pouvait le faire. J'admire l'Iran, pour le cramoisi flamboyant de ses roseraies et pour l'azur de ses vieilles mosquées, pour la beauté ravissante de ses femmes, dont les sourcils noirs soulignent la blancheur de peau étincelant à travers leur tchador noir. J'admire l'Iran pour sa peinture merveilleuse, qui a survécu aux ravages des iconoclastes. J'admire l'Iran pour la subtilité spirituelle de ses poètes, qui ont unifié leur amour pour les femmes et leur adoration de Dieu, dans un unique chant, comme le fit jadis le Cantique des Cantiques. Leurs Roumi, Saadi et Firdousi, leurs Hafiz et autre Khayyam figurent au nombre des poètes les plus audacieux et sincères que la Terre ait portés.

Ahmadinejad est l'héritier de cette tradition : il n'hésite pas à moquer notre hypocrisie, il est ce jeune garçon qui avait vu que le roi était nu. Même si ces manchots de Yanks écrabouillaient ce casse-cou et calcinaient les roses de Chiraz comme ils ont incinéré les cerisiers en fleurs de Nagasaki, nous pourrions être fiers d'Ahmadinejad, notre contemporain, celui qui aura osé marcher sur la queue du tigre.

Devant le programme nucléaire iranien, les Européens et les Américains ont eu la réaction du propriétaire d'esclaves Simon Le-

40. www.ynetnews.com/articles/0,7340,L-3238626,00.html

gree, dans *La Case de l'Oncle Tom*, apprenant qu'un esclave s'était échappé. Comment ce noiraud ose-t-il toucher aux jouets du maître blanc ? Leurs propos creux, à base de « menace iranienne », est à l'usage exclusif des ignorants : l'Iran n'a jamais attaqué un seul pays européen depuis les guerres de conquête de l'Anatolie, au cinquième siècle avant Jésus-Christ, alors que les impérialistes européens ont à plusieurs reprises occupé et / ou contrôlé l'Iran. La dernière occupation remonte seulement à 1942 et l'occupation occidentale par délégation remonte à 1953, année où les Occidentaux renversèrent le Premier ministre démocratiquement élu, Mossadegh, afin de pouvoir revenir exercer leur domination sur cette antique nation.

D'accord, le vieux colonialisme est mort. L'Angleterre ne peut plus régner sur l'Irak, ni la France sur l'Algérie, mais le nouveau colonialisme collectif, celui que le noyau impérialiste des pays occidentaux hautement industrialisés impose au reste du monde, ne vaut guère mieux. Les anciens maîtres ont décidé de mettre en commun leurs ressources et leurs forces afin de dominer ensemble leurs esclaves d'autrefois. Ils sont passés du modèle athénien, dans lequel un citoyen avait ses esclaves personnels, au modèle spartiate, où les esclaves appartiennent à tous les Spartiates. Dans ce nouvel univers impérialiste collectif, les Etats-Unis représentent le bras armé, le flic qui impose ce nouveau colonialisme, alors que l'esprit, l'idéologie sont fournis par un vaste syndicat qui unifie et coordonne la majorité des journaux et des réseaux Internet tant de gauche que de droite, de Madrid à Moscou et du Texas à Tombouctou, en dépit de leur ostentation de compétition et de rivalités, pour la galerie.

Ce Syndicat est la véritable centrale énergétique de ce que deux universitaires américains, John Mearsheimer (de Chicago) et Stephen Walt (d'Harvard) (nous les désignerons par M&W ci-après) ont poliment appelé « le lobby israélien aux Etats-Unis », bien que ce syndicat ait bien d'autres chats à fouetter, au-delà de l'État d'Israël. Tout en approuvant tout à fait l'initiative de M&W, nous devons préciser qu'ils ont minimisé le problème, bien loin de l'exagérer, car il s'agit d'un problème global, et pas seulement d'un problème local, propre aux Etats-Unis. Le redoutable AIPAC n'est que la partie visible d'un iceberg, au-dessous de laquelle se trouvent des kilomètres de glace solide : les magnats des médias, des rédacteurs en chef, et leurs mentors. En bref : les Maîtres du Discours.

Comme par un coup de baguette magique, la crise iranienne a rendu les choses visibles à l'œil nu : tous se sont mis à crier d'une seule voix puissante, comme la légion des démons dans la synagogue de Capharnaüm, en protestation contre les paroles du Christ.

Dans son discours qui invite à la réflexion, Ahmadinejad a dit : « Le vaste réseau du sionisme est au service des impérialistes, depuis des décennies. » Reste à savoir si c'est le réseau sioniste qui est au service de l'impérialisme, ou si ce sont les impérialistes qui sont au service dudit réseau. C'est un exemple de révolution dans le management : les juifs étaient des managers au service des impérialistes, jusqu'au moment où ils ont envahi la scène, disent les uns. Oh non : ils sont restés dociles à leurs suzerains impérialistes, avancent les autres. Quelle que soit la position que nous adoptions, les sionistes et les impérialistes sont, à n'en pas douter, intégrés et entremêlés, et admettre l'idée que l'Iran représenterait une menace pour Israël revient à souscrire à ce réseau démoniaque.

Les pays qui rejettent les Maîtres du Discours sont subjugués par la force. Une arme nucléaire peut servir de grand égalisateur, à l'instar du flingue Smith & Weston à l'époque du Far West sauvage. Afin d'empêcher toute égalisation intempestive, les pionniers Américains ont confisqué les flingots restés aux mains des indigènes. C'est la même politique qui guide aujourd'hui l'Occident, dans sa tentative pour maintenir l'énergie nucléaire hors de portée des Iraniens.

Voici quelques jours, j'étais invité à un talk show à la Première Chaîne de télévision russe, durant lequel le chef du bureau de la BBC à Moscou posa la question purement rhétorique de savoir pourquoi « un Iran se prétendant pacifique pourrait bien avoir besoin de missiles balistiques ? », après quoi il déclina toute la panoplie des missiles iraniens. Il a eu bien du mal à répondre à ma question, à savoir « pourquoi une Grande-Bretagne pacifique pourrait bien avoir besoin de missiles balistiques et d'armes nucléaires ? » ! De fait, pourquoi quiconque en aurait-il besoin ? Mais si l'Angleterre, avec sa longue et sanglante histoire de subjugation du Tiers-monde, de l'Irlande au Japon, a pu disposer de ces joujoux, il est également du devoir de tout pays important, désireux de protéger sa population contre les caprices des maîtres occidentaux, d'en posséder. Il est bien vrai que l'Iran s'emploie à développer un programme pacifique d'énergie nucléaire, mais si – et quand – ce pays décidera de produire la bombe atomique, nous devrons soutenir sa décision, car cela ne pourra que renforcer la paix.

En réalité, rares sont les gens qui aient fait plus pour la cause de la paix dans le monde que Julius et Ethel Rosenberg et leurs associés Harry Gold et Klaus Fuchs. Ces merveilleuses personnes ont transmis les secrets des armes nucléaires de fabrication américaine à la Russie, épargnant ainsi à Moscou et à Saint-Pétersbourg le funeste sort imparti à Hiroshima. Sans leur geste héroïque, les maîtres colonialistes auraient transformé la Russie en désert radioactif. Joseph Staline refila le know-how nucléaire à la Chine en voie d'émergence, et ce fut, là aussi, une bonne action. Sans cela, les Américains n'auraient pas hésité une seconde à vitrifier le Vietnam, comme ils en avaient usé au Japon.

Le bouclier nucléaire russe est la seule chose que Gorbachev et Yeltsine n'aient pas réussi à fiche en l'air lors de leur destruction de l'Union soviétique, probablement parce qu'ils ne s'imaginaient pas que les forces patriotiques retourneraient un jour au pouvoir à Moscou. Ce bouclier permet aux Russes d'ignorer cette enquiquineuse d'Angie Merkel et il leur donne la liberté de choisir, entre vendre leur pétrole et leur gaz à l'Europe, ou fermer ces robinets-là et ouvrir les vannes faisant s'écouler le pétrole vers la Chine. Il permet au peuple biélorusse d'avoir le président qu'il a élu à une très large majorité : sans lui, Lukaschenko connaîtrait le sort de Noriega et de Milosevic, en raison de son refus constant de vendre les bijoux de famille de la Biélorussie à George Soros. Laissons donc les Iraniens, eux aussi, bénéficier de cette liberté de choisir et rétablir l'équilibre dans leur région du monde.

Quant à ceux qui souhaitent sincèrement notre bien-être d'Israéliens, je leur dirai : l'Iran est sans danger. La vérité, c'est que les juifs pourraient vivre, et très bien, en Palestine. En faisant la paix avec les habitants indigènes de ce pays, en 1948, nous aurions fait de notre maison commune, la Palestine, le centre d'activité du Moyen-Orient : le pétrole irakien arriverait aux raffineries de Haïfa et les trains reliant Bagdad au Caire feraient halte à Lodd et à Haïfa, les pèlerins musulmans en route pour la Mecque feraient, quant à eux, halte à Jérusalem, les chrétiens mettraient leurs pas dans ceux du Christ, de Bethléem à Nazareth, et des juifs feraient leur *aliya* [ce mot désignait un pèlerinage annuel à Jérusalem, comme le *Hajj* des musulmans, et non une immigration définitive en Palestine selon la volonté des sionistes]. Nous prospérerions au-delà de nos rêves les plus fous, comme promis par les prophètes, pour peu que nous collions un bon coup de pied aux fesses de ces déplorables habitudes que sont la ségrégation et la domination.

Même aujourd'hui, soixante ans et un nombre incalculable de morts plus tard, il est encore temps. A cette fin, nous pouvons profiter du conseil d'Ahmadinejad : laissons effacer l'État juif exclusif de la carte de la région, et qu'il soit remplacé par le pays de tous les citoyens de cette contrée, juifs ou non. « Le droit de gouverner appartient à tout le peuple de Palestine, qu'il s'agisse des musulmans, des chrétiens ou des juifs », a dit Ahmadinejad, et fichtre : seul un suprématiste juif pourrait objecter à cela. Quand j'ai dit ça lors du talk-show de Moscou, j'ai été attaqué par le président d'un certain Congrès juif russe, directeur de je ne sais trop quel Institut Sioniste du Moyen-Orient, un type brutal, gras et boutonneux, à la bedaine pendante – une caricature vivante extraite du Sturmer – au nom prédestiné de Satanovsky.

« Vous avez intérêt à compter vos abattis », me dit ce Satanovsky après le show. « Apparemment, vous n'avez jamais été rossé assez durement. Ici, à Moscou, rien ne nous arrête, surtout pas la démocratie. Mes hommes de main juifs vous arracheront les couilles, comme ils l'ont fait à bien des hommes avant vous. Israël restera un État juif pour l'éternité ! »

Ce genre de mafiosi juifs sont les véritables dirigeants du Lobby juif, ils sont les supporters en chef de l'État juif à l'étranger. C'est ce genre de mecs qui dirigent les organisations juives en Russie, en Amérique et ailleurs. Ils ont besoin d'un État juif pour se planquer, quand les choses tournent mal pour eux. Mais nous, les citoyens ordinaires et honnêtes d'Israël, nous n'en avons absolument pas besoin !

Mais la Mafia ne saurait conserver le pouvoir éternellement. Les propos d'Ahmadinejad m'ont redonné du courage : « Le jeune arbre de la résistance en Palestine est en pleine floraison, les fleurs de la foi et de l'aspiration à la liberté s'épanouissent. Le régime sioniste est un arbre creux, en pleine putréfaction, que le prochain orage abattra » [Vous vous rappelez la parabole de l'arbre stérile ?]. Il a poursuivi : « La Palestine est le lieu où le bien et le mal se rencontrent. Le destin de toute la région [du Moyen-Orient] sera décidé dans le pays d'Al-Quds et ce sera un grand honneur que d'avoir pris notre part dans la victoire de la Palestine. » La victoire de la Palestine est notre victoire et nous serons heureux d'en participer.

« Alors guerre, ou pas guerre ? » C'est une question qu'on me pose souvent. Je n'ai pas entièrement confiance en George W. Bush ; d'ailleurs, il ne me met pas au courant de ses projets ! Mais tandis que les sentinelles de la Gauche affirment que le pétrole est la raison de la guerre, à mon avis, le pétrole pourrait fort bien être, au contraire, la raison de la paix. Le prix du pétrole ayant désormais franchi le seuil des 70 dollars le baril, le Président Bush doit décider s'il sera en mesure de survivre à sa randonnée au-delà des 120 dollars – c'est-à-dire si ses électeurs dans la dèche accepteront de gaîté de cœur l'avis d'un ponte du Congrès juif américain, directeur de leur Service Moyen-Orient / Israël, j'ai nommé : Eran Lerman (naguère des services de renseignement israéliens), qui leur conseille de ne conduire leur bagnole qu'un jour sur deux. Bush détient le pouvoir de détourner les Etats-Unis de leur trajectoire périlleuse, en disant aux pontes du Congrès juif d'aller se faire cuire œuf.

Quant à mes compatriotes israéliens, je leur rappellerai leur tradition millénaire d'amitié avec l'Iran. Voici deux mille ans, une illustration représentant Suse, la capitale iranienne, ornait la porte orientale du temple juif, à Jérusalem. La Mishna [Berakoth 9] appelait à y veiller tout particulièrement : « Surtout, ne manquez jamais de respect envers le portail oriental ! ». D'après Rambam, il en était ainsi afin que les juifs gardent, pour leur bien, la crainte qu'inspirait le roi de Perse. C'est là une tradition dont il importe de se souvenir. Et qu'il convient de préserver, avec le plus grand soin.

CHAPITRE VIII

TÉHÉRAN, LE POINT DE RENCONTRE[41]

La conférence de Téhéran sur l'Holocauste a donné lieu à une tempête dans les médias du monde entier. On pourrait se demander ce qu'il y avait là de particulier, dans la mesure où il y en a tellement, des commémorations, des musées et des festivals holocaustiques, qui attirent parfois jusqu'à des présidents et des premiers ministres; qu'est ce qu'elle avait, cette conférence de Téhéran, pour attirer autant l'attention et les critiques, au point que la Maison Blanche, Frau Merkel, le Vatican et l'Union européenne ont tenu à consacrer une part de leur temps précieux à la condamnation de ce modeste rassemblement dans la lointaine capitale iranienne?

La différence, c'est que tous les autres rassemblements disaient «amen» à la version officielle fournie par les organisations juives, comme s'il s'agissait des Tables de la loi données à Moïse sur le

41. Décembre 2006

Sinaï. La version officielle de l'Holocauste va encore plus loin, d'ailleurs, que les Dix Commandements: on peut nier l'Immaculée Conception et la Résurrection du Christ, blasphémer sur le Prophète, mais si vous avez le moindre doute sur le fait que six millions de juifs aient été exécutés par les Allemands dans des chambres à gaz et ce dans le cadre d'un projet d'annihilation totale, vous pouvez vous retrouver en taule en Allemagne, en Autriche, en France, en Suisse et dans d'autres pays dits «libres». La conférence de Téhéran est la première qui se soit penchée avec une optique critique sur les tristes événements de la Deuxième Guerre Mondiale.

Il n'est pas nécessaire d'être un fan d'Hitler pour approuver cette conférence. Ce qui vaut pour les uns vaut pour les autres. Les juifs n'hésitent pas à nier leurs atrocités. *The Guardian* a raconté comment ils ont tiré à boulets rouges sur

«Charles Enderlin, correspondant respecté de la chaîne publique française, dont le cameraman palestinien avait filmé le petit Mohamed al-Durra, tué dans les bras de son père qui essayait de le protéger, au début de la deuxième Intifada. Enderlin accusait les troupes israéliennes d'avoir tiré et tué le garçon de 12 ans. Les défenseurs français d'Israël ont lancé une opération pour établir que le reportage était basé sur des images truquées. France 2 a répondu en les attaquant en justice, et le mois dernier, dans le premier des quatre procès personnels engagés, un tribunal français a tranché et déclaré coupable le site *sui generis* qui se posait en chien de garde d'Israël.

Une autre de leurs cibles, c'était la transmission à la télévision sur le massacre de la plage de Gaza, il y a quelques mois. On voyait une jeune fille palestinienne hurler en voyant les corps des membres de sa famille assassinés, par ce que les Palestiniens considèrent comme des tirs israéliens. Lorsque [Stewart Purvis, chef de rédaction de *ITN*] a mentionné l'impact de ces images lors de la conférence de la semaine dernière, certains dans le public ont crié: c'est un montage. Quelqu'un est allé le voir ensuite pour émettre l'hypothèse que la famille était morte quelque part ailleurs et que les corps avaient été amenés sur la plage pour être filmés. Où était donc, par exemple, le sang? Il a précisé qu'il avait vu tout ce que le cameraman avait filmé et que certaines images étaient trop horribles pour être montrées».[42]

Plus important, toute personne attachée à la liberté d'expression devrait regretter que même des historiens importants ne soient pas libres d'exprimer leur point de vue sur la question de l'Holocauste. David Irving est en prison et, cette semaine, Germar Rudolf a été amené, menotté et les fers aux pieds, dans une salle d'audience allemande, après avoir été déporté des Etats-Unis, pour avoir publié son livre qui met en doute le dogme officiel de l'Holocauste. Un tel tabou demande à cor et à cri à être bafoué! J'ai écrit longuement sur cette question en 2001, au moment où la première conférence prévue pour se tenir à Beyrouth a été annulée par les Libanais, soumis à une rude pression USaméricaine.[43] Aujourd'hui comme alors, les révisionnistes avaient de grands espoirs que leur cause fût, enfin, entendue.

Mais cela ne s'est pas produit. Si les organisateurs de la conférence croyaient qu'ils parviendraient à briser le tabou et à atteindre des millions de gens, ils se trompaient. Les médias du monde entier ont eu beau sortir des milliers de notes autour de ladite conférence, les contenus ont été pratiquement identiques, et ne consistant guère qu'en une condamnation officielle locale, ajoutée à la réaction juive prévisible. Pratiquement aucune des interventions, aucun son de cloche nouveau exprimé au colloque, n'a eu accès aux médias. Les participants à la conférence ont été dénigrés en tant que «racistes antisémites», malgré le fait qu'il y avait un certain nombre de juifs parmi eux, dont de vénérables rabbins à chapeaux noirs et longs manteaux, révoltés par la privatisation sioniste de la tragédie de la Deuxième Guerre mondiale.

42. www.guardian.co.uk/print/0,329636899-103552,00.html

43. Voir *in L'Autre Visage d'Israël* «Le bal des vampires», p. 187; et «le philosémitisme c'est du racisme», http://www.israelshamir.net/ French/ philosemitisme.html

En tout cas, la conférence aura servi à prouver que le dogme holocaustique est un article fondamental dans la vaste machine à laver les cerveaux, qui embrasse le monde entier à partir des médias, ce que Noam Chomsky a décrit en termes de « fabrique du consensus au-delà des rêves les plus fous de Staline (...) d'une discipline, d'une uniformité vraiment sidérantes ». Ce Syndicat des médias est l'ennemi des gens libres partout, et il mène une guerre inlassable contre l'Iran et contre les autres nations qui pensent en toute indépendance.

Juste un exemple : un journal canadien (propriété d'un israélite), le *National Post*, a prétendu que « dans une démarche qui est une reprise de l'ordre nazi qui obligeait les juifs à porter une étoile de David, le parlement iranien a fait passer une loi qui oblige les juifs à porter des badges de couleur codée ».[44] C'était un mensonge grossier ; l'Iran est la patrie de 30 000 juifs qui s'y trouvent très bien, et n'ont nulle intention d'émigrer en Israël. Ils reçoivent des attentions préférentielles, et personne ne les oblige à porter un badge ni quoi que ce soit d'autre. *The National Post* a démenti le bobard quelques jours plus tard, avec ses excuses, mais le spot avait été repris *ad nauseam* dans des milliers de journaux et de blogs, tandis que le rectificatif n'a pas franchi les marges de la sixième page où il avait été publié.

Notre ami Gabriel Ash, mon concitoyen, a écrit sur *Dissident Voice* : « L'Holocauste est l'arme la plus efficace entre les mains de ceux qui tiennent à fabriquer un « clash des civilisations ». La « leçon » de l'holocauste suffit pour justifier le bombardement par l'Otan d'objectifs civils en Yougoslavie, l'occupation génocidaire des USA en Irak, le bombardement massif de Beyrouth par Israël, une éventuelle guerre nucléaire contre l'Iran, etc. « Lolo Coste »[45], voilà l'idéologie par excellence de l'apartheid global. « Lolo Coste » agit comme une divinité fantasque et capricieuse, qui rejette toute comparaison dans un cas, et en accepte d'autres, justifiées ou non,

44. www.newsmax.com/archives/ic/2006/5/19/1555943.shtml
45. En anglais « Hollowcaust » suggère le vide, le bluff agressif, NdT.

quand ça l'arrange. C'est une divinité partisane, une déesse qui est là pour « nous » bénir toujours, et maudire « les autres », même si elle demande en même temps à être adorée par l'humanité tout entière et au nom de l'humanité tout entière. »[46]

Jusque là, d'accord. Ash comprend bien que « dans pareilles circonstances, le déni d'holocauste puise ses racines dans le désir de dégommer « Lolo Coste ». Mais ensuite il ouvre un second front contre la conférence :

« La chose la plus charitable qu'on puisse dire sur les organisateurs de cette conférence pitoyable sur l'holocauste, c'est qu'ils sont idiots. Le message des faucons de Lolo Coste se retrouve simplement amplifié par des conneries comme la conférence iranienne. »

C'est là que nos chemins divergent. Les Iraniens avaient une bonne raison pour organiser la conférence. L'Holocauste est certes fort bien intégré dans le discours dominant comme justification des droits d'une minorité [riche et puissante] contre les besoins de la majorité [opprimée]. Mais son succès et son intégration mêmes montrent que la machinerie médiatique est parfaitement intégrée et concentrée entre des mains principalement juives. L'occupation de la Palestine par l'État des juifs est douloureuse, mais cette confiscation de la liberté d'expression n'est pas moins néfaste.

Ces gens peuvent brandir leur machinerie létale aussi aisément que le Jedi brandit son épée. Ils comparent Ahmadinejad à Hitler, et interdisent de comparer l'Israël aux nazis ; ils vouent Vladimir Poutine aux gémonies et en font un assassin du KGB, sans même faire savoir que les tribunaux israéliens considèrent les assassinats comme légitimes, et ils font d'une tache sur la jupe de Monica Lewinsky quelque chose de plus grave que les fleuves de sang répandus par George Bush ; ils ont fait des universitaires américains respectables Walt et Mearsheimer des skinheads, et maintenant, ils démolissent férocement James Baker pour son plan de désengagement. Ils peuvent faire absolument tout ce qu'ils veulent, ils sont presque omnipotents.

46. www.dissidentvoice.org/Dec06/Ash14.htm

Notre ami James Petras a récemment publié un livre très fort sur *Le Pouvoir israélien aux USA*. Mais le pouvoir israélien est juste un reflet du véritable pouvoir juif en Occident, qui est basé, non pas sur les tanks israéliens, mais sur les « think-tanks » juifs ; non pas sur les bombes israéliennes, mais sur les actualités juives. Tant que l'emprise juive sur le discours n'est pas brisée, l'Occident continuera à envoyer ses enfants suivre le pipeau du flûtiste Hamelin dans les rues de Bagdad et sur les collines du Liban.

Les Iraniens sont arrivés à la conclusion qu'il est impossible d'arriver à un accord avec ce Syndicat mondial des médias juifs. Il n'y a pas moyen de faire la paix avec eux. Il faut se battre en amont, et attaquer les dogmes sacraux les plus profonds sur lesquels repose leur emprise. Si le dogme s'effondre, c'est la mainmise juive sur le discours qui s'effondrera, et l'État juif disparaîtra comme l'URSS en son temps, a dit le président Ahmadinejad.

Cette comparaison requiert une exégèse : l'URSS reposait sur l'idée d'« Un seul État », un État dans lequel des peuples divers cohabitaient en tant qu'égaux ; or l'État juif est essentiellement un concept impliquant « Deux États » : un État riche de juifs contrôlant l'État pauvre des autochtones. La dissolution de cet État créera le cadre pour « Un seul État », cela inversera la tendance qui s'est enclenchée avec la dissolution de l'Union Soviétique. Alors l'Iran, comme l'Orient tout entier, sera en sécurité, sans avoir à craindre les frappes nucléaires israéliennes et USAméricaines.

C'est la raison pour laquelle l'Iran a accueilli la conférence. Personne, je dis bien : personne, aucun des dirigeants anglais, français, USaméricains, allemands ou russes, ne se soucie vraiment des victimes d'une guerre qui appartient au passé, qu'il s'agisse des victimes juives ou des autres ; tout ce qu'ils font, c'est payer tribut à l'Holocauste, comme les nations s'acquittent envers leur vainqueur. L'Iran a refusé de payer son tribut ; quand allez-vous donc, tous tant que vous êtes, suivre son courageux exemple ?

CHAPITRE IX

GAZA : ILS SONT SORTIS DU GHETTO ![47]

Ils sont sortis ! Ils ont risqué leur vie, ils ont débordé l'armée, ils ont renversé la barrière, ils ont marché sur les fils de fer barbelés, ils ont éliminé la frontière entre deux États. Ils ont posé tant et tant d'actes héroïques, dignes de grands guerriers, enregistrant des pertes. Et, une fois dehors ? Eh bien, une fois dehors, ils sont allés faire des courses : du pain, pour leurs enfants ! Voilà qui a démoli ce poncif des Palestiniens, que les juifs avaient essayé d'enfoncer dans la conscience du monde : le poncif de fanatiques violents, avides de pillage. Bien au contraire : les gars ont cassé les portes de leur prison, et ils sont tranquillement allés acheter leur pain... La raison ? Leurs seigneurs juifs les maintenaient le ventre vide : il faudra sans doute attendre longtemps pour revoir, venant du Moyen-Orient, une image plus puissante que celle-ci : des pères de famille ramenant du pain à la maison...

Ils sont tellement normaux, ces habitants de Gaza : comme vous et moi, ils mènent leur petit bonhomme de vie ; ils bossent,

47. 25-26 janvier 2008

qui dans une banque, qui dans un garage… Mais ils reçoivent de plein fouet des mauvais traitements moyenâgeux. Tout d'abord, on les déposséda, et on les cornaqua vers Gaza. Puis ils furent traités comme des chiens ne devraient pas l'être ; il leur fut interdit d'utiliser une autoroute dès lors qu'elle est utilisée par un seul juif, on leur interdisait de voir leurs proches, qui ne vivaient pourtant qu'à quelques kilomètres de là. Et puis, il y eut ce siège : pas de nourriture, rien à donner aux enfants. Pas d'avenir, non plus, tant qu'ils auraient Israël pour voisin. Ils souffrent, pour un seul et unique crime : ils ne sont pas juifs, bien que beaucoup d'entre eux – ironie de l'Histoire – soient des descendants de juifs, certains parmi eux portant des noms de familles juives célèbres, ayant adopté le christianisme ou l'Islam.

Ils étaient supposés souffrir en silence ; mais les Gaziotes ont beaucoup de dignité. Ils ont voté pour le Hamas, contre la volonté d'Israël et de l'Amérique, et ils ont chassé le gang des collaborateurs, les hommes de main de Dahlan. Voilà qu'ils viennent d'abattre la barrière, et c'est là un excellent exemple, pour nous tous : rien ne sera possible, tant que nous resterons à l'intérieur des frontières édictées par nos ennemis. Une poussée, en effet, est indispensable : cela s'appelle la Révolution.

Quand les Gaziotes commencèrent à revenir à Gaza, chargés de leur butin réjouissant – du pain, du riz, du sel, des couvertures, des légumes, des moutons – les juifs faisaient assurément la tronche. Mais, bordel : ces indigènes vont finir par oublier que nous sommes, pour eux, à l'égal de Dieu : c'est nous qui prodiguons et qui sanctionnons, c'est nous qui nourrissons et qui affamons, non !?! Et voilà qu'au lieu d'accepter notre damnation, ils ont pris leur sort entre leurs mains !?! Avec le pain et le riz, les Gaziotes vont introduire en contrebande des flingues, et cela risque de nous contraindre à remettre à plus tard notre grande offensive d'ores et déjà validée par George Deubeuliou ! En effet, il faut bien le dire : nous, les Juifs, nous préférons nettement agresser des victimes désarmées…

Et voilà-t-y pas que les Egyptiens, eux aussi, s'y mettent, et déçoivent leurs « amis » juifs ! « Je pense que l'Egypte sait très bien ce qu'elle a à faire», a dit, toujours aussi arrogant, le général israélien Ehud Barak. Le boulot qu'il avait donné aux Egyptiens, c'était gardiens de prison de leurs frères palestiniens. «Les Gaziotes n'oseront jamais briser le siège pour passer au Sinaï», écrivaient les pontifes israéliens, à peine une semaine plus tôt, «les Egyptiens les accueilleraient avec des tirs mortels». Quand il y eut effectivement des tirs – en l'air – les Israéliens furent fous de joie. Mais cela ne dura pas. Effi Eitam, un dirigeant juif intégriste de droite, ressemblant à un «cochon cachère bien nourri en *yarmulke*[48]» (pour reprendre la description que fait de lui Gilad Atzmon), a écrit une tribune, dans le quotidien *Yediot Ahronot*, dégoulinante de larmes de crocodile. Nous autres, les juifs, nous sommes tellement doux, tellement miséricordieux, comparés aux Egyptiens, écrivait-il. Seulement, voilà le hic: Moubarak veut survivre politiquement, et il sait qu'il est des limites qu'il ne doit pas trop dépasser. Aussi a-t-il donné à ses militaires l'ordre de cesser le feu. Les juifs geignirent que les Egyptiens doivent faire respecter leur frontière, et fournir leur livre de chair, conformément aux accords conclus. En vain: Moubarak ne tient pas particulièrement à suivre Anouar al-Sadate en enfer.

Alors, ulcérés, les juifs regardèrent cette foule, sortant de sa prison pour une brève permission. Mais qu'est-ce qu'il leur faut? Jamais contents, ces juifs!?! Il faudrait que les Palestiniens s'entretuent et s'adonnent à la guerre civile, ou meurent de faim: voilà qui, pour le coup, leur ferait vraiment plaisir…

Mon grand-père l'a fait: il est mort de faim et d'épuisement, en 1942, dans le ghetto de Stanislaw. Les Allemands et leurs Quisling ukrainiens ont fait aux juifs ce que les juifs ont fait aux Gaziotes: ils les ont rassemblés dans le ghetto, et ils les y ont fait mourir de faim. Les slogans des nazis étaient du même tonneau que ceux d'Olmert-Barak, mutatis mutandis: «ils doivent souffrir, parce que leurs dirigeants sont nos ennemis; ils doivent être punis, en raison de leur terrorisme, quand ils font la révolution,

48. Manteau traditionnel, NdT.

qu'ils crèvent de faim, puisque leurs frères harcèlent les troupes allemandes et bombardent les villes d'Allemagne ! » Mon grand-père Israël – c'est de lui que je tiens mon prénom – succomba à la faim, au froid et à l'épuisement, ils n'ont même pas eu à le fusiller ; il n'était pas éligible à leur programme de tueries ciblées.

Eh ! Attendez une minute !, allez-vous protester. Comment Barak et Olmert, affamant les Gaziotes, en 2008, auraient-ils bien pu influencer les Allemands de 1942 ? Comment pourraient-ils être responsables de la mort de mon papy ? La réponse se trouve dans le langage secret du mysticisme juif : *'Ein Mukdam, ein meuhar beTorah'*[« Dans la Loi, il n'y a ni avant, ni après »]. La séquence des événements historiques – dans les Saintes Ecritures, comme en ce bas-monde – n'est qu'apparente, car tous les événements, et leurs conséquences alléguées, se produisent dans le même hypertemps, rejouant à jamais les cercles vicieux du chat-poursuivant-les-souris-qui-effrayèrent-l'éléphant-qui-écrasa-le-chat. Dans la théologie chrétienne, le méta-temps transcendant est défini comme kairos [le temps cyclique des Grecs], cette dimension où se rejoingnent passé, présent et avenir, en un « battement de cil ». Poincaré et Einstein ont traduit ce concept dans le langage de la physique moderne, décrivant le Temps comme l'une des dimensions, parmi d'autres – aussi déformable que toutes les autres…

Douglas Adams a popularisé cela, dans son roman[49] : ses personnages retournent dans le passé pour y régler un problème. Ils y parviennent, mais il y a un prix à payer : ils sauvent un poisson, mais l'oiseau *dodo* de l'île Maurice disparaît ; ils y gagnent la musique de Bach, mais ils y perdent les poèmes de Coleridge… Seuls ceux qui ont pu s'extraire du cadre des temps le savent : le monde change tout le temps, à cause de nos actes, et ces changements s'opèrent « vers le passé » et « vers l'avenir », parce que le « passé » et l'« avenir », cela n'existe pas ! Ainsi, les Arméniens égorgèrent et expulsèrent les Azéris, et leurs ancêtres furent déportés dans le désert où ils furent martyrisés par les Kurdes, et les Kurdes souffrent en

49. *Le guide du voyageur galactique,* Paris, éd. Gallimard, 1982.

raison de ce crime, mais aussi en raison de leur soutien à l'occupation américano-sioniste.

Et puis il y a des choses qui ne se sont pas encore matérialisées, mais qui vont le faire : quand j'entends les juifs (et les Polonais, et les Ukrainiens, et les Américains) affirmer que « Staline était aussi mauvais qu'Hitler », et qu'« il n'y a aucune différence entre les nazis et les cocos », se gargarisant avec l'« antisémitisme russe », je sais que, si c'était à refaire, l'Armée Rouge ne combattrait pas les Allemands, ne libèrerait pas la Pologne, ni la Tchéquie, et qu'elle n'ouvrirait pas les portes d'Auschwitz, ni celles de Treblinka.

Ce monde est injuste, mais le Seigneur, lui, est juste. Il punit l'ingratitude en défaisant Ses actes pour lesquels nous aurions dû Lui être reconnaissants. Fais quelque chose de mal aujourd'hui, et le passé deviendra futur et viendra te frapper en retour. Affame les Gaziotes, et ton grand-père mourra de soif et de faim. Torture les Palestiniens : tes ancêtres seront torturés par l'Inquisition, qui utilisera le même raisonnement que celui que tu as appliqué, aujourd'hui même, à tes ennemis. Fais d'Hébron une prison pour ses habitants, et les juifs y seront massacrés en 1929. Le crime commis par les juifs en maltraitant les Palestiniens reçoit d'ores et déjà son châtiment, aujourd'hui même. Ne demande pas qui on affame, ni qui on torture : c'est quelqu'un qui t'est extrêmement proche.

DEUXIÈME PARTIE

AILLEURS

CHAPITRE X

EMPIRE OTTOMAN REVIENS ! [50]

Sur le Mont Carmel se trouve une petite ville charmante, à peine plus grande qu'un gros village, qui a pour nom Zichron Yaakov. Réputée, de nos jours, pour son vin capiteux et ses restaurants *frenchy*, elle avait servi de repaire, durant la Première Guerre mondiale, à un réseau d'espionnage sioniste pro-anglais : le NILI. Ses membres (des colons sionistes, mais aussi des citoyens turcs en vue) communiquaient avec les troupes britanniques déployées en Egypte, auxquelles ils fournissaient des informations sur les positions des forces turques, contribuant ainsi à la défaite de l'Empire ottoman. Ils étaient en relation avec Haim Weitzmann, l'homme qui extorqua la déclaration Balfour à des Britanniques rétifs, avant de devenir le premier président de l'État juif. Encore

50. Août 2005 (publié par l'hebdomadaire turc *Yarin*)

aujourd'hui, le NILI est tenu en grande vénération en Israël : on emmène souvent des classes entières visiter le musée qui lui est consacré. Là, les élèves sont endoctrinés dans la loyauté aux seuls juifs et dans le devoir qui est le leur de trahir tout pouvoir, quel qu'il soit, si leur loyauté de juifs l'exige. De leur point de vue, ces gens ont été bien avisés de trahir, comme ils l'ont fait, leur pays, l'Empire ottoman. Car, si cet Empire existait encore, l'État juif, avec ses millions d'indigènes dépossédés emmurés derrière un haut mur et ses centaines de milliers de travailleurs importés, tout aussi dépossédés et bouclés dans des bidonvilles, n'aurait jamais existé. Incidemment, l'attaque américaine contre un Irak sans défense, avec ses centaines de milliers de morts et la guerre civile qui s'en est ensuivie, n'auraient jamais eu lieu, elles non plus. Car ce pays faisait partie, lui aussi, de ce puissant Empire.

Le Moyen-Orient n'a pas été la seule région du monde à avoir souffert de l'effondrement de l'Empire ottoman : les avions de l'Otan n'auraient jamais eu le loisir de bombarder Belgrade, si cet Empire était encore de ce monde. Même la Grèce – la première de ses provinces à avoir fait sécession aujourd'hui dévastée par l'imposition de l'Euro et réduite au statut d'hôtelier pour Nordiques fortunés – a de bonnes raisons de regretter les jours où les Grecs constituaient l'élite de l'Empire ottoman, d'Alexandrie à Constantinople. En Europe, à l'époque, les Turcs, ce peuple bâtisseur de l'Empire ottoman, étaient à la fois admirés et redoutés. Alors que, de nos jours, à Francfort ou à Londres, ils sont traités comme des concurrents indésirables dans les jobs de plonge… Quant à nous, les héritiers des Byzantins et des Ottomans, nous avons un nouveau défi à relever, dès aujourd'hui : le projet de colonisation américaine. Les forces mammonites[51] désormais aux manettes aux Etats-Unis sont en train de profiter du démantèlement des grands Empires continentaux pour édifier leur propre empire, néolibéral et d'ampleur mondiale. Dans ce nouvel Empire, l'Europe Occi-

51. Le dieu des richesses matérielles Mammon était la divinité adorée par les pharisiens, l'élite lettrée parmi les juifs, d'après l'Évangile.

dentale sera « le vieux pays », comme la Grèce l'était aux yeux de Rome, objet impotent de la bienveillance, et d'une pédagogie impériale condescendante; tandis que le reste du monde sera recolonisé. Au lieu de se contenter de trouver sa place dans ce projet, en essayant d'être admis dans l'Union européenne, comme l'espèrent certains dirigeants turcs, dans l'espoir de s'y ménager une petite niche paisible, leur permettant de jouir de certaines faveurs, une nation plus sûre d'elle-même chercherait sa voie propre. Après avoir expérimenté des formules modernes, telles que le communisme, le socialisme et le libéralisme, l'humanité est mûre pour une nouvelle étape, dans son évolution : la reformation de grands blocs de civilisation. A la fin de cette phase, il y aura cinq super-Etats, cinq civilisations : la civilisation américaine, la civilisation européenne, la civilisation chinoise, la civilisation latino-américaine, et la nôtre : la civilisation du Commonwealth d'Orient. L'alternative? Il n'y en a qu'une seule : un monde entièrement dévoué à l'enrichissement de l'Amérique mammonite!

De fait, il est grand temps de penser à remettre quelque peu l'Empire ottoman au goût du jour. Cet Empire n'a pas échoué parce qu'il aurait été trop vaste et improductif : même à son apogée, il était plus petit que le Brésil, ou que la Russie… Non. S'il a échoué, c'est parce que ses élites locales, inexpérimentées, se sont emparées du nationalisme, ce fruit empoisonné que leur tendaient les Maîtres occidentaux du Discours. Le nationalisme, cette invention occidentale, a sans doute tué plus de gens que n'en avait tué, jadis, la terrible peste noire. Pire, il n'a offert aucune alternative plausible à l'unité de l'Empire ottoman, où des dizaines de tribus et de groupes ethniques se sentaient chez eux, en paix avec leurs voisins. Aucun des pays sécessionnistes n'a réussi à créer un État viable, et les prédateurs occidentaux continuent à répandre la guerre entre des groupes de plus en plus réduits, comme vient nous le rappeler la rébellion kurde contemporaine, en Turquie et en Irak. Le panarabisme de Nasser et le parti Ba'ath, l'islamisme d'Oussama ben Laden, le panturquisme de Ziya Gökalp et d'Halide Edib Adivar ont échoué à proposer une idéologie viable, qui fût susceptible de contrebalancer l'assaut continu des forces mammonites. Nous devons prendre de la graine sur nos frères de l'Union européenne. L'Europe a réussi à ressusciter l'Empire de Charlemagne, qui s'était effondré, voici un millénaire; notre Empire est toujours vivant, dans la mémoire des peuples et dans les glorieux palais, les forteresses imposantes, les mosquées et les églises. Notre Empire reconstitué peut – que dis-je, il doit – embrasser toute l'étendue post-byzantine : le brillant avenir de la Turquie, du Moyen-Orient et des Balkans réside en leur réunion avec la Russie, l'Ukraine et les républiques turciques d'Asie centrale. Ces deux héritiers de la gloire de Byzance, que sont l'Empire russe et l'Empire ottoman, se sont combattus mutuellement, des siècles durant; mais on peut dire la même chose des Français et des Allemands, pourtant héritiers, les uns comme les autres, d'un même Empire Romain Germanique. Si ces ennemis éternels, en Occident, ont pu s'unir, alors cela doit être possible, aussi, en Orient…

L'été dernier, j'ai voyagé en Russie et en Ukraine. J'ai remarqué combien les Russes et les Turcs (ces Turcs que les Russes appellent « Tatars ») ont de choses en commun. « Grattez un peu le vernis d'un Russe, et vous trouverez un Turc! », fulminait Churchill, son cigare lançant des escarbilles. « Et vice-versa! », rétorquait, malicieux, Leon Gumilev, un grand historien russe, grand gourou de la tendance pro-orientale en Russie, hélas disparu. De fait, la Russie, en tant que pays, s'est formée par la réunion des Turcs musulmans résidant dans la steppe et des Slaves orthodoxes, qui habitaient les forêts. Gumilev a démoli le mythe occidental du « joug tatar (lire : turc) »; il a décrit, de manière avisée, la Rus'moscovite comme l'État héritier de la Horde d'Or, fondée par les princes turciques gengiskhanides. « La Russie est inexpugnable, unie comme elle l'est avec les valeureux Turcs », a dit Gumilev, qui voyait en l'Occident la plus grande source de danger pour l'identité russe. Chef du Parti National Bolchevique et écrivain éminent, Edouard Limonov a écrit récemment, à propos de la Russie, qu'il s'agit d'« une seconde Turquie, avec un glaçage allemand ». Les Russes continuent à préférer les *shalvars*, ces pantalons bouffants jadis en vogue chez les paysans anatoliens et la noblesse ottomane. Limonov observe qu'ils s'assoient en tailleur, comme les Turcs ont l'habitude de le faire. Ces sentiments positifs des Russes envers les Turcs nous changent tellement de la méfiance que les Européens semblent entretenir à leur endroit!… Ils trouvent leur expression jusqu'au cinéma : le dernier film russe en vogue, intitulé *Le Gambit Turc*, met en scène la guerre russo-turque pour la conquête de la ville de Pleven [aujourd'hui en Bulgarie], sans les sous-entendus racistes coutumiers à Hollywood. Mieux : il n'hésite pas à camper Osman Nuri Pacha en héros.

La bonne entente entre Turcs et Slaves remonte loin dans le temps. Dans le nord de l'Ukraine, j'ai visité les anciennes capitales des principautés russes : Novgorod, Tchernigov et Kiev. Les princes de ces capitales épousèrent des princesses turques, filles de la steppe, et ce sont des guerriers turciques qui constituaient l'essentiel de leur cour. Un lai épique russe, du douzième siècle, décrit une expédition guerrière du prince de Novgorod, Igor, dans la steppe turcique; le prince est vaincu, mais son vainqueur, qui le tient prisonnier, Konchak Khan, lui donne sa fille en mariage, après quoi, ils retournent tous deux dans sa patrie, à Novgorod. Une part non négligeable de la noblesse russe porte encore des noms turciques, comme Nabokov, l'auteur du roman *Lolita*, ou encore Usupov, le plus riche des princes russes à la cour du Tsar Nicolas II.

Dans *La Symphonie eurasienne*, livre récent d'un écrivain vivant à Saint-Pétersbourg, van Zaichik, cet auteur met en scène une histoire alternative de notre région du monde. Que se serait-il passé, si le chef éclairé de la Horde d'Or turcique, Sartak Khan, un ami de saint Alexandre Nevsky, n'avait pas été assassiné et si, par voie de conséquence, les Russes et les Turcs avaient continué à vivre ensemble dans un seul pays, de surcroît prospère, ce qui n'aurait rien gâché? Van Zaichik appelle l'Empire résultant « Ordus », un mixte composé des mots « Horde » et « Rus », cet Empire s'étendant sur l'ensemble du continent eurasien. L'Ordus est un territoire où la modernité a incorporé la tradition et la religion; la famille y est demeurée intacte et même s'il y a des gens riches, la recherche débridée des richesses est mal vue. « Nous travaillons ensemble et nous contrôlons nos tendances égoïstes », tel est le credo, en Ordus, et c'est là un modèle qui convient bien à l'Orient. Les mosquées et les églises y sont bondées ; mais cela n'empêche pas tous les citoyens d'y vivre dans l'union et dans l'harmonie. Cette image d'un univers alternatif a tellement séduit les Russes que j'ai même vu des voitures ornées d'autocollants clamant le souhait : « Je veux vivre en Ordus ! ». Au passage, je mentionne que l'Ordus comporte un *vilayet* de Jérusalem, où beaucoup de descendants de juifs ont trouvé un refuge après avoir fui l'Allemagne hitlérienne (eh oui : il y avait un Hitler, et une Allemagne, même dans l'univers alternatif...), mais ces juifs vivent au milieu des habitants indigènes, dans une égalité totale. Un nouvel historien russe fascinant, Fomenko, a proposé un modèle historique iconoclaste : à ses yeux, il y a toujours eu un Empire (ou plus exactement : l'Empire), et la cité du Bosphore est la capitale naturelle de l'Eurasie. Que cela ait, ou non, été le cas dans le passé, rien n'empêche que cela le devienne dans le futur...

Au lieu de lutter pour conquérir le leadership en Eurasie, les Turcs, les Slaves (et leurs voisins, moins nombreux) pourraient unir leurs forces et faire de Constantinople [« Istanbul » n'est pas autre chose qu'une lecture erronée de « Constantinople »...] leur capitale commune et le siège du gouvernement impérial. Constantinople, cela pourrait être notre réponse à Bruxelles, à New York et à Pékin... Alors que la quête de l'hégémonie, des siècles durant, en Eurasie, a causé d'innombrables guerres, une union satisferait les désirs de tous : les Russes auraient Constantinople pour capitale, sans en déloger pour autant les Turcs ; les Turcs disposeraient de routes d'approvisionnement vers la Crimée et Tachkent, et même vers les réserves diamantifères perdues au fond de la Yakoutie, cette contrée des Turcs pravoslaves (orthodoxes), sans avoir à se battre contre un seul Russe... Le Moyen-Orient serait, de nouveau, le rivage méridional ensoleillé de l'Eurasie, comme il le fut longtemps ; il n'aurait plus à obtempérer à des ordres venus de

Washington, de Londres ou de Bruxelles. Au lieu d'être un coin perdu, la Turquie serait le lieu de rendez-vous privilégié des habitants de Bagdad et de Kiev, de Belgrade et du Caire, de Vladivostok et d'Ankara. Levons à nouveau l'aigle bicéphale de Byzance, comme symbole de l'unité de notre civilisation orientale, la civilisation commune aux orthodoxes et aux musulmans, et investissons nos dirigeants de la double couronne du Calife de l'Islam et de l'Empereur de l'Orthodoxie, enterrons les nationalismes mesquins du récent passé et entamons une nouvelle page exaltante de notre histoire, et donc de l'histoire du monde! Le Commonwealth reconstitué de l'Orient, successeur légitime des Empires orientaux romain, byzantin, russe et ottoman, possèdera de vastes richesses et de grandes ressources spirituelles, qui en feront une superpuissance mondiale, aux côtés de l'Europe unie, des Etats-Unis et de la Chine. Ce Commonwealth sera soudé par un idéal commun, mais aussi par des considérations matérielles partagées. Car, actuellement, l'Est et l'Ouest sont différents; un clivage métaphysique les sépare. En Occident, c'est l'hérésie mammonite, introduite par les troupes américaines y débarquant au cours de la Seconde guerre mondiale, qui l'a emporté. Les Occidentaux ont imposé une foi brutale dans la rapacité, et ils prêchent l'ambition individuelle sans limite. Ils ont perverti leurs religions traditionnelles pour les réduire au seul droit (que dis-je, au devoir) de tout s'approprier et de consommer autant que possible. Ils ont rejeté la solidarité, au nom de cet égoïsme qu'ils qualifient d'« absolue liberté de l'homme ». Ils ont amoindri la femme; ils ont dévalué l'homme, en se gaussant de sa galanterie. Ils ont détruit la famille, en mettant les hommes et les femmes en concurrence entre eux. Et étant donné qu'ils ont rejeté Dieu, leurs églises sont vides; leurs villes sont centrées autour de quartiers d'affaires, alors que les nôtres sont axées autour de l'étude, de l'art et de la prière.

L'Orient a conservé son identité chrétienne, car l'Islam n'est qu'une forme du christianisme, même s'il est aussi éloigné de l'orthodoxie du Concile de Nicée que peut l'être le calvinisme suisse. L'Orient rejette Mammon, car nous, les Orientaux, nous n'avons pas rejeté Dieu ; nous plaçons l'esprit au-dessus des considérations matérielles. De même, nous n'avons pas rejeté le Christ, l'Oint, le Messie ; nous adorons la Femme, car nous n'avons pas rejeté Sa Mère, sainte Marie. L'Orient aime toujours la nature, il méprise le riche malhonnête, il croit en la valeur du travail et préfère l'harmonie au succès social. Nous aimons les hommes virils et les femmes féminines. Nous respectons la tradition et la famille. L'Occident sous direction américaine crée une civilisation nomade, à partir d'une société vulgaire composée d'individus atomisés et déconnectés de la famille et du terroir. Dans le Commonwealth d'Orient, nous progresserons en prenant la direction opposée : nous découragerons l'immigration, et nous exercerons des pressions sur les capitaux, pour favoriser la redistribution de la richesse. Nous serons en faveur des indigènes, car ils savent, mieux que tout autre, quels sont les besoins, et aussi les limites, de sa région.

L'Occident a proclamé le caractère sacré de la propriété privée. Nous la respectons, pour peu qu'elle soit modeste ; mais nous rejetons tout excès, en la matière. Nous sévirons contre la cupidité en taxant lourdement les super-riches, en confisquant leurs biens et en les envoyant dans un village anatolien ou sibérien accueillant, afin qu'ils y soient rééduqués et « dégrisés ». Il n'y aura ni privatisation de ressources naturelles, ni ventes de terres à des étrangers, ni dépossession de paysans. Nous dissuaderons la croissance démesurée des villes et nous encouragerons la vie à la campagne. L'Occident a tendance à régenter exagérément la vie privée ; nous soutiendrons les libertés éternelles de l'Orient. Nous serons de bons amis avec nos voisins, ou de terribles ennemis pour eux, si tel est leur choix. Cette vision en apparence fantasque est, de fait, la seule alternative plausible à la colonisation de nos terres par les Etats-Unis, ou encore par ces superpuissances en train d'émerger que sont l'Europe et la Chine…

CHAPITRE XI
LE MALAISE FRANÇAIS[52]

Y a-t-il plus français que Tarascon ? Ce charmant petit village provençal entoure les hautes murailles crénelées d'un château féodal accroché à l'escarpement du Rhône, au milieu d'une campagne agréable, gorgée de soleil, de chardons, de vins raboteux et des poèmes de Frédéric Mistral. Le fleuve mis à part, cela ressemble beaucoup à ma Palestine aride. Et, de fait, c'est ici qu'une jeune fille palestinienne ingénue et libérée, Nicolette, fut courtisée par l'héritier du château de Beaucaire, le sémillant Aucassin, dans un fabliau du treizième siècle. L'église de Tarascon (bombardée, dans les années 1940, par l'ubiquiste aviation américaine) est assez vieille pour conserver le souvenir de leurs serments amoureux. Mais le principal sujet de

52. Mars 2003 (première version : « Tartarin à Marseille », in *Notre Dame desDouleurs*, BookSurge ed., New York, 2006, p. 392-393.)

fierté, pour Tarascon, c'est le fait d'avoir servi de décor à un roman du barde du Midi, Alphonse Daudet. On y voit un monument élevé à son personnage principal, Tartarin, incarnation d'un paysan méridional jovial, terre à terre mais quelque peu vantard, qui se laisse emporter par son imagination, mais qui finit immanquablement par avoir la frousse. Dans une aventure un peu moins connue que les autres, on a dit à Tartarin que les Alpes sont parfaitement sûres et que les crevasses, les avalanches et les parois verticales ne sont que des expédients auxquels recourent les guides du coin, histoire d'extorquer des pourboires conséquents à des alpinistes novices. Armé de cette science, Tartarin accomplit des prouesses, traversant des abîmes en marchant sur une corde, escaladant des sommets jamais conquis et stupéfiant ses guides par sa bravoure insensée, jusqu'à... Jusqu'à ce qu'il apprenne que les dangers des Alpes sont parfaitement réels. Dès cet instant, il est incapable de marcher sur le sentier, même le plus confortable, car il craint pour sa vie. Et le grand héros d'hier doit être redescendu de la montagne sur une chaise, par quatre robustes montagnards...

Cette mésaventure de Tartarin de Tarascon m'a rappelé le virage à cent quatre-vingts degrés auquel nous assistons dans la politique française. Il n'y a pas si longtemps, la France s'opposait courageusement aux projets américains d'agression contre l'Irak. Jacques Chirac mit sur pied la coalition des braves, en s'alliant avec l'Allemagne, la Russie et la Chine contre la détermination des néo-conservateurs à réduire le Moyen-Orient à la merci de Sharon. Mais, depuis lors, les tanks US sont arrivés au centre de Bagdad et les néocons ont proclamé la France ennemie numéro 1, ex-æquo avec la Corée du Nord et l'Iran. Tartarin de Tarascon a dû changer d'avis, puisqu'il a pris garde à l'abîme alpestre qui s'ouvrait devant lui... Ce virage en épingle à cheveux est particulièrement patent en ce qui concerne Israël et les juifs. Il y a un an, tout juste, le sentiment de l'indépendance française était tellement fort qu'un ambassadeur français avait osé se demander, à propos d'Israël, pourquoi «ce petit pays de merde» causait un tel trouble, à l'échelle mondiale. Aujourd'hui, le président du petit pays de merde fait son entrée à Paris au milieu d'un brouhaha triomphal ordinairement réservé aux empereurs victorieux, et le boucher de Qibiya, de Sabra et Chatila a été reçu à bras ouverts, cet été, dans une France domptée. Le quotidien israélien *Ha'aretz* a ironisé : « Si vous projetez de visiter Paris la semaine prochaine, peut-être feriez-vous mieux d'y renoncer. A cause de la « marée montante de l'antisémitisme ? » Que nenni. Au contraire : à cause de « l'Israël Pride » ! Le président israélien Moshé Katzav sera à Paris, en visite d'État, et son homologue Jacques Chirac a bien l'intention de l'accueillir avec une bonne grosse accolade à vous décoller du sol, voire même de bloquer toute circulation dans un centre-ville déjà au bord de l'asphyxie en temps ordinaire. Au seizième siècle, le roi protestant Henri IV déclara : « Paris vaut bien une messe ! » (il faisait allusion à sa propre conversion au catholicisme). Le souverain installé aujourd'hui dans la capitale française pense que le réchauffement de ses relations avec Israël mérite bien de causer une crise nerveuse aux automobilistes parisiens irascibles. » La meilleure et la plus grande des salles de spectacle de Paris, le Palais des Congrès, a été accordée à l'Association pour le Bien-Etre du Soldat Israélien pour son concert gala annuel. Au dernier moment, ce spectacle a été déprogrammé et transféré dans un pavillon du parc des expositions de la porte de Versailles[53]. Les courageux communistes du PCN – NCP ont écrit, dans leur prose musicale si gauloise : « Il semble que nous devions en effet veiller au bien-être de ces types délicieux qui ont placé 200 000 mines anti-personnelles au Sud Liban, des acolytes des checkpoints, des destructeurs de Jénine et de la Palestine, des troupes de soutien aux escadrons de la mort, des pilotes qui bombardent les camps de réfugiés palestiniens, des soldats qui tirent sur des enfants armés de leurs seules pierres... » [54] Le PCN – NCP ne tourne pas autour du pot : il n'attribue pas cette volte-face à on ne sait trop quels charmes is-

53. Chaque année, les militants antisionistes français obligent Tsahal à revoir à la baisse ses prétentions. A suivre...
54. www.pcn-npc.com

raéliens. Pour ses militants, « le lobby sioniste est la position avancée des collaborationnistes Yankee qui ressortent leur vieux chantage, usé jusqu'à la corde, à l'« antisémitisme » – équivalent de l'antisoviétisme de l'époque de la Pax Americana. Le vrai problème, ce n'est pas l'« antisémitisme », mais la judéophobie : la peur des juifs, la crainte – pas si irrationnelle que cela – de leur pouvoir. Nombreux sont ceux, en France et ailleurs, qui pensent, au plus profond d'eux-mêmes, que c'est le pouvoir juif qui a amené les tanks américains à Bagdad, et qui peut, un jour, les amener à Paris, si besoin est. Qu'elle soit vraie ou non, cette idée a sa dynamique propre. Et tandis que les courageux Français du PCN – NCP refusent ce qu'ils appellent la Kollaboration avec l'impérialisme américano-sioniste, des gens moins courageux empruntent, soumis, le sentier qui conduit à Vichy. La France n'est peut-être pas encore totalement conquise, mais Tartarin a eu la frousse de sa vie…

Le lobby juif exècre toute référence au Christ et proteste contre la *Passion du Christ* de Mel Gibson – un film qui fera date. Dans toute la France catholique, naguère fille aînée et chérie de l'Eglise, il n'est pas un seul distributeur ayant pignon sur rue qui ait osé programmer ce film. Cette mission-suicide a été assumée par un musulman aimant le Christ (comme tout musulman), immigré du Maghreb, qui met, ce faisant, l'accent sur le fait que le Christ est la seule figure héroïque à même de fédérer les Musulmans Arabes, les Catholiques Français et les Orthodoxes Russes dans un unique front anti-mammonite.[55] De fait, les immigrés musulmans ont redonné à la France une partie de son esprit indomptable, perdu avec cette multitude de jeunes existences sacrifiées, à Verdun.[56]

55. L'amour des musulmans pour le Christ et Sa Mère est inscrit dans le lieu saint islamique le plus sacré de Jérusalem : la Coupole du Rocher, où des calligraphies en lettres d'or commandées par les Califes Omeyyades proclament : « Saint est Jésus-Christ ! Saint est le Jour de Sa Nativité, et Saint le Jour de Sa Résurrection ! »

56. Voir « Le moineau et le scarabée », in *L'Autre Visage d'Israël*, p. 316-324.

Le lobby sioniste s'est cabré devant l'humour iconoclaste de Dieudonné, et ce comédien extraordinairement populaire a vu les salles de spectacles se refermer devant lui, un peu partout dans le pays. Le lobby sioniste a objecté à mon livre *L'Autre Visage d'Israël*, publié par les éditions Balland, dont le PDG, Denis Bourgeois, en digne héritier de Tartarin, a donné l'ordre de le brûler.

Et voilà qu'en ce 15 mars 2004, à Marseille, le Consistoire israélite, brigade de choc des collabos américano-israéliens en France, traîne devant un tribunal Pierre-Alexandre Orsoni, rédacteur en chef de la newsletter, diffusée par e-mail, *Point d'Information Palestine*, ainsi que le traducteur Marcel Charbonnier, deux amis exigeants de la Palestine, et aussi mes amis, pour « incitation à la haine raciale », au motif d'avoir traduit et publié mon article « Les Oreilles de Midas ».[57] Dans cet article, j'attribuais la guerre en Irak à l'action concertée de la juiverie américaine organisée. « Oh, non ! C'est le pétrole ! », protestèrent certains lecteurs. Et d'autres, d'objecter : « Mais non, la raison de l'intervention américaine, ce sont les armes de destruction massive irakiennes, voyons ! » Un an a passé. L'Irak est occupé. Mais pas une goutte de pétrole n'en provient, comme je l'annonçais. Et les USA réceptionnent les corps de leurs soldats en *body-bags*. Pas d'armes de destruction massive dans tout le Moyen-Orient. Quelle déception, après dix ans de sanctions et de surveillance de l'ONU ! En revanche, il y en a, en Israël, unique bénéficiaire de la guerre américaine en Irak. Le Roi Midas, lui aussi, avait intenté un procès à son barbier, pour avoir dévoilé le terrible secret des oreilles d'âne du roi ; mais trop tard ! Le secret était connu de tous. De la même manière, le secret de Polichinelle de l'influence juive aux Etats-Unis a été divulgué, grâce à l'incitation à la guerre de ses épigones.

Mais les organisations juives avaient une raison supplémentaire d'attaquer « Les Oreilles de Midas ». Dans ce texte, j'ai cité l'historien juif français Simha Epstein, lequel a révélé que des or-

57. In N*otre Dame des douleurs,* BookSurge ed., New York, 2006, p. 380-391.

ganisations juives françaises ont acheté, dans le plus grand secret, et subverti, des médias français et, cela, des années durant. Ce fait historique touchait de trop près au cœur sombre de l'influence du Crif. Au lieu de contester cette affirmation, ou de demander à Simha Epstein, un éminent historien juif du Centre Israélien d'Etudes sur l'Antisémitisme de Tel Aviv, de les éclairer à ce sujet, les gens du Crif ont tenté de l'occulter. Deux quotidiens, *Le Monde* et *Libération* (ce dernier a été racheté, depuis lors, par Rothschild) ont attaqué simultanément Pierre-Alexandre Orsoni, Marcel Charbonnier et moi-même. Ni l'un, ni l'autre de ces deux journaux n'a osé contester l'accusation formulée par Epstein. Précisons que *Le Monde* a accueilli le président israélien en titrant en Une : « Sioniste et fier de l'être… »

Les accusations fallacieuses de « haine raciale » ne doivent pas nous égarer. Ce sont nos ennemis sionistes qui incitent à la haine raciale ; c'est Alain Finkielkraut (« Ce qui est bon pour les juifs est bon pour la France ») qui insulte les Arabes ; c'est André Glucksman qui insulte les Russes, c'est Daniel Goldhagen qui insulte les officiers allemands, en des termes les plus racistes qui soient. En 1972, Bernard-Henri Levy applaudissait aux exécutions sommaires de « tondues », les Françaises qui avaient aimé des officiers allemands[58]. Mais de Gaulle n'a pas « incité à la haine raciale » ; quand il a lancé son appel à la Résistance contre l'envahisseur allemand. Jeanne d'Arc n'a pas « incité à la haine raciale » lorsqu'elle s'est battue pour la France, contre le suzerain anglais. Nos amis, le généreux Pierre-Alexandre Orsoni et le valeureux Marcel Charbonnier, appartiennent à la même souche de Français que Charles de Gaulle : ils combattent pour la France Libre, contre l'ombre envahissante de l'impérialisme judéo-américain et de sa cinquième colonne en France. Amis de la Palestine, ils ont connaissance de cette Croix de Lorraine, offerte à Arafat par de Gaulle. Le président palestinien assiégé la portait toujours sur son cœur, en signe

58. Michel Foucault, « Débat avec les maos », 5 février 1972, in *Les Temps Modernes,* n° 310.

d'amour pour le Christ et pour ses combattants, Français et Palestiniens. Elle donnera la victoire à ceux qui n'ont pas peur et aux gens méritants. C'est une certitude. Les juges de Marseille n'auraient pas dû avoir peur, eux non plus. Pour un juge – par opposition à un certain paysan de Tarascon – la couardise est un péché ; c'est ce péché impardonnable commis par Ponce Pilate. Ils ne doivent pas prêter l'oreille à la claque du CRIF, qui exige que ces deux hommes soient crucifiés.

Après tout, la France n'est pas encore occupée. Même si, à voir l'impudence de la cinquième colonne, on peut avoir cette impression. La règle en vigueur à New York et à Tel Aviv ne concerne pas encore Marseille. Bien que les Alpes et leurs dangers soient réels, Tartarin peut encore avancer.

CHAPITRE XII
RÉGAL HOLLANDAIS[59]

A mes amis hollandais qui ont essayé de se servir de mes origines ethniques juives comme d'un totem pour éloigner le danger.

Vous avez assez vite découvert que je ne suis pas une police d'assurance contre les attaques idéologiques. Plus exactement, vous avez réalisé que vous marchiez sur la queue du tigre, avec moi, et que c'est justement moi qui attire sur vous cette attention dont vous vous passeriez fort bien. Vous m'avez demandé de me dédire, de supprimer certains liens sur mon site ou de renier publiquement mes écrits. Voici une lettre qui s'adresse à tous ces innocents qui persistent à s'imaginer que je peux leur servir de petit juif apprivoisé, bien pratique, comme bouclier, quand on veut se mêler de la tragédie palestinienne ; j'exprime ici mon désaccord avec ce type de rôle.

59. Novembre 2005.

A mes amis hollandais

J'ai lu l'article de De Haas, du *Telegraaf*[60] et j'ai publié ma réponse. M. De Haas est un adversaire patent, de mon point de vue. Il est pour la subjugation de la Palestine; il applaudit à la guerre en Irak, à la destruction de l'Iran et il manigance pour éradiquer l'Islam. Il est contre l'Eglise et contre le Christ; sans doute voue-t-il aux gémonies des apostats dans mon genre dans ses prières du matin, comme sa religion l'exige. Ce qu'il peut bien penser, je n'en ai vraiment strictement rien à cirer. En revanche, la faiblesse de nos amis m'inquiète. Vous êtes trop timorés, vous vous écrasez à la première exigence. Vous n'oseriez pas aller faire « bouh! » à une oie; alors, pour ce qui est d'affronter le lobby juif…

Résultat : vous ne cessez d'apporter de l'eau au moulin de nos adversaires, qui s'évertuent à condamner le président iranien et le Premier ministre malais, dès lors qu'ils s'écartent un tant soit peu de la voie étroite qui leur est impartie par l'ennemi. Au lieu de condamner Israël, qui empêche Mohammad Mahathir de prier à la mosquée Al-Aqsa, vous reprochez à celui-ci d'aborder le pouvoir juif dans un de ses discours. Au lieu de débattre du véritable problème – celui de l'égalité entre juifs et non-juifs – vous me demandez des comptes sur ma biographie et vous farfouillez dans mon passé. Et maintenant, vous voulez me sacrifier, afin de pouvoir conserver votre image d'une blancheur immaculée. Mais c'est rop tard : vous vous êtes exposés! Dès l'instant où vous trahissez votre faiblesse, cette faiblesse est exploitée, et à fond. C'est eux, qui vont vous posséder, désormais.

Joost de Haas

Le 12 novembre 2005, le plus grand quotidien hollandais, *De Telegraaf*, a publié un article intitulé « *Op kruistocht met de duivel* », sous la plume d'un journaliste juif, Joost De Haas, dans lequel il

60.http://www.cidi.nl/news/2005/121105a.html

m'attaque, dans la bonne compagnie du Premier ministre néerlandais Dries van Agt et d'une grande dame hollandaise, une amie de la Palestine, Gretta Duisenberg. Ces deux personnalités ont été condamnées au seul motif de m'avoir parlé, ayant été moi-même proclamé coupable de m'être trouvé dans un même congrès avec David Duke, le célèbre militant américain anti-guerre, de droite. Hélas, cette accusation controuvée d'impureté transitive talmudique s'effondre au premier examen.

En effet, je n'ai eu ni l'honneur, ni le plaisir de rencontrer Monsieur van Agt, ni Madame Duisenberg. Quant au congrès auquel j'ai assisté en Ukraine, il n'avait pas été organisé par l'« extrême droite », mais par la plus importante université privée ukrainienne, reconnue par l'Unesco et les universités hollandaises. De fait, j'étais assis à la tribune de ce congrès, non pas à côté de David Duke, comme l'affirme de Haas, mais juste à côté de l'ambassadeur de Palestine en Ukraine, son Excellence Walid Zakut. Voyez en ouverture de ce chapitre une photo, prise à cette occasion.

M. Duke n'était qu'un des participants parmi bien d'autres à ce congrès, auquel ont assisté beaucoup d'écrivains, de diplomates, de parlementaires. Quoi qu'il en soit, ses opinions correspondent tout à fait à celles de l'homme politique hollandais d'extrême droite assassiné Pym Fortuyn. Pourtant, de Haas n'a pas rechigné à rencontrer Pym Fortuyn et à écrire à son sujet. Et Pym Fortuyn n'avait été ostracisé ni par les autres hommes politiques, ni par les médias hollandais. Si un homme politique hollandais veut rencontrer le Premier ministre israélien Ariel Sharon, pas de problème, alors que Sharon est coupable – non pas d'avoir exprimé quelque opinion déplaisante d'extrême droite, non : coupable de crimes de guerre caractérisés, de massacres de masse, de Qibiya jusqu'à Sabra et Shatila, du siège de Beyrouth au massacre de Jénine. Il est vrai que M. Duke est la cible de la haine de de Hass pour un autre motif : son opposition entêtée à la guerre américaine au Moyen-Orient. De même, si M. de Hass et les gens de son espèce n'ont jamais regardé Pym Fortuyn de travers, c'est parce qu'il s'agissait d'un islamophobe obsessionnel, et que cela servait leurs plans consistant à encourager la haine et les affrontements entre les chrétiens et les musulmans, en Europe, et ailleurs. Le reste de l'article de De Haas est à l'avenant : même malhonnêteté et même bâclage. Il affirme que j'ai fait allusion, dans mes écrits, aux *Protocoles des Sages de Sion*. La belle affaire ! Umberto Eco l'a fait, lui aussi. Les écrivains sont intéressés – et cela n'est pas près de changer – par ce pamphlet politique. Dans une crise de rage anticommuniste, de Haas prétend que les *Protocoles* ont été publiés et utilisés dans l'Union soviétique communiste. C'est exactement le contraire qui s'est produit ! Les autorités soviétiques punissaient la détention de cet ouvrage de lourdes peines de prison, et même de la peine capitale. Et, contrairement à ce que prétend de Haas, les Protocoles étaient tout aussi strictement interdits à l'époque des Tsars. On le voit : ce type ne sait absolument pas ce qu'il raconte.

Son accusation, selon laquelle mes écrits apparaissent sur des sites ouèbe de droite, ne peut être prise au sérieux par quiconque a un jour utilisé Internet. Tout est interconnecté, dans le World Wide Web, la « toile d'araignée mondiale » et, entre les écrits de De Haas et les miens, sur ce site ouèbe, où j'écris présentement, ou sur n'importe quel autre, d'ailleurs, il n'y a qu'un pas. Mais je m'en moque : de même qu'une fleur ne vérifie pas la carte d'identité d'une abeille qui vient la butiner, je fais confiance à divers sites ouèbe, de gauche, de droite, verts et multicolores, pour transmettre mon message au plus grand nombre possible de personnes, et la teneur de ce message est la suivante : « Il n'y aura nulle paix, nulle part, tant que les juifs ne seront pas considérés égaux aux non-juifs, en Palestine et partout ailleurs. » Aujourd'hui, les juifs ne sont pas comme les autres : ils peuvent détenir des armes nucléaires, alors qu'on l'interdit à leurs voisins ; ils peuvent se déplacer absolument partout, dans l'ensemble de la Palestine, alors qu'un goy doit emprunter des routes réservées. Les juifs ne sont pas égaux aux non-juifs, non plus, en Hollande : Pym Fortuyn a été proclamé (après sa mort prématurée) « pas mauvais bougre », pour la bonne raison qu'il était « bon pour les juifs », et peu importent les insanités qu'il avait proférées à l'encontre des musulmans. Les juifs ne sont pas égaux aux non-juifs, au Danemark tout proche, dont la souveraine, la Reine Margareta, a déclaré récemment : « Nous devons montrer notre opposition à l'Islam, quitte, de temps à autre, à encourir le risque de nous voir accoler des étiquettes peu flatteuses. » Mais cela, au profit de qui donc ?

De Haas me condamne au motif de ma dénonciation publique du judaïsme. Je suis sûr que Spinoza, qui pensait la même chose que moi, se redresse dans sa tombe… Car Spinoza fut l'un des premiers juifs à se rebeller contre le judaïsme. Et s'il fut parmi les tout premiers, c'est pour une raison très simple : avant l'avènement de la liberté aux Pays-Bas, et même encore au quatorzième siècle, de tels juifs hérétiques étaient brûlés sur le bûcher, par décision des autorités juives rabbiniques autonomes. Et ce type de persécution persiste : dans l'État juif, le prosélytisme chrétien est punissable d'une peine de cinq ans d'emprisonnement, et en-dehors d'Israël, de Haas et les gens de son espèce font tout ce qu'ils peuvent afin de pourrir la vie d'un juif hérétique. L'appel à adopter le christianisme que je lance à mes concitoyens israéliens est insupportable pour ce De Haas. Il ne mentionne même pas (quant à le critiquer, n'en parlons même pas) le projet du gouvernement israélien de convertir au judaïsme 300 000 chrétiens israéliens dans les cinq années à venir, bien que ce projet ait été rendu public et bien que le ministère de l'Absorption des immigrés [en Israël] ait déjà reçu les budgets destinés à cette fin. Pourquoi est-il admissible de dépenser l'argent du contribuable pour attirer des gens hors de l'Église, alors qu'il est interdit de convaincre autrui d'entrer dans l'Eglise ? Hélas, de Haas et ses émules haïssent l'Eglise et le Christ au moins autant qu'ils haïssent les musulmans. Ce n'est pas pour rien que son ami et associé Abe Foxman (de la tristement célèbre Anti-Defamation League) vient de publier un article hystérique sur « l'influence excessive du christianisme aux Etats-Unis. »

De Haas prétend que je considère que les juifs sont les « assassins du Christ ». Au contraire, j'ai écrit dans mon ouvrage *L'Autre visage d'Israël* qu'il n'y a pas plus de raison de blâmer les juifs contemporains pour ce crime qu'il n'y en n'aurait d'accuser les Français contemporains d'avoir martyrisé Jeanne d'Arc. En revanche, nous pouvons blâmer les gens de l'espèce de De Haas, qui sont fiers de re-tuer le Christ, en ce moment-même, et qui considèrent qu'il s'agit là, en l'occurrence, de leur devoir et d'une bonne action.

De Haas prétend que j'aurais qualifié les juifs de « bacilles ». Qu'il cite donc un passage de cette nature dans mes écrits ; il n'en trouvera aucun. Mais il trouvera sans effort, en revanche que notre précédent Premier ministre, qu'il a rencontré et dont il a chanté les louanges publiquement, M. Barak, a qualifié les Palestiniens indigènes non-juifs de « virus », dans une interview officielle accordée au quotidien israélien *Ha'aretz*. Et le quotidien hollandais *Telegraaf* n'en a pas pour autant exigé l'annulation de la visite officielle de Barak aux Pays-Bas…

Il relève que mon livre *L'Autre visage d'Israël* a été interdit par un tribunal français. C'est vrai. Pour moi, ce verdict d'un tribunal français est un compliment, puisque j'ai désormais rejoint, grâce à lui, le long palmarès des auteurs dont les livres ont été interdits et brûlés en France, de Voltaire à Baudelaire, de Nabokov à Joyce, de Wilhelm Reich à Vladimir Lénine, et j'espère bien trouver mes lecteurs français, à partir de ce bûcher, comme les ouvrages de mes prestigieux prédécesseurs l'ont fait. Toutefois, je trouve la décision de ce tribunal parfaitement honteuse pour la France, puisque, loin d'appeler à la haine et à la guerre, mes livres prônent la paix et l'égalité. Ce n'est pas un hasard, si mon livre a pour sous-titre : « Plaidoirie pour Israël et la Palestine, unis dans l'amour pour la Terre ». Mais ce rêve de paix ne saurait devenir une réalité tant qu'il n'y aura pas une égalité totale, tant qu'il restera un seul chrétien ou un seul musulman qui ne soit pas traité à l'égal d'un juif.

Oui ; je me sens trahi par ce tribunal français. Quand Spinoza a été condamné par des autorités rabbiniques, il savait que les Pays-Bas chrétiens ne le remettraient pas entre leurs tendres serres. Le tribunal français en est revenu à l'époque du roi Pierre le Cruel (roi de Castille et de Léon au XIV° siècle), lequel était enclin à remettre les juifs hérétiques à la Synagogue, dont il appréciait la justice expéditive. Les juges français ont rejeté facilement les demandes de bannissement de Salman Rushdie ou d'Oriana Falacci, au nom de la liberté de pensée. Mais pourquoi cette liberté s'arrête-t-elle devant la porte juive ? Après le procès, plusieurs Français chrétiens de fraîche date ont tenu à me rencontrer et m'ont exprimé leur profonde préoccupation. Le christianisme est-il mort ? L'Eglise est-elle morte ? N'y a-t-il plus aucun contrepoids à l'influence juive ? Il est symptomatique que l'attaque contre moi, publiée le jour même du procès de mon éditeur par l'hebdomadaire français de gauche *Politis*, ait été rédigée par un Français, Jean-Yves Camus, récemment converti au judaïsme. Bien qu'il ait longuement évoqué mon baptême, curieusement, il a oublié de faire allusion à son apostasie…

De Hass en fait des tonnes : soi-disant, je ne vivrais pas en Terre sainte, mais en Suède ; et je ne m'appellerais pas Israël Shamir, mais je serais un marchand de souvenirs nazis ! Ces billevesées ont été publiées, pour la première fois, par le site ouèbe Expo, financé par l'Anti-Defamation League. C'est un site dont les liens avec les services secrets israéliens sont maintenant notoires. Et puis cela a été repris par une publication sœur, *Searchlight*, qui se présente elle-même fièrement comme « un magazine antifasciste juif ». D'ailleurs ces absurdités n'ont jamais fait mouche, en Israël. Dans ce pays, en revanche, le quotidien ultranationaliste *Maariv* a publié, il y a quelques années de cela, une dénonciation de votre humble serviteur, sur cinq pages grand format, avec une interview de ma vénérable mère. Tous les gens qui m'avaient rencontré ont été peu ou prou sollicités. Mais même cet article fondamentalement hostile ne s'était pas abaissé à des stupidités aussi grotesques.

Chez moi, en Israël, je reçois tous les jours des visiteurs, y compris des Hollandais ; je me sens parfaitement à l'aise, et si je dois être jugé pour ma trahison de la cause juive, et pour ma défense de l'égalité entre juifs et goyim, je préfère être jugé en Israël, plutôt qu'en Europe ci-devant chrétienne. Quant aux noms que je suis censé utiliser, je citerai le Talmud, que je connais sans doute mieux que de Haas : « Le rabbin Joseph ben Judah était connu également sous les noms de Joseph d'Uzal, d'Issi ben Gur Aryeh, d'Issi ben Gamaliel et enfin d'Issi ben Mehalalel. Et quel était son véritable nom ? Issi ben Akabia ! » [Pesachim 113b].

De même, je peux bien être connu sous le nom de Samir, en Jordanie, d'Irmas, en Suède ou de Mirosami, au Japon, ou encore de Smirnov en Russie, voire de Jersma, en Hollande, alors que mon véritable nom est : Israël Adam Shamir. Cela n'a aucune espèce d'importance ; ça n'a pas plus d'importance que le « vrai nom » de Léon Trotski (Bernstein) ou d'Ariel Sharon (Schneidman) ou d'André Maurois (Wilhelm Herzog) ou de Salman Rushdie, à l'époque où il vivait caché à Bienfait, au Saskatchewan, où il vivait sous un nom d'emprunt. Habituellement, ce genre de discussion n'est pas considéré *comme il faut*[61], en particulier lorsqu'il s'agit d'Israël, où même un ex-Premier ministre, Benjamin Netanyahu, conserve un passeport américain sous un autre nom… Mais, apparemment, les dés sont pipés : ce qui est permis à l'un des joueurs rend suspect son adversaire.

61. En français dans le texte.

CHAPITRE XIII
ARRÊTE SON CHAR, LOBBY[62]

Quand les habitants d'une maison patricienne sont embringués dans une interminable querelle, que les bagues de fiançailles ont été rendues et que la cuisinière a demandé ses gages, en cette heure de confusion sanglante, le petit valet Jeeves (incarné par Stephen Fry, dans la série de la BBC) leur trouve un ennemi commun. Réconciliés par leur commune animosité à l'égard de cette tête en l'air de Wooster, les amants s'éclipsent, au pied de l'immeuble, et les domestiques proclament leur loyauté envers leurs maîtres : voilà la paix restaurée! Cette ruse, mise en application dans *Right Ho, Jeeves*, une pièce bouffonne de P.G. Wodehouse, vient d'être utilisée avec grand succès par cette force malfaisante qu'on qualifie souvent de lobby sioniste.

62. Octobre 2007

Dans un courrier, adressé au rédacteur en chef du *Times*, [63] les adversaires d'hier s'avèrent unis, comme les amants dans un roman de Wodehouse [voir la liste complète, à la fin de cet article].

— Il y a un archevêque prix Nobel de la Paix, Desmond Tutu, ennemi de l'apartheid, ami de la Palestine. La semaine passée, la communauté juive a obtenu de l'Université de St Thomas, dans l'État du Minnesota, qu'elle l'interdise de parole.

— Il y a aussi un sioniste flamboyant, « M. Lobby » Bernard-Henry Lévy, héritier chevelu d'une fortune acquise grâce à l'esclavage. Habituellement, il fustige les Palestiniens, les Noirs et les Blancs, lors de ses fréquentes apparitions à la télévision. Quand son ami négrophobe Alain Finkielkraut a été poursuivi en justice en raison de ses propos publics racistes trop explicites, il l'a défendu[64].

63. http://www.timesonline.co.uk/tol/comment/letters/article2599269.ece

64. BHL fait son possible pour apparaître comme un ami des noirs. Fondateur de SOS Racisme, il mène maintenant campagne pour le Darfour, et contre les tests génétiques pour prouver les liens de parenté des Africains candidats au regroupement familial. Mais il avait bloqué le projet de film sur le *Code Noir* présenté par Dieudonné et le philosophe Louis Sala-Molins ; il a ensuite orchestré le bannissement général de Dieudonné. Voir *Une imposture française*, par Nicolas Beau et Olivier Tocser. Déjà en 1981, Raymond Aron faisait observer que « Nombre de Juifs, en France, se sentent à nouveau guettés par l'antisémitisme et, comme des êtres 'choqués', ils amplifient par leurs réactions le danger plus ou moins illusoire qu'ils affrontent. Que leur dit ce livre [*L'Idéologie française*, de Bernard-Henri Lévy,], Que le péril est partout, que l'idéologie française les condamne à un combat de chaque instant contre un ennemi installé dans l'inconscient de millions de leurs concitoyens. Des Français non juifs en concluront que les juifs sont encore plus différents des autres Français qu'ils ne l'imaginaient, puisqu'un auteur acclamé par les organisations juives se révèle incapable de comprendre tant d'expressions de la pensée française, au point de les mettre au ban de la France. Il nous annonce la vérité pour que la nation française connaisse et surmonte son passé, il jette du sel sur toutes les plaies mal cicatrisées. Par son hystérie, il va nourrir l'hystérie d'une fraction de la communauté juive, déjà portée aux actes du délire. » (*L'Express*, 7 février 1981.)

— Il y a Maired Maguire, un courageux combattant irlandais pour la Palestine, qui était l'ami de notre prisonnier de conscience, Mordechai Vanunu.

— Et puis, il y avait aussi l'archi-sioniste russe Elena Bonner. Passionnément antimusulmane, anticommuniste, reaganienne néolibérale. Elle a combattu l'« Empire du Mal » pour exiger le droit des juifs russes à émigrer en Israël afin d'aller y voler les maisons de réfugiés palestiniens.

— Il y avait un grand dramaturge, prix Nobel de littérature, Harold Pinter, qui s'était élevé, avec quelle éloquence ! contre la guerre d'Irak.

— Ainsi que Zbigniew Brzezinski, l'homme qui vous a offert la guerre en Afghanistan, avec ses millions de réfugiés – et qui s'en est vanté.[65] Anticommuniste jusqu'au bout des ongles, et exécrant la Russie, il a provoqué l'intervention soviétique de 1980, et guidé les premiers pas d'Oussama ben Laden.

— Tiens, il y avait aussi notre amie, la couageuse actrice Vanessa Redgrave, qui lutta contre le lobby et dut supporter ses attaques.

— Ainsi qu'un sioniste français de première bourre, André Glucksman, membre de la gauche libérale anticommuniste, qui a soutenu les séparatistes et la guerre en Tchétchénie.

— Il y avait même un ennemi de Pinochet : Ariel Dorfman.

— Mais aussi, le principal admirateur de ce même Pinochet : Vladimir Bukovsky...

Mais qui a bien pu réussir le tour de force de réunir de la sorte le bon, le mauvais et l'affreux ? C'est une ONG inconnue, tout juste née hier et appelée RAW in WAR. Son objectif proclamé est de « distinguer les femmes qui défendent les droits de l'homme dans des zones de guerre ». C'est là un noble propos ; on serait fondé à s'attendre à ce que Rachel Corrie, cette courageuse Américaine originaire de la ville de Seattle, assassinée par les Israéliens, soit la première à être reconnue comme telle. Rachel Corrie a dé-

65. Voir ci-après : « Notre bon vieux temps », p. 164.

fendu une maison palestinienne. Elle est restée, debout, devant cette maison, croyant qu'un homme, aux manettes du bulldozer de marque Caterpillar envoyé la détruire, s'arrêterait, en la voyant. Mais l'animal ne s'est pas arrêté : il a continué, il l'a écrasée, et il a été innocenté par un tribunal israélien, tandis que le lobby juif des Etats-Unis faisait interdire la représentation d'une pièce de théâtre inspirée par ce drame horrible, concluant sa campagne par ces propos peu amènes : « Cette antisémite a eu le sort qu'elle méritait ! » [66]

Alors, Rachel Corrie ? Jamais de la vie ! La composante sioniste de la liste des signataires publiées par le *Times* ne fait jamais, au grand jamais, ce genre de bourde ! La personne en l'honneur de qui l'ONG flambant neuve a été créée n'est autre que la journaliste russe disparue Anna Politkovskaïa. Elle a été assassinée, voici un an, par des inconnus, et les néocons sionistes font tout leur possible afin d'impliquer dans son assassinat les autorités russes, qui en font un petit peu trop à leur tête, à leur goût. Son nom, en compagnie de celui de l'ex-espion Litvinenko, empoisonné au polonium, est devenu un cri de ralliement pour les forces néolibérales anti-Poutine. Le nom de la veuve de Litvinenko rehausse d'ailleurs, lui aussi, la liste des illustres pétitionnaires, aussi vous ne risquez pas de vous tromper. Il y a aussi la veuve de Daniel Pearl, histoire de créer un lien avec la guerre contre les terroristes musulmans, ainsi que le combattant du ghetto de Varsovie, Marek Edelman, pour l'indispensable touche antinazie.

Les forces, derrière cette campagne, sont excessivement puissantes : sans cela, une chercheuse bulgare totalement inconnue au bataillon, une certaine Mariana Katzarova, présidente officielle de l'ONG en question, n'aurait pas été en mesure d'entrer en relation avec de si nombreux messieurs et dames, archevêques et barons, prix Nobel, écrivains et VIPs, afin de mettre sur pied cette liste-tour de force. Ces forces doivent être plus puissantes que Bere-

66. http://www.variety.com/article/VR1117956295.html ? categoryid = 19 & cs = 1

zovsky et Nevszlin, les deux oligarques (russes) exilés, qui faisaient la propagande autour de Litvinenko et de Politkovskaya, dans le cadre de leur vendetta contre Poutine. Les manifestations en l'honneur de Politkovskaya ont été organisées par les troupes de choc de déstabilisation mises sur pied par le Nouvel Ordre Mondial : le National Endowment for Democracy [NED], une organisation financée par le gouvernement américain, « mise sur pied afin de poursuivre légalement les activités illégales et interdites de la CIA[67] dont, notamment, le soutien apporté à certains partis politiques triés sur le volet, à l'étranger ». Manifestement, l'objectif de cette nouvelle ONG est de mettre la pression sur le président russe, qui refuse catégoriquement de donner son feu vert à un bombardement israélo-américain de l'Iran, qui soutient la Syrie avec ses systèmes de défense anti-aérienne, et qui a mis fin au dépouillement des avoirs de la Russie par les oligarques.

Je n'ai nullement l'intention de salir la mémoire de la journaliste assassinée, et il n'est d'ailleurs pas nécessaire de le faire pour défendre Poutine. Anna Politkovskaïa ne représentait, en effet, aucun danger pour son régime, étant tout à fait inconnue du grand public. Elle s'est peut-être mis à dos certains personnages de l'insurrection tchétchène, ou de la contre-insurrection... L'enquête policière sur son assassinat est toujours en cours. Une dizaine de Tchétchènes et un colonel d'un service de sécurité félon se trouvent aujourd'hui dans une prison moscovite ; ils sont impliqués dans l'assassinat, et l'Avocat général de Russie a déclaré, récemment, que le mystère qui entoure ce meurtre est pratiquement élucidé. Le fils de Politkovskaya a exprimé sa confiance totale dans les investigations de la police.[68] Il est confiant ; pour lui, les véritables assassins, et leurs commanditaires, seront bientôt découverts. Beaucoup d'observateurs russes pensent que cet assassinat a été ordonné par des personnes désireuses de saper la société russe et de

67. http://en.wikipedia.org/wiki/CIA
68. http://www.rian.ru/society/20071007/82792712.html

coincer Poutine. J'ai moi-même exprimé cette opinion.[69] Cette technique ne ferait que rappeler celle utilisée au Liban, où des activistes anti-syriens auraient été tués par des tireurs pro-israéliens afin de susciter des représailles.[70]

Gouvernement et peuple russes ont condamné l'assassinat de Politkovskaïa, la police enquête, la famille est satisfaite de la progression de l'enquête. Que demander de mieux ? Mais les néocons ne sont pas satisfaits de cette simple vérité : ils essaient d'utiliser son nom comme un levier afin de saper le régime de Poutine. Et le courrier adressé au *Times* joue en harmonie avec la petite musique néo-conservatrice.

Nul ne saurait prendre en défaut les signataires de la lettre ouverte adressée au *Times* pour ce qu'ils ont écrit. Ils ont choisi, en effet, leurs termes avec grand soin : « Nous exhortons le gouvernement russe à faire juger, en pleine conformité avec les standards internationaux, tant ceux qui ont assassiné Anna Politkovskaïa que ceux qui en ont commandité l'assassinat ».

Impossible de refuser de signer une telle pétition : n'est-ce pas là, exactement, la conclusion que nous désirons tous ? Mais il est tout aussi impossible de la signer : voulons-nous pousser Poutine à capituler devant les diktats de Bush ? Quel est le but de cette pétition ? C'est de montrer que les élites sionistes sont en mesure de mobiliser y compris des antisionistes pur sucre et des activistes anti-guerre contre la Russie. Est-ce là, véritablement, ce que nous voulons ?

Cela me rappelle l'affaire Wallenberg. Raul Wallenberg, un diplomate suédois en poste en Allemagne nazie, a sauvé de nombreux juifs en leur procurant des passeports suédois et des visas. En 1945, il a été arrêté, à Budapest, par la sécurité soviétique, qui l'accusa d'espionnage. Il mourut en prison, en 1947. Mais ses tourments n'allaient pas s'arrêter là : les sionistes inventèrent un conte de fées, selon lequel Wallenberg aurait survécu et aurait été gardé dans une prison secrète, quelque part, en Russie !Ils ont tourné

69. Voir ci-après : « Qui veut la peau de Vladimir Rabbit », p. 246.
70. http://www.haaretz.com/hasen/spages/909946.html

son nom en ridicule. Jusqu'à l'effondrement de l'URSS, ils ont organisé des milliers de rassemblements – de Washington à Wellington – exigeant «Libérez Wallenberg!» Beaucoup d'Occidentaux bien-intentionnés participèrent à ces manifestations, contribuant ainsi à l'effondrement de l'URSS, qui ouvrit la voie au monde que nous connaissons aujourd'hui : celui, unipolaire, de l'hégémonie judéo-américaine. Ce n'est qu'après 1991 que les sionistes lâchèrent les baskets à la mémoire de Wallenbe- car sa disparition en 1947 ne pouvait plus être déniée plus longtemps.

Non que les sionistes eussent quoi que ce soit à faire de diplomates suédois ayant sauvé de nombreux juifs et ayant été assassinés après la guerre, remarquez bien : un autre diplomate suédois en poste en Allemagne, qui sauva aussi beaucoup de juifs, était un certain comte Folke Bernadotte. C'est précisément pour cette raison que Bernadotte fut envoyé comme représentant des Nations unies en Palestine, en 1948 : parce qu'il avait sauvé beaucoup de juifs et parce qu'il avait une énorme sympathie pour les réfugiés juifs. Mais il assista à l'expulsion massive des Palestiniens, la Nakba, et il exigea qu'on laissât les réfugiés Palestiniens retourner chez eux, dans leurs villages. Un type, qui allait devenir par la suite Premier ministre d'Israël, l'assassina. Et puis voilà. Le nom de Wallenberg est donné à des rues et à des places dans beaucoup de villes, dans le monde entier; celui de Bernadotte est quasiment oublié. Tel est le pouvoir du Lobby juif : ils peuvent décider les noms de quelles personnes seront connus, et lesquels doivent être oubliés. Qui sera béni. Et qui sera maudit.

Nul miracle, en cela : ils tiennent le véritable pouvoir qui se cache derrière la démocratie, la plus puissante machine multifonctions : les mass médias et les officines de relations publiques. L'URSS n'obéissait pas à leurs injonctions; les médias soviétiques étaient sous le contrôle de l'État. Cela ne pouvait plus durer : il fallait qu'un tel État soit détruit!

Ils ont désormais recours à leur pléthore d'organisations de défense des droits de l'homme et de causes humanitaires, à cette fin.

Mme Elena Bonner et d'autres personnes de son espèce exigèrent le droit au retour des juifs russes, tout en déniant ce même droit aux Palestiniens. N'oublions jamais qu'il ne s'agit pas vraiment de la même chose : les Palestiniens ont, de fait, été expulsés de chez eux, alors que nous, nous devions « retourner « chez nous », deux mille ans après » ! Il y eut des milliers de meetings, dans le monde entier, et des Occidentaux bien-intentionnés – peut-être en avez-vous fait partie ? – y participèrent, exigeant ce droit, pour les juifs, et chantant : « Let My People Go » ? En revanche, il n'y avait nul meeting pour réclamer le droit au retour des Palestiniens. S'il y en a eu, les médias n'en ont pas parlé, et leurs participants ont été mis sur la liste noire.

Ils ont parlé de l'absence de droits de l'homme en URSS jusqu'à ce que l'URSS s'effondre, et tout le capital collectif du peuple soviétique a été accaparé par les oligarques. Ensuite, durant le règne de Yeltsine, les droits de l'homme allaient apparemment être bien protégés. Mais quand Poutine a restitué au peuple certains de ces biens publics fort mal acquis, les droits de l'homme (ou leur absence) revinrent sous les feux de la rampe.

Il faudrait être vraiment naïf, pour prendre le mantra des droits de l'homme pour argent comptant… Certes, je suis vraiment désolé pour Raul Wallenberg et pour Anna Politkovskaïa ; mais je suis tout aussi désolé pour Folke Bernadotte et pour Rachel Corrie. Et je ne signerais en aucun cas une pétition pour ceux-là si elle ne comportait pas les noms de ceux-ci. Autrement dit, il s'agit-là d'un piège destiné aux gens bien-intentionnés : ils sont susceptibles d'être convaincus de s'exprimer et de manifester contre une injustice, quand bien même c'est leur pire ennemi qui les y invite ! Et ils dénoncent des violations des droits de l'homme à Cuba, en Russie, en Iran, ou à Gaza, en déniant à ces pays assiégés le moindre respect psychologique. Laissez tomber, mes amis : occupons-nous d'abord de ce droit fondamental qu'est celui d'être en vie, car ce droit est gravement menacé par l'US Air Force ! Quand ce droit sera garanti, alors là, oui : nous nous occuperons du reste…

Jeeves avait raison : nous devons ne jamais oublier l'ennemi commun. La même pensée a été excellemment formulée par Carl Schmitt : un ennemi, c'est le plus important des atouts politiques, et il faut le choisir avec autant de soin qu'un ami. Le vrai pouvoir effrayant du Lobby sioniste réside dans sa capacité à unifier les gens contre son ennemi à lui, et à bloquer les tentatives déployées par les autres en vue de s'unir. C'est là, en réalité, notre principale mission politique. Quand nous essayons d'unir les gens contre les sionistes, les juifs activent leur arme favorite, la « culpabilité transitive », et les faiblards prennent leurs jambes à leur cou, disant : « Nous ne voulons pas signer, ni manifester, avec Untel ou Untel, parce que c'est un type de droite, ou un islamiste, ou un chrétien fondamentaliste, ou un stalinien, ou alors un négationniste, ou un nationaliste, ou un raciste, ou un terroriste, ou tout ce que vous voudrez ». Et là, tous vos efforts sont ruinés.

Leurs démonisations prouvent qu'ils ne se soucient nullement des droits de l'homme ou de la démocratie : ils n'utilisent ces mots qu'aux fins qui leur sont propres. Ils ont démonisé Muammar Kadafi, David Duke, Roger Garaudy ou les communistes russes, mais ils sont incapables de trouver le moindre défaut à ces fauteurs de guerre que sont Bernard Kouchner, Zbiegnew Brzezinski ou Ariel Sharon. Nous savons tous que Poutine a servi dans le KGB, cependant, nous n'entendons pas dire souvent que le grand espoir des libéraux, la ministre israélienne des Affaires étrangères Tzipi Livni, vient des services secrets israéliens.

Quand ils veulent susciter l'unanimité chez les gens, alors là il n'y a plus de « culpabilité par association ». J'aimerais demander à ces gens merveilleux (sans ironie!) que sont Mairead Maguire ou Desmond Tutu, ou encore Harold Pinter, comment il se fait qu'ils ne soient pas révulsés par l'idée d'apposer leur signature à côté de celles du criminel et fomenteur de guerre Brzezinski, de celle du sioniste négrophobe Bernard-Henry Lévy ou encore de celle du super-voleur Vaclav Havel, qui a privatisé la moitié de Prague pour son bénéfice personnel ? Probablement, ils ne me comprendraient même pas, parce qu'il n'y a qu'une seule et unique autorité autorisée à démoniser et à délivrer des certificats de cacherout, et cette autorité unique, c'est – bingo ! – le Lobby !

Les juifs ont parfaitement conscience de leur capacité à créer la matrice de l'ostracisme, et peu leur en chaut, exactement comme Néo qui voyait à travers la Matrix de son monde. Le film *Borat* n'est-il pas d'un racisme outrageant ? Bien sûr que si ! Pourtant, ce Cohen n'a eu qu'à préciser qu'il est juif, et ce mot-de-passe lui a évité toute question désagréable ultérieure. Une organisation juive a pu écrire, sans la moindre hésitation : « Des chrétiens slaves ouvertement anti-homos de Sacramento sont suspectés d'héberger l'assassin »[71]. N'est-ce pas là une déclaration raciste ? Bien sûr que si, que c'en est une ! Si vous avez un doute, essayez donc d'écrire : « des juifs ouvertement anti-goyim de Sacramento sont suspectés d'héberger l'assassin » : vous allez voir !

Au cours des dernières élections, en Allemagne, Frau Merkel a fait pas mal de déclarations racistes, s'arrêtant juste avant de suggérer d'expulser les Turcs vivant en Allemagne, mais promettant de s'opposer à l'entrée de la Turquie dans l'Union européenne, afin qu'il y ait moins de Turcs immigrant en Allemagne. Elle a pu dire ça, et gagner, malgré tout, parce qu'elle a soutenu à fond Israël et l'Amérique et que, donc, elle n'a jamais été attaquée par le Lobby. Résultat : l'Allemagne, qui était un des pays clés dans la coalition anti-guerre, en 2003, n'est sans doute pas si opposée que cela à une guerre contre l'Iran.

Outre, sur sa droite, son groupe de néocons, le Lobby a son projet de gauche. Dans les années 1980, les libéraux de gauche (anti) communistes drivés par les sionistes fournissaient une jambe gauche à l'impérialisme, à la guerre contre les nations, à l'hégémonie américaine. Ils étaient très actifs durant la dernière décennie d'existence de l'URSS, époque où les sionistes réussirent à rassembler beaucoup de gens généreux, et de valeur, de Jacques Derrida à la direction communiste italienne, pour les faire chanter à l'unisson, interdisant à la gauche d'apporter son soutien na-

71. www.jewsonfirst.org

turel à la Russie soviétique. Leur contribution à la fin de l'expérience socialiste en Russie fut décisive. Par la suite, nous n'en avons plus entendu parler : ces partis communistes libéraux tant italien que français se sont totalement ratatinés, ayant perdu tout soutien sioniste, car la cause sioniste n'avait plus besoin de leur concours. L'impérialisme s'appuyait désormais fermement sur sa jambe droite, néo-conservatrice. La lettre au *Times* est un signe avant-coureur d'un changement dans la météo : les sionistes ont décidé de remettre en circulation leur comédie gauchiste. En France, ils vont même jusqu'à présenter BHL comme un symbole du « retour de la Gauche » ! Avec une « Gauche » comme ça, avons-nous encore besoin d'une Droite ?

L'idée des droits de l'homme pourrait être une bonne idée, si ces droits étaient universels. Mais les hérauts des droits de l'homme s'arrêtent précisément là où cela leur convient. Ils sont pour les droits des minorités, pour les droits des gays, pour les droits des banquiers et pour les droits des juifs, mais ils sont contre les droits d'une majorité, contre le droit de vivre, d'élever des enfants, de faire vivre sa famille, d'aller à l'Eglise ou à la mosquée sans se faire molester. Un des personnages parmi les plus sinistres des affaires du monde est Bernard Kouchner, le ministre français des Affaires étrangères. Sioniste, ayatollah des droits de l'homme, il a soutenu toutes les interventions prenant ceux-ci pour prétexte : bombardement de la Serbie, invasion de la Somalie et de l'Irak; la liste est longue... Il a gouverné le Kosovo conquis par l'Otan, et il a permis à ses gangs albanais chéris de brûler des églises et de chasser les Serbes de chez eux. Maintenant, il soutient les projets d'agression de Bush contre l'Iran et ceux d'Israël visant à étrangler Gaza.[72] Voilà à quoi ça ressemble, un héraut des droits de l'homme !

Ce soi-disant socialiste de Kouchner n'a pas non plus le moindre scrupule à servir sous les ordres de Sarközy. Sarközy s'est présenté à la présidentielle sous la bannière de Le Pen. Il a repris ses

72. http://www.ned.org/press/releases.html]

slogans, ses idées et ses électeurs, à une seule grosse exception près : Le Pen était contre l'Empire judéo-américain. C'est la raison pour laquelle, alors que Le Pen était démonisé par le Lobby, celui-ci encense Sarközy. Aujourd'hui, la France est en passe de renier la plus grande victoire de Charles de Gaulle, sa libération de la France du joug de l'Otan, en 1966. Sarközy et Kouchner vont replacer l'armée française sous le commandement américain, et faire revenir des bases américaines en France, dans ce qui sera le plus grave retournement de la politique étrangère française depuis le gouvernement Pétain-Laval. L'alliance Sarközy-Kouchner dément it la soi-disant dichotomie Gauche-Droite : ils peuvent être unis pour soutenir Israël et les Etats-Unis, alors qu'ils pourraient être unis pour rejeter ce soutien. Cette question – le soutien, ou le rejet – est, ou plutôt doit être, le signal « Ami/Ennemi » sur nos écrans radars.

C'est une question de vie ou de mort : si nous avons un ennemi sioniste commun, nous serons en paix ; si nous n'avons pas d'ennemi commun, ils nous trouveront d'autres ennemis. La Russie de Poutine, l'Iran d'Ahmadinejad, le Hezbollah et le Hamas, Cuba et le Venezuela, le Zimbabwe et la Birmanie peuvent devenir nos ennemis désignés. Jusqu'à récemment, les pays arabes étaient unis avec l'Iran et le Hamas dans leur rejet des projets sionistes. Mais aujourd'hui, les sionistes ont lancé sur le marché une nouvelle animosité : celle des Arabes sunnites contre les Perses chiites. Et ça a marché : les pays arabes ont adopté l'idée des sionistes, selon laquelle l'Iran serait l'ennemi, tandis que l'Islam (sunnite) du gouvernement Hamas serait aussi l'ennemi. Il suffit de cesser, ne serait-ce qu'une seconde, de voir dans le sionisme ce qu'il est – l'ennemi suprême – pour se mettre en route pour la guerre.

De même, la démocratie est une excellente idée. Mais la démocratie au sens du mot « demos », du gouvernement du peuple, et non au sens du mot « démo », comme dans « demo version », dans le vocabulaire de Viktor Pelevine. Les détenteurs des standards de la démocratie se rassemblent autour de George Bush, ils sont prêts à justifier n'importe quelle agression par le besoin d'établir la démocratie; mais ils rejettent le droit des Palestiniens d'élire le Hamas, ou celui des Vénézuéliens d'élire Chavez, ou celui des Cubains d'élire Castro, ou celui des Russes d'élire Poutine. Le NED, le National Endowment for Democracy, cette organisation subversive financée par la CIA est, en réalité, le plus grand ennemi de la démocratie, parce que sa parodie de « démocratie » n'est rien d'autre que l'instrument de la subjugation au paradigme judéo-américain. Par-dessus le marché, en Russie et en Birmanie, à Cuba et au Venezuela, les dirigeants commencent à se méfier de la démocratie, et c'est là une évolution malheureuse.

Ainsi, la distinction entre les sionistes et les non-sionistes est la distinction fondamentale; c'est la grande ligne de partage entre la guerre et la paix, entre la vie et la mort. Ne traversez pas cette ligne mortelle, lisez bien les signaux « Ami » ou « Ennemi » ! N'apportez pas votre soutien aux initiatives des ennemis, même s'ils vous semblent débordants d'intentions mirifiques. Souvenez-vous toujours du total général : quel est le but caché derrière cette pétition, cette manif, telle ou telle lettre ouverte? Ne laissons pas notre adversaire gérer notre agenda, avec sa clameur sur le thème des droits bafoués, ses paroles de miel sous couvert de révolte, et ses sophismes complexes. Si c'est nous qui fixons l'ordre du jour, nous pouvons apporter la paix. Mais si nous acceptons leurs priorités, alors, nous aurons la guerre.

Les signataires

Mairead Maguire, Betty Williams, Jody Williams, Shirin Ebadi, Wangari Maathai, Rigoberta Menchú Tum, Mgr. Desmond Tutu, Elena Bonner, Tatiana Yankelevich, Vaclav Havel, Harold Pinter, Zbigniew Brzezinski, Vladimir Bukovsky, André Glucksmann, Gloria Steinem, Sergueï Kovalyov, Terry Waite, Cbe, Susan Sarandon, Alexei Simonov, Gillian Slovo, Baroness Kennedy Of The Shaws, Bernard-Henri Lévy, Marek Edelman, Elisabeth Rehn, Mariane Pearl, Asma Jahangir, soeur Helen Prejean, Aiel Dorfman, Vanessa Redgrave, Michael Cunningham, Eve Ensler, John

Sweeney, Jonathan Schell, Noam Chomsky, Marina Litvinenko, Lyudmila Alekseeva, Desmond O'Malley, Anne Nivat, Victor Fainberg, Lord Judd, Lord Rea, Lord Giddens, Lord Ahmed, Baronne Williams Of Crosby, Baronne Meacher, Pr. Yakin Erturk, Elena Kudimova, Natasha Kandic, Caroline McCormick, sœur Marya Grathwohl, Heidi Bradner, Meglena Kuneva, Elizabeth Kostova, Esther Chavez, John D. Panitza, Dubravka Ugresic, Katrina Vanden Heuvel, Victor Navasky, Aidan White, Holly Near, Elizabeth Frank.

CHAPITRE XIV
LES LÉZARDS DE JAFFA[74]

Pour les Russes, le mois de mai 2006 a été un moment de grande déception. Les années qui se sont écoulées depuis leur prise de congé du communisme ont amené l'éclatement de l'URSS, l'accès à l'indépendance (ou plutôt la cession aux Etats-Unis) de tous les territoires qu'ils avaient bien pu contrôler, l'autorisation donnée aux compagnies occidentales de vendre leurs bijoux de famille et jusqu'à leur gagne-pain, la fermeture de leurs bases militaires, l'abandon de leurs missiles et de leurs sous-marins qui rouillent en paix, la satisfaction des moindres exigences et désirs de l'Amérique. Quand le moment est venu de préparer la commémoration du jour de la Victoire, ils s'atten-

74. Première version : mai 2006.

daient à un minimum de reconnaissance pour tout ce qu'ils avaient fait si loyalement. Ils avaient invité force hôtes étrangers, lustré leurs médailles, raconté une fois de plus leurs histoires d'héroïsme suprême – et ils se sont fait rembarrer par les Etats-Unis et la Grande-Bretagne, leurs ex-alliés de la Seconde guerre mondiale. Le président Bush, avec le tact qui lui est coutumier, s'est rendu à Tbilissi à seule fin d'y déclarer que – tout bien considéré – la différence entre l'Allemagne nazie et la Russie soviétique n'était pas si flagrante…

« Mais, bon Dieu, pourquoi nous sommes-nous donc battus pour ces types-là ? », ont pensé bien des Russes. « Pourquoi avons-nous soutenu le débarquement anglo-américain en Normandie ? Nous aurions mieux fait de signer un traité de paix séparée avec l'Allemagne vaincue, au printemps 1944, une fois notre territoire libéré, non ? Pourquoi des soldats russes ont-ils dû continuer à combattre et à tomber en si grand nombre en libérant la Pologne, la Tchécoslovaquie ou l'ouest de l'Ukraine ? On le voit bien, aujourd'hui, que les Tchèques et les Polonais préfèrent l'hégémonie des Allemands, puisqu'ils les laissent les envahir via le traité européen. Et cette foutue Ukraine occidentale, qui célèbre ses volontaires embrigadés dans les divisions SS ! Voilà qu'aujourd'hui, elle fait des pieds et des mains pour être admise dans l'Otan !… Et dire qu'on aurait pu les laisser se démerder !… On aurait dû rester peinards derrière nos bonnes vieilles frontières et laisser la Wehrmacht faire ce qu'il lui plaisait du soldat Ryan ! »

S'il était possible d'envoyer des messages trans-temporels, pas de doute : c'est ce qui se serait passé, en 1944, et aujourd'hui, nous vivrions dans un monde différent. Dans ce monde alternatif, les Russes n'auraient pas à entendre les jérémiades d'un président américain leur demandant des comptes sur leur brutalité à l'encontre de leur ennemi…

Si ce genre de philippique grossièrement injuste trouve un espace dans les médias occidentaux, c'est parce que les visions occidentale et orientale de la Guerre diffèrent du tout au tout. Pour les Russes et leurs voisins, la chose primordiale, c'était leur victoire sur l'ennemi allemand. Mais, en Occident, l'holocauste juif a oblitéré les victoires soviétiques de Stalingrad et de Berlin. L'Ouest a fait sienne une narration historique centrée sur le sort des juifs. Selon cette narration, les Allemands auraient décidé d'exterminer tous les juifs, depuis les bébés jusqu'aux vieillards, et c'est à cette seule fin qu'ils auraient fait la guerre. Le monde aurait dédaigneusement ignoré la tragédie juive. Mais un miracle se serait produit : des juifs auraient été sauvés. Non seulement ça : ils auraient créé leur État, Israël, à partir des cendres de l'Holocauste...

Du point de vue des Russes, bien loin d'« ignorer dédaigneusement » la tragédie juive, l'URSS a versé le sang des meilleurs de ses enfants. La guerre n'a pas été menée pour les beaux yeux des juifs, ni à cause d'eux. Mais la Russie mérite leur gratitude éternelle, quoi qu'il en soit, car elle les a sauvés d'une disparition certaine. C'est en raison de cette attente d'une gratitude juive que les Russes ont suivi très loin les inventeurs du discours holocaustique, mais la gratitude juive a tourné court (comme c'est généralement le cas).[75]

La narration juive est devenue la version officielle de l'histoire contemporaine en Occident, grâce aux efforts des magnats juifs des médias, et la Russie soviétique y brille par son absence. Dans cette narration, les Américains eux-mêmes apparaissent comme des gens qui ont omis de bombarder Auschwitz et qui ont livré leur savoir-faire technologique aux Allemands. Dans les interminables couloirs du Mémorial de l'Holocauste Yad va-Shem, à Jérusalem, l'Armée rouge n'est même pas mentionnée, ne serait-ce qu'une seule fois ! Des millions de soldats russes disparus n'ont pas de place dans la narration sioniste de la tragédie juive, une narration entièrement constituée d'un combat héroïque des juifs, dans l'indifférence générale du monde gentil.

Si les dirigeants américains et européens ont totalement adopté la narration sioniste, c'est surtout parce qu'elle les déchargeait de leurs obligations à l'égard de leur ex-allié, qui a supporté l'immense

75. Voir « Le Prince charmant », in *L'Autre Visage d'Israël*, p. 216-228.

fardeau de la guerre. Ils ont observé, entre incompréhension et irritation, les célébrations du Jour de la Victoire à Moscou. Pour eux, l'événement clé s'est déroulé voici quelques mois, à Auschwitz : contrairement à ce qui s'est passé à Moscou, personne n'avait omis de s'y précipiter pour y demander le pardon des juifs. Pour eux, la tragédie juive représentait le seul événement important, en 1945. Quant à la victoire?... Quelle victoire, au juste?

Cette Victoire nous a été volée. En Israël, en ce 9 mai, on a parlé de l'héroïsme des soldats et des partisans juifs, comme s'ils avaient gagné la guerre tout seuls. Les programmes scolaires israéliens ne font allusion à la Guerre que dans le seul contexte de l'holocauste. L'ignorance – cultivée avec soin – des Israéliens est totale.

Un étudiant russe, qui avait fait sa thèse sur la bataille de Moscou (hiver 1941), en parla lors d'une rencontre avec des étudiants israéliens, à Tel-Aviv. « Qui s'est battu contre qui, au juste, à Moscou, en 1941 ? » demanda un jeune Israélien. Un ange passa. Après un bref silence, un professeur israélien expliqua : « C'était les Allemands, contre les Japonais, bien sûr ! »

L'histoire de l'holocauste juif a supplanté la guerre et, donc, la victoire soviétique. Comment cela a-t-il été possible? Les anticommunistes occidentaux ont joué leur rôle, ils voulaient oblitérer le triomphe de l'URSS. Les sionistes les y ont aidés, tout en servant leurs propres intérêts. Ils ont détourné le grand *Juggernaut* vers leurs ports. De nos jours, ils collectent des milliards en réparations, tandis que le sort héroïque de nos pères tombe dans l'oubli. Pour moi, qui habite Jaffa, le tour pris par les événements me rappelle le mythe de Persée et sa victoire sur le Monstre Marin. Sans doute vous souvenez-vous de ce Monstre Marin, qui menaçait de détruire Jaffa, à moins que la Princesse Andromède ne fût livrée entre ses griffes ; Persée coupa la tête à la Méduse Gorgone, enfila les sandales ailées d'Hermès, s'envola vers Jaffa et transforma le Monstre Marin en pierre, sauvant ainsi la Princesse Andromède.

Maintenant, imaginez que, quelques années après cet exploit, un jeune homme nommé Jason ait décidé de vérifier cette histoire et de tenter de reluquer la Princesse. Il aurait réuni ses amis, de jeunes gentlemen athéniens disposant de vastes loisirs, et il aurait mis le cap de son vaisseau noir vers l'Est. Les vents et les courants se seraient montrés favorables et l'esquif aurait atteint Jaffa, sûrement et rapidement. Si les Athéniens avaient pu conserver le moindre doute quant à la véridicité de l'héroïsme de Persée, ce doute aurait été dissipé d'une manière on ne peut plus convaincante : la vaste carcasse du monstre marin s'étant échouée sur les rochers à quelques centaines d'encablures de la côte, a créé une petite crique bien à l'abri (elle est toujours là, et on la montre aux touristes de passage).

Dans un café proposant l'*arak* local, cette boisson laiteuse et brûlante très semblable à l'*ouzo* des Hellènes, les Athéniens s'enquirent du Monstre des Mers.

« Mais oui, ce squelette est un vestige immémorial de la Tragédie des Précieux Lézards », leur expliqua le barman.

« Qué tragédie ? Qué lézard ? », demanda un marin.

« Le Monstre dévorait les malheureux lézards », expliqua le barman, qui poursuivit : « Oui, les lézards, ces créatures inoffensives, délicates et graciles, représentaient son menu préféré. Chaque jour, il en engloutissait des milliers. Les merveilleux lézards auraient fini par disparaître, si le Monstre n'avait pas été tué. Jusqu'à ce jour, nous célébrons le jour du Souvenir de la Tragédie des Précieux Lézards. Tenez : vous voyez, là-bas ? C'est le mémorial du Lézard Dévoré ».

De fait, jusque-là, nos marins n'avaient pas remarqué une modeste sculpture, qui ornait la place. Elle représentait un lézard, dans une pose torturée, qui avait perdu sa queue et tendait ses petites pattes vers le ciel bleu de Jaffa.

« Bizarre ! Et pourtant, Persée ne nous avait pas soufflé mot de cette histoire de lézards ! ? », murmura Jason.

« Ah, ce Persée ! » s'exclama le barman. « Il s'est toujours soucié des lézards comme d'une guigne. On raconte qu'il en a lui-même tué. Et pas qu'un peu ! Quand il exhiba négligemment la tête de Méduse, dont il se servait à la manière d'une arme, des milliers de pauvres lézards furent pétrifiés. D'aucuns disent que ce Persée était encore pire que le dragon! »

Le fils du barman s'immisça dans leur conversation :

« A l'école, on nous a appris que ce Persée était un marginal porté sur la bouteille. Il abusait des vieilles dames, il a occis cette pauvre Gorgone en plein sommeil. Pire : il a assassiné son propre père! »

« C'était un assassin de masse », intervint un autre Jaffaoui, très occupé avec son arak et ses olives. « Il a assassiné le sigisbée de sa mère, Polydècte, et bien d'autres encore, en usant à chaque fois de cette même tête de Gorgone. Persée n'est pas notre héros : mettez-vous bien ça dans la tête! »

« Mais, Persée, il a bien vaincu le dragon, non? » – plaida Jason.

« Le dragon a été terrassé grâce aux efforts fédérés des lézards héroïques et de leurs amis, les hommes », expliqua un expert en la matière. Dans ce drame, Persée n'a joué qu'un rôle secondaire. Tout le monde aurait pu faire ce qu'il a fait : il s'est contenté de brandir – quelque peu éméché, sans doute – sa tête de Méduse face au dragon, et celui-ci a été transformé en pierre. Nos forces alliées menaient depuis longtemps une guerre dangereuse et sanglante : des milliers de lézards avaient péri en attaquant le monstre Et nous aurions dû en faire plus, pour sauver les Lézards. Et vous, vous ne pensez pas que nous devrions avoir une pensée pour les victimes?

« Mais pourquoi nous soucier du dragon, en fait? » demanda le fils du barman. « C'est loin, tout ça... »

« Vous avez raison », dit l'expert. « La leçon transcendante, ce qui importe vraiment, c'est la Tragédie des Précieux Lézards, et comment faire pour que cette atrocité ne se reproduise jamais plus. Persée n'a rien à voir là-dedans! »

« Où sont donc les Lézards? » demanda Jason.

« Pour nous apprendre à les respecter, ils nous ont confisqué – en toute justice – nos terres fertiles en orchidées. Ils nous emploient pendant la journée comme main-d'œuvre, et ils sont toujours généreux. Et nous devons quitter les lieux au crépuscule.

« Mais… et Andromède, qu'est-ce qu'il lui est arrivé ? » demanda Jason.

« Elle est toujours en vie. Son palais a été aménagé en Musée des Excellents Lézards, mais elle a un logement tout près, au coin de la rue des Lézards. »

Les marins payèrent leurs consommations et se mirent en route vers la maison que le barman venait de leur indiquer. Andromède la Magnifique y était. Elle fut manifestement étonnée, quand les marins lui transmirent les salutations de Persée.

Jason était perplexe : « On dirait que les habitants de Jaffa ont oublié le nom de celui qui les a sauvés des mâchoires du Dragon. Mais vous, Andromède, vous vous souvenez sûrement de ce Persée, qui vous avait sauvée ? », lui demanda Jason.

« Persée ?… Persée ?… », s'interrogea la Princesse, fixant, par la fenêtre, le monument érigé à la mémoire du Lézard Dévoré. « Persée ? Oh, vous savez, il n'a jamais prêté la moindre attention aux Lézards ! »

S'étant levés comme un seul homme, les Grecs rentrèrent chez eux, visiblement dépités. Depuis lors, l'humanité est divisée entre ceux qui lisent l'histoire de Persée le Victorieux, et ceux qui vouent un culte au Lézard Dévoré.

Le Vieux Bobard

On constate le même virage, en Occident. L'Est célèbre la victoire remportée sur le Dragon, tandis que l'Occident déplore les Lézards Dévorés. Les gens naïfs pensent que les adorateurs des Lézards sont poussés par la compassion et ils tentent d'imiter leur discours, en produisant des histoires de leurs propres souffrances : les Ukrainiens ont souffert de la famine des années 1930, les Africains ont souffert de l'esclavage… Après quoi, ils s'étonnent de constater que cela ne leur vaut nul tsunami de compensations. Ils oublient une chose : chaque narration a un ressort propre. Les anticommunistes occidentaux et les Maîtres sionistes du Discours ne sont en rien mus par la compassion : ils ne mettent en avant une histoire de souffrance que lorsque cela les sert. S'ils ont mis en exergue l'histoire de la famine en Ukraine, c'est à la seule fin de monter les Ukrainiens contre les Russes et de casser l'Union soviétique. S'ils ont inventé les histoires d'atrocités communistes, c'est à la seule fin d'éradiquer le communisme et de privatiser les services publics, depuis la Californie jusqu'à la Sibérie.

Pendant un temps, on oublia le sac de noeuds des « atrocités des Rouges ». Mais il a été dépoussiéré quand les Russes ont mis la pression sur les oligarques et le holà aux OPA des firmes occidentales sur l'économie russe. Les exagérations les plus délirantes ont été remises au goût du jour par Richard Conquest. A les entendre, les Rouges auraient tué plus de monde qu'il n'en est jamais né en Russie.

Pour reprendre un lieu commun juif très prisé d'Abe Foxman, de l'Anti-Defamation League, et ses semblables, il est grand temps de dénoncer le vieux bobard des « communistes tuant des millions de victimes ». Non seulement ce bobard sert à faire la promotion du mode de vie-et-de-mort américain, mais de plus, il s'agit tout simplement d'une contrevérité. Ces histoires de plagiat sauvage de l'Holocauste ont été dénoncées non seulement par des historiens russes de gauche, tel Sergueï Kara-Murza, mais aussi par des historiens russes nationalistes, qu'on ne saurait soupçonner d'accointances procommunistes, dont Vadim Kozhinov et Stanislav Kunyaev.

Et voici que notre ami de naguère, Patrick Buchanan, que j'ai tant admiré pour son opposition à la guerre contre l'Irak et au sionisme, est retourné à ses délires du temps de la Guerre Froide. Il vient de commettre une de ses diatribes coutumières contre les « Cocos russes ».

« Bush a dit la vérité horrible sur ce qui a véritablement triomphé, dans la Seconde guerre mondiale, à l'Est de l'Elbe. Et ce ne fut certes pas la liberté. Non. Ce fut Staline, le tyran le plus odieux du siècle. Quand Hitler massacrait ses millions de victimes, Staline, Mao, Ho Chi Minh, Pol Pot et Castro massacraient par dizaines de millions. Le léninisme a été la Peste Noire du vingtième siècle. » [76]

76. www.antiwar.com/pat/articleid=5899

Rien que ça : la Peste Noire ! On le voit : les récits holocaustiques d'Elie Wiesel sont des patenôtres, à côté de ce délire. Les communistes – Staline, Mao et Castro – sont définitivement coupables, aux yeux des compatriotes de Buchanan et de leurs compagnons adorateurs de Mammon. Mais pas en raison de leurs atrocités alléguées. Non : leur véritable crime fut de ne pas avoir laissé les Etats-Unis ravager leurs territoires respectifs. Et les « Cocos », ces gros vilains, n'ont pas vendu les biens, les actifs tangibles, le pétrole, le gaz, les terres... au Moloch américain.

Je commence à douter de la santé mentale et de la sincérité de ce Buchanan. Je dis « de sa santé mentale », car il affirme que « Castro a massacré les gens par dizaines de millions », sur une île dont la population totale est de neuf millions ! Et de « sa sincérité » car : que valent ses philippiques antisionistes, dès lors qu'il veut confier à nouveau Cuba à Meyer Lansky et à sa mafia ?

Buchanan n'est pas le seul dans son cas, certes non..., hélas ! Le 7 mai 2005, l'hebdomadaire londonien *The Economist* a condamné « la réticence russe à reconnaître les péchés de l'Union soviétique avant, pendant et après la guerre ; notamment, le massacre d'officiers polonais, à Katyn, en 1940, les atrocités commises durant la percée de l'Armée rouge vers Berlin ou encore le pacte Molotov – Ribbentrop, signé en 1939, qui dépeça l'Europe ». La Russie y était comparée – à son désavantage – à « l'Allemagne, qui a entièrement reconnu les péchés de son passé : ainsi, la semaine prochaine, ce pays inaugurera un nouveau mémorial de l'Holocauste, à Berlin. »

Il faudrait, donc, que les Russes se repentent de l'accord Molotov – Ribbentrop, signé entre l'URSS et l'Allemagne ? Certainement pas ! Le seul regret à avoir au sujet de cet accord, c'est qu'il n'a pas tenu assez longtemps ! Hitler-la-Brute et Churchill-le-Rusé étaient tout aussi hostiles l'un que l'autre à la Russie. Le discours de Churchill, à Fulton, déclarant ouverte la Guerre froide contre la Russie, a été prononcé avant que la dernière victime russe de la guerre ait été mise en terre. Et cette hostilité est toujours vive : le discours de Bush, à Tbilissi, n'est rien d'autre qu'une remise de

Fulton au goût du jour. (J'ai une raison personnelle de soutenir ardemment l'accord Molotov – Ribbentrop : c'est, en effet, ce traité qui entraîna l'intervention de l'Armée Rouge en Galicie – intervention qui sauva mon futur père des tueurs des *Einsatzgruppen*.)

Les Russes devraient-ils se repentir pour Katyn ? Si l'histoire de Katyn est ainsi rabâchée, c'est à la seule fin de monter les Polonais contre les Russes et de reconstituer un *cordon sanitaire*[77] autour de la Russie. Nos ennemis ne se souviennent nullement des Polonais égorgés. Sinon, ils parleraient des dizaines de milliers de Polonais massacrés par les milices de Bandera, des Ukrainiens de l'Ouest ultranationalistes. Mais ils n'en pipent mot, parce que les partisans de Bandera étaient leurs alliés dans leur lutte contre les Russes. De fait, après 1945, ces alliés d'Hitler ont été encouragés, armés et entraînés par la CIA et ils ont survécu jusqu'à ce jour. Ce sont eux qui furent les meneurs du putsch Orange, en décembre 2004.

Les Russes devraient-ils se repentir « des atrocités perpétrées tandis que l'Armée rouge fonçait sur Berlin » ? Le sort des civils allemands ne préoccupe nullement les hypocrites britanniques. Londres, en effet, chérit la mémoire du maréchal de la Royal Navy « Bomber » Harris, et une statue de bronze y a même été installée afin d'honorer cette mémoire, voici une dizaine d'années, bien que ce criminel de guerre ait tué plus de gens que Gengis Khan. Dans les années 1920, ce Harris avait bombardé et massacré les Irakiens, après quoi il planifia et exécuta les bombardements alliés contre les villes allemandes, dont l'hécatombe effroyable de Dresde, qui transforma cent mille réfugiés allemands en cendres. Tant que ce massacre de masse sera célébré en Angleterre, les Russes n'auront aucune raison d'avoir le moindre remords pour leur percée vers Berlin. Ils ne sont coupables ni de Dresde, ni d'Hiroshima, ni d'Auschwitz, et ils n'ont pas – eux – déversé des cascades d'Agent Orange sur des civils (vietnamiens) innocents…

77. En français dans le texte.

Je vous le redis, à vous, MM. les conservateurs des musées de l'holocauste et à vous MM. les éditeurs de *The Economist*, à vous MM. Conquest et Buchanan : vos catalogues de souffrances et vos appels à la commisération et à la repentance, vous pouvez vous les carrer où je pense! Héler le passant en montrant ses ulcères et exhiber ses difformités, voilà qui est judicieux pour des mendiants. Mais certainement pas pour des combattants, ni pour des philosophes. Ce flirt avec la mort et la souffrance; ça suffit! Laissez les morts enterrer les morts! Le pire legs des juifs, en ce siècle, c'est leur obsession de la mort, de la souffrance, du deuil : leurs deux principaux lieux saints, en Israël, ce sont le Mur des Lamentations et le Musée de l'Holocauste. Le jour le plus important de l'année, pour eux, c'est le jeûne de la Repentance (*Kippour*), il est suivi de près par le jour du souvenir des soldats tombés pour la patrie, puis par la Journée de l'holocauste, puis par le Jour de la destruction du Temple, et d'autres encore.

Le genre préféré des juifs, c'est le *kina*, la déploration. Cette maladie mentale se diffuse à travers le monde, en un paroxysme d'auto-commisération, de culpabilité et d'angoisse.

Si vous tenez tellement à adopter le discours juif du deuil, faites-le. Mais si vous le faites, alors : faites-le jusqu'au bout! Les juifs ne sont pas assez fous pour reconnaître leur culpabilité ni (encore moins) présenter des excuses. Personne, à ce jour, n'a encore jamais obtenu qu'un juif présente ses excuses. Un juif répliquera en y allant de son : « Mais est-ce que c'est tous les juifs qui ont fait ça? » Cette réplique merveilleuse peut tout aussi bien être utilisée par tout un chacun : par les Russes, à propos de Katyn; par les Allemands, à propos d'Auschwitz; par les Anglais, à propos de Dresde; par les Yankees, à propos de May Lay et d'Abu Ghraïb...

Et n'allez pas demander des excuses à la cantonade, ni implorer le pardon. C'est dégoûtant. Feu le Pape Jean-Paul II a ouvert les portes de l'Enfer, en voyageant comme il le faisait dans le monde entier afin de demander pardon pour des méfaits qu'il n'avait en aucun cas commis, depuis la mise à sac de Constantinople jusqu'à la famine imposée à Dachau. Et voilà, c'est malin :

depuis, on nous demande quasi quotidiennement de demander pardon pour des choses que nous n'avons jamais faites ! Laissons cela au Dimanche du Carême, comme tous les bons Chrétiens.

Notre ami et philosophe polonais Marek Glogokowski avait raison : « Si vous voulez avoir une société saine, il vous faut éteindre – et certainement pas attiser – les vieilles rancœurs, ethniques et autres, dont elle est affligée. Afin de conserver l'union du peuple d'Athènes, le gouvernement démocratique de cette cité, après une guerre civile, déclarait l'« amnésie » : durant cette période, il était interdit – sous peine de mort – de rappeler publiquement qui avait tué qui, au cours des décennies antérieures. Le paradigme juiméricain actuel en a décidé autrement : il faut soulever en permanence toutes les croûtes, il faut que toutes les plaies soient maintenues saignantes… »

Assez pleurniché ! J'ai le plus grand mal à continuer à lire les reportages sur la Palestine écrits par un excellent homme (et excellent journaliste), Gideon Lévy. Car tout ce qu'il raconte, ce sont des histoires de souffrances. Bien sûr, il y a de la souffrance, on ne saurait le nier. Mais il y a aussi du courage, de la bravoure, des hauts-faits héroïques et, finalement, la victoire, comme j'ai tenté de le montrer dans mon Ode à Farès Odéh.[78] Les vieilles chroniques russes nous enseignent que les conquérants mongols adoraient les tristes complaintes des peuples vaincus. Alors, allons-y : entonnons désormais les chants que nos conquérants vont détester !

Cette différence dans la perception de la victoire n'est absolument pas un glissement vers je ne sais quelle croyance païenne, comme le pensait Nietzsche. C'est un don précieux de l'Eglise orthodoxe orientale, dont l'icône principale est celle du Christ Triomphant. Sur une icône orientale, vous ne trouverez jamais l'image d'un Christ souffrant. Nous nous souvenons de Ses souffrances, le Vendredi Saint, mais tout le reste du temps, nous vivons sous le rayonnement de Sa Résurrection. Ce n'est qu'après son

78. P. 65-71, in *L'Autre Visage d'Israël.*

schisme fatal d'avec l'Orient, avec *Prima Lumi*, que l'Occident se mit à représenter le Christ torturé. Même nos Véritables images diffèrent : la Véritable Image d'Occident (celle de sainte Véronique), montre le Christ couronné d'épines, sur la Via Dolorosa, tandis que la Véritable Image d'Orient (celle du Roi Abgar d'Edesse) Le montre en Seigneur du Monde. Ce christianisme victorieux et mâle de l'Orient a trouvé son expression dans la vision orientale de la Grande Victoire.

Les deux paradigmes – de Persée victorieux et du Lézard Dévoré – trouvent leur conjonction à Berlin, où ils sont représentés par deux monuments. Le premier de ces monuments est la statue du Soviétique, dans le Parc Treptov : il s'agit d'un soldat colossal, quelque peu nordique, dont les épaules altières proclament la victoire, tandis que ses bottes formidables piétinent le *swastika* brisé et qu'il tient dans une main tendue vers le sol un sabre redoutable tandis qu'une fillette allemande, assise sur son autre bras, se tient à son cou. On pourrait les prendre pour père et fille, pour une image renversée de la Madone à l'Enfant. Mais c'est aussi un symbole chrétien, familier pour des orthodoxes : l'icône du Christ tenant sa Mère miniature. Ce soldat a sans doute sauvé la petite fille allemande en plein combat – tout comme le Christ sauve Sa Mère, et tout comme Persée a sauvé Andromède.

Les Russes soviétiques ont effectivement eu le sentiment d'avoir sauvé l'Allemagne et l'Europe d'un esprit maléfique, et ils n'ont jamais instillé le moindre sentiment de culpabilité chez les Allemands de l'Est. C'est la raison pour laquelle les Allemands de l'Est sont plus virils et moins torturés que leurs frères de l'Ouest.

La statue, en bronze, a été coulée par Eugene Vuchetich, un grand homologue russe soviétique du meilleur sculpteur allemand contemporain, Arno Breker. Aux yeux des Allemands, ce soldat n'a absolument pas l'air « venu d'ailleurs », ni du point de vue ethnique, ni du point de vue esthétique. Il aurait pu être sculpté par Breker, qui a créé beaucoup de modèles de beaux et nobles guerriers, avec toutefois une petite touche d'homo-érotisme hellénique. Vuchetich et Breker ont su incarner des idéaux esthétiques et moraux, y compris l'esprit des sociétés soviétique et national-socialiste. En dépit de multiples différences, ils avaient en partage leur masculinité nordique et hellénique, cette force des héros de l'Iliade, tellement admirée par Simone Weil (et je méprise profondément ceux qui qualifient de totalitaire leur masculinité commune).

Un spécialiste russe de l'histoire de l'art a relevé que « l'énergie brutale et héroïque des statues de Vuchetich est plastiquement proche de la statuaire allemande du Troisième Reich ». Une statue telle celle-là n'offense en rien les Allemands – il n'y a nulle honte à être défait par un combattant meilleur que soi. Les Russes et les Allemands ont mené courageusement une guerre impitoyable qui coûta la vie à des millions de civils et de soldats. Leurs efforts et leurs pertes dépassent de très loin ceux des autres protagonistes de la guerre en Europe. Leur bataille fut une bataille de Titans, d'Asar nordiques, opposant entre eux deux héros puissants. Et le meilleur des deux a vaincu : qu'il soit célébré !

Mais le meilleur ne l'emporte jamais, sur le long terme, nous dit l'Ecclésiaste. Les idéologies héroïques viriles ont disparu. Aujourd'hui, nous vivons sous le signe d'une idéologie qui puise son esthétique et son expression morale dans une autre œuvre de l'art monumental, à Berlin, reconstitution d'une prolifération cimetiéresque de dalles de pierre, près de la porte de Brandenburg, j'ai nommé : le Mémorial de l'Holocauste. Cette installation esthétiquement affreuse, conceptuellement réductrice et insultante, est due à la nouvelle puissance occupante de l'Allemagne.

Nos détracteurs affirment que l'holocauste est une donnée de fait, tandis que certains révisionnistes discutent les faits. Mais le problème n'est pas la réalité des faits, mais bien le discours dominant. Même si tous les faits allégués étaient vrais, nous n'en devrions pas moins refuser ce discours et lui dénier l'hégémonie. Un penseur hollandais d'extrême gauche, qu'on ne connaît pas assez, Paul Treanor, a écrit, dans un essai intitulé « Pourquoi il faut oublier l'holocauste » :

« L'Holocauste a été la première référence historique à laquelle il ait été fait recours afin de justifier une intervention militaire des

Etats-Unis et de leurs alliés. L'Holocauste est aussi utilisé, indirectement, pour légitimer l'injustice sociale dans les pays libéraux démocratiques, et suggérer l'idée que d'aucuns seraient habilités à monopoliser le pouvoir. Il est utilisé pour légitimer l'inégalité mondiale; on dirait qu'il donne aux défenseurs de l'Holocauste un permis d'accéder à la prospérité, alors que les autres devraient crever de faim. La mémoire de l'Holocauste est devenue un instrument de la droite. L'Holocauste devrait être officiellement oublié – officiellement, au sens même où, actuellement, il est commémoré publiquement. » [79]

L'Europe peut encore choisir entre les deux narrations de la Seconde guerre mondiale : le discours épique, dont relève le soldat russe sauvant la petite fille allemande sauvée et l'autre, qui entasse des dalles de culpabilité sur votre âme. Après tout, tel est le choix auquel Andromède fut confrontée, elle qui dut opter entre se souvenir de son sauveur, Persée, ou chialer sur le sort des Lézards.

Mais l'histoire du Lézard ne s'arrête pas là. Dans son rapport envoyé des temps futurs, intitulé « Salut, et Merci pour tout ! », Douglas Adams (auteur du *Guide du Routard pour la Galaxie*) nous raconte ce qui s'est passé ensuite :

Un aéronef spatial, une soucoupe volante, vient d'atterrir, et un robot argenté en émerge, haut de cent pieds; il déclare : « Je viens en messager de paix », ajoutant, après un long moment de moulinage : « Amenez-moi à vos Lézards ».

Un extraterrestre expérimenté, du nom de Ford, explique cette étrange requête : « Ce robot provient d'une très ancienne démocratie, voyez-vous… »

« Voulez-vous dire qu'il vient d'un univers lézardesque ? »

« Non », répond Ford. « Ce n'est pas si simple. Dans son monde, les gens sont des gens ordinaires. Seuls les chefs sont des lézards. Les gens haïssent les lézards et les lézards gouvernent les gens… »

79. http://members.chello.nl/p.treanor/forget.html

« Mais… Il me semble que vous avez dit qu'il s'agissait d'une démocratie ?!? »

« Oui, c'est bien ce que j'ai dit », répond Ford. « D'ailleurs, c'est le cas ».

« Mais alors », dit Arthur, confus à l'idée de dire une bêtise qui le rendrait ridicule, « pourquoi est-ce que les gens ne se débarrassent pas des lézards ? »

« Ils n'y pensent même pas », dit Ford. « Ils ont tous obtenu le droit de vote, et ils se contentent de supposer que les gens pour qui ils votent font à peu près ce qu'ils ont voulu. »

« Mais alors, vous voulez dire qu'ils continuent à voter pour les lézards ? »

« Eh oui », dit Ford, « bien entendu ! »

« Mais pourquoi donc ? »

« Parce que, s'ils n'élisent pas un lézard », expliqua Ford, « c'est un lézard pire qui risquerait de s'introduire. Il y a des gens qui disent que les lézards représentent le meilleur de ce qui puisse arriver. Ils ont entièrement tort, bien sûr, mais il faut toujours que quelqu'un dise ça ; ils ne peuvent s'en empêcher… »

Apparemment, les lézards de Jaffa ont déménagé. Et ils ont trouvé un nouveau vivier d'humains qui avalent n'importe quoi.

CHAPITRE XV
LE TSUNAMI DE LA REPENTANCE[80]

Israël est l'endroit idéal pour observer la vague géante de pénitence des Gentils : ce « Jour du Souvenir d'Auschwitz » qui se prolonge au minimum durant une semaine, et qui fait le tour du monde.

De là, comme une éclipse de lune, vous pouvez observer ce Canossa colossal : le monde entier, de l'Alaska à l'Antarctique, les Inuits et les Zoulous, les Cubains et les Mongols retiennent leur souffle, écoutent la prière juive, demandent la rémission de leurs péchés, et promettent de ne plus jamais laisser quiconque toucher

80. 26 janvier 2005.

à un cheveu juif. Chirac a juré de se souvenir de ces juifs que la France n'a pas su sauver; il a reconnu la faute de la France, chose que De Gaulle s'était bien gardé de faire. En châtiment de leurs péchés, les Français ont été obligés de se farcir les neuf heures du film *Shoah* de Claude Lanzmann – un véritable acte de cruauté, là, pour le coup, et amplement méritée. Le Chancelier allemand était là, bien sûr, pour se souvenir des victimes juives. Comment pourrait-il donc les oublier : le monument de l'holocauste, d'une laideur indescriptible, pèse comme un bât sur le centre de Berlin – châtiment éternel. Souffletant les professeurs iconoclastes de l'Université Columbia, qui tentent de faire le distinguo entre les juifs et Israël, Ha-Tiqwa, l'hymne national israélien a retenti à l'ONU, lors d'une session exceptionnelle du souvenir.

Si vous pensez que la remémoration n'a rien à voir avec Israël : réfléchissez-y à deux fois. Ou, mieux : regardez comment Kofi Annan demande le pardon de ses péchés : il a commencé par virer Hansen, son représentant à Gaza, car celui-ci avait importuné Sharon; puis il a juré de combattre l'antisémitisme jusqu'au dernier antisémite; il a orchestré une session spéciale de l'Assemblée Générale de l'Organisation des Nations Unies, il a donné à Israël sa parole que les Nations Unies seront dorénavant plus attentives au moindre de ses desiderata. A côté d'Annan, il y avait son épouse – nous avons appris que c'est une Wallenberg, et Raul Wallenberg était un Suédois de la famille royale, qui sauva de nombreux juifs, puis fut tué par les Russes. Il y a un autre Suédois, qui a sauvé de nombreux juifs, et qui a été tué par les juifs – Folke Bernadotte. Mais il est oublié, y compris à Stockholm, où un milliardaire juif vient d'acheter une nouvelle chaîne de télévision, afin de s'assurer de la pérennité de cette tendance à l'oubli sélectif.

Les gros titres des journaux israéliens posent la question : « Ont-ils retenu la leçon ? ». De qui s'agit-il ? Qui sont-ils, ces « ils » ? Et quelle leçon sont- « ils » censés avoir retenue ? Les juifs ont gagné la guerre : voilà quelle est la leçon qu'il faut faire rentrer dans la tête des goyim, sous entendent-ils. Afin de faire passer cette leçon, pas moins de quarante millions d'hommes et de femmes ont été tués.

Mais, de toute manière, ce n'est pas grave : dans le tas, il n'y a que les juifs qui comptent... Personne ne mentionne les soldats russes tués à Stalingrad, ni les civils allemands massacrés par Bomber Harris. Les Japonais carbonisés par la bombe A sont oubliés. Quant aux soldats américains, on parle tout au plus du Soldat Ryan, qui lui, a été sauvé, donc tout va bien.

Mais si ce show pénitentiel se déroule ainsi, absolument partout, vous allez me demander pourquoi Israël est-il un balcon tellement formidable pour regarder *Penitence Day*? Je vais vous le dire : il n'y a qu'en Israël que vous ne pourrez jamais vous bercer de l'illusion que « la leçon » porte sur le caractère inadmissible du racisme, de l'épuration ethnique ou de l'assassinat de sang-froid. Tout de suite après les infos, la Première chaîne israélienne [Channel One] a organisé une table ronde : que faire des goyim qui pensent que le commandement « Croissez et multipliez » s'adresse à eux, y compris? Le plus grand danger pour Israël, a déclaré le chouchou des Américain, j'ai nommé Bibi Netanyahou, ce n'est pas les Palestiniens qui sont derrière le mur. Non : ce sont les Arabes israéliens. Ils se multiplient comme des lapins, et les juifs n'arrivent pas à suivre!

Le chef du parti Shas, Eli Yeshai, a proposé de les exclure de la Sécurité sociale, peut-être dans l'espoir d'augmenter la mortalité infantile. Le Professeur Soffer fulmine : « La bombe démographique des non-juifs fait « tic-tac »! Il y en a trop. Ici, c'est un pays juif, le seul que nous ayons! Les goyim, eux, ont des centaines de pays à leur disposition! » Il y a quelques Arabes, autour de la table ronde : un jeune étudiant, et un député à la Knesset. Ils tentent d'évoquer le problème du racisme, mais leur hébreu pourtant impeccable n'est pas entendu : le racisme, c'est quelque chose qui est fait aux juifs, ça ne peut pas être quelque chose qui émane des juifs, tout le monde sait ça, non?! Nous n'avons qu'un seul pays – Israël – et nous devons décider de ce que nous allons faire des au-

82. http://en.wikipedia.org/wiki/Yevsektsiya

tres, des non-juifs, afin qu'ils ne continuent pas à se multiplier comme ils le font.

Sur une autre chaîne, un speaker condamne les nationalistes russes : ils osent dire qu'ils n'ont qu'un seul pays et qu'ils ne veulent pas que leur pays soit régenté par des juifs organisés. Ils ne forment pas le projet de limiter le taux d'accroissement démographique des juifs ; ils n'ont pas l'intention de les expulser. Non. Les nationalistes russes citent les lois infâmes du *Shulkhan Aruch*, [81] un traité talmudique aujourd'hui traduit en russe afin d'endoctriner les juifs russes. Ils laissent les mots de ce livre parler d'eux-mêmes. Ils veulent faire jouer les lois antiracistes russes contre les menées des fomenteurs de haine juifs. Ils disent que les organisations juives, en Russie, soutiennent ouvertement l'État raciste d'Israël. Si eux et leurs parents ont combattu l'Allemagne nazie, ça n'est pas au profit des racistes juifs, affirment-ils, en substance. En tout cas, les organisations juives, en Russie, savent parfaitement comment se servir des lois antiracistes : elles exigent des tribunaux russes qu'ils fassent jeter les nationalistes en prison. Peut-être ces Russes sont-ils racistes ; peut-être ne le sont-ils pas. Mais une chose est sûre : ils ne sauraient être plus racistes que le Dr Soffer, Bibi Netanyahou et Eli Yeshay !

La télévision donne une autre nouvelle : une fillette palestinienne de trois ans, Rahma Abu Shammas, a été tuée mercredi après-midi par l'armée israélienne, apportant ainsi sa contribution au règlement du problème posé par la menace démographique. La Cour suprême a décidé d'approuver la nomination du Général Dan Halutz au poste d'adjoint au chef de l'état-major de l'armée israélienne. Quand on a demandé au commandant de

81 http://en.wikipedia.org/wiki/Shulkhan_Arukh; voir en français : CICAD : Coordination Intercommunautaire contre l'Antisémitisme et la… L'information judiciaire sur le livre *Shulkhan Arukh* est arrêtée. La Fédération des communautés juives de Russie (FEOR) est satisfaite par la décision.www.cicad.ch/printable/E0610E957ABE44648C8F8D42C009D7EE_FA859F2B38724EAEA44D8E36AA4F054E. htm

l'aviation israélienne Dan Halutz quelle impression cela fait au pilote, lorsqu'il lâche une bombe d'une tonne sur un camp de réfugiés surpeuplé de Gaza, tuant quinze enfants, il a répondu : « Une petite secousse. Je dors comme un bébé, vous savez ! ». Les juges lui ont quand même conseillé d'être un peu plus précautionneux, lorsqu'il accordera une interview, à l'avenir...

Le Premier ministre Ariel Sharon a déclaré mercredi dernier que le monde « n'a pas bougé le petit doigt pour arrêter l'Holocauste ». Que voici une information intéressante : je ne savais pas que l'Allemagne nazie avait été arrêtée par les Juifs tout seuls, tandis que l'armée russe se pintait à la vodka, sans doute, dans ses casemates ? Mais, il faut bien le reconnaître, la mort de millions de soldats russes et de milliers de soldats britanniques et américains n'équivaut en rien au fait de « lever le petit doigt »... Cette déclaration de Sharon est une insulte ouverte et effrontée envers les vétérans de la guerre ; une insulte aux familles des soldats tombés au champ d'honneur ; une insulte à la Russie, à l'Angleterre et à l'Amérique. Mais tous ces pays, jadis si fiers, ont bien appris leur leçon, aussi leurs dirigeants sont-ils restés sagement agenouillés.

TROISIÈME PARTIE

LA GAUCHE

CHAPITRE XVI
LES JUIFS ET LE COMMUNISME

La question juive a joué un rôle important dans la montée du communisme russe, puis dans son effondrement. La gauche occidentale avait des liens très forts avec des juifs. Certains de ceux-ci étaient contaminés par le nationalisme juif, et ils trempèrent leur plume dans le vitriol pour discréditer le communisme, quand ils sentirent que le communisme russe finirait par devenir essentiellement russe. Afin de justifier leur trahison, ils disséminèrent le mensonge éhonté de l'« antisémitisme russe ».

Cette version trafiquée de l'histoire est diffusée par l'écrivain trotskiste Alan Woods. Dans mon article, j'ai écrit ceci : « Les juifs étaient-ils persécutés, en tant que groupe ethnique, sous Staline ? Bien sûr que non : la fille de Staline était mariée à un juif ; certains de ses meilleurs camarades et des dirigeants du Parti avaient des épouses juives (Molotov, Voroshilov) – ou des gendres et des brus juifs (Malenkov, Kroutchev). Voilà pour son racisme. Sous Staline, les juifs étaient-ils victimes d'une quelconque discrimination ? Rappelons qu'en 1936, à l'apogée du pouvoir de Staline, son gouvernement comportait neuf ministres juifs. »

La meilleure réponse que Woods ait pu imaginer est celle-ci : « C'est absolument incroyable : tout le monde sait, aujourd'hui, que Staline était un antisémite enragé. » Une référence à ce que « tout le monde sait » ne saurait, habituellement, être considérée comme un argument de poids. De fait, « tout le monde savait », en Angleterre, que les femmes recouraient à la sorcellerie et que les nobles ont le sang bleu. Aujourd'hui, « tout le monde sait » que le *Da Vinci Code* nous enseigne que « le Saint-Graal était, en réalité, Marie-Madeleine » !

Incontestablement, Wood est très fort pour ce que « tout le monde sait » (lire : en préjugés occidentaux). Mais il a quelques problèmes avec les faits. Il écrit : « La révolution bolchevique a donné la liberté aux juifs ». En fait, les juifs avaient toujours été libres – même quand l'immense majorité des Russes, des Polonais et des Ukrainiens étaient réduits au servage. Toutes les contraintes pesant sur les juifs avaient été abolies : non pas par les Bolcheviques, mais par la révolution bourgeoise de février 1905. Woods écrit : « Après 1917, Lénine et les Bolcheviques ont même accordé à ceux des juifs qui désiraient vivre dans leur propre État autonome la région connue sous le nom de Birobidjan ». Faux, là encore : la décision d'accorder le Birobidjan aux juifs soviétiques fut prise, en 1934, par un « antisémite enragé ». J'ai nommé : un certain Staline Joseph !

Il écrit : « En 1930, Staline supprima l'Yevsektsia, une agence soviétique chargée de dénoncer les incidents antisémites ». C'est exactement le contraire qui est vrai : l'Yevsektsia combattait le nationalisme juif, et beaucoup de juifs exécraient cet organisme[82].

82. http://en.wikipedia.org/wiki/Yevsektsiya

Ils parvinrent à le faire remplacer par un « foyer juif », qui fut l'*oblast* (mot russe signifiant « région », ndt) juive autonome. Il poursuit : « Le 28 février 1953, il y eut des déportations de nombreux juifs de Moscou vers la Sibérie. Des plans étaient en préparation, prévoyant des déportations massives à partir d'autres régions de l'Union soviétique. » Encore une histoire juive à base de « persécutions éternelles à l'encontre du Peuple Eternel »... Il n'y avait ni déportations, ni projets de déportations. L'historien russe Kostyrchenko en a apporté la preuve dans un article de recherche intitulé « Déportation, ou mystification ? »[83] Il s'agit d'une légende urbaine, répandue par un nationaliste juif : le professeur Jacob Ettinger, de l'Université hébraïque – un homme qui a avoué sa « profonde haine du communisme ». Une foule d'éminents chercheurs officiels accueillent à bras ouverts les étudiants pressés de vendre leur sens éthique au plus offrant, qui leur bricoleront des thèses – bien utiles pour leur avancement commun – sur la souffrance juive. Woods écrit : « Des membres du Comité Juif Antifasciste furent accusés d'appartenir à une conspiration sionisto-américaine contre l'Union soviétique... Tous furent accusés d'espionnage, de propagande nationaliste et de chercher à fonder une république juive en Crimée, qui aurait servi de « tête de pont » à l'impérialisme américain. »

Woods a-t-il la moindre raison de douter que les membres de ce Comité voulaient bel et bien créer une Crimée juive, sur les ruines des villages tatars, qui aurait été une sœur jumelle de l'État d'Israël, créé sur les ruines des villages palestiniens ? Plusieurs publications des médias russes postsoviétiques et israéliens montrent que les activistes juifs du Comité Juif Antifasciste ont soutenu l'expulsion des Tatars et envisagé la création d'une République Juive de Crimée.[84] L'immigration massive de juifs russes en Israël, dans les années 1990, n'est qu'une démonstration de plus de l'effica-

83 http://www.lechaim.ru/ARHIV/125/kost.htm
84. http://findarticles.com/p/articles/mi_m3955/is_n2_v48/ai_18349159/pg_2

cité de la propagande nationaliste juive. De Woods, toujours : « L 1953, Staline a ordonné l'arrestation de tous les colonels et généraux juifs du MGB, et ce sont quelque cinquante officiers supérieurs qui furent mis en état d'arrestation. » Donc, apparemment, cet « antisémite enragé » de Staline avait conservé tous ces juifs aux plus hauts échelons de ses redoutés Services de Sécurité, au bout de rien moins que trente années de pouvoir ! Woods admet que la Sécurité d'État s'est rendue responsable de répressions très dures, puis il critique immédiatement la campagne menée par Staline contre les chefs de cette même Sécurité d'État.

Pour Woods, c'est très simple : les juifs sont toujours innocents. Qu'ils aient été impliqués dans les excès de la Sécurité d'État ou qu'ils aient encouragé la déportation de masse des Tatars (de Crimée), qu'ils aient eu des tendances sionistes ou qu'ils se soient carrément alliés aux Etats-Unis : ils sont intouchables. Il écrit : « L'épouse de Molotov était juive. Staline a forcé Molotov à se séparer de sa femme, juive, et elle a été envoyée en exil, par un vote direct du Politburo, en 1949, Molotov s'étant abstenu. »

S'il voulait bien lire les mémoires de Golda Meir, qui fut la première ambassadrice d'Israël à Moscou, il apprendrait que Polina Molotov s'était jetée dans les bras de Golda, s'écriant (en yiddish), les larmes aux yeux : « *Ich bin ein Yiddische Tochter* » (« Je suis une fille juive »). De tels sentiments nationalistes juifs étaient effectivement dangereux pour l'État soviétique, et rendaient Madame Molotov indésirable au poste qui était le sien, de députée, membre du Bureau Politique du Parti communiste (Politburo). Comme je l'ai déjà indiqué, Woods est exagérément tolérant pour le nationalisme juif et exagérément intolérant à l'encontre du nationalisme (russe) de la Russie « rétrograde ». La Russie de Staline traitait les juifs en égaux. Non en êtres supérieurs, comme c'est le cas aux Etats-Unis. Si le nationalisme juif était traité, en Angleterre et aux Etats-Unis, comme il l'était à Moscou, à l'époque de Staline, les citoyens de Bagdad et de Téhéran, de Bassora et de Ramallah pourraient dormir tranquilles. Et chez eux…

CHAPITRE XVII

NOTRE BON VIEUX TEMPS[85]

« Nous vivions dans un paradis communiste, mais nous n'en avions pas conscience… » Combien de fois n'ai-je entendu des ex-citoyens de l'ex-URSS, des Russes et des Tadjiks, des Ukrainiens et des Baltes, répéter cette phrase ? Je suis entièrement d'accord avec eux : la Russie soviétique était un pays peuplé de citoyens spirituels et cultivés, qui aimaient leur travail, étaient fiers de leur pays, méprisaient l'argent, étaient accueillants et affables. Stephen Gowans (dans son article « Hail the Reds »[86]) a prononcé un éloge éloquent de ce paradis perdu :

« En sept décennies d'existence, et bien qu'elle ait dû consacrer énormément de temps à préparer des guerres et à les mener, puis

85. 5 novembre 2004
86, http://www3.sympatico.ca/sr.gowans/reds.html

à s'en remettre et à se reconstruire, l'Union soviétique a réussi à créer ce qui restera un des plus grands exploits de l'histoire humaine : une puissante société industrialisée, débarrassée de la plupart des inégalités de fortune, de revenus, d'éducation et de chances dans la vie, ces inégalités qui étaient les stigmates de la période précédente, revenus en force, ensuite, là-bas comme ailleurs ; une société dans laquelle les soins médicaux et l'éducation, y compris universitaire, étaient gratuits (et où tous les étudiants recevaient des bourses d'études) ; où les loyers, les services et les transports publics étaient subventionnés, sans oublier les livres, les périodiques et les manifestations culturelles ; où l'inflation avait été éliminée, où les retraites étaient généreuses et la médecine infantile prise en charge intégralement par l'État. En 1933 – le monde capitaliste étant alors profondément empêtré dans une crise économique dévastatrice – on déclara le chômage aboli en URSS et aboli, le chômage le demeura tout au long des cinq décennies et demie suivantes, jusqu'à ce que le socialisme, lui-même, fût aboli. Les communistes mirent en place une sécurité sociale plus robuste que celle qu'assurent les démocraties, y compris dans sa variante socio-démocrate à la mode scandinave ; mais elle disposait de moins de ressources, le pays n'ayant pas atteint le même niveau de développement. Le socialisme soviétique a été un modèle pour l'humanité, et il est resté un modèle de ce qui peut être atteint en-dehors des limites et des contradictions inhérentes au capitalisme. »

Il y a, de cela, plus de treize ans, le communisme soviétique fut condamné, et le libéralisme anglo-américain remporta sa troisième grande victoire en un siècle. Ce furent des années très difficiles, pour les Russes : l'espérance de vie chuta de manière drastique, l'industrie s'effondra et les grandes conquêtes de l'ère soviétique furent démantelées. Mais la vie du citoyen ordinaire devint encore bien pire, dans l'Europe occidentale triomphante. Et aux Etats-Unis victorieux aussi, car les classes aisées perdirent leurs grandes peurs : peur de la révolte des travailleurs, et peur inspirée par la possibilité d'un mode alternatif de développement. Or, ce n'est que grâce à cette grande peur que les conquêtes sociales de la classe ouvrière occidentale avaient été arrachées, aussi ces avancées furent-elles remises en cause, tandis que la Russie était transformée en un pays de taille moyenne, sans importance particulière.

Stephen Gowens étudie les diverses facettes de notre terrible disgrâce ; de fait, son essai est une protestation contre un Howard Zinn sardonique et d'autres gauchistes occidentaux venus grossir le flanc gauche (du côté anticommuniste) du front de la Guerre froide. Howard Zinn n'est pas le seul à refuser d'avouer sa collaboration avec l'ennemi. Un trotskiste britannique, Alan Woods, vient de publier un article verbeux, en trois parties, dans lequel il se trahit, par sa dérision face à ce qu'il appelle la chute du « stalinisme », tout à fait dans la ligne de Zinn[87], en réponse à mon article « Celia in the Woods »[88] (où je ne mâchais pas vraiment mes mots…).

Alan Woods mentionne que son gourou, Trotski, « était toujours en faveur de la défense inconditionnelle de l'URSS contre l'impérialisme et le capitalisme ». Mais ainsi que ses semblables, il a rejeté ce conseil de son gourou. A ses yeux, les communistes russes sont tout juste « des staliniens », et il demande, non sans une certaine provocation :

« Commençons par quelques questions embarrassantes à nos opposants staliniens. La première de ces questions est la suivante : « Si nous admettons ce que vous affirmez, à savoir que l'Union soviétique était un paradis socialiste, alors : dites-nous comment se fait-il qu'elle se soit effondrée ? » (…) « S'il existait une authentique démocratie ouvrière en URSS, pourquoi les travailleurs soviétiques n'ont-ils pas combattu, afin de défendre l'ancien régime ? Comment se fait-il qu'après plus d'un demi-siècle, de ce que Shamir qualifie de « socialisme », ils ont pu restaurer le capitalisme, sans même en passer par une guerre civile ? »

87. http://www.marxist.com/Theory/reply_shamir1.html
88. Voir à l'URL: http://left.ru/inter/2004/shamir.html, en anglais, : http://www.left.ru/2004/15/shamir114.html en russe, ainsi que: http://www.rebelion.org, en espagnol.

Il est légitime de poser ces questions, et il faut y répondre.

Il faut reconnaître cette triste vérité : l'esprit des gens est susceptible d'être manipulé. Beaucoup d'hommes et de femmes sont prêts à agir à l'encontre de leurs propres intérêts bien sentis, si l'on parvient à les amadouer. J'en ai été témoin, récemment, dans un kibboutz israélien – une entreprise riche, stable, prospère. La part moyenne individuelle du capital détenu, dans cette copropriété, était proche du million de dollars. Ils se sont laissés prendre à l'arnaque de la privatisation et du « chacun pour soi », et ils sont tombés dans l'indigence. Aujourd'hui, beaucoup de membres des kib*boutz, n*aguère millionnaires, survivent en glanant dans les champs. Leur vaste propriété est tombée aux mains de quelques familles haut placées.

J'ai demandé à de ces *kibboutzniks :* « La privatisation ne vous a pas été imposée. Vous l'avez acceptée, vous l'avez votée : pourquoi donc avez-vous levé la main, pour approuver un schéma qui ne pouvait que vous ruiner ? »

— « On nous a dit que c'était une solutioon plus progressiste ! », m'ont-ils répondu.

Si cela a marché, avec quelques milliers de kibboutzniks israéliens, prospères et bien éduqués, c'était un jeu d'enfants de convaincre des millions de Russes innocents que « la propriété d'État est contraire au développement économique » – idée largement répandue par un million de haut-parleurs diffusant à partir de l'Occident. Les trotskos ont joué le rôle de bonimenteurs dans la guerre idéologique : ils y allèrent allègrement de leurs citations de Marx, convainquant les Russes du fait que ce qu'ils avaient n'était, de toute manière, ni un socialisme, ni un communisme, mais « la dictature de la *nomenklatura* »…

En Russie, le communisme a perdu la Guerre froide, dès lors qu'il avait perdu la guerre du discours ; l'anticommunisme est devenu partie intégrante de tout mouvement politique ou philosophique, tant en Europe qu'en Amérique du Nord. Nos amis trotskistes formèrent l'aile gauche du front anticommuniste, aux côtés des eurocommunistes de Berlinguer et des disciples déconstructionnistes de Derrida. Et, finalement, ce front anticommuniste parvint à saper le moral d'un pays tout entier.

La campagne antistalinienne a été une arme idéologique extrêmement puissante dans la guerre pour la maîtrise du discours, car, pour le peuple soviétique, les images de Lénine et de Staline étaient, pour ainsi dire, aussi sacrées que des icônes. Sous la pression de ces attaquants et avec la myopie politique qui le caractérisait, Kroutchev pensa qu'il pourrait sauver la réputation de l'Union Soviétique en dénonçant Staline; mais il ne fit que saper la structure sacrale du Communisme soviétique, qu'il endommagea de manière irréparable.

Avec le recul, nous découvrons que la gauche occidentale a pris pour argent comptant le matraquage sans fin des insinuations infondées publiées par les médias occidentaux. Cela a commencé sous la forme de reportages, puis on est passé aux shows à la télé. Et cela a fini par s'installer dans les manuels scolaires. Et maintenant, c'est la soupe que nous sert Wikipedia![89]

– Les « cruautés russes » et les « horreurs du Goulag » n'étaient que des calomnies racistes européocentristes. De fait, les Etats-Unis ont une population carcérale plus importante que la Russie n'en a jamais eu. Dans un article récent[90], Mark Curtis donne quelques exemples de véritable cruauté :

— « Les forces britanniques tuèrent près de 10 000 Kényans, durant la campagne contre les Mau Mau, à comparer aux six cents morts relevés dans les armées coloniales et chez les civils européens. Certains bataillons britanniques tenaient à jour des tableaux d'affichage des tués, et ils donnaient en récompense des permissions « J5 » (= de cinq journées) à la première sous-unité qui tuerait un insurgé, auquel on coupait ordinairement les deux mains afin de faciliter la prise des empreintes digitales. Des « zones de tir à volonté » furent délimitées, dans lesquelles tout Africain pouvait se

89. http://en.wikipedia.org/wiki/Gulag

90. « The Colonial Precedent », par Mark Curtis, *The Guardian*, mardi 26 octobre 2004.

faire descendre à vue. L'opposition à la domination britannique s'intensifiant, de brutales opérations de « regroupement », qui causèrent la mort de dizaines de milliers d'Africains, aboutirent à la constitution de camps de détention, dans certains desquels on enregistra jusqu'à 90 000 détenus. Dans cette version années 1950 de la prison irakienne d'Abu Ghraib, le travail forcé et les passages à tabac étaient systématiques et les maladies, endémiques. » De fait, les peuples de la vaste région administrée par les Soviétiques n'ont jamais rien connu qui fût similaire à la dévastation semée par les forces anglo-américaines dans les limites de leur imperium.

— Le Goulag pâlit, positivement, en comparaison avec les camps de concentration où les Israéliens enferment les Palestiniens ; le plus important de ces camps étant rien moins que l'ensemble de la bande de Gaza, forte d'une population carcérale d'un million de détenus. Les « atrocités de Staline » ne sont jamais arrivées à la semelle des atrocités américaines en Allemagne occupée, et certainement pas à celles du bombardement atomique d'Hiroshima ou du déluge de bombes incendiaires sur Tokyo, ni des millions de Vietnamiens massacrés.

— Les troupes soviétiques avaient fait échouer des tentatives de coup d'État en Hongrie, en Allemagne de l'Est et en Tchécoslovaquie. La Gauche l'a déploré, on le sait. Mais, à la même époque, les Américains écrasaient les insurrections procommunistes en Grèce et en Malaisie, au Nicaragua et à Cuba, en Indonésie et au Cambodge. Mea culpa : je dois reconnaître qu'en ma qualité de jeune dissident soviétique, j'ai soutenu le Printemps de Prague au moment où celui-ci s'épanouissait. Mais, aujourd'hui, je regrette que les Soviétiques n'aient pas osé faire Tiananmen à Moscou, ni arrêter les « putschistes de velours » pro-américains, dans les années 1990.

— L'« invasion de l'Afghanistan », en 1980, fut dénoncée par l'Occident, depuis les trotskos à la Alan Woods jusqu'au président américain. Mais cette dénonciation était-elle justifiée ? C'est à la requête expresse du président afghan, que les troupes soviétiques sont entrées en Afghanistan, afin de mettre fin à une insurrection dirigée par la CIA. Voici un bref extrait d'une interview de Zbigniew Brzezinski, éloquemment intitulée : « Comment les Etats-Unis ont incité l'URSS à envahir l'Afghanistan afin de causer tout le bazar » : [91]

Question : L'ex-directeur de la CIA, Robert Gates, a déclaré dans ses mémoires [*From the Shadows*] que les services de renseignement américains avaient commencé à aider les Mujahidin, en Afghanistan, six mois avant l'intervention soviétique. A l'époque, vous étiez conseiller ès-sécurité nationale du président Carter. Vous avez donc joué un rôle, en la matière. Le confirmez-vous ?

Brzezinski : Oui. D'après la version officielle de l'histoire, l'aide apportée par la CIA aux Mujahidin aurait commencé au cours de l'année 1980, c'est-à-dire *après* l'invasion de l'Afghanistan par l'armée soviétique, le 24 décembre 1979. Mais, la réalité, strictement gardée secrète jusqu'à ce jour, est entièrement différente. De fait, c'est le 3 juillet 1979 que le président Carter a signé la première directive d'aide directe aux opposants au régime prosoviétique de Kabul. Et, ce même jour, j'ai écrit une note pour le président, dans laquelle je lui expliquais qu'à mon avis, cette aide allait entraîner une intervention militaire soviétique.

Question : Malgré ce risque, vous avez été l'avocat de cette action secrète. Mais peut-être désiriez-vous, vous-même, cette entrée en guerre des Soviétiques, et peut-être avez-vous voulu la provoquer ?

Brzezinski : Non, les choses ne se sont pas passées exactement ainsi. Nous n'avons pas poussé activement les Soviétiques à intervenir, mais nous avons délibérément augmenté la probabilité qu'ils le fissent.

Question : Quand les Soviétiques ont justifié leur intervention en affirmant qu'ils entendaient lutter contre l'engagement clandestin des Etats-Unis en Afghanistan, personne ne les a crus. Cependant, il y avait quelque chose de vrai, dans leurs propos. Aujourd'hui, vous n'avez aucun regret ?

91. *Le Nouvel Observateur*, 15-21 janvier 1998.

Brzezinski : Regretter quoi ? Cette opération secrète était une excellente idée. Elle a eu pour effet d'attirer les Russes dans le piège afghan. Et vous voudriez que je regrette de l'avoir eue ? Le jour où les Soviétiques ont officiellement franchi la frontière, j'ai écrit au président Carter, en substance, ceci : « Nous avons désormais la possibilité d'infliger à l'URSS sa guerre au Vietnam ». De fait, durant près de dix ans, Moscou allait devoir mener une guerre insupportable pour le gouvernement soviétique – un conflit qui a entraîné la démoralisation et, finalement, l'effondrement de l'empire soviétique.

— Pratiquement, toute assertion « antistalinienne » et antisoviétique peut être réfutée par une dose salutaire de réel, tout simplement. Les gens qui dénoncent la « cruauté russe », incarnée dans l'abattage d'un avion de ligne coréen, n'ont pas versé une seule larme après qu'un Airbus iranien ait été abattu par les Yankees, ou le long courrier libyen abattu en vol et mis en pièces par les Juifs[92]. Ils ont déploré l'exil de Sakharov, mais ils ont royalement ignoré la condamnation de Mordechaï Vanunu.

Dans la pièce de Bertolt Brecht, *La bonne âme de Séchouan* [*Der gute Mensch von Sezuan*], une prostituée généreuse se fait dévaliser par des connaissances rapaces. Pour subsister, elle s'invente un grand frère qui sait ce qu'il veut, qui met un terme à leurs extorsions et lui permet de continuer à prodiguer ses bonnes actions. L'URSS avait, elle aussi, cette double personnalité : son humanisme soft était bien protégé par la carapace blindée érigée par Staline. La gauche occidentale a attaqué la coque dure de la Russie soviétique, jusqu'au jour où ce pays, dépouillé de sa protection, s'est effondré.

La gauche occidentale pensait que son appartenance à l'Occident comptait plus que sa solidarité avec la gauche, à l'Est. Alan Woods et ses trotskos étaient dévoués corps et âme à la supréma-

92. Ou encore l'avion cubain abattu, avec 73 civils à son bord, par l'agent de la CIA Luis Posada Carriles en 1976, protégé personnellement par la famille Bush ; voir www.freeforfive.org.

tie de l'Occident. C'est l'Occident, seul, qui dicte les règles du jeu. Ce n'est nullement le fait du hasard, que son livre qualifie, à seize reprises, la Russie de « pays arriéré ». Il écrit : « La Russie, ce pays extrêmement retardataire, (…) arriération effrayante, (…) un pays arriéré, semi-féodal, tel la Russie…, un pays arriéré, asiatique, agraire comme la Russie…, la Russie, agraire, arriérée…, terrible arriération…, etc. etc… » Tous ceux qui ne respectent pas les règles du jeu occidentales sont des arriérés. C'est cette logique qui sous-tend l'article de Woods : ne s'agit-il pas là d'une arrogance typiquement occidentale, d'un européocentrisme de la pire espèce ?

Sur le plan spirituel, la Russie, pays de Tolstoï et de Dostoïevski, de Lénine et de Florensky, était un des pays les plus avancés au monde. Or le communisme est – par-dessus tout – une victoire de l'esprit. Les Woods et autres trotskos méprisent l'esprit et ils adorent le seul progrès matériel, car ce n'est que sous cet angle que la Russie pouvait être considérée « arriérée ».

Le succès et l'échec du communisme, à l'Est, ne sauraient s'expliquer dans les limites du dogme marxiste, dans sa version « vulgate », la seule que les trotskos reconnaissent. Cela, l'auteur de *La Question juive*, de la *Critique de la philosophie d'Hegel* et d'une « Ode à la Vierge Marie » (Marx, en personne) savait que l'Esprit est l'alpha et l'oméga du développement humain et il était parfaitement dégoûté par les vulgaires matérialistes, qui s'affublaient du titre de « marxistes ». « Si ces gens-là sont des marxistes, moi je ne le suis pas », tempêtait-il.

Si le communisme l'a emporté, à l'Est, ce n'est pas parce que l'Est était arriéré, mais bien parce que l'Est représentait la partie la plus spirituelle de la planète, la partie la moins ruinée par la modernité et l'aliénation. Et si le communisme n'a pas réussi, à l'Ouest, c'est parce que l'Ouest était spirituellement appauvri et subjugué par des hobbesiens maintenus et attardés.

En deux mots : la différence entre l'Ouest et l'Est ne résidait pas dans les quantités d'acier ou d'électricité produites. La différence était philosophique, et métaphysique. Car Schmitt a écrit que « tous les concepts les plus prégnants de la doctrine moderne ne sont que des concepts théologiques sécularisés » : les différences doctrinales entre l'Est et l'Ouest illustrent cette définition, à la perfection.[93]

Dans l'Ouest anglo-américain, Hobbes, qui fondait sa vision de la société sur son approche « L'homme est un loup pour l'homme »[94], a gagné. Les hommes ne sont unis que par un ennemi commun, a-t-il écrit. D'une certaine manière, il avait raison : l'ennemi est la seule chose qui unisse les hommes, à moins qu'ils ne soient unis par le Christ. Ou, pour être encore plus précis : tant que vous ne serez pas unis en Christ, vous serez unis par l'Ennemi. Et il ne s'agit pas d'un ennemi appartenant à l'espèce des mortels, mais de l'Ennemi, cet Ennemi qui unit ceux qui ont faite leur cette idée que « l'homme est un loup pour l'homme ».

L'Est a conservé sa spiritualité traditionnelle, c'est la raison pour laquelle le communisme l'a emporté, en Russie et en Chine. Le communisme a conquis très peu de terrain dans une Inde rongée par ses castes ; de fait, c'était à juste titre que le Président Mao répétait : « la structure de castes est aussi pernicieuse que l'impérialisme, car elle fait obstacle à l'égalité devant Dieu, à l'unité en Dieu ».

Les communistes russes finirent par résoudre leurs problèmes matériels et par créer une société insouciante, où son gagne-pain était assuré à tout un chacun. Mais avec le progrès matériel, les calamités de la modernité – le déracinement et l'aliénation – ne tardèrent pas à frapper. L'Union soviétique n'a pas écouté les avertissements de Simone Weil sur le déclin de l'Occident, elle n'a pas entendu son appel à contrer le déracinement. Les dirigeants soviétiques poststaliniens donnèrent un grand élan au déracinement, maniant à leur façon la carotte. Matérialistes extrémistes, ils étaient convaincus que, dès lors qu'ils produisaient suffisamment de biens matériels, ils n'avaient pas de souci à se faire. L'Eglise fut interdite ; pour boucher les trous, les communistes réimportèrent un ersatz

93. Voir ci-après : « La tyrannie du libéralisme », p. 310.
94. http://easyweb.easynet.co.uk~rcgfrfi/ww/castro/1992-csw.htm

de morale chrétienne, sous la forme du « code moral communiste », mais ce code était dépourvu de toute inspiration (spirituelle). La nouvelle religion devint la production de masse. La néo-sacralité de Lénine et de Staline fut démolie par Khroutchev, mais, sans le Christ, seuls Lénine et Staline pouvaient inspirer le peuple, et une fois le culte de la personnalité miné par Khroutchev, la société courait à sa perte, parce qu'une société désacralisée ne peut pas survivre longtemps.

On peut dire, pratiquement, que la Russie soviétique s'est effondrée parce que ses élites ont trahi son peuple. Le déracinement ouvre un gouffre entre le peuple et les élites ; ces élites, déracinées et aliénées, étaient prêtes à prendre leur grisbi et à se casser, direction la Riviera. Elles ont vendu la richesse de la Russie aux firmes américaines, elles ont appauvri les citoyens ordinaires et ruiné le pays. Cet effondrement devrait être une leçon, pour nous tous : les communistes devraient combattre le déracinement et l'aliénation comme leurs plus dangereux ennemis ; ils ne devraient pas permettre à l'ennemi de désacraliser leur univers. Ils ne doivent pas avoir honte du « grand frère » pragmatique de la « bonne âme de Séchouan ».

CHAPITRE XVIII
LES MARXISTES ET LE LOBBY[95]

Quand un des auteurs – éditeur, de surcroît – d'une revue de gauche répète mot pour mot le dernier discours d'Ashcroft devant l'Anti Defamation League de New York, cela devrait susciter un scandale. C'est pourtant ce qui s'est passé, suscitant tout juste de la surprise, avec la condamnation récente de l'« antisémitisme » par un certain Nat Weinstein dans *The Socialist Viewppoint*, une revue de haute tenue, qui soutient la démocratie en Palestine et la fin de l'État juif d'apartheid.[96]

Pire, le style et la rhétorique de Weinstein sont, eux aussi, les mêmes que ceux d'Ashcroft et d'Abe Foxman. Ainsi, Weinstein

95. Première version : 21 novembre 2003.
96. Juillet / Août 2003, vol 3, n° 7. « Sionisme, antisémitisme et fascisme », par Nat Weinstein (voir le site http://www.socialistviewpoint.org/ sum_03/ sum_03_08.html).

écrit : « Les insinuations de Buchanan quant à un complot juif au service d'Israël évoquent une assertion similaire, au cœur du fascisme hitlérien. » Toutefois, le « complot » juif, au vu et au su de tout le monde, consistant à soutenir Israël, est un fait indéniable, que la quasi-totalité des journaux juifs traduisent par leur slogan : « Les juifs sont unis comme un seul homme, derrière Israël ».

Ce slogan n'est pas un vain mot : un sondage récent a montré que 86 % des juifs américains soutiennent Israël[97]. Au cours d'une discussion, récemment, sur le ouèbe, Jeff Blankfort, un antisioniste confirmé, tira la sobre conclusion suivante : « la distinction que nous sommes en permanence tellement attentifs à faire, entre le fait d'être juif et le fait d'être sioniste, est fondamentalement trompeuse. Si tous les juifs ne sont pas sionistes, les communautés juives organisées, dans le monde entier, en dépit des différences qui peuvent exister entre elles, sont totalement dévouées à l'entreprise sioniste. Prétendre que ces organisations ne parlent pas au nom de la communauté juive générale, c'est-à-dire d'une communauté qui, sans le moindre doute, soutient Israël en tant qu'État juif, est totalement illusoire. »

Weinstein exploite ainsi la « culpabilité par association »,[98] en qualifiant les propos explicites de Buchanan d'« insinuations faisant écho à Adolf Hitler ». Toutefois, la « culpabilité par association » est une arme à double tranchant, puisque Weinstein lui-même ne laisse pas d'évoquer Abe Foxman, Ashcroft et Bush, qui devraient tous être traités en criminels. C'est pourquoi la gauche doit traiter cette question sérieusement.

Weinstein écrit : « l'assertion que le « lobby juif » – un petit groupe de juifs pro-sionistes – puisse dicter sa politique étrangère ou intérieure à une classe capitaliste américaine fondamentalement terre-à-terre et intrinsèquement pragmatique, est absurde. En réalité, les gens qui portent ce genre de jugement sont soit des fous simplets, soit de pures canailles antisémites. »

97. www.scienceblog.com/community/older/archives/K/5/pub5096.html
98. http://en.wikipedia.org/wiki/Guilt_by_association

Jugement on ne peut plus arrogant, car cette opinion est partagée par des milliards de personnes en-dehors des Etats-Unis, ainsi que par de très nombreux Américains, à ceci près : le lobby juif n'est pas « un petit groupe de juifs pro-sionistes », mais bien un groupe extrêmement puissant de milliardaires, de magnats des médias et de leurs soutiens, tant de gauche que de droite, du *New York Times* à *The Nation*, de Wolfowitz (du Pentagone) au rabbin Lerner (de *Tikkun*)[99]. Les capitalistes américains, fondamentalement terre-à-terre, sont certes bien « intrinsèquement pragmatiques » et ils savent fort bien ce qui est bénéfique pour eux-mêmes, personnellement (c'est la raison pour laquelle même un antisémite aussi convaincu qu'Henry Ford préféra détruire l'ouvrage qu'il avait consacré aux juifs, après s'être heurté à la force irrésistible du boycott juif).[100] C'est la raison pour laquelle les parlementaires américains sont unis, dans leur soutien à Israël, comme cela a été reconfirmé, récemment, par le vote, au Sénat, de mesures de rétorsion à l'encontre de la Syrie : 89 pour ; 4 contre.[101] La guerre en Irak s'est avérée désastreuse, du point de vue du capitalisme américain : comme prévu, elle n'a donné aux Américains ni pétrole, ni commandes d'armement, ni de nouveaux amis. Mais les capitalistes ne sont pas des idéalistes, contrairement à ce que croit Weinstein : ils savent que le fait de prendre position contre Israël entraînerait leur faillite personnelle, et ils se moquent de « l'intérêt général de la classe capitaliste » comme de leur première chemise.

Et il est de fait que Buchanan et La Rouche (mentionné aussi par Weinstein) représentent les intérêts véritables des capitalistes américains (c'est-à-dire de la « classe moyenne » américaine, pour reprendre l'expression consacrée). Bien sûr, ni l'un ni l'autre ne

99. Cette question a été évoquée par Israël Shamir dans son article « La Fête de Saint Firmin », in *L'Autre Visage d'Israël*, p. 206-212.
100. www.jewishstriballibrary.org/jsource/antisemitism/ford.html
101. www.amazon.com/They-Dare-speak-Out-Institutions/dp/15565 2482X

sont des alliés naturels, pour la gauche. Mais ils n'en sont pas, pour autant, des alliés plus improbables que Foxman et Ashcroft eux-mêmes. Weinstein tente de coller l'étiquette de raciste, nazi et fasciste à La Rouche ; mais l'étiquette ne tient pas. Au lieu d'exprimer son approbation, Weinstein est visiblement ulcéré par le non-racisme de La Rouche : « Plutôt que démoniser les Américains Afro, La Rouche revendique l'héritage de Martin Luther King, et il noue des liens avec Nation of Islam, le mouvement nationaliste noir. »

Ce Weinstein est un éternel insatisfait : La Rouche « recourt à des slogans anticapitalistes et anti-impérialistes », par conséquent, il s'agit certainement d'un fasciste ! La Rouche « ne s'en prend pas aux juifs, ni aux communistes, ni aux grévistes », donc, c'est un crypto-fasciste ! La Rouche « a appris son catéchisme chez Trotsky » : c'est donc un fasciste pervers !

Cela me rappelle une pièce brève écrite par notre meilleur dramaturge, Hanoch Levine :

> « Le Gouverneur Militaire rappelle aux soldats servant dans les Territoires occupés les ordres en vigueur :
>
> — Un piéton nerveux est un terroriste arabe potentiel.
>
> — Un piéton calme est un terroriste arabe potentiel qui sait garder son sang-froid.
>
> — Un piéton qui lève les yeux au ciel est un terroriste arabe potentiel pieux.
>
> — Un piéton qui baisse les yeux est un terroriste arabe potentiel timide.
>
> — Un piéton qui garde les yeux fermés est un terroriste arabe potentiel en train de dormir. Quelqu'un qui reste chez soi est un terroriste arabe potentiel malade.
>
> Tous ceux-là doivent être arrêtés et, après une salve d'avertissement, emmenés à la morgue. »

De fait, Weinstein n'apporte pas la moindre preuve du « fascisme » de La Rouche, ni de ses similitudes avec Hitler et Mussolini. En réalité, son rejet de La Rouche et de Buchanan n'est fondé que sur une seule chose : leur rhétorique anti-juive. Il l'avoue, par la suite :

« Les fascistes diront que ce sont les juifs qui ont été les tireurs de ficelles de cinquante-cinq ans d'impérialisme américain, créant, finançant et armant l'État sioniste d'Israël. C'est la raison pour laquelle ceux qui affichent leur opposition au sionisme sont soit fous, soit antisémites, lorsqu'ils accusent le soi-disant « lobby juif » de dicter la politique étrangère des Etats-Unis. » Allons-nous nous censurer, en pensées et en paroles, à cause de ce que « les fascistes vont dire ? »

Mais nous… Oui, nous, les amis de la Palestine – Jeff Blankfort, Micheal Neumann, Elias Davidsson, Stan Heller, Norman Finkelstein, David Hirst, Mazin Qumsiyeh et de très nombreux autres (qui ne sommes assurément pas des antisémites racistes) – nous ne sommes pas plus fous que Weinstein lui-même. Nous sommes tout simplement honnêtes et nous disons ce que nous pensons être la vérité. Pour nous, il est plus important d'arrêter aujourd'hui l'agression israélo-américaine au Moyen-Orient que de s'inquiéter pour « les juifs » et leur situation demain, car la vérité et la sincérité représentent la meilleure défense contre des « fascistes » annoncés.

Les marxistes, y compris les socialistes de *Viewpoint*, doivent-ils vraiment soutenir et protéger « les juifs » de gauche ? Le point de vue marxiste sur les juifs a été formulé par Karl Marx, Kautsky, Lénine, Trotski et Abram Leon. Il est fondé sur le rejet du concept de « nation juive ». Lénine déclarait (dans sa polémique avec le Bund)[102] : « cette idée (sioniste) est absolument fallacieuse et intrinsèquement réactionnaire. » Il citait, en approuvant : « Le juif moderne est le produit d'une sélection artificielle à laquelle ses ancêtres ont été soumis durant près de dix-huit siècles. » Abram Leon compléta cette opinion de la vision qui était la sienne : celle des juifs, peuple-classe. Pour lui, les juifs étaient les capitalistes originaux de la société précapitaliste ; c'était des gens qui préféraient assumer des fonctions antisociales, tels le prêt à usure et la collecte

102. http://marxists.org/archive/lenin/works/1903/oct/22a.htm

des taxes et impôts. Naturellement, un tel « peuple-classe » ne mérite pas que nous le soutenions.

Mais, même si Weinstein considère que « les juifs » constituent une nation distincte, cela n'est pas, encore une fois, une raison pour les protéger. Lénine en appela à la « guerre révolutionnaire contre les nations contre-révolutionnaires »[103] et, en 1919, il écrivit : « Si nous nous battons contre le président [américain] Wilson, et que Wilson fasse d'une petite nation son instrument, nous devons combattre cette petite nation instrumentalisée ouvertement ».[104] De la même manière, Léon Trotski dénia tout lien avec les juifs et il rejeta les appels que ceux-ci lui adressaient.

Les marxistes sont contre l'antisémitisme racial, mais cette peste a été complètement éradiquée, et c'est tant mieux ! L'antisémitisme racial ne doit pas être confondu avec l'antisionisme, comme Weinstein le relève à juste titre, ni, non plus, avec un rejet non raciste « des juifs », par ailleurs. Les deux *Question Juive*, tant celle de Marx que celle de Léon, sont deux exemples magistraux de ce rejet non raciste du judaïsme.

Tout marxiste connaît l'opinion négative que Marx avait des juifs. « Leur Dieu, c'est l'argent », a-t-il écrit. Naturellement, Marx n'était pas raciste ; il pensait qu'une personne d'origine juive (c'était son cas) pouvait rompre les amarres avec les juifs. Habituellement, une telle rupture était officialisée par le baptême ; l'émancipation de Spinoza prit un caractère formel avec le *nidui* – la malédiction, chez les juifs – après que le philosophe eut rejeté la vision juive du monde.

Weinstein défendrait-il les juifs contre Marx et Spinoza ? Mais l'idiome antijuif de Buchanan et La Rouche est tout autant non raciste. Tous deux ont de nombreuses personnes d'origine juive dans leur personnel et parmi leurs relations. Mais ces gens (à l'instar de Trotski, de Marx ou de Spinoza) n'appartiennent pas à la Jui-

103. En 1915, lors de l'effondrement de la 2e Internationale.

104. Discours prononcé devant le Huitième Congrès du Parti communiste.

verie. De plus, ils s'élèvent contre « les Juifs », encourageant ainsi d'autres personnes d'origine juive à rompre avec ce vestige d'un passé moyenâgeux.

De la même manière, le Prince d'Orléans prit le nom de Philippe Egalité et rejeta ses liens avec l'aristocratie. Si Weinstein pense que Foxman, Friedman et Sulzberger ont rendu populaire l'approche antijuive aux Etats-Unis, il devrait inciter les marxistes américains à prendre leurs politiques respectives à bras-le-corps et à les conduire dans une direction idéologique non-raciste. Car, sans cela, ses tentatives pour les protéger se retourneront contre eux. Les Américains diront que les juifs, de Foxman à Weinstein, parlent d'une seule voix et que, par conséquent le dangereux antisémitisme racial peut revenir – sur les ruines de la gauche marxiste.

De plus, le combat de Weinstein contre l'antisémitisme va, objectivement, à l'encontre des objectifs éclairés de la gauche. Les juifs américains ont passé contrat avec la classe dirigeante américaine. Ils appartiennent à l'élite américaine, ils sont, aux WASP, ce que les Brahmines sont, pour la caste guerrière des Kshatris. La gauche, en particulier la gauche marxiste, lutte afin de renverser les classes gouvernantes et pour créer une société d'égalité. Il est impossible d'atteindre cet objectif sans mener une action antijuive concertée. Ce n'est qu'en séparant les Brahmines des Kshatris, et les juifs des WASPs, que l'aube de l'égalité se rapprochera. « Semez la discorde chez vos ennemis ! » – telle est la première règle du manuel chinois *L'Art de la guerre*. Au lieu de proclamer l'unité entre les juifs et le reste des classes laborieuses, la gauche doit susciter des dissensions chez les juifs. Les événements dramatiques en Palestine et l'enlisement de la guerre en Irak fournissent à la gauche une opportunité. Au lieu d'insister sur la solidarité des juifs entre eux, la gauche devrait s'attacher à les diviser, entre réactionnaires et progressistes, entre fauteurs de guerre et pacifistes. Ce n'est pas le moment de faire des chichis. Dans l'univers néoconservateur, des gens comme Lyndon La Rouche le démocrate, et Buchanan le républicain, méritent d'être soutenus, dans leur lutte contre la folie de la classe dirigeante et les machinations du lobby juif.

Les intéressantes observations de Stephan Sniegoski[105] sont viciées par quelques simplifications excessives. Il écrit par exemple que « Shamir se situe lui-même au nombre des rares juifs qui pensent autrement et qui choisissent la vérité ». Bien que j'aie mentionné quelques exemples de gens qui pensent de la sorte, les uns d'origine juive, et d'autres d'origine gentille, je ne me considère pas juif, et il faudrait beaucoup d'imagination pour considérer Mazin Qumsiyeh juif, lui qui est un professeur de Yale palestinien-américain, et dont j'ai inclus le nom. Tout le monde peut faire le choix de la vérité, nul besoin d'être juif pour cela.

Les philosémites pensent autrement : Harry Clark, ami de la Palestine, m'a écrit un jour que « seuls les juifs peuvent prendre la tête de la résistance face aux juifs ». Puis il m'a demandé d'effacer toute référence à sa personne de mon site, depuis que j'ai enfreint ce qu'il considère comme une loi. Le point de vue contraire, celui que je partage, a été défendu par Jeffrey Blankfort, qui a fait l'éloge de la merveilleuse Alison Weir, et qui ajoutait : « Il est important que des non juifs prennent position sur ce sujet et ne laissent pas les crypto-sionistes qui sont dans notre mouvance et qui caressent le rêve qu'elle reste « un truc juif », nous dicter nos choix. » La ligne de partage n'est pas biologique mais idéologique : Weinstein et Clark sont d'un côté, Blankfort et Weir sont de l'autre, avec Shamir.

La même bataille idéologique a fait rage au tout début de la révolution russe. Lénine était un noble russe orthodoxe, par la naissance, et un révolutionnaire, par profession. L'anticommuniste Volkogonov (qui admirait Boris Eltsine, Reagan, et l'État d'Israël) a sorti des tréfonds de sa machine à écrire une histoire de « lettre apocryphe de la sœur de Lénine » en prétendant faire tout un fromage de sa découverte que l'arrière grand-père de Lénine était juif, avant d'être baptisé[106]. C'est au mieux sans importance, dans la mesure où Lénine n'en a jamais fait mention, et n'a jamais adopté une conduite crypto-judaïque. Au pire, c'est une observa-

105. Voir : www.israelshamir.net/Left/marxists2.htm
106. www.jewishtribalreview.org/commun.htm

tion désagréablement raciste. Pratiquement toutes les familles de la haute société en Europe, de l'Espagne à la Pologne, et des Etats-Unis, ont pratiqué les alliances matrimoniales avec des juifs, et continuent à le faire. Avoir des racines familiales juives ne signifie rien. Même un raciste convaincu comme Hitler le reconnaissait, et il avait autorisé de nombreux descendants de juifs à entrer dans son parti et dans son armée.

Contrairement à ce qu'enseigne le Talmud, il n'y a rien qui soit de l'ordre du « sang corrompu ». L'acceptation du Christ, voilà la solution finale de la question juive ; tandis que l'assimilation et le mariage mixte sont la voie pour dissoudre les vestiges de séparatisme juif. Tant que les suprématistes juifs font des descendants de juifs des projectiles sionistes, il faut garder certaines précautions, mais nous ne devrions pas faire le jeu de l'adversaire en acceptant ses prétentions. Car les combattants de pointe contre le paradigme juif ont été saint Paul et Torquemada, qui étaient tous les deux d'origine juive ; le problème juif a toujours relevé de l'idéologie, non de la biologie La recherche de grands-parents juifs mythiques, que font tant les anti – que les philosémites est directement liée au point de vue de la Kabbale sur l'origine des juifs comme relevant de la semi divinité, tandis que celle des Gentils serait d'ordre satanique. L'approche chrétienne (et son surgeon humaniste) rejette ce point de vue et proclame : nous appartenons tous à la même race, la race humaine ; nous sommes tous fils d'Adam et Eve.

Lénine combattait le séparatisme juif et ses discours contre le Bund juif sont puissants et directs.[107] Bien entendu, à son époque, Lénine était taxé d'antisémitisme, haut et fort. La part de judaïté des dirigeants révolutionnaires a été exagérée, phénomène tout à fait classique ; Léon Trotski ne parlait même pas le yiddish, et de fait, n'aimait guère les juifs.[108] Les philosémites les plus convain-

107. http://marxists.org/archive/lenin/works/1903/oct/22a.htm
108. Voir, pour plus de détails, « Les Larmes d'Esaü » (*Esau's Tears, Modern Anti-Semitism and the Rise of the Jews*) par Albert Lindeman, Cambridge University Press, 1997.

cus parmi les bolcheviques étaient, comme d'habitude, gentils ; Djerzinski et Kalinine. Encore aujourd'hui, la pire insulte dans ce camp reste « *Yevsektsiya* », terme qui fait allusion aux communistes juifs qui entreprirent la tâche ardue de démanteler le « camp des juifs » (c'est un terme que m'ont appliqué de braves petits juifs de gauche du Bloc de la Paix, ce que j'estime flatteur). Ce sont les familles des révolutionnaires qui, tirant des avantages personnels de la haute position de leurs membres illustres, se mirent à étaler une conduite judaïsante antisociale (l'esprit de clan, le suprématisme juif, la criminalité financière, le mépris pour la culture russe), et ils ont ainsi lourdement grevé le camp des bolcheviques. D'ailleurs Staline les remit à leur place, alors que les juifs qui agissaient proprement étaient sûrs de garder ou d'améliorer leur statut. Staline ne voulait pas que la Russie soit gouvernée par « les juifs », et il prit des mesures radicales pour réduire l'influence disproportionnée des juifs dans les media, la politique du parti et l'idéologie du parti. En revanche, les enseignants juifs, les médecins et les ingénieurs juifs ne furent pas touchés, que leur conduite fût correcte ou incorrecte. Sniegoski cite naïvement Arkady Vaksberg comme référence. Mais le site *Jewish Tribal Review* a très justement démoli le livre de Vaksberg *Staline contre les juifs*[109] comme un conte de fées tiré de la « haine de Staline contre les juifs ». Les juifs ont souvent une approche féminine (plus exactement, typique des belles-mères caricaturales) quand ils font l'objet de critiques : si vous ne les aimez pas aveuglément, ils sont convaincus que vous les détestez et voulez leur mort. Staline, qui était un chrétien orthodoxe de Géorgie, refusait d'obéir aux juifs, mais il ne leur fit pas de mal non plus. Il pensait qu'ils ont toute leur place tant qu'ils font quelque chose de leur compétence (par exemple, le management) et ne prétendent pas au rôle de conseillers du prince.

Ceci éclaire la longue amitié de Staline pour Kaganovitch. Celui-ci a donné lieu à des légendes, il a été décrit comme l'éminence grise du Kremlin, un tout puissant Sage de Sion. Mais la

109. www.jewishtribalreview.org/commun.htm

correspondance complète de Staline et Kaganovitch a été publiée très récemment, et on a découvert qu'il s'agissait de rapports fastidieux, méticuleusement ternes, sur des transactions financières, aussi palpitants que ceux d'une compagnie pétrolière. Kaganovitch était un homme d'affaires très capable et talentueux, le genre d'homme qu'on adorerait avoir comme syndic de son condominium ; et Rosa Kaganovitch, la femme de Staline, fait partie des êtres de légende. Les inventions de Staline contre les juifs ont depuis longtemps été enterrées par le travail de Guenadi Kostyrchenko, un chercheur russe plutôt pro-juif mais d'une honnêteté à toute épreuve, qui a prouvé que Staline n'a jamais eu la moindre envie de chasser ou de déporter les juifs. Tout cela sent à plein nez la légende sioniste *made in Israël.*

Et pour finir, Sniegoski cite Churchill. Comme beaucoup d'hommes de droite naïfs, Churchill se trompait sur le sionisme, le voyant comme une autre expression de l'isolationnisme juif, face à l'offensive internationaliste des communistes. C'était avoir la vue basse. Le sionisme n'est nullement un isolationnisme, ce n'est nullement la recherche d'un « but plus simple, plus vrai, et plus raisonnable ». La visée ultime du sionisme n'est pas « un État juif en Palestine », ni même « le grand Israël du Nil jusqu'à l'Euphrate », mais bien la création d'une base territoriale pour une domination mondiale, et le remplacement du Christ par l'adoration d'Israël comme la foi universelle de notre *oikouménè.* Aussi, les Palestiniens ne se battent-ils pas seulement pour leurs foyers, mais pour nous tous. Ils tiennent à distance les forces anti – chrétiennes avec leur vieux rêve de soumettre Edom et Ismael. L'aveuglement de Winston Churchill fit de lui la dupe des sionistes, et l'entraîna dans le piège de la Seconde Guerre mondiale, avec ses millions de victimes. Il est bien regrettable que certains hommes de droite suivent ses traces en soutenant le sionisme et en poussant à la Troisième Guerre mondiale.

CHAPITRE XIX

SIONISME ET ANTISÉMITISME[110]

Ilan Halévy est l'un des meilleurs Israéliens; c'est un homme qui a fait le bon choix. Son article : «A nouveau, au sujet du sionisme et de l'antisémitisme» est, lui aussi, un bon article. Presque correct. Presque… A cela près qu'il y a, dans cet article, quelques points qui mériteraient d'être débattus, en toute camaraderie.

L'erreur la plus grave d'Halévy réside en ce qu'il souscrit à la thèse amplement réfutée de Chomsky, selon laquelle «ce n'est pas

110. 28 mai 2003. Texte écrit en réponse à celui de Ilan Halévy, Paris, 22 mai 2003, publié par Solidarité Palestine.

la queue qui remue le chien». Il affirme que «l'influence du 'lobby'sur la politique américaine ne serait rien, sans ses alliés chrétiens Blancs, évangélistes et nés deux fois, c'est-à-dire sans cette même faction républicaine d'extrême droite qui a affaibli Clinton au moyen du scandale Lewinsky et qui a orchestré le putsch électoral frauduleux qui a placé Bush aux manettes». En fait, Clinton était tout aussi redevable au lobby juif que les Républicains. Il en était de même pour John Kerry, qui s'était découvert des origines juives avant de se retrouver hors-course. Il est intellectuellement malhonnête de faire du Parti républicain américain le seul soutien du sionisme et d'Israël, alors même que les Démocrates, bien qu'ennemis de «cette même faction républicaine d'extrême droite», sont encore plus dévoués à Israël qu'elle, et qu'ils bénéficient de la majorité du vote juif et de financements juifs pour leurs campagnes électorales. De fait, selon des sources israéliennes, plus de 70 % de l'ensemble des contributions bénéficiant au candidat démocrate sont apportées par des juifs (qui ne contribuent qu'à la hauteur de 35 %, en revanche, aux frais de campagne du candidat républicain).

Aucun parti, aux Etats-Unis, ne peut espérer gouverner sans le soutien du financement juif et de personnes bien placées (juives), à leur dévotion, dans les médias et le monde universitaire. Il ne s'agit pas de la queue du chien, mais bien de son cerveau. Tout au moins, d'une importante partie de ce cerveau. C'est aussi le morceau de sucre qui fait faire le beau à un chien. Tant qu'Israël sera l'obsession des juifs, il n'y aura aucune chance qu'un quelconque changement se produise dans la position américaine sur le Moyen-Orient.

Ainsi, nous qui voulons mettre fin à l'apartheid juif en Palestine, nous avons le choix : soit nous efforcer de convaincre les juifs américains de renoncer à leur soutien à Israël ou, au minimum, de le modérer, à la manière de la gauche juive, ce qui a donné de piètres résultats; soit nous efforcer de saper l'influence juive aux Etats-Unis : tâche bien plus redoutable. Rien d'étonnant à ce que beaucoup de personnes de bien y renoncent.

Mais il n'y a pas de place pour la « troisième voie » d'Halévy, consistant à affirmer qu'il n'y a pas d'éléphant dans le salon, alors même que tout le monde le remarque.[111]

Bien entendu, l'influence directe d'Israël sur l'Amérique est minime. Mais Israël, et la Juiverie américaine, extrêmement puissante, entretiennent entre eux une relation étroite et très intriquée, qui trouve sa traduction dans la politique américaine actuelle – totalement aberrante – au Moyen-Orient.

Nous devons nous souvenir que les juifs ne représentent qu'une petite partie de la population américaine (2 %), mais qu'en revanche, ils représentent 30 %, au bas mot, des élites américaines. Par conséquent, nous devons étudier les précédents historiques des occurrences d'une influence disproportionnée des juifs, dans le passé, comme cela fut proposé par Benjamin Ginsberg, professeur de Sciences politiques à l'Université John Hopkins, dans son ouvrage *The Fatal Embrace : Jews and the State* (« *L'Etreinte fatale : les juifs et l'État* »). Cette analyse historique (il en existe d'autres) est susceptible de nous donner les outils permettant de comprendre le problème, et de le traiter.[112]

Ilan Halévy peut qualifier cette approche (si cela peut lui faire plaisir) d'« antisémite » : il s'agit, en réalité, tout simplement, d'un traitement matérialiste historique, exempt de toute émotion, qu'il s'agisse de haine ou d'adulation. Je n'appelle pas non plus, personnellement, à ce que les juifs soient persécutés ou discriminés : au contraire, je prône des droits égaux pour les juifs et les non-juifs, y compris une égale influence sur le gouvernement des pays dans lesquels ils vivent. J'ai bien dit une égale influence : pas des privilèges !

Dans une attaque *ad hominem* contre moi, Ilan Halévy écrit : « Cet Israël Shamir, un journaliste russo-israélien récemment

111. Sujet développé dans « Les oreilles de Midas » (in *Notre Dame des Douleurs*, p. 380-391) qui donna lieu à un déchaînement médiatique et judiciaire en France (voir supra : « Le malaise français », p. 112).
112. University of Chicago Press, Chicago 1993.

converti au christianisme, et qui semble être passé, par la même occasion, de l'antisionisme le plus radical à l'antijudaïsme chrétien le plus banal, reprend à nouveau ces inepties en prétendant que ce sont les juifs qui sont à l'origine de la Seconde Suerre mondiale : cela ne devrait tromper personne, et en particulier pas nos camarades de Marseille ». Là encore, Halévy rejette l'analyse historique. Bien sûr, Hitler voulait mettre le feu à la planète, et il l'a prouvé, le 1er septembre 1939. Mais il n'était pas le seul homme politique à souhaiter la guerre. Les juifs éminents de cette époque, et de notre époque, n'ont jamais caché (que dis-je, ils en étaient – et en sont encore – fiers) avoir fait la promotion de la guerre contre l'Allemagne nazie, de la même manière que l'establishment juif, aujourd'hui, est fier de son soutien à la guerre américaine contre l'Irak. Bien sûr, que les juifs n'étaient pas les seuls. Mais depuis quand le fait de ne pas être le seul coupable constitue-t-il une circonstance atténuante ? Ce que je souligne, c'est une influence nullement banale et un modèle de conduite. Halévy essaie de faire l'intéressant en jouant sur les mots, mais cela ne trompe personne.

Enfin, l'antijudaïsme chrétien n'a rien de banal : c'est quelque chose de très profond et de très important. A mon avis, et à celui de la grande majorité des juifs, l'État d'Israël, sa politique et ses agissements incarnent le judaïsme – ce même judaïsme qui fut répudié par saint Paul, exactement pour les mêmes bonnes raisons. Là encore, Halévy est libre de considérer que le sionisme représente une aberration inédite dans l'histoire juive. Personnellement, je pense, comme Israël Shahak et d'autres auteurs, que le sionisme s'inscrit dans la continuité historique et idéologique du passé juif.

CHAPITRE XX

DANNY LE BLEU ET BLANC[113]

Pour les gens de ma génération, le nom de Danny le Rouge – Daniel Cohn-Bendit – est associé à jamais à la glorieuse révolution de 1968, aux films *La Chinoise* de Godard et *Zabriskie Point* d'Antonioni, au slogan « Il est interdit d'interdire » dans les facultés, aux cheveux longs des hippies, à la marijuana et à l'amour libre, aux barricades de Paris et de Berkeley, au doux vent de liberté qui souffla à travers les continents. Comme son grand antécédent, le Printemps

113. 28 novembre 2003.

des Nations de 1848, la révolution de 1968 échoua, mais elle transforma l'Europe et les Etats-Unis. Danny le Rouge fut un animateur de cette révolution, et une grande source d'inspiration pour tous ceux qui, comme nous, aspiraient à la liberté et à l'égalité.

Les années ont passé, et voilà notre Cohn-Bendit, devenu membre respecté du Parlement Européen où il représente le Parti Vert allemand, en visite à Jérusalem. Les temps ont changé, et Danny a changé, lui aussi, avec le temps. Et je ne parle pas que de son tour de taille… Il n'est pas sioniste, insiste-t-il. Il n'est pas antisioniste, non plus… Les juifs peuvent vivre en Europe, aussi, c'est possible… C'est bien : non, non; ils ne sont pas obligés de déménager en Israël… Il soutient la création d'un État palestinien, dit-il; il est contre l'occupation… Il a le sentiment que Sharon, lui aussi, est contre l'occupation – peut-être Sharon veut-il un Grand Israël légèrement plus grand? Mais si peu… Le Mur, aussi inhumain soit-il, est la preuve tangible que Sharon a l'intention de limiter l'expansion israélienne…

Il nous parle de ses rencontres avec les gars, les « boys » – ses nouveaux amis : le parti de la Guerre à Washington. Perle et Wolfowitz l'ont mis dans la confidence de leurs projets pour le Moyen-Orient, nous dit-il. Ils veulent remettre l'Irak entre les mains d'un gouvernant hachémite, chasser les Palestiniens en Jordanie et y créer un État palestinien. Après quoi, les juifs disposeront de toute la Palestine. Ce sont ni plus, ni moins, des Bolchéviques, nous dit-il et, dans sa bouche, ce mot prend une connotation de juron. Lui, il a un autre plan, meilleur – bien meilleur : donner un État aux Palestiniens, intégrer Israël dans l'Otan et dans l'Union européenne. Faire en sorte que la Russie, la Chine, bref… tout le monde… apportent leur soutien à l'État juif, la meilleure (et d'ailleurs unique…) démocratie au Moyen-Orient. Si les Américains marchent, il se fait fort d'obtenir le soutien européen à l'occupation américaine en Irak, nous confie-t-il, madré. Même ses hôtes, les sionistes libéraux du mouvement La Paix Maintenant, se tortillent sur leur siège, mal à l'aise.

Cohn-Bendit a le feeling : ça le fait ! Il faut dire qu'il a tellement de réalisations, à son actif… Il a fait la promotion du démantèlement de la Yougoslavie. Il a soutenu les bombardements de l'Otan sur la Serbie, jusqu'à résipiscence. Mais la cause juive monopolise le plus clair de son temps et de ses efforts. Il est très fier de voir que l'Allemagne a fourni à Israël des sous-marins à capacité nucléaire, aux frais du contribuable allemand. « Ce cadeau est le prix que les Allemands devaient payer, pour l'Holocauste », nous dit sans rire le parlementaire allemand. Pourquoi un million de victimes potentielles (très probablement arabes) devraient-elles payer les pots cassés, dans cette histoire essentiellement européenne ? N'est-il pas inquiet de voir l'Irak, ou la Syrie, devenir une cible pour les missiles nucléaires lançables depuis ces sous-marins ? Je lui pose la question. Non, il n'est pas inquiet. Bon, eh bien, tant mieux ! Mais, pourtant, les maniaques criminels qui gouvernent aujourd'hui la Terre Sainte évoquent sans ambages la possibilité d'« entraîner le monde entier derrière eux dans la destruction totale », comme l'a rapporté Martin van Creveld de l'Université Hébraïque ? le coincé-je. Son pays pourrait aussi avoir à en souffrir ? Mon pays ? Quel pays ? demande Danny, candide… Né en France, parlementaire à Bruxelles et à Strasbourg, amoureux d'Israël, Danny, du coup, a oublié qu'il représente l'Allemagne ! Un juif ne peut donc pas aimer son pays ? Mais si, voyons ! Pour peu qu'il sache lequel c'est !..

Il faut dire que Danny ne pense pas qu'Israël ait toujours raison. On peut – sous certaines conditions – critiquer Israël. Ces conditions sont très rigoureuses et extraordinairement difficiles à remplir, il faut bien le dire. En mars 2002, un député au Bundestag, du parti de Cohn-Bendit, un immigrant syrien, Jamal Karsli, a exhorté l'Allemagne à cesser de fournir à Israël des armes de destruction massive et il a fait allusion à la « forte influence des juifs sur les médias allemands ». Cohn-Bendit et ses Parteigenossen (camarades de parti) le lynchèrent, pratiquement, pour « antisémitisme ». Leur attaque reçut le soutien de Michel Friedman, « le porte-parole juif le plus éloquent d'Allemagne ». C'était avant – il convient de le préciser – que cet ami très proche des prostituées biélorusses n'ait été arrêté pour trafic de cocaïne…

N'avez-vous pas quelque scrupule, lui demandé-je, lorsque vous invoquez l'antisémitisme, comme le font Bush et Ashcroft, Friedman et Foxman ? « Vous avez une attitude bolchévique » – me rétorqua-t-il – « on devrait pouvoir exprimer une opinion, quand bien même cette opinion aurait déjà été exprimée par des gens parfaitement exécrables ». Bravo, Danny ! Mais pourquoi n'y a-t-il pas pensé lorsqu'il a exclu Karsli de son Parti, au motif qu'il aurait répété « le bobard nazi au sujet du contrôle exercé par les juifs » ? Pourquoi cette brillante pensée ne l'a pas arrêté – ni d'ailleurs d'autres juifs –, lorsqu'il faisait en permanence référence aux *Protocoles des Sages de Sion*, dans lesquels il voyait sa meilleure argumentation : si les *Protocoles* affirment que les juifs s'efforcent de contrôler les médias, alors personne n'est autorisé à remarquer la prise de contrôle rampante et constante des médias européens par des intérêts juifs. Pourquoi, dans ce cas, sa maxime « On devrait pouvoir exprimer une opinion, quand bien même cette opinion aurait déjà été exprimée par des gens parfaitement exécrables » ne s'applique-t-elle pas ?

La raison, je vais vous la dire : c'est, qu'en règle générale, un juif est incapable d'appliquer l'impératif catégorique de Kant, qui veut qu'une loi, pour être valable, doit être universelle. Cela nous donne une bonne définition de ce qu'est un juif : « une personne incapable de porter un quelconque jugement moral objectif », car les anciens critères religieux ou ethniques, le moment opportun venu, et comme par enchantement, ne s'appliquent plus. Son jugement sera constamment différent, selon que l'objet sur lequel il porte sera bon pour les juifs, ou mauvais pour les juifs. Les armes de destruction massives sont mauvaises, mais uniquement quand ce sont des Gentils qui les détiennent. Entre des mains juives, elles sont belles et bonnes. Le nationalisme d'un goy : Mauvais. La dévotion à la cause juive : Bon. Des droits égaux pour les juifs et les non-juifs ? En Europe : Bon. En Palestine : Mauvais. Karsli était mauvais pour les juifs : par conséquent, il fallait qu'il dégage.

Viré du parti Vert par Cohn-Bendit, Karsli a rejoint le FDP de Juergen Moellemann, un homme politique allemand courageux, qui protestait contre le réarmement d'Israël et contre le contrôle juif sur les médias allemands. Cela n'a pas duré : Juergen Moellemann a connu un sort tragique. Amateur de parachutisme, manque de bol : ses deux parachutes ne se sont pas ouverts. La carrière politique de Karsli venait d'être tuée dans l'œuf.

La campagne de Cohn-Bendit contre les immigrés arabes en Europe ne faisait que commencer. Peu auparavant, la Commission européenne avait soumissionné un rapport sur l'antisémitisme en Europe. Un groupe de chercheurs sionistes se chargèrent de ce travail. Ils produisirent un rapport qui faisait retomber la responsabilité de l'antisémitisme sur des Sémites – plus précisément, sur les Arabes.

Leur suggestion était extravagante. L'Orient, hétérogène en matière de religions et d'ethnies, n'a jamais connu le racisme. Quiconque a ne serait-ce qu'une connaissance minimale des Arabes sait bien qu'ils n'ont aucun préjugé raciste à l'encontre des juifs. Dans le passé, comme l'a écrit David Shasha, un chercheur juif syrien, « les juifs et les autres minorités ethniques servaient dans l'administration islamique, en qualité de membres reconnus d'une société cultivée. Ils contribuaient, intimement, à l'évolution et au développement de cette société. » A l'heure actuelle, des dizaines de juifs – militants de la cause palestinienne – vivent chez des Arabes, depuis Rafah jusqu'à Jénine. Qu'il s'agisse de Norman Finkelstein ou encore de Jennifer Loewenstein, ils n'ont jamais ressenti la moindre animosité raciste à leur égard, avant de mettre les pieds à New York, où on les traite de « juifs haïsseurs d'eux-mêmes ». Quant à moi, je me suis toujours senti parfaitement à l'aise au milieu des Arabes, qu'il s'agisse des Maghrébins de Marseille, des Saoudiens de Londres, des Egyptiens du Caire ou des Palestiniens, dans ma ville, Jaffa.

Mais pour arriver à la conclusion désirée, les chercheurs inclurent les activités anti-israéliennes dans leur champ d'étude, et ils parvinrent à la conclusion suivante : « Les musulmans et les activistes pro-palestiniens sont responsables de la montée de l'antisémitisme en Europe». L'Observatoire européen du Racisme et de la Xénophobie fit ce qu'il fallait faire : il mit ce rapport dans un placard, au motif qu'il était «déformé par des partis pris antimusulmans et le recours à des méthodes de recherche non déontologiques». Bien loin de reconnaître leurs erreurs, les chercheurs allèrent se plaindre au quotidien israélien *Ha'aretz* : si les Européens avaient écarté leur rapport, c'était à cause de leur «excès dans le politiquement correct».

Quand les juifs protestent-ils contre le politiquement correct? Uniquement lorsque cela gêne leur stigmatisation de l'Islam. Le vigilant antiraciste européen a jugé «la focalisation sur des responsables d'actes antisémites uniquement musulmans et pro-palestiniens» éminemment provocatrice et susceptible de «provoquer une guerre civile en Europe». Mais une guerre civile, en Europe, contre des millions d'Arabes et d'autres musulmans, c'est précisément l'un des objectifs des sionistes – cela fait partie de la guerre à l'Islam conduite par les Etats-Unis. Le journal *Ha'aretz* a écrit :

«Lundi dernier, Daniel Cohn-Bendit, un des dirigeants du parti Vert au Parlement européen, a dénoncé énergiquement l'Observatoire européen du Racisme et de la Xénophobie, qui a mis l'étude au placard. «Ce qui est complètement dingue, c'est qu'ils ne voulaient pas poursuivre l'étude, parce qu'ils étaient effrayés à l'idée de froisser certaines susceptibilités musulmanes en Europe», a-t-il déclaré à la radio israélienne. «C'est là une approche totalement folle et complètement erronée.» Cohn-Bendit, en visite en Israël, a déclaré que la décision de mettre le rapport au placard était une «très très grosse erreur» et que « son parti ne manquerait pas de soulever cette question au Parlement européen, dès qu'il en aura l'occasion».

Apparemment, Cohn-Bendit n'a pas peur de froisser la sensibilité musulmane, ni de causer une guerre civile. Qui s'en soucie? La propagande anti-arabe et antimusulmane se déverse à pleins tuyaux des médias contrôlés par les juifs, en Europe. Pendant que

Cohn-Bendit s'adressait aux étudiants de l'Université Hébraïque, à l'autre bout de Jérusalem, Ariel Sharon donnait l'occasion de prendre une photo-souvenir à un dirigeant fasciste italien en visite en Israël, Gianfranco Fini. Le message était on ne peut plus clair : droite ou gauche, Verts ou Fascistes, tout le monde est le bienvenu, dès lors qu'il s'agit d'entrer dans l'alliance pro-sioniste contre l'Islam.

En Allemagne, après le remerciement de Karsli et la mort prématurée de Moellemann, les timides groupes pro-palestiniens eurent encore plus peur qu'avant. Ils sont en permanence attaqués et par la gauche et par la droite bien-pensantes. Le malaise de la psyché nationale allemande est parfaitement illustré par l'ascension d'une « gauche » pro-israélienne et antiallemande. Leur héros, c'est Harris « le bombardier », ce criminel de guerre auteur de massacres à grande échelle, qui rasa au sol de grandes cités allemandes entières, tuant des millions de civils, durant la Seconde guerre mondiale. Leur amour est voué tout entier aux juifs. Mon amie Ingrid K. (les amis allemands des Palestiniens ne peuvent dévoiler leur identité dans les médias) m'a écrit :

« Les activistes soi-disant « antifascistes » du mouvement en réalité antiallemand Antifa vouent un véritable culte à Harris le Bombardier. C'est un groupe de malfrats, dont la principale activité consiste à se comporter en hyper-sionistes, et à agresser les militants de gauche. Ils ont réussi à diviser la gauche déjà extrêmement réduite, en Allemagne, en concentrant tout sur l'« antisemitismus » (On dirait que les Allemands cessent de penser, dès lors qu'il s'agit d'antisémitisme.) La gauche est tombée dans un triste état d'impuissance et de désorientation. Soutenir les Palestiniens représente une sorte de test, en matière de courage politique, car quiconque le fait encourt le risque d'être discrédité et taxé d'antisémite ».

L'Allemagne est un pays membre absolument indispensable à l'Europe. Avec la France, elle pourrait constituer une pierre d'achoppement pour les sionistes et les néoconservateurs. Son soutien est indispensable aux Palestiniens et aux Irakiens. Mais ce grand pays, patrie de Hegel et de Marx, de Beethoven et de Goethe, est malade, dès lors qu'il est représenté par des émules de Cohn-Bendit, un homme qui encourage l'affrontement entre les Allemands de naissance et les immigrés musulmans, qui fournit à Israël des armes de destruction massive qui lui permettront d'exercer, à l'avenir, un éventuel chantage envers l'Allemagne, qui est l'ami des ennemis américains et israéliens de la légalité internationale, qui veut faire taire la voix des pro-palestiniens, en Allemagne, au moyen de la diffamation à l'antisémitisme... Bref : un homme qui a préféré embrasser la cause juive, abandonnant celle qu'il soutenait naguère : la cause de la liberté et de l'égalité, celle qui lui valait l'admiration des gens de ma génération.

CHAPITRE XXI
AUTODAFÉ À PARIS[114]

C'est l'histoire de la mise à mort de mon livre *L'Autre visage d'Israël*, traduction française de *Flowers of Galilee*; et c'est une affaire bien intéressante pour étudier l'influence juive en France. Le livre était sorti le 9 octobre 2003, et aussitôt un site sioniste, www.proche-orient.info l'avait attaqué. Dans une longue diatribe ennuyeuse, un certain Johan Weisz insistait : le livre était passible de sanctions pénales, en vertu des lois antiracistes françaises, en fait

114. En octobre 2003, Shamir a fait paraître le compte rendu de l'affaire sous le titre: «451° Farenheit».

parce qu'il appelle à une alliance entre chrétienté et monde islamique.

Il n'y a pas lieu de s'étonner que les juifs se soient arrogés le droit suprême de décider qui les autres doivent aimer et qui ils doivent haïr. Comme s'il n'avait pas suffi de deux guerres mondiales, maintenant ils insistent sur l'idée que les chrétiens, comme les musulmans, se doivent de se combattre jusqu'à leur dernier souffle, pour la plus grande gloire d'Israël.

Mon éditeur, l'excellent Franck Spengler, directeur de collection aux éditions Blanche, coéditrices de l'ouvrage avec les éditions Balland, avait rejeté les prétentions des trublions sionistes, dans une lettre pleine d'esprit au directeur des éditions Balland, Denis Bourgeois[115]. Mais Denis ne faisait strictement que ce qui

115. Lettre de Franck Spengler (éditions Blanche) adressée à Denis Bourgeois (éditions Balland) et dont Johan Weisz a reçu copie:
Bonjour Denis,
1) Proche-Orient Info est un organisme totalement acquis à la cause sioniste et son rôle et de contrer toute contestation de ce mouvement. C'est eux qui, en mars dernier ont déjà lancé une campagne anti-Shamir auprès des médias français pour dénigrer et salir un homme qui ne pense pas comme eux.
2) Les différents extraits qu'ils citent sont en fait un catalogue de ce qu'il serait interdit de dire sur la communauté juive et/ou sur Israël. Ce refus de la critique caractérise clairement une volonté hégémonique de la pensée, ce que dénonce Shamir. On retrouve ainsi pêle-mêle dans les interdits: Critique de certains comportements sociaux (il faudrait alors interdire Marx et Freud auxquels se réfère souvent Shamir). Critique d'une alliance pourtant visible avec les Etats-Unis. Critique de l'importance aux États-Unis du rôle du lobby juif (d'autres avant Shamir l'ont pourtant déjà dénoncé). Critique des *Protocoles de Sion* qui sont pourtant largement suspectés par des historiens de toutes origines. Critique de la politique menée par Israël vis-à-vis des Palestiniens et comparaison avec l'Apartheid ou le nazisme (cette vive critique n'est d'ailleurs pas soutenue par le seul Shamir). Interdit des citations qui critiquent l'utilisation de la Shoah (que ne conteste jamais Shamir) pour justifier des comportements tout aussi criminels. Les Allemands après des attentats fusillaient des otages, les sionistes mènent des opérations de représailles. Il faudra m'expliquer la fondamentale différence,

était attendu de lui, de la part de Calmann-Levy, grande maison d'édition juive dont Balland est une filiale. Après avoir entendu la voix de son maître, Denis a poussé un petit aboiement, puis il a fait machine arrière ; ordonnant de faire retirer le livre des librairies, pour l'envoyer au bûcher. Telle est la procédure, si l'on veut peser : acheter les éditeurs, donner de l'avancement à quelques ser-

du point de vue des victimes… Interdit de mots critiques tels : véhémence, pensée bourgeoise judéo-américaine, pharisien, idéologie, organisation religieuse, influence, etc. associés aux déclinaisons de « juif ». Nous sommes là en pleine guerre idéologique avec une réaction épidermique à la critique d'une vision du monde dangereuse et que l'on a le droit (le devoir ?) de combattre si elle nous paraît néfaste pour la bonne marche du monde (c'est mon cas). Très sincèrement, et au-delà de toute notion économique, je ne vois rien là qui pourrait justifier de retirer le livre de Shamir de la vente. Ce courrier n'est rien d'autre qu'une dénonciation idéologique de propos contraire aux intérêts sionistes. L'autocritique ou la critique émanant d'un membre de la communauté ne leur est pas supportable. Plus inquiétant, il n'y a aucune réponse sur le fond. L'auteur de la lettre se contente de lister un ensemble de réflexions qu'il serait interdit d'avoir. Cela ressemble fort au stalinisme des plus beaux jours. Je n'accepte pas de passer sous les fourches caudines du sionisme le plus brutal. Quant au cas Poumier, s'il s'avère vrai, il ne paraît pas non plus constituer une raison suffisante pour prendre une décision aussi grave que de censurer un ouvrage. Car si Shamir lui a demandé de travailler ses textes avec lui, cela me semble un gage car il ne pouvait ignorer (si c'est vrai) l'implication de Poumier aux côtés de Garaudy. Enfin, pour terminer ma démonstration je reviendrai sur le choix d'une citation (p. 260) qui, par son choix même, appuie mon propos et vaut mieux qu'un long discours : « L'introduction de la fureur, de la haine et de l'esprit de vengeance dans l'argumentation de l'adversaire est une arme idéologique puissante dans la tradition juive ». Proche-Orient Info en est la parfaite illustration.

En conclusion, cher Denis, je ne suis absolument pas d'accord avec le retrait de la vente par nous du Shamir. J'y verrais là une reculade indigne de nous. Car que ce livre dérange, on s'y attendait, mais qu'il soit combattu sur ses affirmations par une contestation, un combat d'idées. Mais grands dieux, jamais au prétexte de ce qu'il ne faudrait pas dire. En le retirant de la vente nous apparaîtrions au mieux comme des inconscients, au pire comme des lâches. Je ne suis ni l'un ni l'autre. Amitiés, Franck.

viteurs dévoués, et travestir une presse libre en boniment à votre profit.

Les aristocrates de la France prérévolutionnaire n'étaient pas assez cyniques pour inventer le concept de « crime de haine », et ce fut là leur talon d'Achille. S'ils avaient pris conseil auprès de Johan Weisz, ils auraient muselé Voltaire, et la France serait aujourd'hui gouvernée par un Louis XXV qui n'aurait strictement rien à craindre. Les Anglais ne se doutaient pas qu'ils auraient pu accuser George Washington de « dénigrer et de diaboliser un peuple entier d'hommes et de femmes innocents, et anglais ». Mais quelque chose me dit que George Washington et Maximilien Roberspierre auraient trouvé la parade.

Je n'ai pas de contentieux avec les sites sionistes ; je m'attends à ce qu'ils fassent de leur pire. Mais leurs valets français, style Denis Bourgeois, qui préparent la France à l'occupation judéo-américaine qui se rapproche, devraient être mis hors d'état de nuire. Ils sont en train de paver la route aux tanks américains, sur leur route de Bagdad à Paris. Ils ne sont nullement innocents : ces gens participent activement à la destruction de Rafah, aux massacres de Gaza et de Jénine, à la préparation de l'attaque à venir sur Damas et Téhéran. C'est à cause d'eux que le président Chirac a été obligé de proférer la condamnation humiliante du courageux Dr Mahathir. Ils n'ont pas d'argument valable, ils n'ont peur ni de Dieu ni des hommes, mais ils ont de l'argent et un pouvoir qu'ils ne veulent pas perdre, et ils ont l'habitude de faire taire l'opposition. La France ne mènera jamais le monde à la liberté, tant que ces fantoches n'auront pas été démasqués publiquement.

Nous ne devrions pas permettre à nos ennemis d'adopter la bannière de l'antiracisme, pour la détourner. Ils ne la respectent pas. Il y a quelque temps, le journal israélien *Maariv* a publié bêtement un article, écrit il y a bien longtemps, par Adolf Hitler. Un texte hautement dramatique, imagé, haut en couleurs, qui préfigurait bien des éditoriaux juifs d'aujourd'hui. « Si on veut nous obliger à jeter la fleur de la nation dans l'enfer de la guerre sans la moindre hésitation, alors nous avons sûrement le droit de déplacer des millions de gens d'une autre race qui se multiplie comme la vermine. Car nous nous battons, non pour nous-mêmes mais pour le monde entier. »[116] La publication de cet article a eu un grand succès, et l'absence de protestation est une preuve scientifique de ce que le sens commun constate tous les jours : le discours sioniste s'est bien approprié la propagande nazi. Les juifs et leurs alliés sont devenus les plus grands producteurs de haine au monde. Nos films, nos romans, nos actualités ont mis les terroristes musulmans à la place des narcotrafiquants des années 1990, et des espions russes des années 1980. En France et en Italie, la Juiverie soutient la publication et la distribution des livres d'Oriana Falacci, au Canada ils écrivent sur les « musulmans qui violent des jeunes filles blondes »[117], aux Etats-Unis, une liste nazie recommande de nombreux livres pro-juifs, y compris *America's Real War* (« La véritable guerre des Etats-Unis »), du rabbin Daniel Lapin, *Slander : Liberal Lies About the American Right* (« Les mensonges des libéraux sur la droite américaine ») par Ann H. Coulter, *Invasion : How America Still Welcomes Terrorists Criminals & Other Foreign Menaces to Our Shores* (« L'Invasion : Comment l'Amérique accueille encore sur son sol des criminels terroristes et d'autres menaces de l'étranger »), par Michelle Malkin. Ce dernier livre porte l'explication suivante, d'un Américain ultra-raciste : « *L'Invasion*, par Michelle Malkin, est peut-être le livre le plus important de l'année. Le sujet de ce livre, c'est l'immigration, et nous devons y mettre fin dès à présent. Les terroristes musulmans sont en train d'envahir l'Amérique ».

Les philosémites les plus fervents, Robert Spencer et David Pryce-Jones ont publié : *Islam Unveiled : Distrubing Questions About the World's Fastest Growing Faith* (« L'Islam sans voile; des questions dérangeantes sur cette religion qui se répand plus que tout autre »). Le même raciste commente : « *L'Islam sans voile* est un livre profondément troublant, parce qu'il ne laisse guère d'es-

116. Voir ci-après: « La reconversion du Fürher ».
117. Daniel Pipes dans le *National Post* d'Israel Asper.

poir que l'Occident puisse vivre en paix avec l'Islam, tant que cette religion n'aura pas changé radicalement, ce qui semble hautement improbable» ; cette rengaine médiatique est librement répandue partout en Europe, au Canada et aux USA, parce que les «lois antiracistes» et les «campagnes contre la discrimination» ne s'appliquent que lorsqu'elles sont utiles aux juifs; personne n'a jamais réussi à les faire appliquer contre les racistes juifs et contre les incitateurs juifs à la haine. Les gens qui ont privatisé l'antiracisme sont le bras armé de la Juiverie organisée. En France, ils s'appellent LICRA. Le représentant de la LICRA, un certain Marc Lévy, a menacé plusieurs fois mes éditeurs de poursuites. Et ces voyous prétendent être antiracistes. Ce ne sont que les filiales de l'ADL, «la plus grande agence privée d'espionnage à travers le monde», selon Jeff Blankfort.

«Soyez gentil, ne dites pas "les juifs", dites "les sionistes" ! », m'écrivent certains de mes lecteurs, sensibles et soucieux de mes intérêts. Rien de plus facile que d'accéder à leur désir, mais c'est là une eau bien trouble, parce que les dirigeants sionistes eux-mêmes prétendent depuis l'origine représenter les juifs; et maintenant certains juifs sionistes essaient de cacher leurs objectifs par le même tour de passe-passe. Une de mes concitoyennes, la merveilleuse Hanan Ashrawi, a été victime en Australie d'une campagne vicieuse. Peter Wertheim, l'ancien président du Jewish Deputies Board, a publié un éditorial dans *The Sydney Morning Herald* (propriété de feu Conrad Black, qui était également propriétaire du *Jerusalem Post*, du *Daily Telegraph*, etc) : il y expliquait que l'opposition à Mme Ashrawi ne provenait pas du «lobby sioniste» mais de toute la communauté juive. Et là, nul n'a entendu la LICRA ou l'ADL crier «sus au raciste! »

Le terme «sioniste» a perdu de son éclat. Le supporter juif moyen d'Israël, tant en France qu'aux USA, ne se pense plus en termes de «sioniste». Il peut bien détester les Palestiniens, appeler à la guerre contre la Syrie, croire à la supériorité juive, mais il ne répond plus au qualificatif «sioniste». Ce terme, il n'y a plus que les gens effrayés par le gros mot qui commence par J pour s'en servir, et qui ont une bonne raison d'avoir peur. Lenni Brenner a écrit récemment : « Les juifs représentent la strate la plus riche aux USA, qu'on les considère du point de vue ethnique ou religieux, et la minorité des 'vrais croyants'a encore des quantités incroyables de fric à lancer aux hommes politiques ». Ce n'est pas le genre de personnes qu'on a envie d'incommoder.

Le terme « sioniste » est généralement inadéquat. Dans les années 1920, des juifs français s'étaient mis d'accord pour acheter certains journaux, et en prendre le contrôle; c'est ce qu'avait expliqué Simha Epstein à la conférence Vidal Sassoon sur l'antisémitisme, qui s'est tenue à Jérusalem en 2003, et je m'étais exprimé là-dessus[118], mais pas un journal français n'avait osé le confirmer ou l'infirmer. Cela n'a nullement empêché *Le Monde* et *Libération* de me condamner pour antisémitisme, en évitant soigneusement la moindre référence aux recherches d'Epstein. Mon crime, c'était simplement ma façon d'utiliser le mot-qui-commence-par-J, parce que l'histoire concernait les juifs français, absolument pas les sionistes.

Il y a de cela quelques jours seulement, la police russe a arrêté M. Khodorkovsky, un milliardaire juif, l'un des hommes les plus riches de la planète. Les journaux qui sont aux mains des juifs, depuis le *Jerusalem Post* jusqu'au *New York Times*, ont condamné cette arrestation. Et pourtant M. Khodorkovsky n'est pas sioniste. Quelle raison aurions-nous de décrire le soutien international dont il jouit comme une entente sioniste?

Les juifs que le Dr Mahathir a contrecarrés et condamnés n'étaient pas plus sionistes, mais c'étaient les pareils de Georges Soros, qui avaient dévalisé son pays de dix ans d'économies. Il n'avait pas de raison d'en vouloir aux sionistes!

Pour nous, Israéliens, l'appellation « sioniste » ne convient pas non plus. C'est bien joli, les juifs progressistes américains ou français qui blâment les sionistes, mais nous, les Israéliens, nous trouvons que ce blâme devrait s'étendre à tous ceux qui soutiennent la politique israélienne. Il y a très peu d'Israéliens qui se décrivent

118. Voir « Les oreilles de Midas », cit.

eux-mêmes comme des sionistes, de même qu'au temps de Gorbatchev, bien peu de Russes auraient accepté de se voir traités de bolcheviks ou de cocos. Et surtout, l'État d'Israël ne s'intitule pas « État sioniste », mais État du peuple juif, et ce n'est pas de la rhétorique creuse. Les gens qui s'identifient au peuple juif, les seigneurs des médias, les décideurs de l'ADL, une pléthore d'organisations juives, les juifs américains et européens qui sont extrêmement riches, pèsent lourdement, sur ce qui nous occupe, bien plus que « l'Israélien moyen » que vous qualifiez de sioniste…

Pour nous, les Israéliens, la solution n'est pas dans la désionisation (autrement dit un État juif plus sympa, plus soft ? Ou bien l'émigration ? Ou encore un retour au ghetto ?), mais dans la déjudaïsation. Nous devons nous débarrasser de la Juiverie organisée, parce que ces gens-là ne soutiennent que le pire de ce qui peut sortir de chez nous. Sans eux, sans leurs rêves de supériorité, nous pourrons vraiment atteindre la normalité et faire la paix avec les Palestiniens, qui sont nos voisins.

D'ailleurs, il est tout aussi important pour vous, et pour tout le monde, de vous en débarrasser, de ces juifs. Les juifs antisionistes sont très demandés : tous les jours, on leur demande d'écrire ou de prendre la parole pour défendre les Palestiniens, de s'opposer à la guerre en Irak, et de protester contre les projets de bombardement de l'Iran. Tout se passe comme si les gens normaux, (les goyim, comme ils disent) percevaient clairement que, seules, des voix juives parviendront à se faire entendre. Les juifs, comme les membres du Parti à l'époque soviétique, sont les seuls qui puissent exprimer librement des opinions sur la question. Le reste, quelque cinq milliards de personnes, ne compte pas. Et de fait, un journal de grande circulation, en France comme aux USA, citera des juifs, et fera des comptes-rendus de livres d'auteurs juifs, sans garder la moindre proportion par rapport au reste de la population. C'est bien la « peur des juifs »[119] qui doit être surmontée, dans l'intérêt de la démocratie !

119. Déjà évoquée par Cicéron, comme « metu judaeorum » (ndt) !

En tout cas, le subterfuge consistant à remplacer «juifs» par «sionistes» ne sera jamais suffisant pour plaire aux gens que vous voulez apaiser plus que tout. Johan Weisz, qui m'a attaqué, avec mon livre, sur un site sioniste, écrivait : «Shamir mentionne souvent l'intellectuel palestinien Edward Saïd, avec lequel il partage une vision de la Palestine «du Jourdain à la mer» sans partager cependant la franche opposition de Said à la négation de l'holocauste et à l'antisémitisme». Mais toute la sympathie de Said pour les juifs, et son usage exclusif du terme «sioniste» ne lui auront servi à rien. Les mêmes juifs qui applaudissaient l'«absence d'antisémitisme» chez lui sont ceux qui lui ont empoisonné la vie, et qui salissent la mémoire de celui qui reste notre cher et regretté ami, après sa mort.[120]

Aux Etats-Unis, il y a de plus en plus de gens ordinaires, d'origine juive, qui coupent les ponts avec le peuple juif. Gershwin disait : «mon peuple, ce sont les Américains», et selon Lenni Brenner, plus de la moitié des enfants de parents juifs quittent le bercail. C'est là quelque chose de très heureux. Tout le monde peut faire la même démarche, et devenir un Américain, un Français ou un Palestinien normal. Je le sais, puisque c'est ce que j'ai fait! Après que j'ai été accueilli au sein de l'Eglise, certains de mes lecteurs m'ont écrit, pour me dire : «Eh bien, maintenant, **qui** va vous écouter? Vous avez perdu votre statut!» «Je ne veux pas d'un statut spécial», leur ai-je répondu. «Je veux être entendu en tant qu'Israël Adam Shamir, non pas en tant que juif». Et je ne le regrette absolument pas. «Ils pensent que je suis important parce que j'appartiens à l'Irlande, disait Stephen Daedalus, le personnage principal de l'*Ulysse* de Joyce, «mais je pense que c'est l'Irlande qui deviendra importante, grâce à moi».

Voilà pourquoi j'adresse ici mes félicitations au lobby juif de France, qui a une fois de plus prouvé sa capacité à protéger le peuple français contre des idées dérangeantes. Certes, ils font la loi, en

120. Voir: «Le corbeau intelligent est mort», www.israelshamir.net /French/corbeau.html.

Occident, mais c'est uniquement parce que l'Occident se soumet à leur férule. Toutes mes condoléances à mon merveilleux traducteur, Marcel Charbonnier, à Maria Poumier, qui avait établi le texte, et à tous ceux qui ont contribué à la publication du livre. Je suis certain que les idées de mon livre vont continuer à vivre ; car même si le papier brûle à 451° Farhenheit, l'esprit humain, lui, reste invincible.

La Juiverie organisée a fait un procès à Balland, et l'a mené à la faillite. *L'Autre Visage d'Israël* a alors été réédité par les éditions Al Qalam en juin 2004. Cette maison d'édition a été, elle aussi, persécutée, par la même fine équipe. Et, ces derniers temps, les voilà qui s'en prennent à l'auteur ! (A suivre…)

CHAPITRE XXII
LETTRE À MANUEL TALENS[121]

Manuel, vous êtes obsédé par Hitler, et cela vous égare. Hitler est mort! On vous l'aurait donc caché? Quelqu'un en a-t-il quoi que ce soit à cirer, que M. Varela soit fasciné par son souvenir, celui de Genghis Khan, ou celui de Napoléon? Qui importe le plus, pour vous : un enfant palestinien vivant, ou un dirigeant allemand mort? Gilad Atzmon, que vous admirez, à juste titre, car il le mérite, a appelé à l'unité. Quant à vous, vous semez la zizanie.

121. Janvier 2007. L'écrivain espagnol Manuel Talens avait traduit certains textes de Shamir. Il a rompu les ponts avec lui, et il a appelé à boycotter les livres de Shamir, ceux-ci ayant été publiés par « Pedro Varela, éditeur espagnol nazi, et thuriféraire invétéré de l'héritage hitlérien ».

Cela ne me plaît pas vraiment, de me retrouver dans la même tranchée (pour reprendre votre expression) qu'un négateur du Christ comme vous, mais l'activité politique n'a rien à voir avec les massages thaïlandais, et la volupté ne fait pas partie du programme. En ce qui me concerne, notre combat n'est pas une occupation mondaine : c'est une lutte, à la vie, à la mort. Dans cette lutte, vous êtes devenu un boulet, parce que vous empêchez mon message de parvenir aux lecteurs.

Pourquoi Hitler est-il tellement important, à vos yeux ? Comment faites-vous donc pour survivre, en Espagne, au milieu de gens qui ont soutenu à bout de bras Franco, cet allié inconditionnel d'Hitler ? Pourquoi ne protestez-vous pas lorsqu'un de vos auteurs est publié par un éditeur juif, par exemple par le *New York Times*, fort connu pour avoir publié des textes favorables à Sharon ?

Franchement, je n'en ai strictement rien à cirer, d'Hitler. Je soutiens un Hitler des temps modernes (dixit le grand rabbin d'Israël), Ahmadinejad; et les Hitler d'hier, que ce soit Saddam Hussein, Nasser (d'après MacMillan), ou Yasser Arafat (selon Begin) ne me dérangent pas ! J'ai été publié, en Russie, par des Staliniens. Or, le président Bush vous a dit que Staline était pire qu'Hitler. « Hitler », c'est un patronyme générique qui sert à désigner un ennemi de juifs, comme « Amalek ». Votre horreur mortelle pour Hitler fait de vous un maillon faible, car, conjointement à votre déni du Christ, elle traduit votre soumission à l'univers soumis à l'ordre juif.

Au diable, Hitler et les nazebroques ! Je m'en fous ! Mais j'ai un profond mépris pour les antinazis, ces types qui tournent en rond en arborant des drapeaux israéliens et exigent que l'on interdise les *kefiyés* dans les rues. De fait, quelqu'un qui a peur du nom d'Hitler devrait se tenir en-dehors du débat au sujet de la question palestinienne, car cela lui évitera de perdre le plus gros de son temps (et de notre temps) à rabâcher que non, décidément, il n'est pas antisémite.

J'admire mon éditeur espagnol, Pedro Varela, en raison de son noble positionnement contre l'Otan, contre l'agression judéo-américaine au Moyen-Orient, pour son courage, pour sa pugnacité à publier mon message à l'adresse du peuple espagnol en dépit des persécutions policières, pour son amour de l'histoire espagnole, du peuple espagnol, de l'Eglise espagnole. Bien que mes oncles se soient battus pour les Républicains, bien que je ne lui aie pas caché mes sympathies communistes, Varela n'a pas pris ses jambes à son cou, contrairement à vous.

Ma référence au Christ n'est pas vaine : c'est lui, Lui qui a été l'ami des prostituées, des modestes pêcheurs et des publicains (les percepteurs, de son temps), le phare qui m'indique le bon chemin. Ses ennemis, les Pharisiens, qui étaient si précautionneux en matière de fréquentations, sont les vôtres.

CHAPITRE XXIII
LE SYNDROME D'HAMAN[122]

Doit-on s'efforcer d'être loyal, droit et juste? Ulysse, le grand voyageur campé par Homère, répondait par un « oui »catégorique à cette interrogation, car les Dieux de la Grèce abhorraient l'injustice. Mais si vous voulez coucher, il faut répondre : « non ! », comme le montre de manière si pittoresque Michel Houellebecq dans son roman consacré à la révolution étouffée dans l'œuf de mai 1968 *Les Particules élémentaires.*

Il semble que, jadis, les humains s'efforçaient d'être loyaux et que, s'ils ne l'étaient pas, ils avaient honte

122. Ou : « Pourquoi, à une question, les juifs répondent-ils toujours en posant une autre question ? » 5 octobre 2006, conférence donnée à Paris, à l'occasion de la présentation du nouvel ouvrage d'Israel Adam Shamir en français – Notre-Dame des Douleurs (traduction en français de *Our Lady of Sorrow*).

d'eux-mêmes ; mais qu'aujourd'hui, en revanche, les gens aient renoncé à la droiture. Peut-être les Dieux d'Ulysse, qui ne haïssaient rien tant que l'injustice, ont-ils changé d'avis ? Mais ne serait-ce pas, plutôt, que l'humanité a changé de dieux ? On peut faire remonter le début de ce grand chambardement à l'ère de l'humanisme, c'est-à-dire au moment où l'Europe a coupé les liens qui reliaient l'homme au divin, dans sa quête effrénée de la liberté et du bonheur. Mais, même en l'absence de référence directe à Dieu, la droiture n'en continua pas moins à être fondée sur le sentiment religieux. Ainsi, au siècle de la Raison et des Lumières, Emmanuel Kant opina que l'instinct d'honnêteté est une loi morale qui nous est intrinsèque, et qui correspond au ciel étoilé, au-dessus de nos têtes, ce qui n'était rien d'autre qu'une allusion, voilée – une de plus… – à Dieu. Agis de telle façon que tes actes soient pris pour exemples par autrui et puissent servir de règle générale, énonce l'Impératif catégorique de Kant. Autrement dit : « Agis conformément à un principe, dès lors que tu pourrais souhaiter qu'il soit une loi universelle. » En dépit de son apparence séculière, l'attitude kantienne est fondée sur la présomption cachée – et très chrétienne – que tous les hommes sont égaux entre eux (présomption également partagée par les musulmans, les confucéens et les bouddhistes…).

Mais si, en revanche, nous faisions nôtre la présomption de la loi judaïque, nous parviendrions à une conclusion totalement différente. En effet, d'après la loi judaïque, certains hommes sont intrinsèquement plus égaux que les autres, et aucune loi universelle ne saurait s'appliquer à la fois à l'espèce supérieure et aux espèces inférieures. Il y a une loi pour la Minorité Élue, une autre loi pour la Majorité Indigène mal dégrossie, et encore une troisième loi qui s'applique, quant à elle, aux modes d'interaction entre les deux groupes précités. L'éthique judaïque est devenue la règle dans les pays où les indigènes ont été vaincus ou profondément subjugués, c'est-à-dire, en particulier, aux Etats-Unis et en Israël. Depuis 1968, cette éthique du deux poids – deux mesures a progressé profondément dans notre univers kantien, au point de faire de tout débat politique sur la justice et l'éthique la matière d'une étude sur l'hypocrisie.

Une loi est juste, dès lors qu'elle est énoncée en des termes généraux et qu'elle s'applique à des espèces entières. Ainsi du « Tu ne tueras point ». Cependant, dans l'éthique judaïque traditionnelle, il faut savoir que « Tu ne tueras point » signifie tout simplement : « Tu ne tueras point d'autres juifs ». Tuer d'autres êtres, non-juifs – et donc, des êtres inférieurs – n'est même pas constitutif d'un « meurtre », d'un « assassinat ». En totale cohérence avec cette conception, les Etats-Unis ont déporté, voici de cela environ un mois, une Allemande âgée de quatre-vingts ans, laquelle est une ancienne gardienne d'un camp de concentration[123]. En revanche, ils n'ont jamais exigé l'extradition des assassins israéliens de marins américains.[124] En Israël, que Dieu vienne en aide à un Arabe accusé d'avoir assassiné un juif! Et un juif ayant assassiné cinquante Arabes a été condamné à verser le centime de shekel symbolique…[125]

Dès lors que vous approuvez la loi générale « Ne possède pas d'armes nucléaires », cette interdiction doit concerner tous les pays, sans exception, dans un monde kantien – ou tout du moins, cela doit concerner tous les pays qui ne possédaient pas de telles armes à la date où le traité de Non-Prolifération nucléaire a été signé. En revanche, du point de vue judaïque, un responsable américain était dans le droit en proclamant : « Nous ne tolèrerons jamais une Corée du Nord ou un Iran nucléarisés ! », alors que les USA gardent officiellement le silence sur l'arsenal nucléaire d'Israël.

Les juifs n'ont pas oublié l'erreur stupide commise par leur ennemi, Haman, un personnage clé, dans la Bible, plus précisément au Livre d'Esther (6.1). A la question : « Que devons-nous faire vis-à-vis de l'homme qu'il plaît au Roi d'honorer » que le roi avait

123. www.sfgate;com/cgi-bin/article.cgi?f=/c/a/2006/09/21/NAZI.TMP
124. www.rense.com/general47/betey.htm
125. www.answers.com/topic/kafr-qasim-massacre

posée à Haman, celui-ci avait répondu poliment : « On doit lui réserver les plus grands honneurs ». Bien entendu, Haman pensait que le Roi Ahasuerus faisait allusion à sa propre personne, quand il lui avait posé cette question. Il devint cependant très vite évident qu'Haman s'était trompé : le Roi, en posant cette question, avait à l'esprit son pire ennemi, Mardochée ; et il retourna les paroles d'Haman contre lui.

Cette histoire, les juifs se la répètent et en discutent jusqu'à plus soif depuis des millénaires. Et ces discussions – ô combien fructueuses – leur ont appris que lorsqu'on leur pose une question, quelle qu'elle soit, ils doivent, avant d'y répondre, se demander où ils se situent dans la problématique que cette question renferme. Autrement dit, ils doivent être juifs, et non kantiens. Si Haman avait été juif [ce qui n'était pas le cas], il aurait répondu à la question royale au moyen d'une autre question : « Cette personne est-elle juive ? » et ce n'est qu'après, une fois éclairé sur ce point, qu'il aurait pu poursuivre l'exposition de sa réponse, en tout confort moral. Ainsi, les modestes psychologues maison que nous sommes pourront ajouter à l'interminable liste des pathologies mentales : le Syndrome d'Haman… cette maladie mentale acquise à partir de l'étude de l'Erreur commise par Haman, qui conduit à l'incapacité à mettre en application l'impératif catégorique de Kant.

Affectés du Syndrome d'Haman, les juifs aiment employer la phrase passe-partout : « Mais comment osez-vous comparer ? », afin d'éliminer l'approche kantienne universelle.

Ainsi, quand un juif se plaint que des Palestiniens tuent des civils juifs, essayez, pour voir, de répliquer : « Vous tuez bien leurs femmes et leurs enfants ? », et vous aurez droit à un « Comment osez-vous comparer ? » outragé, vraisemblablement agrémenté de la différence essentielle : eux, ils font des attentats-suicides, alors que nous, nous ciblons les terroristes. En omettant la différence fondamentale [mais, curieusement, beaucoup plus rarement formulée] : « Nous, nous ne tuons que des goyim, alors qu'eux, ce sont des juifs, qu'ils assassinent ! »

Mais, allez-vous me dire, qu'en avons-nous à faire, de ce que les juifs peuvent bien penser? Ce qui importe, c'est le fait que les Etats-Unis et leurs alliés ont adopté leur vision du monde. Les juifs ayant élu Premier ministre Menahem Begin, un vieux terroriste célèbre pour avoir fait sauter l'Hôtel King David, à Jérusalem, en 1947, faisant plus de quatre-vingt dix morts, hommes, femmes et enfants, l'Occident accepta le choix démocratique d'Israël.[126] En revanche, les Palestiniens ayant démocratiquement élu un gouvernement dirigé par le Hamas (organisation ayant ses propres ramifications terroristes, mais là n'est pas la question), les juifs mirent la Palestine en état de siège, emprisonnèrent des députés du Hamas et saisirent les taxes palestiniennes – le tout, avec l'entier soutien de l'Occident [parfois également appelé : « communauté internationale », NdT]. Quand les juifs affament et assassinent les Palestiniens à Gaza, c'est là une chose normale, c'est le « *business, as usual* ». Mais quand le Président de la République Islamique d'Iran en appelle au démantèlement du régime juif suprématiste, il est mis en examen par un tribunal occidental, au motif qu'il serait un génocidaire virtuel.

Encore un exemple où le général s'oppose au spécifique : si vous voulez obtenir la libération de vos prisonniers de guerre, vous allez attraper quelques militaires ou quelques civils, chez votre ennemi, de manière à être en meilleure posture dans l'inévitable marchandage, préalable incontournable à leur éventuel élargissement. Vrai, ou pas vrai? Eh bien, si vous êtes l'État juif, et que vous kidnappiez un citoyen libanais – appelons-le, au hasard, Mustafa Dirani – en vue d'obtenir la libération de votre prisonnier de guerre – appelons-le Ron Arad –, vous êtes quelqu'un qui « vous occupez des vôtres ».[127] Par contre, si vous êtes Libanais et que vous kidnappez un soldat israélien pour obtenir; en l'échangeant contre des Israéliens; la libération de vos prisonniers de guerre, c'est une provocation in-

126. http://comentisfree.guardian.co.uk/george_galloway/2006/07/
127. www.arriga.com/2004-01-27.shtml

tolérable et un acte d'agression déguisé.[128] La maladie mentale de la gauche juive est démasquée, parce qu'elle a des réflexes parfaitement prévisibles dans des situations concrètes de ce genre.

Il faut être un fieffé hamanien, pour comprendre pour quelle raison la destruction d'Hiroshima par les Américains a(urait) été un acte de guerre légitime, alors que la destruction de Pearl Harbour a(urait) été un acte atroce, un « crime de guerre » ; pour comprendre au nom de quoi le Goulag de Staline a(urait) été monstrueux, tandis que Guantanamo serait légitime ; ou encore pourquoi bombarder Haïfa « est » un crime de guerre, ce que ne « serait » pas le bombardement de Gaza ; pourquoi la déportation de civils juifs par les Allemands était un « génocide », alors que la déportation de civils allemands par les Polonais n'aurait pas eu droit à cette qualification… Et un blocus maritime, c'est un crime de guerre ? Bonne question… ; ça dépend. S'il s'agit du blocus imposé par l'Égypte à la navigation israélienne se dirigeant vers le port d'Eilat sur la Mer Rouge, alors c'était bien un acte de guerre, auquel il devait être mis fin sans tarder au moyen d'une guerre totale, comme on l'a vu en 1967. Mais si vous faites allusion au blocus total du Liban, ou de Gaza, par Israël, alors là : non – il s'agit purement et simplement d'une mesure de légitime défense, parfaitement admissible ! Si vous niez un massacre, cela va certainement offenser les semblables des personnes qui en furent les victimes… Encore que… parfois… Après qu'Israël eut bombardé et massacré des dizaines d'enfants libanais à Qana, au Liban, les médias juifs ont publié des centaines d'articles déniant ce fait avéré.[129] De façon prévisible, ils ont dit que les photos en attestant avaient été, au choix, bidonnées, bidouillées, mises en scène ou retouchées au moyen d'un logiciel professionnel. Ainsi, selon leurs allégations, la photo d'un enfant tué, ou celle de toute une cargaison de cadavres dans la benne d'un camion, avaient été prises dans un autre pays que le Liban !

128. www.challenge-mag.com/99/edit.htm
129. www.aljazeera.com/me.asp?service_ID=11911

En revanche, quand l'historien britannique David Irving a appliqué le même type de critique aux photographies d'Auschwitz, on l'a immédiatement taxé de « négationnisme »[130] et il a été condamné à trois ans de prison fermes. Udo Walendy est aujourd'hui en prison parce qu'il a mis en doute des photos juives ; mais les juifs qui mettent en doute des photos libanaises – voire nient carrément les massacres de Deir Yassine et de Qana – sont, quant à eux, considérés comme des patriotes.

Toutefois, les juifs ne sont pas les seuls à revendiquer l'exceptionnalité. En effet, leur morale particulière est devenue la morale de la nouvelle classe dirigeante issue de 1968 – une classe dirigeante carrément athée. Leur histoire et leurs traditions sont désormais la bannière d'humains atteints du syndrome d'Haman. Les juifs sont devenus les chouchous de minorités privilégiées menant des guerres sans merci contre les majorités, dans le monde entier. Et, pour embobiner tous les autres, ils sont prêts à unir, dans le même souffle, la minorité exclusive des courtiers en bourse à la minorité déshéritée des immigrés noirs, contre l'écrasante majorité des gens comme vous et moi. Leur obsession pour les minorités, qu'il s'agisse des mères isolées lesbiennes ou des immigrés clandestins séropositifs, est purement tactique : de cette manière, ils s'emparent des positions morales les plus élevées, au profit exclusif de leur propre minorité.

C'est également pour la même raison que tellement de membres de la majorité refusent d'embrayer sur le thème de la « diversité » : ils ont, à juste titre (bien que de manière inconsciente) le sentiment que ceux qui assurent la promotion de certaines causes minoritaires n'ont strictement rien à cirer du *vulgus pecum*, de la majorité des gens ordinaires. Dans les pays où règne la morale judaïque pur jus, la majorité de la population a vu son statut social régresser d'une manière sans aucun précédent. En Israël, les autochtones ont été victimes de « délocalisation interne » et mis au chômage, afin d'employer à leur place des « ouvriers invités », des

130. En français dans le texte.

immigrés. En majorité, les travailleurs formellement identifiés comme « juifs », mais ne faisant pas partie de l'élite, sont contraints d'accepter des petits boulots à temps partiel sous-payés, ou à se « mettre à leur compte », le tout, afin de permettre à l'État de réaliser des économies sur le dos des assurés sociaux. Aux Etats-Unis, « Les employeurs américains sont en train de mener une véritable guerre contre les salaires. Avec un indéniable succès ! », écrit Paul Krugman dans le quotidien *International Herald Tribune*. « Les profits nets des grands groupes ont plus que doublé, la productivité du travail ayant augmenté, contrairement aux salaires des employés. Les enfants des employés de Wal-Mart[131] soit n'avaient aucune couverture médicale, soit dépendaient de Medicaid[132], et malgré tout cela, les patrons de Wal-Mart ont l'intention de payer encore moins bien leurs personnels, en leur refusant de les employer à plein temps.... »[133]

Donald Luskin[134], grand admirateur d'Israël, et Ayn Rand[135] ont attaqué ce journaliste, Paul Krugman, en raison de son soi-disant « antisémitisme » (il faut dire qu'il s'était abstenu, à l'époque, de dénoncer Mahathir Mohammad...). Ils ont écrit ceci : « L'exacte mesure de ce que vaut quelqu'un, c'est ce qui le préoc-

131. L'une des plus grandes chaînes de la grande distribution américaine, NdT.
132. Mutuelle de secours médical pour les retraités, NdT
133. www.commondreams.org/views06/1007-28.htm
134. Donald Luskin est un financier américain qui anime un blog expliquant à ses concitoyens comment le système conspire pour les maintenir « pauvres et stupides » : http://www.poorandstupid.com. Partisan d'un « capitalisme spirituel inspiré d'Ayn Rand.
135. Ayn Rand (1905 1982), née Alissa Zinovievna Rosenbaum, philosophe et romancière usaméricaine (juive russe émigrée), connue pour sa philosophie : l'objectivisme. Sa principale œuvre est La Révolte d'Atlas (1957), un roman qui met en scène des entrepreneurs en butte à l'étatisme d'une société socialiste pré-totalitaire. Autres œuvres Nous les vivants *(We the Living)*, 1936, La source vive *(The Fountainhead)*, 1943, adapté au cinéma par King Vidor, et La vertu d'égoïsme *(The Virtue of Selfishness)*, 1964 [voir http://fr.wikipedia.org/wiki/Ayn_Rand].

cupe. Ainsi, le président Bush est-il un grand homme ; il se préoccupe de grandes choses, comme par exemple d'assurer la protection de l'Amérique contre le risque terroriste. En revanche, Paul Krugman, éditorialiste au *New York Times* – le détracteur de Bush le plus enragé et le mandarin progressiste sans doute le plus cinglé de tous ceux que compte l'Amérique – est un homme mesquin, petit, minable, parce qu'il ne se préoccupe que de détails minables, du style de savoir si les employés du commerce de détail sont assez bien payés, ou non, par la Wal-Mart». Nous, nous applaudissons chaudement les petits minables qui s'occupent des détails minables, parce que nous savons que ceux qui s'occupent des grandes choses le font précisément afin de nous payer le moins possible! Les malades du syndrome d'Haman savent bien que les majorités ne vont pas admettre l'oppression qu'ils leur font subir sans regimber. C'est pourquoi la régression économique qu'ils leur imposent s'accompagne toujours de l'organisation de la terreur.

En Israël, depuis toujours, il est légal de torturer et d'emprisonner quelqu'un sans procès. Maintenant que la méthode a été testée avec succès, l'Amérique a son *Patriot Act.* M. Rachid Khalidi, un professeur avisé de l'Université de Columbia, a dit, très justement, que le rapport des professeurs Mearsheimer & Walt surestimait l'influence du Lobby juif sur la politique étrangère [des Etats-Unis], mais sous-estimait, en revanche, son influence sur leur politique intérieure, comme, par exemple, en matière de Patriot Act. [136] C'est exactement ce que nous nous appliquons à démontrer : la cible primordiale du Lobby juif n'est pas la Palestine, mais notre liberté.

On m'a souvent demandé s'il était bien nécessaire d'évoquer ainsi « les juifs » et le « paradigme juif », étant donné que ce ne sont pas tous les juifs qui soutiennent la tyrannie de la minorité. Il est bien vrai que l'origine de tout un chacun peut bien n'avoir aucune espèce d'importance, car tout le monde est en mesure de décider par lui-même de se tenir aux côtés de la majorité bafouée

136. http://groups.yahoo.com/group/shamireaders/message/807

ou, au contraire, d'avoir pour seule ambition de devenir membre d'une élite exclusive, triée sur le volet. Les héros les plus admirés de l'humanité ont – toujours – été des membres d'une élite minoritaire, qui ont fait le grand saut, rejoignant la majorité. Ainsi, Jésus de Nazareth est, de par sa naissance, un prince de la Maison de David; son grand-père maternel, le père de Marie, était un responsable très important du Temple [de Jérusalem] ; de même, Siddhartha Gautama avait été élevé dans un palais; il était voué à hériter du royaume de son père. Pourtant, ces princes, le Christ et Bouddha, ont quitté la route de Mammon et nous ont tracé un chemin nouveau. Beaucoup de personnes à l'origine juive ont, elles aussi, effectué ce parcours, je l'ai dit. Mais les organisations juives invoquent toujours, quant à elles, les minorités contre les majorités, et vous font voir les juifs comme un groupe défavorisé, alors même qu'ils dominent la caste de l'élite friquée! Un de leurs outils de prédilection est la persécution contre ceux qui veulent mesurer les juifs à la même aune que le reste de l'humanité. Hélas, je fais partie de ceux-là… J'en ai, en effet, appelé à une égalité absolue entre juifs et non-juifs en Israël / Palestine, et mes concitoyens israéliens ne m'ont guère pris au sérieux; après tout, je ne suis pour eux qu'un excentrique isolé. Mais les juifs français, eux, en revanche, ont décidé d'adresser un message clair aux Français, et ils m'ont attaqué en justice, en France, pour avoir « diffamé les juifs ». Ce n'est rien moins qu'un test avant de mettre en place une censure à l'échelle de la globalisation.

Et me voilà, moi, citoyen israélien, moi qui écris sur la politique israélienne, jeté dans une bataille judiciaire dans un pays étranger où ce sont les juifs qui tiennent les tribunaux. La France considèrerait-t-elle que sa souveraineté embrasse toute la Planète? Bien sûr que non! Dans tout autre domaine, ils renonceraient prudemment à s'immiscer; on a vu de quelle pitoyable manière ils se sont désistés quand les margoulins juifs français Flatto-Sharon[137]

137. Shmuel Flatto-Sharon était poursuivi par la justice française pour le détournement de quelque 60 millions de dollars; il s'est enfui en Israël, a

et Arcadi Gaïdamak[138] se sont tirés avec la caisse en Israël, em-

réclamé la nationalité israélienne et s'est fait élire au parlement israélien en 1977 en défendant le principe selon lequel les Israéliens poursuivis à l'étranger doivent jouir de l'immunité ; ce principe était déjà celui de Menachem Begin, qui voulait qu'Israël soit un refuge pour tous les juifs inculpés de par le monde, et s'appuyait pour cela sur la Bible (Deutéronome 23, 15). Flatto obtint donc le vote d'une loi interdisant l'extradition des citoyens israéliens. Il a écrit un pamphlet où il invoque son statut de rescapé de la Shoah et son amitié avec un ministre des Finances français : lire son autobiographie (ou plutôt son autohagiographie) sur son site http://flattosharon.co.il/biographie-FR.htm. Il y raconte comment il a commencé sa carrière à 14 ans, en revendant des cigarettes américaines achetées à des soldats US à ses camardes d'école. Principal financeur du site web d'Elisabeth Schemla, Proche-orient.info (désormais disparu), il pilote un projet de chaîne satellitaire francophone. Il a projeté d'ouvrir un casino à Jéricho, un autre dans la bande de Gaza, et été mêlé au scandale de la boucherie industrielle Sobovi, en France. Actuellement, il publie un éditorial journalier pour « Jerusalem +TV, la lutte contre la désinformation », en français.

138. Arkadi Gaïdamak : milliardaire né en URSS en 1952. Réfugié en Israël après avoir été inculpé en France pour trafic d'armes (avec l'Angola) [une affaire de 450 millions de Livres anglaises] et évasion fiscale; Christophe Mitterrand, fils du président, fut arrêté dans le cadre de cette enquête. Dans le scandale, se trouvaient également impliqués Pierre Falcone, trafiquant d'armes franco-brésilien, et le conseiller présidentiel Jacques Attali. Gaïdamak détient cinq passeports : français, russe, israélien, angolais et canadien. Il possède le club de football Betar et contrôle le club de basketball Hapoel, tous deux à Jérusalem. Il a tenté de s'acheter pour 50 millions de $ une place au conseil d'administration de l'Agence juive, qui a poliment décliné l'offre, sur les conseils de la police. Il est toujours sous le coup d'une demande d'extradition de la France (la plus grosse évasion fiscale de l'histoire) et a été interrogé par la police israélienne sur des soupçons de blanchiment d'argent sale (mais ce délit, non plus que celui de trafic d'armes, n'était pas passible de poursuite là-bas). En Israël, il s'est allié avec un autre Russo-israélien, Lev Leviev, et leur entreprise a l'exclusivité gouvernementale pour le négoce des diamants angolais ; après ses frictions avec la justice française, Gaïdamak a renoncé à la présidence de la banque russe Rossiyski Kredit Bank. Mais il a racheté *France Soir*, en 2006. Et il dirige le Congrès des organisations et des communautés juives religieuses de Russie et fait aussi dans l'humanitaire.

portant leurs millions volés aux Français. Dans mon cas, la République française tient du mieux qu'elle peut son pupitre, et exécute la partition qui lui revient, façon, pour elle, d'apporter sa menue contribution au soutien de l'exceptionnalisme juif...

Cette innovation juridique, la poursuite extraterritoriale de certaines idées, est une atteinte grave au droit admis. Les Turcs de Paris pourraient-ils assigner le grand écrivain turc Orhan Pamuk devant un tribunal français, pour avoir diffamé les Turcs ? Vous rigolez : les Turcs de France ne le demanderaient pas, et les tribunaux français ne suivraient pas non plus. Il n'y a qu'une seule et unique nation, au monde, qui soit au-dessus des lois et qui ait, par conséquent, le culot suffisant pour décrocher ce pompon-là !

Serait-ce parce que les Français ont une sensibilité religieuse extrême ? Quand la religion offensée est le christianisme, ou encore l'Islam, ses adeptes sont censés s'écraser et se contenter de se mordre les lèvres dans leur coin. Un livre antimusulman extrêmement offensant, d'Oriana Falacci, a été estimé cachère par un tribunal... français (certains musulmans, peu au fait du syndrome d'Haman, avaient eu, en effet, la témérité insensée d'intenter un procès à La Falacci). Mais quand des écrivains juifs (comme le Français Emmanuel Levinas) ont attribué le mauvais traitement des juifs par les nazis au christianisme, aucun tribunal ne s'en est mêlé...

Si les lois s'appliquent sur – et uniquement sur – une territorialité déterminée, c'est pour une bonne raison. Nous enfreignons tous, peu ou prou, une loi quelconque, quelque part sur terre. Quand vous fumez du haschisch en Hollande, vous savez pertinemment que vous ne pourriez le faire sans problème, disons, en France, car cela est interdit par la législation française. Mais, en Hollande, vous fumez votre joint, tranquille comme Baptiste, parce que c'est parfaitement légal, chez les Bataves...

Quand vous buvez du vin, à Paris, vous savez bien que vous commettez une grave contravention aux lois saoudiennes. Mais vous ne vous trouvez pas en Arabie saoudite, et vous pouvez donc vous en moquer allègrement. En URSS, il était interdit de lire les écrits de Soljenitsyne, mais des éditeurs français ont pu imprimer et diffuser en toute légalité son *Archipel du Goulag*. Mais il y a une infraction qui est, quant à elle, absolument extraterritoriale ; où que vous la commettiez, vous pouvez être puni : l'offense envers les juifs. Afin de rendre leur position d'exception parfaitement claire pour tout le monde, l'organisation qui fait des procès à n'importe qui pour avoir offensé les juifs – j'ai nommé le CRIF – défend, aujourd'hui, le « droit » d'un enseignant français, Robert Redeker, à insulter l'Islam. Redeker a qualifié le Prophète Mohamed de « seigneur de la guerre et pillard impitoyable, grand massacreur de juifs et polygame ». Cette définition va tout aussi bien, comme un gant, au roi David : celui-ci, en effet, a eu dix-huit épouses ; c'était un seigneur de la guerre impitoyable et il a massacré un nombre incroyable de juifs (et de non-juifs). La polygamie – imputée à crime à Mohamed par Redeker –, Mohamed la partageait avec Abraham, Isaac et Jacob ; par ailleurs, tout souverain fondateur d'une dynastie a nécessairement commencé par être un seigneur de la guerre impitoyable, et a un nombre considérable de victimes à son actif, y compris, d'ailleurs, des non-juifs.

Vous demandez qu'est-ce qu'on en a à faire, de savoir si les victimes de ces dynastes étaient, ou non, des juifs ? Le simple fait que vous soyez capable de poser cette question indique que vous êtes indemnes du syndrome d'Haman ! Pourquoi devons-nous nous préoccuper au plus haut point de cette adoration universelle pour les juifs, et y apporter la plus extrême attention ? Ce n'est pas seulement pour la Palestine que nous devons pointer du doigt cet entichement, cette obsession – et y mettre fin. C'est notre avenir, et celui de nos enfants, qui est en jeu. Nos amis et nos voisins sont en train de devenir des armes pour Mammon. La bataille pour libérer les majorités continue, et dans cette bataille les Français sont en première ligne.

Quand Nicolas Sarközy, le candidat conservateur en tête de la course à la présidence de la République française, s'est déclaré « un ami de l'Amérique, et un ami des juifs », au cours de son escapade à Washington, il ne voulait nullement signaler qu'il aime la carpe farcie [*gefilte fish*] et les *hamburgers*… (aucun Français n'est assez stupide pour ça). Non : il passait un message : il soutiendra, quoi qu'il arrive, la Minorité, contre la Majorité. Au lieu d'osciller entre la « gauche » à la Blair et la droite à la Sarközy, unies dans leur amour pour les minorités friquées, nous ferions bien de rechercher les sentes effacées susceptibles de nous conduire à l'exercice du pouvoir par la majorité. La gauche serait bien inspirée de poursuivre le chantier inachevé de la révolution de 1968, à partir du moment où elle a commencé à foirer, trahie et abusée comme elle l'a été, pour le plus grand avancement de l'éthique juive, par des gens comme Daniel Cohn-Bendit, Todd Gitlin[139] et Joschka Fischer. La droite devrait, quant à elle, ressusciter la puissante spiritualité des Gilbert Chesterton[140], T. S. Eliot[141], Julius Evola[142], et autre René Guénon[143].

139. Todd Gitlin: professeur de journalisme et de sociologie à la Columbia University. Dernier livre paru: *The Intellectuals and the Flag* (« Les Intellectuels et le drapeau »).

140. Gilbert Keith Chesterton (1874-1936), polygraphe britannique. Œuvres les plus célèbres: *Le nommé Jeudi*, 1907, *L'Innocence du père Brown*, 1911, *La Sagesse du père Brown*, 1914 et *L'Homme éternel*, 1925 [voir www.chesterton.org]

141. Thomas Stearns Eliot (1888 – 1965), poète britannique d'origine usaméricaine fasciné par l'occultisme et par Mussolini. Publié en 1922, son poème *The Waste Land* est devenu un phare de la littérature moderne dont certaines phrases sont entrées dans l'anglais courant: « April is the cruellest mont » (« Avril est le mois le plus cruel ») ; « I will show you fear in a handful of dust (« Je vais vous montrer la peur en une poignée de cendre ») ou « Shantih shantih shantih. »

142. Julius Evola (1898 – 1974), penseur italien du XXe siècle, très influent sur la droite moderne du pays. D'abord dadaïste puis futuriste, il devient le théoricien du fascisme, mais Mussolini le rejette après avoir salué ses travaux pour lui préférer Giovanni Gentile. Tentant de concilier René Guénon et Friedrich Nietzsche, Evola s'est tourné vers les nazis après avoir été déçu par Mussolini. Adepte d'un pragmatisme cynique, il écrit: « une quantité d'idées, qui seraient considérées comme des fantaisies sans valeur scientifique par les « chercheurs » de nos universités, jouent un rôle très important, politique et éthique, dans la nouvelle culture germanique et inspirent des directives précises pour la formation systématique de la jeunesse ».

Ensemble, elles pourraient détourner le peuple du seuil de la servitude vers le palier de la liberté, détruire l'autorité imposée des médias convenus et des universités, et saper le plan « ourdi, loin et à l'abri des cris des électeurs et des lamentations des victimes de la société, par des esprits lucides et sereins »[144], restaurant, ce faisant, la justice et la loyauté de l'impératif kantien, en lieu et place de l'exceptionnalisme pervers du Syndrome d'Haman.

143. René Guénon (1886-1951) : orientaliste hétérodoxe français converti à l'Islam et devenu citoyen égyptien, spécialiste de l'hindouisme et de l'ésotérisme, il a décortiqué la divergence à ses yeux insurmontable entre Orient et Occident. Il a laissé une oeuvre considérable. Voir: http://fr-wikipedia.org/wiki/Ren %C3 %A9_Gu %C3 %A9non

144. Comme disait Le Corbusier.

QUATRIÈME PARTIE
LIGNES DE FRONT

CHAPITRE XXIV

POUR QUI SONNE LE GLAS? [145]

« Ne demande pas pour qui sonne le glas ; c'est pour toi », a dit le poète anglais John Donne. Le honteux verdict autrichien est de mauvais augure. Pas seulement pour l'historien britannique David Irving (trois ans de prison fermes)[146]. Mais aussi pour nos libertés. Jamais notre sens de la justice n'avait été insulté de la sorte. Quand, occasionnellement, un dissident était coffré, dans la Russie de Brejnev ou dans la Birmanie de Ne Win, il y avait toujours un tollé de protestations. Aujourd'hui : silence radio… Quand ils ont envoyé des musulmans innocents dans l'enfer sur terre de Guantanamo, nous avons pu penser qu'il s'agissait de ressortissants du tiers-monde et que c'étaient des règles différentes qui s'appliquaient à eux ? Un flic de Batista, dans le roman *Notre homme à La Havane*, de Graham

145. Première version : 23 février 2006.
146. Précision de l'auteur : David Irving a été emprisonné pour déni de la supériorité juive. Son sort scelle le règne de la liberté inauguré par la chute de la Bastille.

Greene, ne disait-il pas : « Certaines personnes peuvent être torturées, les autres – non » ? Quand Ernst Zundel a été kidnappé aux Etats-Unis et jugé en Allemagne, nous avons pu penser qu'il s'agissait d'une affaire intérieure allemande. Et voilà qu'aujourd'hui, un homme de lettres éminent, auteur d'ouvrages largement lus et salués, une personnalité européenne, vient d'être piégé dans un pays civilisé et emprisonné pour irrévérence envers les juifs[147]. Techniquement, David Irving a été condamné pour soi-disant « déni de l'Holocauste ». Mais le concept d'holocauste juif étant **le seul dogme obligatoire d'une Europe censément laïque** a très peu à voir avec la Deuxième guerre mondiale et ses atrocités. Il a tout à voir, en revanche, avec la revendication par les juifs de leur supériorité et de leur exclusivisme. Une prière juive dit : « Béni sois-tu, Seigneur, de m'avoir créé juif, d'avoir séparé les juifs des nations de la Terre, comme tu as séparé le Sacré du profane ; car notre destin n'est pas semblable au leur. » Le concept d'Holocauste n'est rien d'autre qu'une variante de cette prière. Ils affirment que même leur mort n'est pas comparable à celle de tout un chacun.

Aussi devons-nous rejeter ce concept sans douter et sans hésiter, quand bien même chaque récit de l'Holocauste, jusqu'aux élucubrations les plus abracadabrantesques d'un Elie Wiesel, serait-il absolument vrai. Les discussions techniques autour de la question de la mortalité juive (combien de morts, et comment) sont parfaitement légitimes. Mais elles sont superflues, comme la question, pour un athée, de savoir si une baleine a bien pu effectivement avaler Jonas.

Les justiciers de l'Holocauste veulent que nous nous prosternions devant l'idole de la supériorité juive. Sinon… Ils n'enverront jamais en prison Deborah Lipstadt pour négationnisme de l'Holocauste de Dresde, ni Guenter Lewy, qui a écrit un long article in-

147. Il y aurait eu un précédent : un certain M. Robert Edwards fut le premier contempteur de la suprématie juive à avoir été emprisonné en Grande-Bretagne, en 1981, pour avoir établi une comparaison entre Auschwitz et Dresde.

titulé : « Les Indiens d'Amérique ont-ils été victimes d'un génocide ? »,[148] dans lequel il rejette le génocide des indigènes amérindiens. Si les juifs ont pondu et publié ces réfutations, c'est pour la même raison qui les a incités à publier les Dessins Sataniques – il s'agissait de mettre l'accent sur la différence entre un goy et un juif. Ils veulent que vous vous souveniez bien de ceci : vous pouvez profaner l'Islam et le christianisme, mais : pas touche au judaïsme ! Vous pouvez faire peu de cas des souffrances d'un peu n'importe qui. Sauf de celles des juifs.

Ainsi, il serait plus rapide de dire : David Irving a été condamné pour déni de la supériorité juive. Son sort scelle le règne de la liberté (oh, bien sûr, limitée...) inauguré par la chute de la Bastille. L'histoire européenne a bouclé la boucle : du rejet de la loi de l'Eglise, en passant par l'adhésion à la libre pensée, jusqu'au contrôle juif des esprits à l'échelle mondiale. Non seulement la civilisation chrétienne occidentale est morte, mais même son successeur, la civilisation européenne laïque, vient de s'éteindre, quelques jours seulement après sa fière et ultime célébration par ses scribes danois. Elle n'a pas vécu longtemps : deux siècles durant, environ, entre son début et sa fin, les Européens ont pu se bercer de l'illusion qu'ils pourraient vivre sans suprématie idéologique. Désormais, cette illusion est dissipée, et les juifs sont venus se substituer à la vieille Curie romaine, vermoulue et fatiguée, pour régner sur les esprits et les âmes des Européens.

En 1962, le magazine *Look* invita le fondateur de l'État juif, David Ben Gourion, à imaginer le monde dans vingt-cinq ans. Celui-ci fit la prédiction qu'en 1987 le Gouvernement Mondial existerait déjà et qu'une Cour Suprême de l'Humanité (corps ecclésiastique suprême) siègerait à Jérusalem, où trônerait un temple commémorant le rôle joué par les juifs dans le rassemblement de l'humanité. Ben Gourion ne s'est trompé que de quelques années : le monde n'est pas encore totalement soumis, mais il sait

148. « Were American Indians the Victims of Genocide? » http://hnn.un/articles/7302.html

d'ores et déjà quels sont ses nouveaux maîtres. Ce n'est pas une question de sentiments, mais de législation.

Au XIXe siècle, les Européens n'avaient pas pu coloniser entièrement la Chine. Néanmoins, leur suprématie dans cet immense pays était tangible. Elle était symbolisée par le Système des Colonies. Ce système divisait la population de la Chine en deux catégories : les êtres humains suprêmes, les Européens, et les indigènes, de catégorie inférieure. Un indigène ayant levé la main sur un supérieur européen se voyait jugé selon la loi coloniale européenne, tandis qu'un Européen qui aurait fait pis que pendre à un naturel était au-dessus de la loi indigène. Ce système des « colonies » fut démantelé par le Président Mao après la victoire communiste de 1949. Des systèmes analogues de justice coloniale s'étiolèrent avec le rétrécissement des empires coloniaux. En Israël, un Palestinien est passible des tribunaux s'il offense un juif, tandis qu'un juif qui offense des Palestiniens est jugé par les juifs, c'était à prévoir.

Mais récemment, la Knesset de l'État juif a remis au goût du jour le système des Colonies pour le monde-non-encore-totalement-colonisé : un offenseur des juifs, où qu'il réside, quelle que soit sa nationalité, et où qu'il commette son offense, peut être traîné devant le tribunal juif. Le juif offensé peut très bien n'avoir aucune espèce de rapport avec l'État juif, l'offense peut très bien ne pas être considérée telle par la loi indigène locale, peu importe : le contrevenant peut être traîné devant la justice juive, à Jérusalem. Cette loi a proclamé la souveraineté suprême des juifs sur le reste de l'humanité. Elle dénie la souveraineté de toutes les nations, à l'exception d'une seule. Une telle prétention devrait être considérée comme toute tentative hostile envers la souveraineté nationale de chaque autre pays, c'est-à-dire comme un *casus belli*. Mais cette loi est passée comme une lettre à la poste, grâce à une merveilleuse invention juive : la progressivité.

Cette méthode a été explicitée par Amira Hass, correspondante du quotidien israélien *Ha'aretz* en Palestine colonisée. Elle a écrit ceci : « Si vous jetez une grenouille vivante dans l'eau bouillante, elle sautera et se sauvera. Mais une grenouille évoluant dans une eau à température ambiante dont on élève progressivement la température finira par s'habituer à la chaleur ; quand l'eau entrera en ébullition, il sera déjà trop tard, et la grenouille sera déjà morte. Dans le développement du système de contrôle israélien sur le peuple palestinien et sa terre, l'occupation israélienne a élevé au niveau du génie le recours à la progressivité comme moyen d'habituer les gens à une situation donnée. »[149] Cette progressivité est utilisée par les juifs à l'égard du peuple palestinien – mais pas à l'égard de ce seul peuple.

Le Système des Colonies a commencé petit : le Long Bras des juifs est allé quérir Adolf Eichmann en Argentine et il l'a amené devant la justice juive à Jérusalem. Cet Adolf Eichmann était un vilain garçon, qui avait causé beaucoup de mal aux juifs, à grande échelle. Aussi beaucoup de pays fermèrent-ils les yeux sur cette violation condamnable de la souveraineté nationale argentine. Mais ce n'était là qu'un début. Certains pays escomptaient qu'Israël leur prêterait main-forte, par la suite, pour mettre la main sur d'autres criminels en fuite : grossière erreur…

Quelques années plus tard, la justice polonaise demanda l'extradition d'un criminel de masse juif, Solomon Morel. Ce Morel avait torturé et tué de ses propres mains des centaines d'Allemands ethniques dans un camp de concentration installé dans la Pologne de l'après-guerre. Ses crimes avaient été dénoncés par un journaliste américain, aujourd'hui disparu, John Sack.[150] Morel alla se réfugier à Tel Aviv et l'État juif répondit à une demande d'extradition émanant du gouvernement polonais avec un dédain impérial : « Quel culot ! Ces indigènes ne savent pas rester à leur place ! ». Sans doute la Reine Victoria aurait fait ce genre de réponse si un chef africain indigène lui avait demandé de remettre un sujet de Sa Gracieuse Majesté à sa justice de deuxième catégorie…

Depuis lors, tout pays, qu'il soit petit ou grand, a accepté l'idée que les juifs sont au-dessus des lois. Un richissime escroc juif russe,

149. www.haaretz.com/hasen/spages/645914.html
150. www.ihr.org/jhr/v20/v20n1p-9_Sack.html

Nevzlin, a fui la Russie et coule des jours paisibles à Tel Aviv. C'est un voisin de Flatto-Sharon, un escroc juif français et, pas très loin, habitent l'assassin d'un enfant canadien et le pédophile juif Mondrowitz. Ils vivent là, ensemble et en paix, avec bien d'autres juifs, qui seraient poursuivis ou extradés, partout ailleurs dans le monde. Une puissante organisation juive, le Khabad, a écrit, dans sa charte fondamentale : « Aucun juif ne doit se trouver derrière les barreaux des goyim ». Par les pots-de-vin et par la « persuasion », ils font libérer les criminels juifs emprisonnés à l'étranger et ils les importent dans l'État juif. L'anniversaire du fondateur du Khabad, Lubawitsch Rebbe, est un jour de fête officiel, aux Etats-Unis : la Journée de l'Education.

Dans les conflits en matière de propriété, les juifs sont, là encore, au-dessus des lois. La propriété juive est sacro-sainte. Les juifs ont exigé (et obtenu) la restitution de tous les biens qui avaient appartenu à des juifs en Allemagne, en Autriche, en France, dans les pays baltes. Si un juif n'a pas d'héritiers, ses biens sont dévolus à la Juiverie mondiale. Mais 90 % des biens des goyim ont été confisqués par l'État juif, en 1948 et, depuis lors, 50 % des terres conquises en 1967 ont connu le même sort. Encore l'an dernier, des milliers de *dounoms* de terres appartenant à des goyim (possédant des titres de propriété tout-à-fait légaux et officiels, datant de l'Empire ottoman) ont été confisquées dans la région de Jérusalem, car « un goy n'a pas de réel titre à posséder quoi que ce soit », dit la loi juive.

Un avant-goût de la Cour Suprême de Ben Gourion pour l'humanité nous est donné par l'histoire de ce capitaine israélien qui a assassiné une fillette de treize ans, sous les yeux de ses soldats.[151] Il a vidé le chargeur de sa mitraillette dans le corps de la fillette, après quoi il a été déclaré non-coupable par le tribunal juif. De fait, aucun des assassins d'enfants non-juifs (deux mille, au cours des trois années écoulées) n'a jamais été sanctionné par un tribunal juif. Rares, même, sont ceux qui ont été jugés. Les rares à l'avoir

151. www.guardian.co.uk/israel/Story/0,2763,1643573,00.html

été s'en sont très bien tirés. Un colon, Nachum Korman, a assassiné un garçon palestinien âgé de dix ans, Hilmi Shusha, dans le village de Hussan. Il a été arrêté, jugé, des pièces à conviction ont été fournies par la plus haute institution de police scientifique israélienne, mais le juge a refusé ces preuves et il a condamné l'assassin à six mois… de travaux d'utilité collective! Suspecté d'un crime analogue sur un enfant juif, n'importe quel goy se serait chopé la perpétuité.

La justice juive nous fait regarder les procès de l'Inquisition avec une certaine nostalgie. Après s'être repenti, Galilée a pu poursuivre ses recherches sans entrave. Les regrets de David Irving, en revanche, ne lui ont servi à rien. Le juge a dit: « Les regrets qu'il a manifestés n'étaient que des paroles verbales, sous la crainte des rigueurs de la loi. » Et un « expert indépendant », Dina Porat, directrice de l'Institut pour l'Etude de l'antisémitisme et du racisme contemporains à l'université de Tel Aviv a dit que « la soi-disant repentance d'Irving est motivée par sa peur d'un verdict qui pourrait aller jusqu'à dix ans de prison ferme. »

Désormais, la justice juive s'impose à l'échelle mondiale. Le Congrès juif européen doit déposer une plainte devant la Cour Criminelle Internationale de La Haye contre le président iranien Mahmoud Ahmadinejad pour « incitation au génocide ».[152] Mais, sans surprise, toutes les tentatives pour amener Ariel Sharon devant la justice sont demeurées vaines. Le grand état juif, les Etats-Unis, ont, eux aussi, adopté l'idée de souveraineté suprême illimitée, développée par sa petite sœur israélienne. Une offense contre un citoyen américain peut être jugée par un tribunal américain, où qu'elle se soit produite. De manière étonnante, cette prétention impériale, qui ne déparerait pas le système des Colonies jadis en vigueur en Chine, a été utilisée, elle aussi, essentiellement afin de défendre des intérêts juifs… A chaque fois que des colons juifs – citoyens américains ont été tués, au cours du conflit moyen-oriental, des juges américains ont condamné l'Autorité nationale

152. www.haaretzdaily.com/hasen/spages/684426.html

palestinienne, l'Iran, le Hamas et le monde entier, et accordé aux ayants-droits de la victime des dommages s'élevant à plusieurs millions de dollars. Mais personne, en revanche, ne peut ester contre des juifs : qu'ils aient assassiné Rachel Corrie, une militante pacifiste, avec un bulldozer, à Gaza, qu'ils aient fauché à la mitrailleuse des marins américains sur le pont de l'USS *Liberty*, ou qu'ils aient assassiné et mutilé des Palestiniens de nationalité américaine, c'est sans conséquence pour eux : c'est donc en toute impunité qu'ils peuvent continuer à le faire…

Avec le verdict autrichien, la suprématie juive a cessé d'être un cauchemar paranoïde, et elle est devenue un fait de droit, comme la suprématie viking dans le Danelaw de l'Angleterre orientale médiévale. A une différence près, toutefois : la suprématie juive a des connotations religieuses, alors que les Vikings, eux, s'en tenaient à leurs épées, et à leurs clébards.

La question est ouvertement débattue dans le monde juif. « Nous vivons une époque de pleine floraison des Jours du Messie, libérés de nos adversaires politiques et bientôt débarrassés de ces enfants de Satan que sont les goyim », a écrit un certain Uriel Tal. [153] Tandis que les chrétiens croient que la Venue du Christ va inaugurer un monde entièrement nouveau, plein de miracles, la vision juive exprimée par Maïmonide consiste à dire que le monde, aux Jours du Messie, ne diffèrera pas beaucoup du monde que nous connaissons, mis à part la suprématie juive, *Gedulath Israel* [*Hilchoth Teshuva* 9:2]. Sur la base de cette conception, l'an dernier, le Sanhédrin, c'est-à-dire la Cour suprême juive, a été créé afin de juger le monde. Cette institution est placée sous l'autorité du rabbin Adin Steinzaltz et les goyim qui observent les commandements noachiques[154] lui ont fait acte d'obédience.

Il y a quelques mois, j'ai été personnellement emmené au commissariat de police de ma ville, Jaffa, et j'ai dû répondre à des ques-

153. *Ha'aretz*, 26 septembre 1984.
154. Sur l'actualisation des commandements noachiques aux Etats-Unis, voir ci-après, « La pompe spirituelle », p. 437, note 119.

tions, à la suite d'une plainte déposée par la Licra, qui est la principale organisation juive française.

— « Avez-vous écrit quelque chose sur la suprématie juive et la domination mondiale ? » m'a demandé un policier.

— « Et puis après ? » Répondis-je. « Il y a au minimum un rabbin sur deux qui s'en gargarisent… »

— « Oui, mais eux, ils prennent ça en bonne part ! », a conclu le policier.

Ainsi, on le voit, la réalité de la suprématie juive ne pose aucun problème. En revanche, évaluer cette suprématie est une entreprise extrêmement risquée. Si vous pensez que la suprématie juive est une bonne chose, vous pouvez parfaitement devenir président des Etats-Unis. En revanche, si vous pensez qu'elle est dangereuse, votre place est en prison. Reste que la suprématie juive est impitoyable envers ceux qui la contestent, comme l'a fait Irving. Progressivement – ô combien, afin de ne pas alarmer la grenouille contre l'ébullition de l'eau – quelqu'un continuera à faire monter la température de l'eau, dans la casserole.

Finalement, cela pourrait devenir déplaisant : la justice juive peut concéder un généreux handicap à son compétiteur immédiat en matière de cruauté, Genghis Khan. Elle est partiale, et fière de l'être. En vertu de la loi juive, quand bien même aurait-il tort, contre un goy, un juif a toujours nécessairement raison. Les Européens vont pouvoir éprouver la tendre miséricorde des juifs, privilège réservé jusqu'ici aux seuls Palestiniens. Et il se pourrait bien qu'il n'y ait, dans la manière dont tournent les événements, qu'une forme poétique de justice.

Les juifs ordinaires, quant à eux, ne vont pas particulièrement tirer profit du nouvel ordre des choses. S'il est une chose que la justice juive exècre encore plus qu'un goy, c'est bien un juif en déshérence. « Les apostats (comprendre les juifs qui ont adopté le christianisme) doivent être tués », dit Maimonide. Le rabbin Asher, réputé pour son extrême clémence, a fait arracher le nez à des femmes juives qui avaient eu des relations sexuelles avec un goy, alors que les hommes juifs étaient normalement flagellés, pour une telle transgression. Que voulez-vous, avoir un statut supérieur, cela vous comporte aussi quelques obligations... Les juifs qui craignent vraiment Dieu ne vont pas apprécier non plus : c'est Israël, l'être suprême, et il n'y a pas de divinité qui soit au-dessus. On le constate : alors qu'il est interdit de contester l'Holocauste, on a le droit de nier le Créateur. Le chef du culte holocaustique, le Dr Judah Bauer de Yad Vashem à Jérusalem renie Dieu ouvertement et il s'en vante. Le mentor de la branche américaine, Léo Strauss, était si mécréant qu'il avait choqué jusqu'aux sionistes les plus laïcs, dans les années 1930, quand il avait visité Jérusalem.

La chrétienté va probablement dépérir ; seules survivront les sectes adoratrices des juifs. Le processus a déjà commencé, aux USA, avec les chrétiens sionistes, les télévangélistes, et autres sectateurs de la prospérité. D'autres chrétiens seront sommés de répudier le Nouveau Testament, faute de quoi, ils se verraient persécutés pour antisémitisme, et leurs obédiences seraient démantelées. Les églises seront détruites, conformément au commandement. Et il y a une bénédiction spéciale pour toute personne qui témoigne de la dévastation d'une église. Les juifs sont censés bénir le Seigneur, qui a abaissé le fier Edom. Les églises ne doivent pas entrer en compétition avec le Temple de Jérusalem, qui sera bientôt reconstruit sur les ruines de la Mosquée Al-Aqçâ. Cette reconstruction s'opèrera sans difficulté : après l'attaque annoncée contre l'Iran, les musulmans auront d'autres chats à fouetter. Ils devront, par exemple, tenter de survivre, physiquement parlant, ce qui ne saurait leur être garanti, dès lors qu'ils ont été déclarés « Amalek » et que leur annihilation de masse est devenue un devoir religieux pour les juifs. La voie vers ce sinistre avenir a été ouverte par le verdict funeste des Autrichiens.

Mais cherchons à apercevoir le côté brillant des choses : les Européens n'ont pas (pas pour l'instant...) à se préoccuper des sombres prophéties des *Protocoles*. En effet, la loi des Sages de Sion s'impose déjà à nous. Et, divine surprise : on s'aperçoit qu'elle n'est pas aussi terrible que nous le redoutions... du moins, pas encore. Mais, vous ne trouvez pas qu'il commence à faire chaud, ici ?

CHAPITRE XXV
CE N'EST PAS UN JEU[155]

Dans sa livraison de septembre 2004, la revue américaine de gauche *Socialist Viewpoint* a publié une attaque féroce contre ma personne, intitulée « Israël Shamir : un loup déguisé en agneau », propos diffamatoires commis par un certain Roland Rance.

Permanent d'un syndicat britannique groupusculaire, Rance est un des dirigeants d'une organisation de gauche intitulée Juifs contre le Sionisme [Jews against Zionism]. En dépit de leur intitulé, les Juifs contre le Sionisme consacrent le plus clair de leur temps à porter plainte contre des « antisémites » et à chanter les laudes du judaïsme et de la judéité. Rance vise au-dessous de la ceinture (sans doute parce qu'il

155. Première version : 19 décembre 2004

156. La biographie de Shamir figure sur http://www.israelshamir.net/Israel_Shamir_Biography.htm

est incapable d'atteindre plus haut). Au lieu de discuter mes idées, il lance une attaque personnelle à mon encontre : « La biographie de Shamir[156] relève de la science-fiction : petit-fils d'un rabbin, parachutiste dans l'armée israélienne, a traduit Agnon, Herzog, Joyce et le Talmud en russe, porte-parole parlementaire du Mapam, a travaillé à la BBC… Je n'en crois pas un mot ! »

Rance est totalement libre de croire ce qu'il veut. Il peut croire en la théorie voulant que la Terre serait plate, et rejeter les idées de Copernic et de Galilée. Toutefois, si la revue *Socialist Viewpoint* tient à conserver sa crédibilité, elle ne peut publier ce genre d'idioties sans sourciller. Mon curriculum a toujours été à la disposition de mes lecteurs, et elle donne des pistes pour comprendre mon évolution personnelle ; mais je ne l'ai pas rédigé pour impressionner les socialistes sionistes, ni personne d'autre. Je préfère laisser mes écrits parler d'eux-mêmes à ceux qui veulent entendre. Ceci étant, pour ceux qui ne lisent ni l'hébreu, ni le russe, ni l'anglais, ou qui ne maîtrisent pas trop les moteurs de recherche sur internet, voici quelques points de repère :

* Mes traductions d'Agnon et de Joyce ont été publiées et republiées en Russie et ailleurs, voir ISBN 45-85220-487-0 et ISBN 5-05-005113-4 et elles sont en ligne sur plusieurs sites web. [157]

* Ma traduction d'Herzog a été publiée à Londres Nina Karsov, en 1986. [158]

*Ma traduction du Talmud et de textes afférents est également disponible sur la toile.[159]

* Quant à mon passé de parachutiste, on pourra lire une autre basse attaque personnelle publiée contre moi par le quotidien israélien d'extrême droite *Maariv*, sous le titre : « Un parachutiste

157. voir www.israelshamir.net/ru/agnon.htm, www.israelshamir.net/ ru/ ulysse.htm
http://www.israelshamir.net/ru/agnon.htm
http://www.israelshamir.net/ru/ulysse.htm
158. Voir : http://hedir.openu.ac.il/kurs/pol-bibliogr.html
159. http://www.israelshamir.net/talmud/indexoftalmud.html. voir aussi www.zacuto.org

israélien devient la coqueluche des antisémites». Ben Dror Yamini, l'auteur de cet «exposé» de huit pages, a rencontré beaucoup de gens qui me connaissent, recueilli des ragots sur mon humble personne ; mais il n'a jamais tenté de me contester mon béret rouge, durement gagné.

* Un coup de fil aux services du personnel de la BBC aurait suffi à confirmer que j'ai eu le plaisir d'appartenir aux effectifs de cette radio.

*Les militants du Mapam se souviennent de moi, qui ai été le porte-parole de leur groupe parlementaire, partageant cette responsabilité avec ce journaliste israélien arc-bouté à me diffamer et à dénoncer mes opinions de gauche.

* Mon grand-père était député, à la direction du Gosplan, du temps de Lénine, puis fut ensuite professeur de mathématiques. Mon arrière-grand-père était un rabbin très connu de Tibériade, et son fils a créé une synagogue portant son nom à Stockholm, en Suède. Il suffit de lire la plaque qui y est apposée, et qui en atteste.

* D'autres affirmations scandaleuses, reprises verbatim des sites ouèbes sionistes de droite Camera.org et Masada2000 sont aussi faciles à démentir. Mais ce n'est pas simplement un problème d'ignorance.

Rance est un malhonnête notoire. Il écrit : «Le fils de Shamir a été expulsé d'Israël vers la Suède», sans dire qu'il a été expulsé d'Israël pour avoir enfreint le siège imposé par l'armée israélienne autour de l'Eglise de la Nativité à Bethléem, et pour avoir apporté du ravitaillement aux Palestiniens qui y étaient assiégés, ce dont je suis extrêmement fier, et je pense que chacun d'entre nous peut le ressentir de la même façon.

Ce Rance est aussi un hypocrite. Voici ce qu'il ose dire : «Shamir a forwardé un message émanant de l'universitaire Sue Blackwell, de l'université de Birmingham, laissant apparaître ses coordonnées, ce qui représentait une menace sérieuse pour la sécurité physique des activistes». Mais cela ne l'a nullement empêché de publier les adresses et numéros de téléphone de ma famille suédoise, bien que cela représente un danger évident pour nous.

Aimerait-il voir ainsi son adresse et numéro de téléphone publiés? Voilà qui mérite tout simplement un carton rouge!

Pourquoi joue-t-il un jeu tellement brutal? Parce que les juifs font la police dans leurs rangs. A partir du moment où Shamir rejette la politique de la Juiverie mondiale, il ne peut pas être un juif. Ce qu'il est vraiment n'a aucune importance, tant qu'on peut le diffamer comme simulateur. Outre qu'il me considère Suédois, il écrit: « Shamir est un Russe de droite, qui se fait passer pour un gauchiste juif israélien… Je suis sûr qu'il est chrétien, mais qu'il trouve expédient de se faire passer pour juif». Autrement dit, un non-juif – pire: un chrétien… – n'est pas digne d'être traité équitablement, d'après le Talmud. Lorsqu'on a affaire à un goy, nul besoin de respecter les lois de la guerre, d'après Rance, ou d'après *Socialist Viewpoint*, cette « revue marxiste révolutionnaire » éditée et publiée par Weinstein, Seligman et LeClair. Le titre de la diffamation véhicule le même message raciste: un loup russe chrétien se dissimule sous la toison d'un agneau juif…

* J'ai du mal à digérer l'insinuation du subterfuge, mais cette insistance raciste sur l'atavisme juif est tout aussi indigne d'une revue socialiste. Pour mémoire: adoptant la position de Marx et de Simone Weil, je dénonce (et cela ne date pas d'hier) la perpétuation de l'identité juive. Dans une interview publiée par *Socialist Viewpoint*, en 2001, j'ai indiqué: « Je suis contre l'existence d'un État juif, en tant que tel. Pour moi, les juifs, en Palestine, doivent devenir Palestiniens, et les juifs de France doivent devenir Français. »[160] Cette attitude n'est pas exclusivement marxiste: Sir Carl Popper avait, lui aussi, refusé d'être couché dans l'Encyclopédie Juive (anglaise) [*Judaic Encyclopaedia*], disant qu'il « avait coupé tous ses liens, tant avec la religion qu'avec la communauté juive ».

Personnellement, j'ai cessé volontairement d'être un juif lorsque j'ai rejoint l'Eglise Orthodoxe de Terre Sainte. Mais ce n'est pas la seule manière de jeter le froc aux orties: des centaines d'Israéliens ont adressé une pétition à la Cour Suprême israélienne afin de demander

160. http://www.socialistviewpoint.org/july_aug_01/sum_01.html

à être destitués de leur « nationalité juive » et d'être déclarés citoyens « Israélo-Palestiniens ». Deux millions de citoyens israéliens – palestiniens, russes et éthiopiens – ne sont pas considérés « juifs » par l'État juif, et ne le souhaitent d'ailleurs pas. Des centaines de milliers, sinon des millions d'Israéliens (pour beaucoup d'entre eux, originaires de l'ex-URSS, avec un internationalisme chevillé au coeur) sont considérés comme « juifs », mais n'en veulent pas moins se débarrasser de leur exclusivisme juif. Ils veulent être Israéliens, ou Palestiniens. Mais ils ne veulent pas être : Juifs.

Cen'est pas là pinaillage académique. L'âme israélienne est une arène où se déroule une lutte entre deux forces, entre deux loyautés : envers la terre et envers le Peuple Juif dans le monde entier. La loyauté envers le territoire est susceptible de fournir une base à une unité complète avec le peuple palestinien indigène. La loyauté envers la juiverie mondiale (Am Israel) est au fondement de notre xénophobie, du Mur, de l'État (israélien) d'Apartheid. Les Palestiniens se voient dénier toute égalité de droits afin de maintenir l'« identité juive » de l'État. Les crimes les plus horribles du sionisme sont perpétrés au nom du Peuple Juif ; la « Judéité » est le moteur de l'épuration ethnique dans notre pays. Aussi notre combat contre « l'identité juive de l'État » est-il un élément spirituel fondamental de notre combat pour la démocratie en Palestine.

Mais la Juiverie mondiale réplique et frappe en retour, afin de conserver son emprise sur nos âmes. Roland Rance est un agent avancé de l'influence judaïque : il veut que chacun de nous, les Israéliens, répondions à l'appel en tant que juifs. De fait, en tant que membre du Parti Socialiste des Travailleurs, il s'est déclaré favorable au « remplacement de l'État juif par un État judéo-arabe démocratique et laïc de Palestine ».[161] Sa motion a été immédiatement repoussée, car les « Arabes » et les « Juifs » ne représentent pas deux nations. Les « Arabes » constituent un groupe linguistique et culturel de peuples qui comprend les Palestiniens, les Syriens, les Egyptiens, de toutes les confessions ; les juifs sont une caste reli-

161. http://www.cpgb.org.uk/worker/554/secularism1.htm

gieuse, un « peuple classe », comme les a définis Abram Leon. Roland Rance veut perpétuer cette caste. Moi, je veux la démantibuler. Roland Rance veut que les Israéliens restent juifs et préservent leur caractère à part. Moi je veux qu'ils – je veux dire : nous ! – deviennent des Palestiniens de la religion de leur choix, ou sans religion du tout ; qu'ils renoncent à tout privilège relatif au Peuple Juif à l'extérieur de la Palestine, qu'ils coupent le cordon ombilical avec Abe Foxman et Morton Zuckerman, et même avec Ronald Rance.

Tout ce discours à base de « Pas en mon nom ! » et « Le judaïsme n'est pas le sionisme » est futile. Qu'observons-nous, empiriquement ? Moins un Israélien est juif, plus il a de chances de lier amitié avec des Palestiniens. Même le général Rafael Eitan, disparu depuis peu, faisait l'admiration de ses nombreux amis palestiniens ; c'était pourtant un pourfendeur d'Arabes, militairement. Mais il n'y avait absolument rien de juif, dans son attitude.

C'est incontournable : il faut dé-judaïser les Israéliens, il faut les déconnecter du Peuple Juif outre-mer, afin de les lier aux indigènes (palestiniens). Je réalise que ce n'est pas seulement pour sauver des âmes, que les socialistes m'opposent le concept de judéité. Ils ont des raisons pragmatiques, d'ordre tactique, pour ce faire. Ce concept est utilisé afin de faire peur aux braves Américains, Britanniques et Européens et de les dissuader de soutenir l'égalité en Palestine, en associant cette égalité à l'« antisémitisme ». De fait, mes relations avec *Socialist Viewpoint* se sont dégradées après la publication de mon essai « Les Marxistes et le Lobby », dans lequel je critiquais Nat Weinstein, lequel s'ingéniait à rabâcher de manière absurde le mantra du « danger antisémite ». Résultat : si, en 2001, *Socialist Viewpoint* avait été fier de publier des articles écrits par Israël Shamir de Tel-Aviv,[162] je suis décrit, dans sa livraison de septembre 2004, comme « un certain Israël Shamir ». Le revirement s'explique par « la thèse de Shamir, selon laquelle le Lobby juif est le responsable pre-

162. www.socialistviewpoint.org/july_aug_01/sun_01.html

mier des crimes de l'impérialisme états-unien au Moyen-Orient». Cette thèse «a plus qu'un simple relent d'absurdité antisémite», écrivent-ils. Si même le «magazine marxiste révolutionnaire» répète les dogmes inspirés par l'AntiDefamation League, que pouvons-nous attendre de la part du citoyen américain lambda?

Récemment, les conseillers municipaux de Sommerville (Massachusetts) ont décidé de renoncer à leur intention de désinvestir d'Israël. Les sionistes les ont intimidés jusqu'à ce qu'ils se soumettent, et je ne saurais les blâmer, dès lors que tous les médias américains, depuis le *New York Post* jusqu'à *Socialist Viewpoint*, que tous les magnats, de Dershowitz jusqu'à Weinstein, sont unis dans leur «tolérance zéro pour l'antisémitisme» ; risquer d'encourir leurs foudres serait suicidaire. Même l'organisation *Rabbis for Human Rights* «Rabbins pour les Droits de l'Homme», très applaudie par Ronald Rance et consorts, a décrit cette action de désinvestissement en la qualifiant d'acte antisémite.

Quelques bons juifs ont tenté d'entamer la position juive, totalement unie, en affirmant que le «désinvestissement n'avait rien d'antisémite». De la même manière, les conjurés français de la Fronde, au sein du mouvement des Décembristes russes, affirmaient qu'ils n'avaient rien contre le roi, mais qu'ils étaient plutôt contre ses ministres. Leur démarche à pas feutrés fut bien incapable d'entraîner l'adhésion du peuple. Les révolutions réellement couronnées de succès – comme celles de 1789 ou de 1917 – se sont produites lorsque le peuple s'est mis à entonner La Carmagnole, avec son slogan téméraire: «Les aristocrates: à la lanterne!» La marée du soutien pro-israélien nous a amenés, à mon avis, à la destruction de la Palestine et de l'Irak. Elle aboutira sous peu à une agression contre l'Iran. Cette marée ne reculera que si, et lorsque, les Américains et les Européens commenceront à rejeter les accusations d'antisémitisme portées contre eux, de la même manière qu'ils haussent les épaules, aujourd'hui, devant des accusations de lèse-majesté (manque de respect envers la Couronne). C'est pourquoi nous, qui sommes les amis et les amoureux de la Palestine, nous devons lutter non pas simplement contre l'occupation, mais afin de faire perdre à la judaïté la signification qu'on s'ingénie à lui attribuer, et déconstruire la Juiverie.

L'effondrement de la Juiverie sera, y compris pour les juifs, une délivrance par rapport au fardeau cosmique qu'ils portent aujourd'hui. A une immense majorité, les juifs seront heureux de devenir de simples Américains, de simples Britanniques ou de simples Français ; une petite communauté juive ultra-orthodoxe persistera, tels les Amish ou telle autre petite enclave pacifique et honorée, et les gens d'origine juive ne seront plus jamais happés dans un combat démoniaque pour la prééminence à l'échelle globale.

Les Palestiniens peuvent être classés suivant de nombreux critères : par taille et par poids, par âge ou par tranche de revenus, par leur religion ou leur région d'origine. Le critère de judaïté est celui qui unit toutes les communautés immigrées, par opposition aux indigènes. Cela confère un énorme pouvoir à l'élite ashkénaze immigrée, et elle s'en est servie largement Mais si la judaïté devenait aussi (peu) importante que la couleur des cheveux, nous nous retrouverions dans une situation entièrement différente : il y aurait la population indigène, plus une pléthore de communautés immigrées originaires des pays les plus divers. Au lieu des Palestiniens face « aux Juifs », il y aurait les Palestiniens – face à des immigrés de Pologne et d'Allemagne, de Russie et du Maroc, du Yémen et de France. Les indigènes seront en mesure d'exercer une influence décisive et ils finiront par absorber ces immigrés, qui n'ont rien en commun entre eux, pour bâtir ensemble une Terre sainte inédite, vibrante, chatoyante dans sa diversité.

Aussi ma position sur les juifs n'est-elle en rien dictée par je ne sais quelle lubie, ni par ce que Rance et ses pairs appellent mon « antisémitisme ». Mon pays est dans une situation impossible. J'ai vu la pire espèce d'hypocrisie célébrée comme « une grande avancée vers la paix », et j'ai vu des solutions pratiques et raisonnables torpillées comme irréalistes. Je sais que, pour unifier le pays dans une paix durable, il faut d'abord rendre aux autochtones palestiniens leur statut naturel ; c'est seulement alors que nous pourrons aider les immigrants à s'enraciner dans le sol de la Terre Sainte.

CHAPITRE XXVI
QUI VEUT LA PEAU DE VLADIMIR RABBIT ? [163]

Si le gros méchant tue moult innocents – si je me souviens bien du merveilleux dessin animé de Zemecki, sorti en 1988 – c'est uniquement un coup monté contre Roger Rabbit. Ce film est une parodie des films policiers d'Hitchcock, dans lesquels le héros tombe sur des cadavres à tous les coins de rue, mais plus il en trouve, plus le noeud coulant se resserre sur son cou. Chandler et Hammett avaient innové en créant ce genre de polar, parce qu'ils en avaient assez des intrigues simplettes et des schémas éculés. Leurs héros doivent élucider des crimes mystérieux, tout en étant eux-mêmes poursuivis par la police et dénigrés par la presse.

Le Président russe Vladimir Poutine s'est retrouvé dans la position nconfortable de Roger Rabbit. Peu après l'assassinat d'Anna Politkovskaïa, une journaliste d'investigation, un espion transfuge

163. 6 décembre 2006.

mourait, à Londres, tout en accusant Poutine, sur son lit de mort. La troisième mort – celle de l'obèse ex-Premier ministre Gaïdar – n'a pas encore eu lieu, mais chaque fois qu'il éternue, on montre Poutine du doigt. Il semble que toute mort violente ou suspecte soit automatiquement déposée sur le paillasson de Poutine, dans la meilleure tradition chandlerienne... Roger Rabbit était la victime d'un coup monté visant à prendre le contrôle de Toon Town ; Poutine est, quant à lui, victime d'un coup monté visant à s'emparer des destinées et des ressources naturelles de la Russie.

Seul quelqu'un de très jeune, totalement innocent et sincère peut croire que les propriétaires et éditeurs de médias – les Maîtres du Discours – se préoccupent le moins du monde de personnalités politiques russes marginales tels Politkovskaïa et Litvinenko. S'ils assoient Poutine sur le poêle chauffé à blanc, c'est uniquement parce qu'ils veulent le voir livrer l'Iran aux bombardiers états-uniens et Sakhaline-2 aux compagnies pétrolières occidentales, brader le gaz et autres richesses naturelles russes et oublier sa politique étrangère qu'ils jugent par trop indépendante. Ils lui montrent (et à nous aussi, par la même occasion) la puissance de la machine médiatique, cet appareil sans pareil pour zombifier les foules. Ils sont en mesure de fixer l'agenda du monde et faire de Poutine un assassin en série, de Clinton un obsédé sexuel, de Chavez un antisémite, d'Ahmadinejad un nouvel Hitler, des Palestiniens des agresseurs et des Israéliens des victimes !

A leur apogée, même les Papes n'avaient pas un tel pouvoir : quoi que les Maîtres du Discours disent, ça passe.

Ils ne manquent jamais la moindre occasion de mentionner la carrière de Poutine au KGB, bien que toute allusion au passé de Bush à la CIA ou à celui de Tsipi Livni au Mossad soit jugée parfaitement inconvenante dans la bonne société. Ils nous rappellent un transfuge bulgare assassiné voici une vingtaine d'années, mais ils ne font jamais aucune allusion au plus grand assassin organisé de nos jours – l'État juif –, si ce n'est avec une admiration modérée par l'hypocrisie du politiquement correct, comme dans le film *Munich* de Spielberg. Toutefois, Israël assassine, Israël kidnappe et Israël emprisonne ses opposants politiques, quotidiennement : tous les dirigeants palestiniens déjà en activité voici vingt ans de cela ont été depuis lors assassinés par les juifs. Les services israéliens recourent au poison, aux missiles téléguidés, aux bombes à craquer les bunkers, au centre Nes Tsiona de production d'armes chimiques et biologiques, ainsi qu'à d'autres joujoux dignes d'un James Bond, comme la « guêpe tueuse bionique ».[164]

Ils ont eu recours à leur fameux poison dans leur tentative d'assassinat sur la personne de Khaled Meshaal, du mouvement Hamas ;[165] les assassins ont été pris sur le fait, et arrêtés. Il n'est absolument pas douteux qu'ils ont eu recours au poison pour assassiner Arafat : le journal *Ha'aretz* a publié des indices très clairs allant dans ce sens ; d'ailleurs, beaucoup d'Israéliens proches des milieux du renseignement en sont convaincus. Et c'est là où ça commence à devenir particulièrement intéressant : l'autopsie d'Arafat a révélé la présence de Polonium 210, soit exactement la même substance mortelle qui a tué le transfuge russe. Toutefois, les Maîtres du Discours et leur machine-à-fabriquer-l'opinion-publique-mondiale ont rejeté cette découverte stupéfiante, l'attribuant à un traitement chimiothérapique qui aurait été administré, allez savoir, au dirigeant palestinien ? !! En revanche, aujourd'hui, ils affirment que ce même isotope radioactif pointe un index accusateur contre Poutine, et peu importe le fait que le Polonium 210 soit en vente libre sur Internet…

Toutes les pistes conduisent à Poutine. Dans un journal israélien de ce jour, la demande de réciprocité dans le traitement des criminels arrêtés, formulée par la Russie (demande on ne peut plus ordinaire et habituelle), est qualifiée de « chantage de Poutine » ; quant au désir exprimé par un Russe de posséder des stations d'essence en Occident, de vendre du super à la pompe et non pas seulement du pétrole brut [russe] sorti du puits, il se voit qualifier de « preuve des tendances hégémoniques de Poutine ».

164. www.report.com/node/2806
165. www.salon.com/news/1997/10/07news.html

A la différence des vieux Bolcheviques, Poutine n'est pas trempé comme l'acier, et il est susceptible de céder sous la pression, de permettre à Israël de bombarder l'Iran, de donner aux compagnies pétrolières occidentales carte blanche dans son propre pays, comme l'ont fait Gorbachev et Eltsine. S'il cède, ne doutons pas un seul instant qu'il deviendra la coqueluche des mass-médias, que ses prétendus crimes seront très vite oubliés et qu'il sera invité à tous les raouts de la planète.

C'est ce qui s'est passé dans le cas de Muammar Kaddafi : il était personnellement accusé de toutes les avanies, et son pays se vit contraint de verser des milliards pour la catastrophe de Lockerby, bien qu'il n'y eût en rien été impliqué, comme l'ont reconnu plusieurs observateurs internationaux au procès afférent.[166] Kaddafi a capitulé devant la volonté suprême des Maîtres du Discours, et les attaques contre lui ont cessé immédiatement, comme par enchantement.

C'est ce qui se produira, pour Poutine, aussi, pour peu qu'il fasse les quatre volontés d'Israël et qu'il livre l'Iran en pâture aux bombardiers.

L'admirable écrivain indien Arundhati Roy a écrit que tous les dirigeants [du tiers-monde] sont horribles ; mais que, tant qu'ils laissent l'Occident leur piquer les richesses naturelles de leurs pays respectifs, ils peuvent être tranquilles. Ce n'est que lorsqu'ils protestent contre ce vol, qu'ils deviennent des monstres, aux yeux d'une opinion publique de plus en plus docile. Nous devons tout faire afin de tenter de mettre fin à cette tendance ; nous ne sommes pas de taille à lutter contre les missiles de la marine américaine, mais nous pouvons – que dis-je, nous devons – saboter l'arme la plus terrible des Maîtres du Discours – leur machine médiatique à laver les cerveaux – en refusant catégoriquement de nous aligner sur eux, en nous mettant, tout simplement, à penser par nous-mêmes.

166. www.williambowles.info/spysrus/lockerbie.html

CHAPITRE XXVII
LA RECONVERSION DU FÜHRER[167]

Les propos téméraires du Premier ministre de Malaisie, qui ont jeté un pavé dans la mare, provoquant des remous dans le monde entier, ont eu des conséquences tout-à-fait inattendues. Evidemment, le Congrès américain s'est insurgé contre la notion inouïe d'une influence juive, après quoi, il s'est empressé de voter un prêt de plusieurs milliards de dollars à Israël. Le JINSA a rejeté l'affirmation du Dr Mahathir, selon lequel les juifs fomentent des guerres. En effet, les guerres promues par les juifs s'appellent, qu'on se le dise, « démocratisation » ou, plus modestement : « Der des Der – guerre pour mettre fin à toutes les guerres ».

Seul, le président français Jacques Chirac avait un mis un peu de retard à réagir, et il s'est retrouvé vite fait sous les projectiles. La notoirement inexistante « influence juive » pourrait entraîner sa

167. http://www.cpgb.org.uk/worker/554/secularism1.htm

démission, comme ce fut le cas pour Charles de Gaulle après son embargo malvenu imposé aux armes destinées à Israël, en 1967 (ce grand général ne put tenir le coup au pouvoir que tout juste une année supplémentaire). Jacques Chirac a pris le premier avion pour Canossa et il a fini par se résigner à envoyer une lettre de condamnation au vieux docteur. Comme le bon roi Henry IV, il a préféré se soumettre au pouvoir qui a succédé à celui de la Papauté, dans les esprits des Européens et des Américains.

Peine perdue! *Maariv*, un journal israélien de caniveau l'a attaqué quand même. Ce torchon, du coup, en a complètement oublié la lointaine Malaisie: il a publié une photo déformée de manière grotesque de Jacques Chirac, au-dessus de la légende: « La dégaine antisémite de la France ».[168] Des comparaisons complète-

168. Jérusalem, 19.10.2003 (AFP) : Un quotidien israélien a publié dimanche en « une » une photo de Jacques Chirac, à côté du titre « Le visage de l'antisémitisme de la France », affirmant que le président français a bloqué une résolution de l'UE condamnant des propos antisémites du Premier ministre malaisien. Selon le journal *Maariv*, M. Chirac a empêché l'inscription dans les conclusions du sommet des dirigeants de l'UE d'une formule qui condamnait les propos, jeudi, du Premier ministre malaisien Mahathir Mohamad sur les juifs. Cette résolution les qualifiait de « faux » et d'«antisémites » et estimait qu'«ils n'ont pas leur place dans le monde civilisé », écrit le quotidien. Israël avait dénoncé vendredi les propos de Mahathir Mohamad, qui a accusé jeudi les juifs « de diriger le monde », dans son discours d'ouverture du sommet de l'Organisation de la Conférence islamique (OCI) à Putrajaya (Malaisie), affirmant qu'ils faisaient « injure aux victimes de la Shoah ». Dans son éditorial, le rédacteur en chef du *Maariv*, Amnon Dankner, affirme que « deux types d'esprits soufflent en France: celui du progrès, de l'humanisme et du courage, et celui de l'antisémitisme, de l'étroitesse de vue et de la traîtrise dont Chirac s'inspire ». « Le fait que le président d'un important pays européen empêche les Européens de condamner l'une des pires expressions d'antisémitisme formulées publiquement depuis la fin de la Seconde guerre mondiale est une tache pour la France », écrit M. Dankner. « Cela survient précisément alors que l'antisémitisme refait surface en France, au moment où l'on brûle à nouveau les synagogues, où l'on profane les cimetières juifs et où les juifs sont attaqués dans la rue et sont victimes de graves manifestations de haine antisémite »,

ment hystériques de Chirac avec le Maréchal Pétain ont été tentées par Amnon Dankner, le rédacteur en chef de *Maariv*. Son éditorial et les autres articles du même acabit, notamment de Nahum Barnea (qui a qualifié Chirac de « collaborateur »), adressés manifestement aux juifs français, injectent leur venin bouillant afin de les inciter à se tourner contre leurs voisins non-juifs et contre la France.

Toutefois, les juifs de France (en majorité des descendants séfarades d'immigrants venus du Maghreb) seraient bien avisés de s'enquérir de la personnalité d'Amnon Danker, rédacteur en chef de *Maariv*, avant d'en suivre les ordres. Voici quelques années, ce combattant de la cause juive a publié un long essai sous le titre « Je n'ai pas de sœur » [*Ein Li Achot*],[169] dans lequel il qualifie les Séfarades de « babouins » et de « barbares venus de la périphérie de la culture française déliquescente ». Dites-moi, Derrida, vous vous

ajoute-t-il. M. Dankner a aussi accusé le président français de s'« être rangé parmi les représentants d'une France qui a jadis massivement collaboré avec les nazis, la France du maréchal Pétain qui a servi Hitler, la France du régime de Vichy qui a traqué une poignée de résistants (...), la France qui a pourchassé et enfermé les juifs pour les livrer aux nazis afin qu'ils soient exterminés ». Interrogé par l'AFP, le conseiller de presse de l'ambassade de France à Tel-Aviv, Pierre Filatoff, s'est déclaré « surpris » par la réaction du *Maariv*. « Il n'y a pas matière à polémique. Le fonctionnement des institutions européennes est tel que les déclarations condamnant l'antisémitisme n'ont pas leur place dans ces documents de l'Union européenne », a-t-il affirmé. Le chef de la diplomatie italienne Franco Frattini avait indiqué jeudi que son pays, qui assure actuellement la présidence tournante de l'UE, souhaitait inclure dans les conclusions du sommet de Bruxelles, qui s'est clos vendredi, la condamnation des propos tenus par le dirigeant malaisien. « Nous allons exprimer notre déception et déplorer les propos tenus par le Premier ministre malaisien », avait-il déclaré lors d'une conférence de presse. Le projet de conclusion proposait que « l'UE déplore profondément certaines affirmations du Premier ministre malaisien dans son discours d'ouverture de l'OCI, où il a utilisé des expressions gravement offensantes, clairement antisémites », avait déclaré Franco Frattini.

169. http://www.iasa.jlm.k12.il/images/fnisrael/dankner1.gif

reconnaissez, là-dedans ? Et vous, Albert Memmi, c'est là votre portrait ? En ces temps de tension entre les Maghrébins (les « juifs arabes ») d'Israël et l'élite ashkénaze, le même Dankner a écrit : « S'il y a une guerre, elle n'a aucune chance d'être fratricide (entre Ashkenazim et Sefardim), car je ne considère pas que ces babouins soient mes frères ». Il exprimait ainsi le sentiment viscéral de l'élite ashkénaze, c'est-à-dire de ces gens qui tentent aujourd'hui de mettre les juifs français de leur côté : les Sefardim sont tout en bas de la société israélienne, ils ne sont presque pas représentés dans les universités, ni dans les médias, leur parti est exclu du pouvoir, leurs dirigeants sont ostracisés et leur culture est anéantie.

Dankner et Barnea, du *Maariv*, ont eu le culot de parler du « passé collaborationniste [avec les nazis] de la France » ! Eh bien, en matière de nazis, ils en connaissent un rayon ! Il y a quelques jours, alors que *Maariv* était en pleine campagne de chasse aux sorcières contre les pilotes de l'armée de l'air israélienne qui refusent les missions d'assassinats aériens ciblés, il publiait un long article dans un de ses suppléments.[170] Condamnant à l'évidence les pilotes, un patriote anonyme écrivait :

« Ceux qui veulent vivre, qu'on les laisse aller au combat, et ceux qui ne veulent pas se battre, dans ce monde d'affrontements éternels ne méritent pas de vivre. Nous combattons pour notre défense et l'existence de notre peuple, pour que nos enfants vivent, pour la liberté et l'indépendance de la Terre de Nos Ancêtres. Nous sommes en guerre, et par conséquent les fils de notre peuple devraient être à la hauteur de la mission qui leur a été confiée par Dieu. Nous sommes une nation pacifique, c'est notre conviction profonde. Nous voulons la paix, car la guerre n'est pas une solution. Mais notre guerre contre l'Ennemi ne peut pas être menée de manière chevaleresque. C'est une lutte entre des conceptions diamétralement opposées de la vie, et elle doit être conduite avec une dureté inflexible. Pour atteindre nos objectifs, nous devons faire usage de la force requise. Nous n'aurions jamais pu obtenir

170.http://www.edma.co.il/opinion/opinionfile/NurielYeoda121003.htm

notre État si nous nous étions contentés de prier Dieu ou d'appeler les Nations Unies à l'aide. Seule la force – notre force – peut nous aider. Un souffle peut balayer l'ennemi, mais au prix de pertes considérables. Un souffle gigantesque qui détruira toute chose. Notre message n'a que deux faces, un côté positif et un côté négatif ; l'amour ou la haine, le juste ou l'injuste, la vérité ou le mensonge, et il n'y a pas de place pour les demi-teintes. Notre Seigneur Dieu ne nous laisse jamais hésiter ou reculer. Si nous sommes forcés d'envoyer la fleur de la nation dans l'enfer de la guerre sans prendre peur, alors nous avons le droit de faire partir d'ici des millions de gens qui se reproduisent comme de la vermine. Nous ne nous battons pas pour nous-mêmes, mais pour le monde entier. ».

L'article ne retint pas vraiment l'attention, car il s'agissait d'un duplicata conforme de la logorrhée généralement commise par Messieurs Dankner et Barnea. Mais, quelques jours après, un retraité à l'œil acéré eut son attention attirée par un détail : l'article en question était signé A. Schickelgruber, un des pseudonymes d'un certain Hitler Adolf. De plus, ce texte était un remix de discours et d'écrits du Führer !

Cette nouvelle carrière posthume du chef nazi, réincarné en éditorialiste sioniste, apporte la preuve irréfutable de la nazification avancée de la société israélienne. Les sympathisants sionistes feignent l'indignation dès lors que leurs exactions sont comparées à celles des nazis, mais la publication de cet article de la plume d'Hitler et l'absence de réaction du public israélien constituent une expérience probante : le discours israélien s'est entièrement réapproprié la propagande nazie, la renversant à son profit. Cette découverte aurait dû faire l'effet d'une douche froide sur la tête des sionistes fanatiques, mais tel ne fut pas le cas. Au lieu de déchirer leurs chemises de gala taillées sur mesure et de se renverser de la cendre sur leur calvitie, Dankner et son acolyte Barnea ont viré le courageux journaliste Yehuda Nuriel, qui avait fabriqué le courrier des lecteurs en question, et tendu ainsi un miroir devant le visage hideux d'Israël.

Mais, cette fois-ci, les élites ont poussé trop loin la balle : les intellectuels séfarades se sont révoltés contre leurs mentors sionistes ashkénazes : ils apportent leur soutien à Yehuda Nuriel.[171] Assisterait-on à un réveil séfarade ? Peut-être. De Haïm Baram (à Jérusalem) à David Shasha (à New York), les Séfarades cherchent leur voie propre. Puissent-ils éclairer le chemin à leurs frères de France, et établir un pont de paix entre les communautés de Palestine !

171. http://www.kedma.co.il

CHAPITRE XXVIII
LES PÂQUES SANGLANTES DU DR TOAFF [172]

Le sang, la trahison, la torture et la reddition sont si intimement mêlés, dans l'histoire du professeur Ariel Toaff, un juif italien, qu'on pourrait la croire sortie de la plume de son éminent compatriote, Umberto Eco. Ce Dr Toaff tomba par hasard sur une découverte effrayante : horrifié, il n'en poursuivit pas moins courageusement son chemin, impavide, jusqu'au jour où il subit la pression – insupportable – de sa communauté. Il a fini par se rétracter. Brisé.

Le Dr Toaff est le fils du grand rabbin de Rome. Il est professeur à l'Université juive de Bar Ilan, non loin de Tel Aviv. Il s'est fait un nom par ses études pénétrantes sur la juiverie médiévale. Sa somme en trois volumes : *Amour, Travail et Mort* (sous-titrée *La vie juive dans l'Ombrie médiévale*) est une encyclopédie de son champ

172. Février 2007.

de recherches (lequel pourrait paraître, à première vue, extrêmement spécialisé). C'est en poursuivant ses recherches dans ce domaine qu'il découvrit que les communautés juives ashkénazes vivant dans le Nord de l'Italie pratiquaient une forme particulièrement horrible de sacrifices humains : en effet, leurs sages et leurs adeptes kidnappaient et crucifiaient des bébés chrétiens, dont ils utilisaient le sang au cours de rituels magiques invoquant l'Esprit de Vengeance contre les Goyim honnis.

Il s'est, en particulier, intéressé au cas de saint Simonetto de Trente. Ce bébé âgé de deux ans, originaire de la ville italienne de Trente, fut kidnappé chez lui par une poignée de juifs ashkénazes, à la veille de la Pâque de l'an 1475. La nuit suivante, les kidnappeurs assassinèrent l'enfant, le saignèrent, lui transpercèrent le corps avec des aiguilles, et le crucifièrent la tête en bas, aux invocations : « Puissent tous les chrétiens périr, qu'ils se trouvent sur terre ou en mer ! ». C'est ainsi qu'ils célébrèrent leur Pâque – un rituel archaïque consistant à faire couler le sang et à tuer des bébés, au sens le plus littéral du terme tuer, sans nul recours à la transsubstantiation du sang en vin.

Les criminels furent arrêtés ; ils avouèrent et furent jugés coupables par l'Evêque de Trente. Immédiatement, les juifs élevèrent une protestation au Pape, lequel envoya à Trente l'Evêque de Vintimille, à des fins d'investigation. Celui-ci aurait reçu un pot-de-vin confortable de la part des juifs, en conséquence de quoi, il conclut que l'enfant avait été assassiné par une bombe plantée là par le Hamas, afin de ruiner la réputation d'Israël, aucun projectile d'artillerie de Tsahal n'ayant été retrouvé sur la plage de Trente. « Simon avait été tué par des chrétiens, dans l'évidente intention d'apporter la ruine aux juifs », indique *l'Encyclopédie juive* d'avant-guerre, extrêmement prémonitoire : en effet, ce même argument fut utilisé, mot pour mot, par les juifs, en 2006, afin de tenter de justifier le massacre massif d'enfants, à Kafr Qana.[173].

173. www.captainsquartersblog.com/mt/archives/007667.php

Au quinzième siècle, les juifs étaient, certes, influents. Mais ils n'étaient pas (encore) tout-puissants. Ils ne pouvaient pas se jouer du monde entier comme ils le firent, en 2002, après leurs massacres à Jénine, donnant à absolument tout le monde l'ordre de dégager, au motif qu'il n'y aurait rien eu à voir. A l'époque, ils ne bénéficiaient pas du veto pavlovien des Etats-Unis au Conseil de Sécurité de l'ONU. Ils n'étaient pas en mesure de bombarder Rome, et il allait s'écouler encore quatre siècles avant que ne fût inventé le mot « antisémitisme ». On leur accorda un marché d'ami, bien différent du traitement de faveur qu'ils exigent de nos jours, mais qui reste pour nous autres un sort enviable : le Pape Sixte IV réunit une commission de six cardinaux, présidée par le meilleur juriste de l'époque, et il lui confia le re-jugement de cette affaire. Et (même) cette Cour Suprême trouva les assassins coupables. Les minutes du procès ont survécu aux siècles, et on peut les consulter, de nos jours, au Vatican.[174]

En 1965, l'Eglise catholique romaine entama une sorte de *perestroïka*. Ce furent les tristes vieux jours de Vatican II, durant lesquels les modernisateurs éradiquèrent les fondements de la tradition, dans l'espoir de mettre la foi au goût du jour et de la faire coller au nouveau discours de la modernité judéo-compatible. Dit plus simplement : les évêques voulaient être aimés par la presse libérale.

Les juifs, toujours en alerte, profitèrent de cette opportunité pour pousser les évêques à dé-canoniser saint Simon de Trente. Les évêques furent bien trop heureux d'une telle aubaine : déjà, au cours d'un rituel bizarre, les dirigeants de l'Eglise catholique avaient trouvé les Hébreux innocents de la Crucifixion du Christ, tout en reconnaissant la faute de l'Eglise dans la persécution des juifs : en comparaison avec une volte-face aussi magistrale, la cru-

174. Pour plus de détail sur la version catholique de ces événements, voir http://www.stsimonoftrent.com. Pour plus de détail sur la version juive des mêmes événements, voir http://www.jewishencyclopedia. com/ view. jsp?artid=803&letter=S

cifixion d'un bambin italien n'était que de la petite bière, vous l'imaginez aisément... En moins de temps qu'il n'en faut pour le dire, les évêques décidèrent donc que les aveux des assassins n'étaient pas recevables, car ils auraient été obtenus sous la torture et, ainsi, les accusés furent innocentés, le jeune martyr étant, quant à lui, tout simplement passé par pertes et profits. Il fut mis un terme à son culte, qui fut prestement interdit, et les reliques de l'enfant martyrisé furent retirées de l'église où elles reposaient; et jetées en un lieu secret, afin d'éviter toute reprise intempestive d'éventuels pèlerinages. [175]

Mais revenons au Dr Ariel Toaff. En étudiant les archives du procès, celui-ci a fait une découverte stupéfiante: bien loin d'avoir été dictées par des investigateurs zélés recourant à la torture, les confessions des assassins du petit Simon contenaient des éléments totalement inconnus des hommes d'Eglise ou des gendarmes italiens. Les assassins appartenaient à la petite communauté ashkénaze attardée: ils pratiquaient des rites qui leur étaient propres, très différents de ceux des juifs italiens autochtones. Ces rites ont été fidèlement décrits dans leurs dépositions; or ils étaient totalement inconnus de la brigade criminelle de l'époque. « Ces formules liturgiques, en hébreu, à la tonalité violemment antichrétienne, ne sauraient être les projections de juges, qui n'auraient en aucun cas pu connaître ces prières n'appartenant en aucun cas au rituel des (juifs) italiens, mais à la tradition ashkénaze », écrit Toaff. Un aveu n'a de valeur que s'il contient un minimum de véridicité et de détails vérifiables concernant le crime, dont la police n'aurait pas eu préalablement connaissance: cette loi d'airain de l'investigation criminelle avait été scrupuleusement respectée, dans l'enquête sur le crime rituel de Trente.

Cette découverte est de taille à secoucr l'Eglise, à lui procurer un choc salutaire et à lui redonner forme. Le noble rabbin lettré Ariel Toaff, docteur de l'université, a remis saint Simon à l'ordre

175. http://www.trentinocultura.net/orizzonti/notizie/Anno-2006/rogger.doc_cvt.asp

du jour – oui, lui, saint Simon, ce bébé victime à un double titre : victime de la vengeance, au quinzième siècle, et victime de la perestroïka vaticanesque du vingtième siècle. Voilà qui appelait repentance de la part des docteurs du Vatican, qui ont oublié l'enfant assassiné, tout à leur drague d'importants juifs américains. Mais ils ne reconnaissent toujours pas leur funeste erreur. Monsignor Iginio Rogger, un historien de l'Eglise, qui a induit en erreur les investigateurs sur l'affaire de saint Simon dans les années 1960, a déclaré que les aveux n'étaient absolument pas fiables, car « les juges avaient eu recours à d'horribles tortures ».[176] C'était là, à tout le moins, formuler une observation antisioniste – et, « donc », antisémite – car si on devait rejeter du revers de la main tous les aveux obtenus sous la torture, tous les prisonniers palestiniens qui croupissent dans les atroces geôles juives devraient être libérés *illico*. C'était aussi, là, une remarque antiaméricaine, car les Etats-Unis reconnaissent la valeur de la torture, qu'ils pratiquent allègrement, notamment (mais pas seulement) à Guantanamo. C'était là, de surcroît, formuler une objection négationniste, étant donné qu'elle invalide en essence le procès de Nuremberg. Alan Dershowitz, le juriste américano-juif renommé, aurait pu l'expliquer à Rogger, mais dans le cas particulier, il a préféré résister à la tentation.

Plus sérieusement : la principauté italienne dont relevait Trente, et les autorités ecclésiastiques du XVe siècle, avaient agi de façon tout-à-fait humaine, en appliquant la torture à des juifs ; en effet la loi juive approuve la torture. C'est ce qu'Alan Dershowitz nous a expliqué, et cela nous a été confirmé par le rabbin Asher Meir, du centre d'Ethique des Affaires de Jérusalem, dans un article au titre plein d'allant : « Pour une éthique juive : l'éthique de la torture ».[177] A la question : que dit le judaïsme au sujet de la torture appliquée à des suspects pour leur extorquer des aveux qui peuvent sauver des vies ? Asher Meir répond :

176. www.usatoday.com/news/world/2007-02-10-italy_x.htm
177. www.aish.com/societyWork/work/the_Jewish_ethicist_-_The_ Ethics_of_ torture.asp

« Toute personne qui détient des informations permettant de sauver une vie a l'obligation de les révéler (cela relève du devoir d'assistance à personne en danger) et le droit à l'autodéfense justifierait par ailleurs des actions agressives pour obliger la personne à communiquer ce qu'elle sait. Le refus d'obtempérer de l'informateur potentiel peut causer une calamité... c'est pourquoi la loi sur les procédures pénales reconnaît toute forme de pression physique, y compris les mutilations physiques, lorsque c'est nécessaire pour préserver la vie d'une victime... » Selon la loi juive, l'argument sur lequel s'articule le raisonnement, c'est l'obligation pour l'informateur lui-même d'aider autrui. Sous cette mouture inattendue, la sanction de la torture – l'aveu – devient une expression de son humanité, plutôt que de son inhumanité. Nous sommes autorisés à le faire souffrir précisément parce que nous insistons, en dépit du fait qu'il s'agit d'un ennemi, pour voir en lui une personne qui a ses propres obligations éthiques envers autrui. Donc, les enquêteurs de l'Eglise étaient autorisés à « faire souffrir [les juifs] précisément parce que nous tenons, malgré le fait qu'il s'agissait d'ennemis, à voir en eux des gens qui ont leurs propres obligations éthiques envers autrui ».

Bref, la sanction de la torture – l'aveu – devient une expression d'humanité ; et les juifs ont appliqué cette norme dans bien des geôles israéliennes, au Sud Liban occupé, dans la prison d'Al-Kliyam, et en tant que conseillers à Abu Ghraïb. Pourquoi ne pas appliquer cette norme juive aux juifs, en fin de compte ?

« Je ne voudrais pas être à la place de Toaff, et avoir à répondre de ses assertions devant des historiens ayant sérieusement étudié cette affaire », a déclaré Rogger à *USA Today*. Mais la place de Toaff est préférable – et de très loin – à celle de Rogger, qui devra répondre de son manque d'égards envers le Saint, au Paradis. De plus, le crime perpétré à Trente n'était nullement une exception : Toaff a découvert de nombreux autres cas de ces sacrifices sanglants, dans lesquels il est fait état d'enfants mutilés, dont le sang versé fut utilisé dans la confection de *matzots* (pain azyme), leurs occurrences s'étendant sur plus de cinq siècles d'histoire européenne.[178] Le sang, ce breuvage magique, était un remède populaire, à cette époque lointaine, comme d'ailleurs en tous temps: Hérode tenta de rester jeune en se baignant dans le sang de bébés qu'il faisait assassiner à cette seule fin; les alchimistes utilisèrent du sang, dans leurs expériences visant à tenter de transmuter le plomb en or; les sorciers juifs s'adonnaient à la magie, et ils avaient recours au sang comme tout un chacun. Ces denrées précieuses qu'étaient le sang humain, la poudre de sang humain et les matzots complémentées au sang humain faisaient l'objet d'un commerce extrêmement lucratif. Des commerçants juifs en faisaient commerce, accompagnées d'attestations rabbiniques en autorisant la vente; le produit le plus prisé et le plus cher était le sang d'un *goy katan*, c'est-à-dire d'un enfant non-juif. Les vendeurs ordinaires proposaient, quant à eux, simplement du sang provenant d'une circoncision, moins prisé. Ces sacrifices sanglants étaient des « actions et des réactions instinctives, viscérales, virulentes, au cours desquelles des enfants ne comprenant rien à ce qui leur arrivait *devenaient* des victimes innocentes de l'amour de Dieu et de la vengeance », a écrit Toaff dans la préface de son ouvrage. « Leur sang baignait les autels d'un Dieu qui, croyait-on, avait besoin d'être guidé, et parfois même d'être poussé impatiemment, selon les cas, soit à protéger, soit à punir ».

Cette remarque quelque peu hermétique est plus facile à comprendre, si on lit l'ouvrage du professeur Israël Yuval « Deux Nations dans ton sein » [*Two Nations in Your Womb]*. Yuval y explique que les libations de sang étaient nécessaires (aux yeux des magiciens juifs), si l'on voulait amener la Vengeance Divine sur les Goyim.[179] Toaff surpasse Yuval, en mettant l'accent sur le recours habituel des juifs au sang humain, au Moyen Age, à des fins de magie et en faisant place à l'élément antichrétien : la crucifixion des victimes et les vociférations contre le Christ et la Vierge Marie. A

178. http://archivio.corriere.it/archiveDocumentServlet.jsp?url=/documenti_globnet/corsera/2007/02/co_9_070206066.xml
179. Voir dans *Notre-Dame des Douleurs* « Meurtres rituels », p. 223-250.

ce sujet, son ouvrage est confirmé par le livre (certes, plus timide) d'Elliott Horowitz : « Des Rites sans foi ni loi : Pourim et le Legs de la Violence juive » [*Reckless Rites : Purim and the Legacy of Jewish Violence*, Princeton University Press, 2006], Horowitz y informe ses lecteurs au sujet de rituels fort étranges : flagellations de la Vierge, destructions de crucifix, passages à tabac et assassinats de chrétiens[180].

Désormais, c'est du passé. Aujourd'hui, nous pouvons nous retourner vers le passé et dire : oui, certains magiciens et certains mystiques juifs ont pratiqué des sacrifices humains. Ils ont assassiné des enfants, ils en ont mutilé le petit corps et ils ont utilisé leur sang afin de faire se déverser l'Ire Divine sur leurs voisins non-juifs. Ils ont moqué les rites chrétiens en utilisant le sang de chrétiens, en lieu et place du sang du Christ. L'Eglise, et les peuples, dans l'ensemble de l'Europe, avaient donc raison. Les Européens (ainsi que les Arabes, et les Russes) n'étaient nullement des bigots cinglés ; ils comprenaient fort bien ce qu'ils voyaient de leurs propres yeux. Ils punirent les coupables, et ils laissèrent les innocents vivre en paix. Nous, chrétiens, devrions revenir sur cette page cauchemardesque de l'histoire, et être fiers de l'Eglise, qui savait être juste et humaine. Et il n'est pas interdit de verser une larme ou deux pour les pauvres enfants détruits par ces monstres avides de colère divine. Les juifs devraient être plus modestes, et cesser d'entretenir leurs blessures historiques comme autant de tours dans leur sac : leurs ancêtres furent florissants, en dépit de ces terribles exactions perpétrées par certains de leurs coreligionnaires, tandis qu'au contraire, dans l'État juif, les péchés d'une poignée de Palestiniens retombent sur tous les Palestiniens. Nous devrions aussi rejeter d'un haussement d'épaules les geignements des amis d'Israël quand ceux-ci refusent que nous voyions les massacres de Jénine ou de Qana, car – oui, très exactement – il s'agit là de « diffamation sanglante », comme ils disent : autant dire qu'il ne s'agit (hélas !) absolument pas de diffamation.

180. http://www.iupress.indiana.edu/journals/jss/jss4-2.html

Espérons que l'acte extrêmement courageux du Professeur Toaff représentera un tournant dans la vie de l'Eglise. La déviation causée par la perestroïka de Vatican II est allée trop loin. Souvenez-vous que la perestroïka russe s'est terminée par l'effondrement total de l'ensemble de la structure soviétique. Si les antipapistes redoutaient un anti-christ sur le Saint-Siège de saint Pierre, demeure le danger, très réel, d'un Gorbatchev mitré. Dans la ville italienne d'Orvieto, sur la côte adriatique, les juifs ont exigé l'interdiction d'une exposition de grande valeur artistique et la cessation de la procession commémorant le miracle de Trani. [181]

C'est en effet à Trani que, voici un millénaire, une hostie consacrée fut dérobée, à l'église, par une juive. Après quoi, cette voleuse décida de frire le corps du Christ dans l'huile bouillante. Mais, miraculeusement, l'hostie se transforma en chair humaine et se mit à saigner abondamment, tant et si bien que le sang sacré se répandit dans toute la maison de cette femme juive. De fait, de tels cas de profanation d'hosties sont bien attestés dans l'ensemble de l'Europe ; ils ont été bien décrits par Yuval, Horowitz et Toaff ; ils se sont effectivement produits, et seul un infâme culot juif [*chutzpah*] a pu pousser l'Association Romaine des Amis d'Israël à adresser une missive au Pape afin d'exiger de lui que fût mis un terme à un culte observé depuis un millénaire. Et cette association a eu gain de cause. L'Eglise s'est soumise, les panneaux de l'exposition ont été démantelés, la procession a été annulée et de plates excuses ont été adressées aux juifs, à la grande satisfaction des ambassadeurs d'Israël Gideon Meir (auprès du gouvernement italien) et Oded Ben Hur (auprès du Vatican), qui avaient édicté cette capitulation.

« Etrange monde que le nôtre » – écrivit Domenico Savino dans l'excellent web-magazine *Effedieffe*. « L'offense est imputée à la Foi chrétienne, et on demande pardon aux coupables. »[182] Savino se pose la question rhétorique de savoir s'il était vraiment impossible

181. http://www.haaretz.com/hasen/spages/815206.html
182. http://www.effedieffe.com/interventizeta.php?id=1766&parametro=religione

d'ignorer tout simplement l'exigence des Amis d'Israël, et il cite longuement les propos du Cardinal Walter Kasper, lequel représenta le Vatican lors de cette capitulation. Kasper y baissa son froc, niant que l'Eglise est le Véritable et Unique Israël Elu ; il affirma la position d'égalité des juifs, en tant que « frères aînés », il dénia la nécessité du Christ et il sollicita le pardon des juifs, le tout, en promettant un « nouveau printemps, pour l'Eglise et pour le monde ».

« Un printemps, pour l'Eglise ? », s'étrangle Savino. « Ah, mais nous avons déjà entendu ça ! Le Pape, à l'issue de Vatican II, avait dit : « Nous attendions le printemps, et c'est l'orage qui est venu ». Ce printemps, nous en avons plus qu'assez, et après cette réconciliation, à Orvieto, je ne veux plus entendre ne serait-ce que le mot « printemps », car dès que je l'entends prononcer, je vois le rictus de satisfaction des « frères aînés » Gideon Meir et Oded Ben Hur ! »

La perestroïka n'a pas affecté la seule Italie, ni la seule Eglise catholique. En Allemagne, un nouveau sacrilège est en préparation : une « Bible politiquement correcte », dans laquelle le récit de la Passion du Christ sera modifié, afin de ne pas mettre mal à l'aise les juifs.[183] Ce titre est trompeur : ils ne peuvent pas, en effet, intituler leur produit de merde « Nouvelle traduction allemande de la Bible, exempte de sexisme et d'antisémitisme », de la même manière qu'on ne saurait qualifier ses propres eaux usées de « vin exempt de substances dangereuses pour la santé ». « Changer une seule lettre de la Bible, cela équivaut à détruire le monde », affirme le Talmud, qui cite l'exemple d'un rouleau de la Torah dans lequel un seul mot avait été modifié, « *meod* » (très), devenant « *mavet* » (mort). Une telle Torah célébrant la mort pourrait entraîner la fin du monde.

Ces saintes écritures aseptisées mettront, à n'en pas douter, l'accent sur la souffrance juive, l'Eglise jouant le rôle du sale type, dans la pièce. Elles exalteront Judas et répudieront le Christ. De la même manière, en expurger les « préjugés sexistes » aura pour effet la suppression de l'Annonciation, cette grande rupture entre

183. www.dw-world.de/dw/article/0,2144,2023998,00.html

la mono-causalité stérile des juifs et la fusion chrétienne entre le Ciel et la Terre. De fait, le modèle chrétien a eu tellement plus de succès que même les juifs l'ont adopté dans leur Cabbale, et ils ont apparemment refilé aux Allemands leur vieille mono-causalité, dont ils n'avaient plus rien à faire.

En Angleterre, un hebdomadaire libéral paraissant de longue date, *The Observer*, a changé de plumage, devenant un nid de néo-cons soutenant la guerre et l'alliance Blair-Bush. Avec une parfaite logique, ce périodique a aussi renoncé au Christ, lui préférant les juifs, comme il appert dans cette critique d'un ouvrage récemment paru en Grande-Bretagne : Adam Mars-Jones y préfère Oscar Schindler au Général Adam von Trott, exécuté en raison de la part qu'il prit au Complot des Généraux contre Hitler, en 1944 !

« C'est ce qui fit de *La Liste de Schindler* un film tellement étonnant : ce film répondait à l'éthique juive, en montrant le cheminement extérieur du héros, plutôt qu'un cheminement intérieur. Le type était foireux. Et alors ? Ce sont ses oignons ; l'important, c'est qu'il ait sauvé des juifs ! Ses *mitzvas*, ses bonnes actions, lui ont valu une place parmi les Justes Gentils, et en l'absence d'une vie dans l'au-delà (car ça n'a pas vraiment sa place, dans la foi juive), c'est tout ce qu'on peut en dire. Ayons plus de ce ton-là, et moins de ce culte du martyre. La vénération pour le sacrifice, pour une victoire purement symbolique, peut faire dérailler l'entreprise la mieux intentionnée, et risque d'insulter les morts, lesquels n'avaient pas le choix. » [184]

Le critique de l'*Observer* a clairement explicité son choix pour Judas ou Caïphe (« bien que foireux, il a voulu sauver des juifs ») et contre Jésus Christ, qui incarnait le Sacrifice. Son appel à « moins de culte du martyre, moins de vénération pour le sacrifice, pour une victoire purement symbolique » ferait du Golgotha le dernier mot de la question, avec nulle Résurrection en vue. Qui a besoin des vertus chrétiennes ? Les péchés et les vices de l'homme sont ses oignons, n'est-ce pas, dès lors qu'il a sauvé des juifs », et le

184 http://www.observer.guardian.co.uk/review/story/0,200583,00.html

mieux qu'un goy puisse espérer, c'est une « place parmi les Justes Gentils ». De ce point de vue, saint Simon et d'autres enfants ne sont pas morts en vain : ils ont contribué à l'appel des juifs à la Vengeance Divine, et c'est là le maximum de ce qu'ils étaient en mesure d'espérer. De la même manière, les soldats britanniques ne sauraient espérer meilleur sort que celui de mourir pour Israël dans les rues de Bassora ou de Téhéran, ou ailleurs…

Ainsi, à Rome, à Berlin ou à Londres, les juifs ont gagné une manche ou deux, dans leur compétition avec l'Eglise catholique. En s'acharnant avec entêtement, en ne regrettant jamais rien, en ne s'excusant jamais de rien, en oeuvrant sans relâche contre le christianisme, ils ont réussi à remplacer, dans les esprits simples, les images de la Via Dolorosa, du Golgotha et de la Résurrection par leurs grossières déformations de l'histoire humaine, prenant la forme de la souffrance ininterrompue de juifs toujours innocents, de diffamations sanglantes et d'holocaustes qui s'arrêtent, enfin, avec la rédemption sioniste en Terre sainte. Et l'Eglise joue, dans ce scénario, le rôle du méchant, coupable à jamais de chaque mort juive.

Les conséquences ne sont pas purement théologiques. La Grande-Bretagne, l'Italie et l'Allemagne acquiescent à l'étranglement de la Palestine pourtant chrétienne, au blocus de Gaza, au vol de terres appartenant à l'Eglise à Bethléem[185] et à Jérusalem[186]. Ces pays soutiennent le *Drang Nach Osten* américain. Pire : ils ont perdu leur liens avec Dieu, leur empathie envers leurs frères humains se tarit ; on dirait qu'un esprit de vengeance aveugle – que, seul, un sang innocent serait en mesure de conjurer – s'est emparé d'eux.

La publication de l'ouvrage du Dr Toaff pourrait bien marquer un point de retournement (atteint *in extremis*) dans l'histoire occidentale – un retournement à trois-cent-soixante degrés, faisant

185. www.stopthewar.org/downloads/pdf/book/jerusalemandbethlehem.pdf
186. www.haaretz.com/hasen/spages/824128.html

repasser l'Occident de son pardon accordé à Judas à l'adoration du Christ. Certes : sa relation de sacrifices rituels d'enfants ne fait que produire une petite fêlure dans l'immense édifice d'un exceptionnalisme juif profondément ancré dans le béton de la mentalité européenne. Mais les immenses édifices ont le don de s'effondrer d'un seul bloc. Cela, un certain 11 septembre, en l'an de grâce 2001, nous l'a démontré et appris…

Apparemment, les juifs se sont sentis visés… Alors, aussitôt, ils ont attaqué Toaff, tels qu'un essaim de moucherons en furie. Un historien juif de renom, rabbin et lui-même fils de rabbin, a relaté des événements vieux de cinq siècles. Et alors ? Y a-t-il là de quoi s'émouvoir ? Au Moyen Age, le recours au sang humain, la nécromancie et la magie noire n'étaient pas le fait exclusif des juifs ; les sorcières et les mages goyim ne donnaient certes pas leur part aux chiens ! Alors : rejoignez tout simplement le camp de l'humanité, avec ses verrues et ses défauts ! Mais c'est là chose bien trop humiliante, pour d'arrogants Elus.

« C'est absolument incroyable qu'il y ait quelqu'un – un historien israélien, de surcroît ! – pour accorder une once de légitimité à l'accusation diffamatoire sanglante qui a été la source de souffrances indicibles et d'agressions innombrables contre les juifs, à travers l'Histoire », a déclaré Abe Foxman, directeur national (pour les Etats-Unis) de l'Anti-Defamation League, laquelle a qualifié le livre de « dénué de fondement », l'accusant « d'apporter de l'eau au moulin des antisémites, partout dans le monde ». Pas plus rabbin qu'historien, Foxman sait *a priori*, selon sa foi et son intime conviction, qu'il s'agirait là de « billevesées ». Mais n'avait-il pas dit la même chose, à propos du Massacre de Jénine ?

Dans un communiqué de presse, l'Université (israélienne) Bar-Ilan « exprime sa grande colère et son extrême mécontentement au sujet de Toaff, en raison du manque de tact dont il a fait montre en publiant son ouvrage sur les accusations de meurtres rituels (juifs) en Italie. Son choix d'une maison d'édition privée italienne, le titre particulièrement provocateur de l'ouvrage et les interprétations données par les médias de son contenu ont offensé les sensibilités de juifs du monde entier, et porté atteinte au délicat tissu des relations entre juifs et chrétiens. L'Université Bar-Ilan condamne avec la dernière énergie et rejette totalement ce que semble suggérer l'ouvrage de Toaff, ainsi que les reportages diffusés par les médias portant sur son contenu, comme si les accusations sanglantes ayant conduit à l'assassinat de millions de juifs innocents avaient un quelconque fondement. »

Qu'en termes incendiaires ces choses-là sont dites ! Toaff a été immédiatement en butte à une énorme pression communautaire : il allait se retrouver – à soixante-cinq ans – sur la paille, à la rue, probablement sans retraite, sans amis et sans étudiants, ostracisé et excommunié. Sans doute sa vie elle-même était-elle menacée : l'on sait que les juifs ont l'habitude d'employer des tueurs professionnels extrêmement discrets pour éliminer de telles nuisances. Jadis, on les appelait « *rodef* ». Aujourd'hui, ce sont les « *kidon* ». Mais seul le nom a changé : ils sont toujours aussi efficaces, et ils ont été interceptés bien plus rarement que d'autres maniaques en manque de sang. La réputation de Toaff allait être totalement ruinée : une certaine Sue Blackwell allait inévitablement « consulter ses amis juifs » et le traiter de nazi ;[187] un Phare du Flicage [*Searchlight*] sponsorisé par l'ADL allait révéler, envahir ou inventer de toutes pièces sa vie privée ; bien des petits juifs, sur le ouèbe, n'allaient pas manquer de le traîner dans la boue, sur leurs blogs et sur leur corvette porte-étendard, j'ai nommé la soi-disant « encyclopédie en ligne » Wikipedia...[188]

Au début de l'attaque, il a tenté de résister : « Je ne renoncerai jamais à ma dévotion envers la vérité et les libertés académiques, dût le monde entier me crucifier ! » Toaff a en effet expliqué au quotidien israélien *Ha'aretz* qu'il existe une base factuelle incontestable à certaines des accusations de recours à des crimes rituels, portées contre des juifs, au Moyen Age. Mais Toaff n'était pas fait

187. http://www.sue.be/pal
188. Voir l'éreintage de Wikipedia par Shamir « Wikipedia, the caos controlloed » sur http://www.israelshamir.net/English/Eng37.htm.

de pierre. A l'instar de Winston Smith, le personnage principal du roman *1984* de George Orwell, il a craqué, dans sa cellule mentale surveillée par l'Inquisition juive. Il a donc publié ses plus plates excuses, arrêté de diffuser son livre, promis de le soumettre à l'Imprimatur juive et même « de faire don de tous les fonds résultant de la vente de son livre à l'Anti-Defamation League » de l'inénarrable Abe Foxman.

Ha'aretz a rapporté que « maintenant, il (Toaff) veut être très clair : les juifs de Trente n'ont pas assassiné Simon, ni aucun autre enfant chrétien dans un cadre rituel. Sa conclusion, c'est que les juifs auraient été incapables de tuer des enfants chrétiens pour leur prendre du sang ». S'ils avaient serré le garrot un peu plus fort, Toaff aurait avoué que c'est lui-même, qui a tué Simon, personnellement, juste pour faire calomnier les juifs, lesquels sont, par définition, au-dessus de tout soupçon, pour les siècles des siècles.

Ses derniers mots furent aussi touchants que ceux prononcés par Galilée abjurant son hérésie : « Je ne permettrai jamais qu'un quelconque contempteur des juifs m'instrumentalise, ou se serve de mes recherches en guise d'instrument pour attiser les flammes, une fois encore, de la haine qui a conduit à l'assassinat de millions de juifs. Je présente mes sincères excuses à tous ceux qui auraient été offensés par les articles et les faits déformés qui ont été attribués à mon livre, ainsi qu'à moi-même. »

Ainsi Ariel Toaff a-t-il cédé à la pression de la communauté, et échangé son intégrité d'universitaire contre un peu de répit et de tranquillité ? Ses prochains travaux sont à jamais compromis par le marché qu'il a été obligé de conclure, mais de quel droit le jugerions-nous ? Nous ne savons pas, en effet, quelles tortures mentales ont bien pu lui être infligées par la Gestapo juive de l'ADL, ni de quelle manière il a été contraint à se rétracter. Nous ne devrions pas le blâmer pour sa faiblesse, au contraire, mais le remercier de sa découverte. Ce qu'il nous a apporté est amplement suffisant. D'une certaine manière, sa contribution est semblable à celle de Benny Morris et d'autres Nouveaux historiens israéliens : ceux-ci se sont contentés de répéter les données dont nous avions connaissance, de sources palestiniennes, notamment grâce à Abu Lughud et à Edward Saïd. Mais les sources palestiniennes n'étaient pas jugées fiables : seules, les sources juives sont considérées dignes de foi, dans notre univers judéo-centré. C'est donc la raison pour laquelle Morris et consorts ont aidé des millions de personnes à se libérer du narratif sioniste imposé. Cela n'aurait pas été nécessaire, si nous étions capables de croire un goy confronté à un juif, un arabe parlant de l'Expulsion de 1948, ou encore un Italien parlant de saint Simon, voire même, peut-être, un Allemand évoquant les déportations de la Seconde guerre mondiale. Et voici que Toaff vient de libérer moult âmes captives en répétant ce que nous savions déjà, à partir de moult sources italiennes, anglaises, allemandes ou russes.

Si la « diffamation sanglante » s'avère être non pas une diffamation, mais bel et bien un crime caractérisé, alors, peut-être d'autres assertions juives vont-elles, à leur tour, s'effondrer ? Les Russes n'étaient peut-être pas responsables des pogromes, allez savoir ? Peut-être cet Ahmadinejad n'est-il pas ce nouvel Hitler, fanatique et ivre de destructions, dont on nous bassine ? Et si les musulmans n'étaient pas ces haïsseurs de juifs malfaisants, dont on nous rebat les oreilles ?

Par ailleurs, Ariel Toaff nous a offert une meurtrière de tir nous permettant d'observer les remous en action au sein de la Juiverie, et de comprendre de quelle manière cette discipline moutonnière se perpétue, de quelle manière les dissidents sont châtiés, de quelle manière l'uniformité mentale est obtenue, et comment l'essaim des médias se précipite sur une cible choisie. La Juiverie, de ce point de vue, est effectivement exceptionnelle : un savant chrétien (ou musulman) qui découvrirait une tache dans la longue histoire de l'Eglise ne chercherait certainement pas à la dissimuler, car il sait qu'il ne sera pas ramené à résipiscence par la terreur, qu'il ne sera pas ostracisé, même s'il fait siennes les opinions les plus viles (à la Dan Brown) et que, quand bien même serait-il excommunié, ledit scientifique ou ledit écrivain trouverait un soutien amplement suffisant, comme celui dont ont bénéficié un Salman Rushdee, un Voltaire ou encore un Tolstoï.

Ni l'Eglise ni l'Oumma musulmane ne requièrent une telle discipline aveugle, et ni le Pape ni aucun imâm ne détient, sur ses coreligionnaires, le pouvoir dont dispose Monsieur Abe Foxman. Or Foxman se tape totalement de la vérité : il opte toujours pour ce qui (à ses yeux, tout au moins) est « bon pour les juifs ». Et peu importe la foule des témoins : même un reportage *live* sur un sacrifice humain rituel juif ne saurait le contraindre à admettre une vérité déplaisante : il trouvera toujours une bonne raison, car il n'a besoin que d'une seule chose, une seule chose lui importe : notre confiance en lui, notre crédulité. Nous l'avons vu, dans le cas du bombardement de Qana au Liban, quand les avions israéliens ont détruit un bâtiment, tuant près de cinquante enfants, soit, assurément bien plus que ce que les Sages de l'Ombrie n'en ont jamais tué. Tout d'abord, les médias l'ont démenti, pour, ensuite, dans un deuxième temps, blâmer les victimes. Par conséquent, n'espérez pas que le bouquin de Toaff convaincra les juifs – rien n'est en mesure de le faire.

Ne soyez pas envieux de cette union des cœurs et des esprits juifs ; le revers de la médaille de cette unité, c'est le fait qu'aucun juif n'est libre. Ce sont ses parents, qui forcent quelqu'un à être juif ; un juif n'a aucune liberté d'esprit, à aucun stade de son existence. La seule chose qu'il ait à faire, c'est : obéir aux ordres. Tant que l'on reste incapable de répondre, à la question : « Est-ce que c'est bon pour les juifs » par cette autre question : « Et qu'est-ce qu'on en a à foutre ? », on reste un prisonnier sur parole, un captif au bout de sa corde, qui ne sait même pas sur quelle musique on le fait danser. Tôt ou tard, ils vont tirer sur la corde. Tôt au tard, vous devrez mentir, rechercher des paroles ambiguës, afin de nier ce que vous savez être vrai et juste. La liberté est à notre porte ; alors, tendons la main et saisissons-la ! Comme le Royaume des Cieux, la liberté nous appartient, à partir du moment où l'on pose des questions. La Liberté, c'est le Christ, car c'est avec son cœur qu'un homme choisit le Christ, non avec son prépuce. Tu es libre, dès lors que tu acceptes le Christ et que tu es capable de répondre, comme le dit l'Evangile [Matthieu 5:37] : « Que ton « Oui » signifie bien : « Oui, je suis un chrétien ! », et que ton « Non » signifie bien : « Non, je ne suis pas un juif ! » ! »

Ariel Toaff était sur le point de s'en sortir ; quel dommage, qu'il ait perdu courage ! Son triste sort me rappelle celui d'Uriel (presque un homonyme !) Acosta. Noble précurseur de Spinoza, cet Acosta (né vers 1585 à Oporto, Portugal – mort en avril 1640 à Amsterdam) s'étant attaqué au judaïsme rabbinique, fut excommunié. « Âme sensible, Acosta ne supporta pas l'isolement résultant de sa mise à l'écart, et il se parjura, comme l'indique l'*Encyclopaedia Britannica.* Excommunié une seconde fois après avoir été accusé de dissuader les chrétiens de se convertir au judaïsme, il prononça publiquement son autocritique, après avoir subi de longues années d'ostracisme. Cette humiliation détruisit ce qui lui restait d'estime de soi, et il se suicida d'une décharge de chevrotines. »

Acosta et Toaff ont ceci en commun : ils sont, certes, allés très loin… Mais, pas encore assez !

CHAPITRE XXIX
BÂILLONNÉE, PAUVRE CLIO ![1]

Nul ne devrait s'étonner au constat que la charmante muse de l'Histoire, Clio, se retrouve bâillonnée. L'Histoire, en effet, ce n'est pas un quelconque passe-temps innocent, consistant à collectionner des faits et des vétilles anecdotiques. L'Histoire, c'est un bras-de-force permanent, car sa réécriture peut changer la marche du monde. Certes, on ne saurait changer le passé, dit le vieil adage. Mais si nous sommes mécontents de notre présent, nous pouvons modifier notre compréhension du passé, et cela changera notre futur. L'homme sait cela depuis des temps immémoriaux ; c'est la raison pour laquelle l'Histoire a toujours été considérée comme le domaine de la vérité sacrée. Quiconque a le contrôle du passé est en mesure de déterminer le futur. Les congrès d'histoire ont précisément cela pour enjeu. Le thème de cette conférence a trait exac-

1. 18 avril 2007.

tement à cette question : nous ne sommes pas satisfaits de notre présent, nous nous tournons vers le passé et, en réévaluant celui-ci, nous envisageons d'avoir une certaine emprise sur notre futur. Si, d'aventure, certains chapitres de notre narration historique étaient, de fait, protégés à l'excès, voire carrément déformés, cela nous donnerait encore une raison supplémentaire de nous y attaquer.

J'ai participé à un colloque sur le thème *Holocauste et Moyen-Orient : l'Histoire muselée*, organisé par le génial professeur Claudio Moffa. Ce sosie italien de Paul Newman, très grand, mince, aux traits pleins de noblesse et aux yeux bleus, excelle à emprunter les sens unique à contre-courant. Chercheur respecté parmi ses pairs, il avait choisi la partie la plus brûlante et taboue du discours européen, et organisé un colloque auquel ont assisté de nombreux historiens – des universités de Sienne et de Calabre, de Turin, de Naples, de Rome et d'Urbino –, ainsi que des écrivains et des journalistes venus de toute l'Italie, plus moi-même, le seul intervenant étranger. La conférence s'est déroulée à l'université de Teramo, où enseigne le Professeur Moffa. Teramo est une ville médiévale charmante, pittoresque ; elle est située dans la chaîne montagneuse des Abruzzes, à l'ombre des sommets enneigés du massif du Gran Sasso. Parmi les nombreuses personnes de l'assistance et les nombreux orateurs, je mentionnerai le Professeur Mauro Manno, duquel vous trouverez certains des articles sur mon site ouèbe, ainsi que le Dr Tiberio Graziani, rédacteur en chef de la revue *Eurasia*.[2]

L'Holocauste n'est certes pas le seul domaine vigoureusement interdit de l'Histoire, dans lequel tout chercheur risque de perdre pied rapidement. La question fort ancienne des sacrifices humains juifs vient, en effet, de ré-émerger, en Italie, avec la publication de l'ouvrage *Pâques Sanglantes*, du Professeur Ariel Toaff. Comme vous le savez sans doute, le Professeur Toaff a démontré que cer-

2. On peut prendre connaissance des communications de ce colloque sur le site du Professeur Moffa, à l'adresse suivante : http://www.mastermatteimediorente.it

tains juifs accusés d'avoir enlevé et tué des enfants chrétiens, au Moyen Age, étaient effectivement coupables de ce dont on les avait accusés. Ils furent exécutés en raison de ces assassinats brutaux, et en aucun cas victimes d'on ne sait trop quels préjugés chrétiens allégués ou d'on ne sait trop quel antisémitisme primaire. On peut voir, en cela, une raison de se réjouir : les criminels n'avaient en rien été diffamés, mais ils avaient reçu le châtiment approprié ; justice fut faite, et les juifs contemporains devraient se réjouir au constat que le préjugé anti-juif médiéval n'était qu'un mythe, aussi fantasmatique que celui d'Allemands transformant des juifs en savonnettes.

Seulement, voilà : les organisations juives n'ont pas été ravies du tout… Elles ont attaqué ce professeur, tout juif ès études juives médiévales d'une université israélienne qu'il fût. Et c'est un professeur Toaff mentalement torturé, quasiment crucifié, qui a pris la décision de retirer son livre de la vente et de le détruire (grâce au Ciel, de nos jours, cela n'est plus aussi facile que par le passé, et ce livre peut être lu sur Internet.[3] L'auteur a refilé les modestes émoluments perçus de son éditeur à l'Inquisition juive, l'Anti-Defamation League, et il a été contraint à un nouveau geste de repentance. [4] Le parlement israélien (la Knesset) envisage de boucler le Dr Toaff en prison ;[5] d'autres entendent simplement lui faire un procès, histoire de marquer le coup et de s'assurer qu'il meure bien dans la pauvreté et la déréliction. Ici, en Italie, il est naturel de comparer le Dr Toaff à Galilée, ce grand intellectuel italien, qui fut persécuté en raison de ses découvertes scientifiques et qui, à une mort horrible, préféra se déjuger.

Mais il est encore plus indiqué de comparer l'avancée réelle du Dr Toaff à celle de son collègue juif italien, le Dr Carlo Ginzburg, l'auteur du *Sabbat des Sorcières.*[6] Ginzburg a démontré que les

3. voir : http://www.thule-italia.net/letteraria/Pasque%20di%20sangue.pdf
4. http://www.haaretz.com/hasen/spages/830711.html
5. http://www.haaretz.com/hasen/spages/831189.html
6. Editions Gallimard, 1992.

Frioulans, les habitants de la région du Frioul, une région italienne limitrophe de la Vénétie, s'adonnaient à une forme de magie noire dérivant de leurs rites de fertilité ancestraux. Toaff est parvenu à un résultat similaire en ce qui concerne les juifs, à savoir qu'eux aussi s'adonnaient à la magie noire, laquelle dérivait de leur culte ancestral de la vengeance et du salut-grâce-au-sang-versé. Mais les Frioulans sont restés sereins, tandis que les juifs ont presque lynché le professeur, démontrant ainsi que les Frioulans sont des gens à l'esprit ouvert, capables de découvrir avec une curiosité bienveillante les tours pendables de leurs ancêtres, alors que les juifs sont incapables de digérer la nouvelle traumatisante de leur non-exclusivité, de leur non-élection et de leur non-sacralité. Conjointement au Dr Ginzburg, le Dr Toaff a achevé un processus de réévaluation du Moyen Age, déjà très bien décrit par Mircea Eliade dans son ouvrage *Occultisme, sorcellerie et modes culturelles*. Eliade a ainsi écrit : « Voici déjà quatre-vingts ans, les chercheurs éminents Joseph Hansen et Henry Charles Lee considéraient que la magie noire était une invention de l'Inquisition, et non des sorciers. Ils estimaient ces histoires de sabbat des sorcières, de rites sataniques, d'orgies et de crimes soit purement imaginaires, soit résultant d'aveux arrachés par la torture. Aujourd'hui, nous savons – poursuivait Mircea Eliade – que la magie noire n'a pas été inventée par l'Inquisition ». Ni non plus, devrions-nous ajouter, les sacrifices humains juifs, dont la preuve a été apportée par le Dr Toaff.

Toaff a étudié le cas de Simon de Trente, un enfant rituellement assassiné par des sorciers juifs. La culpabilité d'une poignée de juifs fut établie par le meilleur tribunal dont on pût rêver à l'époque, et les juifs innocents n'en pâtirent pas plus que les musulmans innocents n'ont souffert des conséquences des attentats du 11 septembre 2001 aux Etats-Unis. Un autre cas fut celui de Hugues de Lincoln, un enfant assassiné rituellement en 1225 : sur 90 juifs emprisonnés à la suite de ce crime, plus de 70 furent libérés, leur innocence ayant été établie, tandis que les coupables avérés furent pendus : on le voit : nous sommes, là, en l'occurrence, extrêmement loin d'un quelconque lynchage !

Commettant un délit effronté de parti-pris ethnique, l'encyclopédie aux mains des juifs *Wikipedia* qualifie Hugues de Lincoln de « soi-disant assassiné », [7] alors que l'« accusation fallacieuse » clairement établie est, quant à elle, qualifiée de « diffamation sanglante ». Le « *Blood libel* » est une définition standard de ces affaires, insinuant que des juifs, par définition toujours innocents, étaient accusés fallacieusement par des Chrétiens pleins de préjugés à leur encontre. Mais si une leçon morale peut être tirée de ces vieilles affaires criminelles, en voici la teneur : le sens européen de la justice et de l'équité a toujours, invariablement, prévalu ; tandis que les juifs coupables étaient châtiés, les juifs innocents vécurent et prospérèrent, alors qu'ils représentaient l'unique communauté non-chrétienne en Europe.

La justice musulmane n'était pas mauvaise, elle non plus. Dans un cas survenu en 1840, à Damas, un moine catholique fut assassiné par quelques juifs qui avouèrent leur crime et furent châtiés. Mais cela n'interféra en rien dans la prospérité de leurs coreligionnaires, et Farkhi, un juif de Saint-Jean d'Acre, était considéré l'homme le plus riche de toute la Syrie, y compris après cette affaire. Le crime fit l'objet d'une enquête du grand orientaliste Sir Richard Burton, consul d'Angleterre à Damas, lequel, bien que philosémite invétéré (« M'eût-on offert la possibilité d'opter pour une race, il n'en est aucune à laquelle j'aurais choisi d'appartenir aussi volontiers que la race juive »), accepta le verdict de culpabilité, dans ce cas d'espèce, et il écrivit un compte-rendu détaillé de toute cette affaire. Les juifs de Londres acquittèrent un prix considérable [pour acheter le manuscrit de Burton à ses héritiers, et ledit manuscrit n'a jamais été édité (ni a fortiori publié) jusqu'à ce jour : il est conservé, à l'abri des regards indiscrets, dans les coffres-forts du Board of Deputies of British Jews, une organisation équivalente, en Grande-Bretagne, au CRIF français[8]]. Un journaliste britannique juif, Aaronovitch, a réprimandé la Syrie, dont

7. http://en.wikipedia.org/wiki/Little_Saint_Hugh_of_Lincoln
8. http://www.fpp.co.uk/BoD/origins/BurtonMS2.html

un ministre [le général Mustafa Tlass] a osé écrire un livre à ce sujet ; Aaronovitch n'a jamais fait mention de l'enquête menée par Burton. Il s'est contenté de crier : « carton rouge : diffamation sanglante ! », comme si c'était là le coup de sifflet indiquant la fin de la partie…

De fait, bien avant l'Holocauste, la diffamation sanglante existait. Quand on lit les textes juifs et judéophiles datant d'avant la Seconde guerre mondiale, on remarque que la place qu'occupe, de nos jours, le dogme holocaustique dans l'univers judéocentrique n'était pas vacante : elle était occupée par des pogromes en Russie, par l'affaire Dreyfus en France, par l'Inquisition, par l'expulsion des juifs d'Espagne, par la destruction du Temple de Jérusalem et, dans une large mesure, par les « diffamations sanglantes » ! Tous ces discours véhiculaient un seul et même message : ils proclamaient éternelle, unique, inexpliquée et sans fondement une souffrance des juifs exclusivement causée par la haine irrationnelle des Gentils ; ils unifiaient et mobilisaient les juifs contre les Goyim ; ils permettaient de dériver pour partie une surpression d'envie, d'hostilité et de méfiance envers les juifs, transformant au passage ces sentiments négatifs en pitié, et suscitant des sentiments de culpabilité chez des gens qui n'avaient rien à se reprocher.

L'affaire du Dr Toaff peut aider nos amis perdus dans la forêt holocaustique à y voir plus clair. Je respecte les dissidents / négationnistes, car ils vont à contre-courant ; mais je ne partage pas leur enthousiasme. Certes, ces histoires de souffrance imméritée et unique peuvent être démolies sur des bases factuelles. C'est ce qu'a fait le Dr Serge Thion, concernant l'Holocauste, quand il a fait observer qu'Elie Wiesel, le grand conteur de l'Holocauste, a préféré coller aux basques de ses persécuteurs nazis plutôt que d'attendre l'arrivée de ses libérateurs russes. C'est aussi ce qu'ont fait le Dr Toaff et Sir Richard Burton, en ce qui concerne les sacrifices rituels, démontrant que la réaction des autorités avait été, dans tous les cas connus, mesurée et légitime. L'historien russe Kozhinov a, quant à lui, étudié les pogromes en Russie ; il a prouvé que ces affrontements violents ont causé un bien plus grand nombre de morts chez les non-juifs que chez les juifs, et qu'il s'agissait de mater des révoltes, nullement de cibler les juifs. Le plus important, et le plus sanglant de ces pogromes, celui de Kichinev, a été décrit par Bialik, le poète national juif, comme le pire des massacres, avec des rues inondées de sang et, dans un récent numéro de *Ha'aretz*, un journaliste israélien a écrit que « personne ne doute du droit à l'existence de la nation russe au motif que des chrétiens ont crevé avec leurs ongles les yeux à des enfants juifs de Kichinev, au début du vingtième siècle. » Toutefois, contrairement aux cas des bébés italiens et anglais torturés à mort par des adeptes juifs de la magie noire, ces allégations d'« yeux crevés avec les ongles, etc. » ne sont que les fruits de l'imagination, et elles ont été démenties presque aussitôt, alors que le total des victimes, à Kichinev, s'élevait à 45 personnes, soit un quart des victimes du massacre sioniste de Deir Yassine ou l'équivalent du tribut mensuel en victimes civiles de la répression sioniste de l'Intifada palestinienne.

Toutes ces histoires de souffrances imméritées peuvent être réduites à néant. Mais il faut faire attention : ne nous laissons pas aller à ressasser exclusivement la question des juifs. C'est leur faire trop d'honneur. Ce qu'il faut, c'est libérer les juifs de la judaïté, et non pas les y enfermer. C'est précisément ce que les dirigeants de la Juiverie voudraient. Même si chaque mensonge historique est démantelé, les puissants continueront à monter en épingle la judaïté, à admirer la tchutzpah des juifs et leur discipline. Or la tchutzpah naît du désespoir, et la discipline n'est que le résultat d'un discours admis tant par les juifs que par les non-juifs : c'est à nous d'enrayer le danger de faire encore empirer cet état de choses.

Ces histoires de victimisation me déplaisent fondamentalement, et pas seulement parce qu'elles sont basées sur des témoignages notoirement indignes de foi. Elles ne sont pas le résultat, mais une cause de souffrances bien réelles. A chaque fois que ces histoires de « persécutions non provoquées » sont mises en avant, n'en doutez pas : ceux qui en font la promotion sont en train de préparer quelques atrocités bestiales de leur crû. Les juifs ont brandi l'histoire de l'Holocauste et ils ont éradiqué la paisible population palestinienne en 1948. Les Arméniens ont raconté l'histoire de leur souffrance « unique et non provoquée », puis ils ont massacré les civils innocents du Karaba , lors de la guerre de 1991-1994, contraignant au départ des centaines de milliers de réfugiés, de cette région vers Bakou.[9] Les Polonais et les Tchèques, enflammés par les histoires de leurs souffrances alléguées sous le Reich, ont expulsé des millions d'Allemands ethniques de leurs terres ancestrales, tandis que les Ukrainiens se racontant les histoires de leur souffrance à Rzecz Pospolita ont massacré, par milliers, les Polonais de Volyn. Les célébrations de victimes sont souvent utilisées comme un gourdin pour casser l'ordre établi, comme l'a souligné Otto Weininger : ainsi, le féminisme, avec son discours sur les femmes réduites en esclavage, a été mis à profit par des capitalistes qui cherchaient à mettre en avant un pouvoir extérieur aux hommes ; et c'est Rosie-la-Fraiseuse qui leur a ouvert la voie. Elle n'imaginait guère comme cela finirait, la Rosie : la famille brisée, les femmes appauvries, les hommes émasculés. Une narration dangereuse de ce type peut être équilibrée par une contre-narration sur la place publique, si la foire aux idées y est libre. Par exemple, s'il est vrai que les hommes décrochent le pompon en matière de violences physiques, les femmes sont les championnes en matière d'agression verbale. La langue acérée de Lady Macbeth est non moins coupable que la dague affilée de Macbeth. Les femmes savent très bien comment provoquer un homme ; et les hommes réagissent – parfois par un baiser, parfois par un gnon, parfois aussi avec une balle dans le buffet ! José a certes tué, mais il ne l'aurait pas fait, s'il n'avait été provoqué par Carmen. En dépit du mythe, très bien mis en valeur, du type de nana body-buildée Barb Wire, les femmes sont moins douées, dès lors qu'on en vient aux horions. C'est la raison pour laquelle elles ont tendance à interdire la violence physique, tout en laissant libre cours à la vio-

9. http://azer.com/aiweb/categories/karabakh/karabakh_refugees/karabakh_refugees_index.html

lence verbale.[10] Mais cette nouvelle donne n'est pas seulement avantageuse pour le sexe faible; elle confère du pouvoir à une minorité en état de faiblesse, qui entreprendra aussitôt de prendre le contrôle d'une solide majorité...

Si les Turcs ont massacré, c'est parce que les Arméniens avaient provoqué; et à chaque fois qu'il y eut des exactions contre des juifs, elles avaient été causées par des exactions commises par des juifs. De fait, négationniste jusqu'au trognon, je nie l'existence même de l'antisémitisme, cette «haine irrationnelle [alléguée] envers les juifs». Cela n'existe tout bonnement pas. La juiverie a été combattue, comme toute forme de pouvoir, depuis l'Eglise catholique romaine jusqu'à la Standard Oil Corporation. Les juifs ne sont pas des agneaux, mais bien un facteur tout-à-fait actif de la vie idéologique et économique. On peut être de leur côté, ou contre eux. Mais, de là à les «haïr» ? Certainement pas. Les non-juifs ont généralement été bien plus conciliants envers les juifs que l'inverse. Même la fameuse «diffamation sanglante», on l'a vu, relève en fait d'une criminalité tout-à-fait réelle.

Y a-t-il eu des exactions antijuives, en Europe et au Moyen-Orient? C'est indéniable. Mais furent-elles causées par une «haine irrationnelle» ? Certainement pas. En 1911, le gouvernement américain détruisit le puissant empire économique de John D. Rockefeller. N'étant pas juif, Rockefeller ne put prétendre que cette mesure aurait été dictée par l'antisémitisme. Il n'a pas dit non plus que la raison en était que les gouvernants américains n'aimaient pas son look, sa race, son éducation, ses manières, ni qu'il se serait agi d'un châtiment divin de ses péchés. Comme il n'avait pas d'excuse, nous sommes obligés de regarder la vérité en face. Ils ont fait sauter la Standard Oil Company parce qu'elle était devenue trop puissante. Point barre. Pour la même excellente raison, le président russe Vladimir Poutine a dissous la compagnie pétrolière de ses oligarques hors-la-loi. Non parce qu'ils étaient juifs, ni parce qu'ils soutenaient la démocratie. Le pouvoir crée la demande

10.www.starpulse.com/movie/Barb_Wire/V135913/0/0

d'un contrepouvoir, la force appelle une contre-force. Or, les juifs étaient – et représentent, encore aujourd'hui – un pouvoir. Les juifs se défendent rigoureusement contre l'hérésie, bien plus que l'Eglise n'est jamais parvenue à le faire. Vous voulez diaboliser l'Eglise ? Allez-y, ne vous gênez pas : personne ne vous en empêchera ! Ici, à Teramo, tout près de la place principale de cette ville, j'ai vu une plaque commémorant Giordano Bruno, ce martyr de la science. Cette plaque indiquait : « Il fut exécuté par l'Eglise catholique, cette ennemie de la science. » Parcourez des centaines d'ouvrages, immergez-vous dans Internet, vous verrez partout que l'Eglise est coupable de ce crime. Vous pouvez le dire en toute liberté ; personne ne vous gueulera après, hystériquement : « Comment ça, toute l'Eglise ? Un milliard de catholiques, du Brésil à la Pologne – tous ces gens seraient donc coupables ? Honte à vous ! Vous êtes anticatholique ! » De fait, le précédent pape a même présenté des excuses pour l'exécution de Giordano Bruno, suivant son habitude. En vain chercherez-vous, en revanche, une plaque commémorant un philosophe, savant et sceptique juif, le rabbin Samuel Ibn Zarza, auteur du *Miklal Yofi*, qui exprima ses doutes au sujet de la Création du monde, et qui fut brûlé sur le bûcher à Valence (en Espagne) – sur ordre des juifs. Bon, là, je m'arrête un instant… J'attends vos hauts cris : « Comment ça, « sur ordre des juifs » ? Tous les juifs ? Espèce d'antisémite ! » Ah bon, ça ne vient pas ?.. Personne ne hurle ? Bon ; nous pouvons donc poursuivre…

Dans le *Livre du Lignage*[11], un ouvrage du XVe siècle, que j'ai eu le grand plaisir de traduire en anglais, on trouve une glose qui dit : « Au moment où les rabbins lisaient le passage « en telle ou telle année depuis la création du monde », ce Zarza prit sa barbe dans sa main, avec un geste qui signifiait qu'il croyait à la préexistence du monde. Le chef rabbin Isaac Campanton se leva en disant : « Pourquoi le bûcher n'est-il pas encore allumé ? Allumons le bûcher ! » (*Zarza* est un mot castillan désignant la ronce, plante buissonnante ; ainsi, ce jeu de mot fait-il allusion à l'épisode du Buisson

11. Abraham Zacuto, *Book of lineage,* Zacuto Foundation, Tel Aviv, 2005.

Ardent (Exode 3:3). Les rabbins le traînèrent devant leur tribunal, et ils le condamnèrent à être brûlé vif sur un bûcher jusqu'à ce que mort s'ensuive, au motif qu'il affirmait la préexistence de l'univers avant l'apparition de l'homme. » Ainsi, nous avons deux savants, tous deux morts sur le bûcher… Mais l'un fut envoyé au bûcher par l'Eglise, tandis que l'autre y fut envoyé par les juifs. Si vous entrez dans les détails, vous trouverez des similitudes supplémentaires : c'est évidemment à l'instigation des juifs que Samuel Ibn Zarza fut condamné à mort par le tribunal et exécuté. Mais il y a de fortes présomptions que les juifs aient également joué un rôle très actif dans la condamnation à mort de Giordano Bruno, car celui-ci était fortement antijuif. Il les qualifiait de « race si pestilentielle, lépreuse et manifestement dangereuse qu'ils méritaient d'être éradiqués et détruits, avant même leur naissance ».[12] Cette opinion contribua à sa mise à mort, car, même à l'époque, les juifs avaient les moyens de se faire entendre des gouvernants, et il y avait toujours suffisamment de responsables officiels empressés d'exécuter leurs ordres. Mais dans le cas de Bruno, on ne trouve pas de traces écrites de ceci, c'est pourquoi son procès et son exécution sont connus encore aujourd'hui, alors que ceux de Samuel Ibn Zarza sont tombés dans l'oubli, ou sont niés, le cas échéant. Si vous vous connectez sur l'encyclopédie en ligne Wikipedia, éditée par les juifs, vous lirez : « … bien que Samuel Shalom (un sage juif du XVIe siècle) affirme que Zarza aurait été condamné au bûcher par le tribunal de Valence sur dénonciation du rabbin Isaac Campanton, qui l'aurait accusé de nier la création du monde, des historiens ont prouvé que cette assertion n'est que pure légende. » Ainsi, le Ministère juif de la Vérité, fabriquant d'histoire et contrôleur en chef, peut encore décider et imposer ce qui s'est réellement produit et ce qui était et demeure « pure légende » : même dans ses rêves les plus fous, l'Eglise catholique ne saurait aspirer à détenir un pouvoir aussi exorbitant !

12. Giordano Bruno, *Lo spacio della Bestia Trionfante* (1584)

Le pouvoir juif est-il susceptible d'être quantifié ? Voici, de cela, quelques mois, l'hebdomadaire britannique *The Economist* a publié une carte du monde inhabituelle : le territoire d'un pays donné y était représenté proportionnellement à son PIB. C'est là une carte qui en dit long : l'Inde était plus petite que la Hollande, l'ensemble de l'Amérique latine était à peine plus grand que l'Italie ; Israël était plus important que l'ensemble de ses voisins arabes. Cette carte n'était pas exactement celle des pouvoirs. En effet, pour tracer une carte réelle du monde, de ce point de vue, il faut aussi prendre en considération d'autres paramètres : la force militaire, les capacités nucléaires et conventionnelles, l'influence discursive, en fonction de la production de films, de livres, de journaux, des chaires universitaires, des positions internationales. Sur une carte des pouvoirs de cette nature, la Juiverie apparaîtrait tout-à-fait impressionnante. Les juifs représentent un pouvoir important, dans le monde où nous vivons. Ils constituent une puissance de première grandeur, plus puissante que l'Eglise catholique, à coup sûr plus puissante que l'Italie ou que n'importe quel pays européen, plus puissante que Shell et Agip ou que n'importe quelle autre multinationale.

En astronomie, il y a un phénomène qu'on appelle « trou noir » : une étoile extrêmement dense et pesante modifie la géométrie de l'espace environnant, si bien que ses rayons lumineux ne peuvent s'arracher au piège de gravité qu'elle génère. Une telle étoile – ou trou noir – est invisible, précisément en raison de son extrême énergie (puissance). De la même manière, la Juiverie est un des tabous les plus puissants de notre époque. Elle est si puissante, la Juiverie, qu'elle en devient invisible. Nous ne sommes pas autorisés à la voir. Le fameux débat sur le lobby juif aux Etats-Unis, autour de la question : « est-ce que c'est la queue qui remue le chien, ou le chien qui fait bouger sa queue », est une tentative pour contourner ce tabou sans, de fait, le briser. A l'évidence, un petit pays moyen-oriental tel qu'Israël ne peut « remuer le chien états-unien ». Le lobby pro-israélien de l'Aipac et consorts ne peut pas faire grand-chose, et ce n'est pas faute d'essayer ! Mais les lobbies pro-israéliens et l'État d'Israël ne sont que les émanations de l'orbite du trou noir, de ce géant innommable: la Juiverie. Au cours d'un récent débat entre James Petras et Norman Finkelstein, le Dr Petras l'a approché de très près, quand il décrivait le lobby pro-israélien comme « tout un enchaînement de boîtes à idées (*think tanks*) pro-sionistes, avec l'American Enterprise Institute au sommet, et en redescendant la pyramide... toute une configuration de pouvoir, qui, bien loin de comporter le seul Aipac, implique les présidents des Principales Organisations Juives Américaines, qui sont non moins de cinquante-deux... et des individus occupant des positions cruciales dans le gouvernement (Elliott Abrams, Paul Wolfowitz, Douglas Feith et consorts),... sans oublier l'armée des publicistes ayant accès aux principaux quotidiens... les mécènes ultra-friqués du parti démocrate, les magnats des médias faisant la pluie et le beau temps au Congrès comme dans l'exécutif ».[13] Non, ça n'est pas un simple lobby: c'est la Juiverie! Pourquoi est-elle aussi puissante, de nos jours? Dans mon ouvrage *Pardès*[14], j'ai donné une interprétation profonde, quoique subtile, de ce qui constitue un tournant aussi profond que subtil dans l'histoire récente. Historiquement, de par sa nature même d'église alternative, la juiverie s'est toujours définie par son opposition à l'église apostolique. La domination de l'Eglise catholique ayant été mise à bas, cette église alternative qu'est la Juiverie s'est retrouvée fortifiée d'autant. Mais, au cas où cette explication serait trop théologique pour des matérialistes modernes, on peut la traduire en dollars et en euros...

Récemment, le magnat juif Zev Chafets a pris fait et cause pour le sportif américain Richardson, lequel avait été suspendu pour avoir dit que les juifs sont puissants et démerdards. Ce Richardson avait dit: « Les juifs ont le meilleur système de sécurité au monde. Etes-vous jamais allé à l'aéroport de Tel Aviv? Pour ça, on peut dire que ces mecs sont malins. Ecoutez: ils sont haïs dans le

13. http://groups.yahoo.com/group/shamireaders/message/932
14. Voir ci-après: « Raz ».

monde entier : donc, ils doivent être malins. Ils ont énormément de pouvoir, dans le monde actuel, vous me suivez ? Et je pense que c'est très bien ainsi. Je ne pense pas qu'il y ait là quoi que ce soit de répréhensible. Si vous prenez la plupart des disciplines sportives professionnelles, vous constaterez qu'elles sont dirigées par des juifs. Si vous prenez bon nombre des branches professionnelles, de secteurs commerciaux, d'entreprises... les plus florissants, vous voyez qu'ils sont gérés juif. Ce n'est pas un scoop ; mais franchement, ils sont malins... »

Chafets a défendu le droit de Richardson à admirer les juifs et leur unicité autoproclamée : « Excusez-moi, mais je ne vois pas que Richardson ait dit quoi que ce soit d'offensant. De fait, les juifs, en tant que peuple, sont doués ; je parle d'expérience. Et ils sont fiers de l'être (spécialement ceux qui sont idiots). Qu'a donc dit d'autre ce Richardson, qui aurait été offensant ? Qu'Israël a le meilleur système de sécurité aéroportuaire au monde ? Mais c'est là, à la fois, la stricte vérité et quelque chose dont Israël se vante, à juste titre. Le fait que les juifs sont haïs, et qu'ils ont donc besoin d'assurer leur autoprotection ? Mais c'est là le principe fondateur même de l'Anti-Defamation League ! Il est vrai que Richardson pousse le bouchon un petit peu trop loin, quand il affirme que ce sont des juifs qui détiennent la plupart des équipes sportives. A ce que j'en sais, les juifs (qui représentent, en gros, 1 % de la population) ne détiennent qu'environ la moitié des équipes de la NBA [National Basket Association] (et une part non négligeable des fédés de foot et de baseball, également). Et alors ? Quant à la remarque que les juifs sont à la tête de beaucoup d'affaires qui tournent... : ne me faites pas marrer ! Les juifs sont très vraisemblablement le groupe ethnique qui réussit le mieux, économiquement parlant, aux Etats-Unis. Où est le problème ? »[15]

A cette question (« Où est le problème ? »), David C. Johnston a répondu, dans le *New York Times*. Il a écrit, en effet : « Les disparités de revenus ont crû de manière importante aux Etats-Unis

15. http://jewishworldreview.com/0407/chafets041107.php3

en 2005, le 1 % d'Américains percevant les revenus les plus élevés – c'est-à-dire dont les revenus, cette année-là, dépassaient les 348 000 dollars – bénéficient de la plus grosse part du gâteau PIB depuis 1928, indique l'analyse des données fiscales publiées dernièrement. Ces nouvelles données montrent, par ailleurs, que les 300 000 Américains les plus fortunés ont perçu, ensemble, pratiquement autant de revenus que les 150 millions d'Américains les plus modestes. *Per capita*, les heureux élus du premier groupe cité ont perçu environ 440 fois plus d'argent que le salarié moyen de la moitié inférieure des revenus, ce qui correspond à un quasi doublement du gap constaté continûment depuis 1980 ».[16] S'il est une question à laquelle Johnston n'apporte aucune réponse (il ne la pose d'ailleurs même pas), c'est bien celle-ci : sur les « 300 000 Américains les plus fortunés ayant reçu, ensemble, pratiquement autant de revenus que les 150 millions d'Américains les plus modestes », combien appartiennent-ils « au groupe ethnique réussissant le mieux, économiquement parlant, aux Etats-Unis » ? Ne doit-on pas s'attendre à ce que – en l'absence d'une Eglise nationale ou de tout autre garde-fou non économique – leur influence sur la politique des Etats-Unis soit le reflet, en gros proportionnel, de leurs revenus cumulés ? Et cela, d'autant plus, si l'on tient compte du fait que ce « groupe ethnique qui réussit le mieux » n'a pas tendance à s'écarter de l'arène politique, c'est le moins qu'on puisse en dire.

La « démocratie » est un système politique idéal, dans lequel chaque personne détient une voix et où toutes les voix sont égales. Cet idéal peut difficilement être réalisé, même en l'absence d'inégalité économique, car les gens sont plus ou moins influents, en raison de leurs capacités personnelles mêmes. Dans les conditions décrites par Johnston, où un membre de l'élite dispose des revenus de cinq cents citoyens ordinaires, la démocratie est sévèrement menacée. Qui plus est, le contrôle du vote populaire devient, dans ces conditions, un business juteux, qui amène cette élite riche à

16. www.truthout.org/issues_06/040207LA.shtml

acheter tous les organes un tant soit peu médiatiques, de sorte que notre horizon immédiat s'en trouve effectivement formaté. Dès lors que ces magnats des médias forment des conglomérats, comme c'est actuellement le cas aux Etats-Unis, la démocratie perd tout son sens.

Je suis de tout cœur avec Frau Merkel, qui a dit : « Une presse libre est la pierre angulaire de notre société, et le fondement de toutes nos libertés. » Mais je n'arrive pas à deviner ce qui l'amène à considérer que la presse soit libre, dès lors qu'elle est possédée par des magnats juifs et des magnats judéophiles tels Alfred Neven DuMont, le propriétaire de l'une des plus anciennes maisons d'éditions en Allemagne et copropriétaire du quotidien israélien *Ha'aretz*[17] (elle a dit ça à l'occasion de la célébration de son anniversaire…) ? En quoi la presse de Berlusconi est-elle plus libre qu'une presse contrôlée par l'État, comme dans la Russie de Poutine ? Un État peut, lui, au moins, prétendre qu'il représente la totalité de ses citoyens…

Pourquoi insisté-je sur « des magnats juifs et des magnats judéophiles » au risque de me faire traiter d'odieux antisémite ? « Des magnats des médias », cela devrait amplement suffire, non ? Pas vraiment… Un *Ha'aretz* détenu par DuMont peut se permettre de publier un article intitulé « Confessions d'un raciste antiallemand »[18] mais un quotidien allemand détenu par DuMont ne publiera jamais un article écrit par quelqu'un qui n'aimerait pas les juifs. La judéophilie intègre les magnats des médias et leurs holdings dans une unique machine totalitaire, comme l'idéologie communiste intégrait tous les médias soviétiques dans un unique appareil totalitaire (et passablement pesant). Cette comparaison peut être développée : aux Etats-Unis, et en Occident, de manière générale, la Juiverie occupe les sommets du contrôle naguère tenus par le Parti Communiste en URSS. Le corps opaque de la Juiverie contrôle tout ce que nous croyons savoir (les universités), tout

17. http://www.haaretz.com/hasen/spages/852026.html
18. http://www.haaretz.com/hasen/spages/851722.html

ce que nous entendons (les médias) et tout ce que nous sommes autorisés à formuler (le politiquement correct). Joe Public, le citoyen lambda aux USA, n'est pas représenté au bureau des Présidents des Principales Associations Juives Américaines, pas plus qu'Ivan Publicoff, en Russie, ne l'était au Politburo.

Jadis, cette position était tenue par l'Eglise. Les campagnes anticléricales consommaient le plus gros de l'énergie et de la pensée populaires, à la fin du dix-neuvième et au début du vingtième siècle. La plainte principale était que l'Eglise contrôlait la société, mais qu'elle n'était pas contrôlée par icelle. Le Parti communiste, en Russie (ou le parti fasciste, en Italie), dut faire face aux mêmes récriminations.

Il est plus que temps de s'occuper du dernier usurpateur en date, car personne n'a mandaté la Juiverie pour qu'elle prenne la tête de la résistance à la domination ecclésiastique. L'influence excessive de la Juiverie est un indicateur d'un manque de démocratie : dans un pays réellement démocratique, la juiverie aurait une influence proportionnelle à son poids démographique, et non à son poids financier. Mais l'histoire n'est pas terminée et la liberté peut être sortie du placard; envoyons balader la Juiverie là où l'Eglise et le Parti ont été envoyés bouler – dans une modeste niche de notre dynamique société.

Les révisionnistes de l'Holocauste pensent que le pouvoir juif s'effondrera dès l'instant oùle narratif holocaustique aura été sapé. Ils croient, en effet, que « le pouvoir juif est fondé sur le mensonge ». Je ne suis pas d'accord. Le pouvoir de la Juiverie est tout-à-fait réel ; il est fondé sur l'argent, sur l'idéologie et sur tout ce sur quoi est fondé n'importe quel pouvoir. Ce pouvoir bien réel doit d'abord être démantelé ; c'est seulement ensuite que l'histoire véridique pourra trouver une écoute. Bien entendu, à ce moment là, la narration holocaustique n'intéressera plus personne, mis à part les gens concernés dans leur propre famille.

Placée sous l'égide de l'amour de la liberté et de la compassion, cette solution serait bonne, pour les juifs considérés individuellement. En effet, dans quelle position se retrouve un juif, face à la Juiverie ? Sa position est exactement la même que celle d'un membre du Parti, face à l'appareil du Parti. Dans les derniers jours de l'Union soviétique, on ne dénombrait pas moins de 16 millions de membres du Parti ; être membre du Parti, c'était intéressant. Mais quand l'appartenance au Parti cessa d'apporter un quelconque avantage, les adhésions se réduisirent à quelques centaines de milliers, seulement. N'y voyez aucunement une tragédie : les Communistes d'hier ont recouvré leur liberté de pensée. Certains d'entre eux (comme Eltsine) sont devenus anticommunistes ; d'autres ont laissé tomber la politique et se sont reconvertis dans la foi religieuse, le commerce ou le business. Ceux qui sont restés communistes ne regrettent pas non plus l'effondrement du Parti : ils sont débarrassés des hypocrites, et ils n'ont plus à se préoccuper de faire plaisir à des millions de petits bourgeois ; ils peuvent, enfin, proclamer ce en quoi ils croient vraiment. De manière identique, démanteler la Juiverie en ramenant son influence proportionnellement à son importance démographique signera son effondrement, et provoquera un exode idéologique massif. Sur environ 16 millions de juifs, quelques centaines de milliers de croyants resteront probablement fidèles à la Loi mosaïque et à l'étude du Talmud et de la Cabbale (Que Dieu les bénisse !). Quant aux autres – l'immense majorité –, ils trouveront d'autres centres d'intérêt et d'autres allégeances (Que Dieu les bénisse, aussi !). Mais tous seront reconnaissants à des dissidents tels le Dr Toaff, qui, ayant enterré le mythe de l'antisémitisme, les auront finalement aidés à recouvrer leur liberté. Mais, peut-on se demander, les juifs ne peuvent-ils pas être libres, à l'intérieur, précisément, du cadre de cette Juiverie ? Dans les années 1970 – 1980, un débat similaire fit florès, à propos de la liberté et du pluralisme à l'intérieur du Parti communiste. Et la réponse a été négative, les faits l'ont confirmé. La Juiverie est non moins monolithique que l'était le Parti ; elle aussi, elle laisse s'exprimer quelques opinions dissonantes, mais cette diversité ne va pas bien loin. En Israël, à l'extrême droite, un certain Gilad Sharon veut destituer les non-juifs de leur nationalité israélienne[19] et, à l'extrême gauche, Uri Avnery propose, de fait, exactement la même chose.[20] Mais nous pouvons compter sur les juifs, individuellement, pour intervenir, et rejeter la Juiverie organisée. Personnellement, je pense que c'est possible.

Nous pouvons – que dis-je, nous devons – appeler les juifs, à bras ouverts, à desserrer l'étreinte suffocante, mortelle, de la soi-disant judaïté. Quand ils se seront délivrés, nous aussi, nous serons en liberté, et nous pourrons à nouveau nous mettre à penser à nos affaires.

19. http://www.haaretz.com/hasen/spages/851868.html
20. http://zope.gush-shalom.org/home/eng/channels/avnery/1177227796/

CHAPITRE XXX

ON SE CALME, LES ARMÉNIENS ![21]

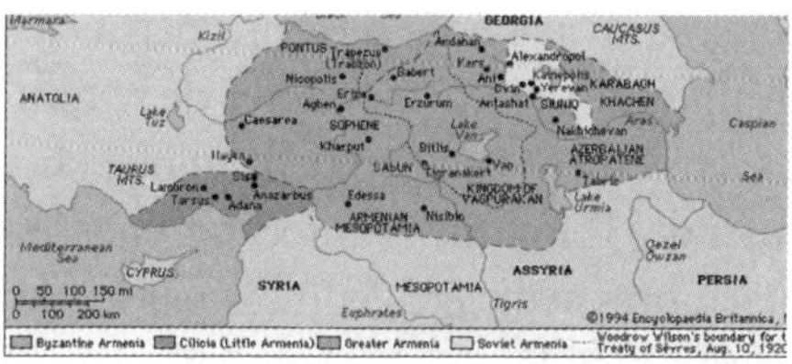

Même une pendule cassée est capable de donner l'heure, deux fois par jour. Abe Foxman, le chef de cette police judéo-maçonnique de la pensée (atrocement mal-nommée) qu'est l'Anti-Defamation League, sans doute un des hommes les plus répugnants de la vie publique américaine, n'est pas aussi précis qu'une pendule, mais il peut lui arriver d'avoir raison, de temps à autre, et il est important de ne pas rater ça.

Le Congrès des Etats-Unis, ce moderne aréopage de saints et de sages, la plus haute autorité morale qui soit sur notre planète, s'apprête à condamner les Turcs pour avoir massacré les Arméniens, voici, de cela, environ un siècle. 1915, ça n'est certes pas hier, et les législateurs américains ne savent probablement pas où se trouve l'Arménie, ni quel en était l'emplacement à l'époque. Cette question est une véritable bouteille à l'encre: rien de ce qui y paraît n'est conforme à la réalité.

21. Sous-titre: « D'accord avec Foxman, pour une fois », 27 août 2007.

Les raisons de ce « devoir de mémoire » sont tout ce qu'on voudra, sauf morales. Ses promoteurs américains veulent punir la Turquie de se tenir à l'écart de leur guerre en Irak, et ils espèrent, au moyen de la peur, amener ce grand pays à résipiscence. Le projet néo-conservateur pour le Nouveau Moyen-Orient implique la création d'un Grand Kurdistan, incluant des parties de l'Anatolie orientale, et la condamnation de la Turquie permettrait à l'Empire américain de déployer une nouvelle tentative afin d'arracher à Ankara les territoires nécessaires à cette fin.

Les Arméniens, toujours partants, dès lors qu'il s'agit de copier sur les juifs, veulent qu'un holocauste soit porté à leur crédit, avec toutes les compensations, les musées et le permis de massacrer leurs propres voisins Azéris qui vont de pair. Au nom de quoi des événements survenus en 1915 légitimeraient-ils les atrocités des Arméniens contre les Azéris, qui avaient, de fait, permis, à l'époque, aux Arméniens en train de se faire massacrer de se réfugier chez eux ? Là encore, les Arméniens ont pris de la graine chez les juifs : si les juifs peuvent tuer des Palestiniens innocents chez lesquels ils avaient trouvé refuge après avoir été expulsés par les Allemands, les Arméniens peuvent bien faire subir la même chose à des Azéris tout aussi innocents que les Palestiniens, non ?

Par une telle décision, l'Amérique va sans doute se mettre la Turquie à dos, aussi elle ne doit pas être prise avec légèreté ; d'un autre côté, il est toujours bon de faire en sorte que les Turcs marchent sur des œufs : ça leur évite d'être excessivement sûrs d'eux. De plus, les Arméniens ont un lobby, restreint en nombre, mais efficace – c'est un petit frère du puissant lobby juif –, et leurs désirs ont un poids indéniable.

Reste qu'en ce qui concerne les questions graves, un Italien consulte son curé, un Suisse son banquier, un Allemand son policier, tandis qu'un Américain va chez les juifs, lesquels, tout heureux, sont à la fois institution financière et communauté religieuse, avec des fonctions de police secrète. Cette fois-ci, Abe Foxman a donné une réponse concrète : « Une action du Congrès ne contribuera certes pas à la réconciliation entre les protagonistes. La résolution adopte une position ; elle en vient à porter un jugement. Les Turcs et les Arméniens ont sans doute besoin de revisiter leurs passés respectifs. Mais la communauté juive ne doit pas devenir l'arbitre de cette histoire, ni le Congrès des Etats-Unis. »

Après quoi, l'Anti-Defamation League et trois autres puissantes organisations juives – le Comité Juif Américain, l'alliance maçonnique B'nai Brith International et l'Institut Juif des Affaires de Sécurité Nationale, ont demandé au Congrès de ne pas se mêler du problème.

Les raisons invoquées par Foxman sont tout aussi culottées que celles des apologistes de l'Arménie. La Turquie est traditionnellement l'amie des juifs, et une décision du Congrès américain est généralement considérée comme devant être prise, ou tout au moins, approuvée, par les juifs. Une résolution hostile à la Turquie ne manquerait pas de causer une dégradation des sentiments turcs envers les juifs et l'État juif ; alors que les Arméniens, quant à eux, sont d'ores et déjà des ennemis traditionnels des juifs, quoi qu'il en soit.

Foxman a été attaqué et presque lynché par beaucoup de membres de sa communauté, qui rêvaient depuis des années de bénéficier enfin d'une opportunité politiquement correcte.[22] Il est certes difficile de regretter son éventuelle mise à l'écart du monde politique ; mais cette fois-ci, c'est lui qui avait raison. Il ne faut pas laisser le Congrès des Etats-Unis et la communauté juive être les arbitres de l'Histoire.

Si les Américains ont envie de condamner des massacres de masse, qu'ils commencent donc par les leurs. Qu'ils commencent par le massacre massif d'Irakiens et d'Afghans, au lieu de payer pour l'aggraver. Après quoi, ils pourraient condamner les massacres perpétrés par leurs parents et grands-parents – que ce soit à Dresde ou à Hiroshima, au Vietnam ou au Cambodge, aux Philippines ou au Mexique, à Atlanta ou à Wounded Knee – et dédommager les victimes, ainsi que tous les autres pays,

22. http://www.jewcy.com/feature/2007-07-09/fire_foxman]

innombrables, qu'ils ont bombardés et pillés. Ainsi, ils obtiendront quelque droit moral à exprimer leur opinion, voire à prononcer un jugement.

Quant aux juifs, ils devraient descendre de leurs grands chevaux, eux qui continuent à étouffer et à affamer Gaza. Qu'ils paient pour les horreurs de la Nakba, l'holocauste palestinien, depuis soixante ans, avant de prononcer un quelconque avis ou une quelconque opinion sur des génocides, que ce soit en Turquie ou encore au Soudan. Mais il y a peu de chances qu'ils le fassent. Ils ne savent jamais quand il faut s'arrêter ; cet extrémisme finira par causer leur perte. Ils avaient déjà trouvé le moyen de pousser l'idée communiste, parfaitement honorable, jusqu'à ses extrémités trotskystes, et voici qu'aujourd'hui, poussant l'holocaustisme à ses dernières extrémités, ils viennent de lancer « kNOw Genocide »[23], une nouvelle coalition multiethnique et non-partisane destinée à combattre le déni actuel de cas connus de génocide, tels le Darfour, le Cambodge, ou les génocides juif, rwandais et arménien. »

Je me demande bien pour quelle raison ils s'en tiennent là : et alors, et le siège de Troie et le génocide qui en découla ? N'allez pas nier ce génocide : les Troyens ont bel et bien été éliminés. Et considérons le plus ancien génocide : celui des Néanderthaliens. En effet, ceux-ci ont été exterminés par Homo sapiens. Nos ancêtres les ont tués. Tous. Nous ne devons ni oublier, ni pardonner ce crime horrible !

A propos des Arméniens, le Congrès américain peut aussi reconnaître, et condamner, le massacre des Chypriotes grecs par les Arméniens, au XIIIe siècle, lorsqu'ils ont pratiquement dépeuplé cette île, ou encore le massacre des Azéris, à Bakou, en 1918 (plus de 30 000 victimes), et en 1922, celui des Azéris, toujours, massacrés par les Arméniens au Nagorny Karabagh. Par ailleurs, si les Arméniens sont bien les descendants de la tribu des Amalécites, alors le Congrès américain doit reconnaître leur génocide par le Roi David, et exiger des juifs qu'ils en paient le prix…

23. Jeu de mots sur « Non au génocide » et « Reconnaître le génocide »

J'ai de forts doutes au sujet de beaucoup d'inventions modernes, et le génocide – un concept inventé en 1945 – en fait partie. Il n'y a strictement rien de nouveau, en matière de tuerie, depuis la mise en route par Caïn sur la personne d'Abel ; pourquoi aurait-on besoin d'un concept flambant neuf ? L'inventeur, un juif polonais répondant au nom de Raphael Lemkin, a été conseiller auprès du gouvernement américain ; il avait le sentiment que tuer un juif était un crime bien pire que le fait de tuer un goy. En effet, il avait étudié le Talmud, et le Talmud fait ce distinguo fondamental. Afin de convaincre les goyim américains, il inventa le concept de génocide. Ainsi, le « génocide » n'est qu'un nouveau mot pour désigner cette offense spéciale, selon le Talmud, que représente le fait de tuer, voire ne serait-ce que menacer, un juif. Le génocide, ça n'est pas le fait de « massacrer des civils », sinon, les victimes du siège de Leningrad et celles des bombardements de Dresde seraient éligibles à cette catégorisation.

Le concept de « génocide » a été inventé par les juifs, et les inventions juives ne marchent bien que pour les seuls juifs. Ainsi, par exemple, le siège juif de Gaza correspond à la définition d'un génocide, mais essayez un peu de le dire : vous serez qualifié de nazi est exclu de toute société policée. D'ailleurs, quand Ahmadinejad en appelle à la déconstruction de l'État raciste juif, c'est un « génocide » ; quand un missile du Hezbollah a tué dix militaires israéliens, en août de l'année dernière, c'était un cas de « génocide », car ces militaires « avaient été tués au seul motif d'être juifs ». Pour l'assassinat d'un goy, ça ne marche pas : quand les Allemands affamaient Leningrad, quand les Américains vitrifiaient Hiroshima ou quand les juifs bombardaient Gaza et Beyrouth, ça n'était pas du génocide, parce que les assassins étaient indifférents à l'orientation ethno-religieuse de leurs victimes, proclame le légaliste du Politiquement Correct. Les Yankees ne pouvaient pas exclure tout à fait qu'Hiroshima ait été majoritairement peuplée d'Ecossais ; les Allemands pouvaient penser que Leningrad était quasi-exclusivement peuplée de Zoulous, alors que les juifs, eux, pensaient certainement que, seuls, de dangereux terroristes vivaient à Beyrouth et à Gaza. Cette explication est tellement tirée par les cheveux qu'elle réclame le passage du Rasoir d'Ockham. Mon explication, à savoir « le génocide, c'est le fait de tuer des juifs » est plus simple, et de très loin.

Par la suite, l'assassinat massif de juifs fut promu au rang d'« Holocauste », tandis que le concept de génocide fut banalisé et utilisé pour catégoriser l'ennemi, en général : les communistes, les musulmans, les gouvernants désobéissants. L'assassinat de quelques dizaines de brigands albanais, au Kosovo, fut un « génocide », et la Serbie fut bombardée en punition de ce crime, tandis que son président allait mourir dans une geôle de La Haye. Une guerre civile, au Rwanda, devint un « génocide », et peu importe que la population Tutsi, en réalité, ait augmenté… C'est au tour des musulmans. Le Cambodge était un « génocide », alors que le Vietnam (où les Américains ont massacré non moins de cinq millions de personnes), n'en était pas un. Bref : le « génocide », c'est une diffamation à motivation politique, qui n'a qu'une importance minime.

Ecoutez-moi : la guerre, c'est l'enfer, et tuer des civils, c'est un crime. Ou ça devrait en être un, quelle que soit leur appartenance ethnique. Cette loi toute simple vaut bien mieux que les innovations à base de génocide. Le problème, c'est qu'elle élimine la supériorité morale des Alliés sur l'Axe, car les deux camps ont tué énormément de civils. Mais cela ne devrait pas nous décontenancer. Débarrassons-nous de cette invention qu'est le génocide – quoi qu'il en soit, elle ne nous aide en rien, et elle ne fait qu'aider notre ennemi.

Joachim Martillo a découvert que la campagne de relations publiques *Save Darfur Genocide* est goupillée et orchestrée par le réseau juif américain « David Project » et ses filiales, afin de diaboliser les musulmans et les Arabes, et de recruter des non-juifs.[24] N'en doutez pas : le lobby arménien a déjà signé, sur tous les emplacements en pointillés. Sinon, il n'ira pas loin.

24. [voir ses révélations sur les sites : http://eaazi.blogspot.com et http://karinfriedemann.blogspot.com].

Alors, donc : qu'est-il arrivé aux Arméniens ? Les Arméniens ont souffert, durant la Première guerre mondiale, parce qu'ils se sont battus contre l'Empire ottoman – et parce qu'ils ont perdu. Ils se sont alliés aux ennemis des Turcs. Les Alliés leur avaient promis la quasi-totalité de l'Anatolie, et les Turcs auraient connu le triste sort des Azéris, n'eût été le sabre de Mustafa Kemal Atatürk. Les Arméniens ont fait tout ce qu'ils ont pu pour liquider les Turcs et les Kurdes, mais ils ont échoué : ils ont été internés ou déportés par le gouvernement impérial ottoman. De la même manière, les Japonais avaient été mis dans des camps de concentration par Franklin D. Roosevelt, les Allemands avaient été déportés par les Britanniques, les Palestiniens furent déportés par Israël, les Turcs furent déportés par les Grecs – et beaucoup périrent.

Depuis cette époque-là, le monde a changé. L'Empire ottoman a disparu, et la Turquie n'est que l'un de ses nombreux États successeurs, dont notamment Israël, la Syrie, le Liban, l'Irak, la Grèce… C'est injuste et carrément raciste de singulariser la Turquie, en particulier sachant que les déportés arméniens ont été massacrés par leurs voisins kurdes. Aujourd'hui, il existe un Kurdistan quasi indépendant, très riche en pétrole. Si certains Arméniens ont envie de compensations, ils devraient aller voir les Kurdes. Toutefois, si certains d'entre eux veulent retourner sur les rives du Lac de Van, ils seront autorisés à le faire, dès lors qu'ils auront reconnu sans réserve la souveraineté turque sur cette contrée.

La dissolution des empires est un événement douloureux, avec des guerres de succession, dans tous les cas de figure. Pourtant, l'Inde ne prétend pas que l'Angleterre lui doive des compensations pour les massacres entre hindous et musulmans ni pour les guerres de 1948. Une communauté ne peut que souffrir de ses mauvais choix, en cas de guerre. Les Arméniens ont certainement souffert, mais les Turcs n'y sont pour rien. Nous devons rejeter ce concept raciste de culpabilité héritée : ceux qui avaient fait le mauvais choix, en 1915, ne sont certainement plus parmi nous.

De nos jours, dans la Turquie actuelle, les Arméniens vivent en paix ; ils ne sont en quête de nulle condamnation. Le journaliste arménien Hrant Dink, assassiné récemment en Turquie, était catégoriquement opposé à une telle condamnation étrangère – il pensait qu'il s'agissait là exclusivement d'une affaire intérieure turque. Il avait raison : toute nation peut procéder à son examen de conscience et à sa recherche de culpabilités. Mais l'attitude « sainte Nitouche », promue par les bien-pensants occidentaux doit être limitée, autant que faire se peut.

Même dans le cas de notre chère Palestine, nous n'appelons pas le Congrès des Etats-Unis à condamner la Nakba : nous l'exhortons à donner des droits égaux aux Palestiniens vivant en Palestine, et à permettre aux réfugiés exilés d'y revenir. Laissons le passé enterrer le passé ; nous avons bien assez à faire avec notre présent !

Les Arméniens feraient bien, eux aussi, de s'occuper de leur présent. A cause de leur obsession pour le passé, leur république est dans une situation on ne peut plus précaire. Quiconque peut en émigrer le fait. Il y plus d'Arméniens à Moscou qu'à Erivan. Jouer le jeu des néocons n'améliorera en rien leur situation. Au lieu d'aggraver les choses et de rêver à redessiner les cartes de géographie, ils devraient se calmer, et faire la paix avec leurs voisins : les Turcs, les Azéris et les Kurdes.[25]

25. Lectures recommandées (en anglais) : Un historien américain, sur le problème turco-arménien : http://homepages.cae.wisc.edu/~dwilson/Armenia/justin.html ; Armenian-Turkish Conflict, conférence du Dr Justin McCarthy devant la Grande Assemblée Nationale Turque, 24 mars 2005 : http://homepages.cae.wisc.edu/~dwilson/Armenia/mccarthy.html ; les juifs exigent la tête de Foxman : « Denying the Armenian Genocide should be the last atrocity perpetrated by the ADL chief », by Joey Kurtzman (sur le site Jewcy.com, 9 juillet 2007) ; http://www.jewcy.com/feature/2007-07-09/fire_foxman ; http://eaazi.blogspot.com/ ; de Joachim Martillo, sur le génocide arménien : http://eaazi.blogspot.com et http://karinfriedemann.blogspot.com.

CHAPITRE XXXI

CARTER ET L'ESSAIM DE MOUCHERONS[26]

La publication de l'ouvrage dc Jimmy Carter *Palestine: La paix, pas l'apartheid* est un grand événement, tant pour l'Amérique que pour chacun d'entre nous.[27] Non que Carter ait dit à propos de la Palestine quoi que ce soit que nous aurions ignoré. Que je sache, nous n'avons pas attendu Carter pour savoir que les sionistes ont installé un régime raciste d'apartheid en Terre Sainte – un système dans lequel les juifs ont tous les droits, alors que les

26. 28 janvier 2007.
27. Paris, éd. L'Archipel, octobre 2007.

goyim n'ont que des devoirs. Avant Carter, nous savions qu'un indigène palestinien n'a pas le droit de voter, ni de se déplacer, ni de travailler librement dans son propre pays et qu'il est enfermé derrière une muraille de huit mètres de haut. Avant que Carter ne nous le dise, nous savions que c'est le soutien des Etats-Unis qui a permis que ces atrocités se produisent et que le régime d'apartheid bétonne ses positions. En revanche, ce que nous ignorions, c'était qu'il pouvait y avoir d'éminents Américains qui oseraient dire tout haut ce qu'il en est, bravant l'ire de la Juiverie organisée.

Pourquoi le Président Carter a-t-il décidé de parler ? Pourquoi a-t-il mis en balance la tranquillité de sa retraite bien méritée et de sa gloire en train de se faner gentiment, pour s'exposer de la sorte à une attaque de la cinquième colonne israélienne tout aussi impitoyable que l'assaut de la Quatrième Colonne contre Gaza ?

Il a été mû par la compassion, par cette vertu chrétienne suprême consistant à ressentir, avec ceux qui souffrent et sont opprimés, les mêmes souffrances et la même oppression. Il a vu la souffrance de la Palestine, et il lui est devenu impossible de demeurer coi. Il s'est montré à la hauteur d'une honorable tradition américaine : celle d'un Mark Twain dénonçant les atrocités perpétrées par les Etats-Unis aux Philippines, ou encore celle d'un Henry Thoreau condamnant la guerre du Mexique. C'est là une tradition universelle, aussi : Multatuli a révélé les atrocités hollandaises en Indonésie, Roger Casement a dénoncé celles des Belges au Congo et Radichev a déploré le triste sort de la paysannerie russe.

Et leurs voix ont changé notre monde, même si cela n'a pas été immédiat. Carter n'est certes pas un radical – un homme au sang plus chaud que lui aurait exhorté à ce qu'on mît sans autre forme de procès un terme à l'infamie dénommée « État juif ». Le message de Carter fut doux et gentil, tellement doux et compassionnel que seul un pouvoir arrogant et auto-intoxiqué allait pouvoir en prendre ombrage. D'autres (dont moi-même) se sont montrés plus durs, et plus explicites. Mais il est vrai que ces autres-là n'ont jamais été présidents des Etats-Unis…

Pourquoi est-ce seulement maintenant que Carter a décidé de parler ? L'apartheid, en Palestine, était déjà suffisamment atroce, voici dix ans de cela, pour justifier amplement qu'il intervînt, mais l'impuissance et l'abattement auxquels nous assistons aujourd'hui sont des phénomènes récents. L'espoir entretenu, toujours et encore, par Camp David, par la paix avec l'Egypte, par les conférences de Madrid et d'Oslo… est mort et enterré. Une année de blocus impitoyable a entraîné une confrontation entre les factions palestiniennes, et le rêve rose des juifs – une guerre civile intra-palestinienne – est en passe de devenir réalité. La Terre sainte est sur le point de s'effondrer. Le Président Carter a quatre-vingt-deux ans, et il n'a plus peur de rien. A cet âge-là, et à ce stade de leur biographie, on peut s'attendre à ce que les hommes d'État disent ce qu'ils ont sur le cœur, comme le fit le Premier ministre malais, Mohammad Mahathir, une fois à la retraite. Le temps est venu de reconnaître cette vérité insupportable : la guidance idéologique et spirituelle de l'Occident a été arrachée des mains de l'Eglise et elle est aujourd'hui entre celles des usurpateurs de Sion. Tant qu'ils seront aux commandes du navire Palestine, celui-ci n'aura aucune chance.

Bien que la plupart des juifs américains ordinaires soient sains d'esprit et raisonnables, les décisions sont prises par des juifs méga-riches, ultra-chauvins et superpuissants, qui ne veulent rien entendre. C'est eux, la force qui pousse à la guerre. Carter voulait arrêter le désastre au Moyen-Orient, en convainquant les sains d'esprit et en remettant les arrogants à leur place. Ainsi, il s'est lancé dans la bataille, tout comme l'Amérique traditionnelle WASP tente de reconquérir le terrain perdu et de sauver le pays, parce qu'elle l'aime, de la destruction. Les Bobos américains, en dépit de leur immense richesse matérielle, de leurs traditions et de leurs racines, se sont retrouvés marginalisés par les juifs, qui ont une mainmise totale sur les médias et les universités : oui, en effet, on le constate, c'est bien l'esprit qui gouverne la matière. La commission d'évaluation Baker-Hamilton sur l'Irak et le rapport Walt & Mearsheimer sont les premières salves de cette Intifada des

Bobos. Un éditorialiste juif américain (qui réside en Israël et écrit dans le quotidien israélien *Ha'aretz*), Burston, a dit, à juste titre, que « la véritable cible visée par Carter, c'était la communauté juive américaine organisée ». Carter a mis le doigt sur les principales causes de l'apartheid en Terre sainte, explique ce même Burston :

— le contrôle du gouvernement US par les juifs : « Il serait pratiquement suicidaire, pour des membres du Congrès, d'épouser une position équilibrée entre Israël et la Palestine, de suggérer qu'Israël se conformât au droit international ou encore de prendre fait et cause pour la justice ou pour les droits humains des Palestiniens » ;

— le contrôle des médias US par les juifs : « Plus difficile encore à comprendre est la raison pour laquelle les pages éditoriales des plus grands journaux et magazines, aux Etats-Unis, pratiquent une telle autocensure, tout-à-fait contraire aux évaluations personnelles exprimées – et avec quelle force ! – par leurs correspondants en Terre sainte ».

Après s'être exprimé, Carter fut immédiatement contre-attaqué par la Juiverie organisée. Et ça valait le coup d'œil ! Dans ma Sibérie natale, durant les étés – brefs, mais terribles –, on peut voir un essaim de moucherons attaquer un cheval, chaque petit vampire assoiffé de sang jouant hardiment sa partie. En un rien de temps, l'animal aveuglé et rendu furieux se lance tête baissée dans une course folle, et trouve la mort dans les marais sans fond. Les juifs ont développé ce style d'attaque. Il n'y a jamais une voix isolée défendant la cause, mais toujours une attaque massive venant de droite et de gauche, d'en-dessus et de par-en-dessous, jusqu'à ce que la victime, épuisée et brisée, s'éloigne en titubant, la queue entre les jambes.

Chaque attaquant est minuscule et insignifiant comme un moucheron pris isolément, mais en tant qu'essaim, ils sont absolument redoutables. Observez-les, un à un : Dershowitz, thuriféraire de la torture et de l'assassinat d'otages, un plagiaire pris sur le vif, jamais élu à une quelconque position de pouvoir et n'inspirant strictement aucun respect, exige de débattre avec l'ancien président. C'est, pour le coup, vraiment « au-delà de la *chutzpah* », mais Dershowitz est soutenu par d'autres juifs occupant des positions éminentes et son exigence ridicule a été appuyée par l'université et les médias, jusqu'à ce que cette nullité factice obtienne un temps de parole équivalent, sur une chaîne de télévision, pour présenter « sa vision des choses ». Autre moucheron : Deborah Lipstadt, une nullité mise en avant par le *Washington Post.* Bien d'autres encore sont encore plus insignifiants que ces deux là, comme, par exemple, ces quatorze juifs qui ont démissionné de leurs fonctions au Carter Center. Si ces gens-là ne détenaient pas les journaux, personne ne les écouterait, à part (peut-être) leurs conjoints.

Leur technique est des plus simples. Ils détournent la conversation sur la personnalité de leur adversaire. Ainsi, au lieu de parler de l'apartheid israélien, nous parlons de Jimmy Carter, nous débattons de la question de savoir s'il s'agit d'un bigot et d'un antisémite – c'est la thèse de Foxman, le juif méchant de service –, ou non (c'est la thèse d'Avnery, le juif sympa).

La réponse correcte, c'est : « hors sujet » ! L'amour (ou l'absence d'amour) de Carter pour les juifs n'a strictement rien à voir avec la question de l'apartheid en Palestine. De même, si nous débattons de la situation en Bosnie ou au Kosovo, nous ne nous étendons pas sur nos sentiments envers les Serbes, les Albanais ou les Croates. Mais, avec les juifs, c'est différent.

Ainsi, par exemple, le Général Wesley Clark a déclaré que des juifs fortunés, les grands mécènes des hommes politiques de Washington, sont en train de pousser à la guerre contre l'Iran.[28] Bien. Cela se discute ; cela peut éventuellement être contesté. Mais, non : ils font dérailler la question, afin qu'on passe à un autre sujet : « Ce Clark ne serait-il pas, par hasard, antisémite ? » Matthew Yglesias fournit les sources de l'ensemble du toutim cachère, depuis les comparaisons avec *Les Protocoles*, jusqu'à l'incontournable citation de Foxman, qui a dit que Clark a « versé dans la bigoterie conspi-

28. www.prsionplanet.com/dershowitz_torture_could_be_justified.htm

rationniste». Dès lors, Clark va s'acharner à tenter de se défendre, et les autres vont se charger de veiller à ce qu'il soit pris la main dans le sac. Là encore, la réponse correcte est un haussement d'épaules poli: qui en a quoi que ce soit à cirer, que Clark soit un bigot? Clark est peut-être, aussi, pédophile et usurier, mais cette attaque *ad hominem* n'a aucune incidence sur ce qu'il a dit. Quant à l'accusation «Vous, vous n'aimez pas les juifs!», elle ne diffère en rien de l'accusation: «Toi, tu n'aimes pas ta tatie!» – accusation avec laquelle nous avons appris à vivre, dès l'âge de six ans.

Il est un livre – excellent –, qui permet de s'habituer à ce genre d'attaque: *Le Maître et Marguerite*, de Michael Boulgakov. Ce roman épatant montre l'attaque d'un essaim de critiques juifs contre un écrivain ayant osé écrire sur le Christ. De fait, quiconque mentionne un jour le Christ en fera, tôt ou tard, l'expérience…

J'ai eu personnellement à connaître ce genre d'attaque par un essaim. Durant la catastrophe du tsunami, en Thaïlande, j'ai découvert que la société israélienne de pompes funèbres, Zaka, a obligé les Thaïs à repousser l'ensevelissement collectif des victimes d'un jour ou deux, en dépit du danger – réel et immédia – d'épidémie, afin d'éviter une autre calamité, autrement «authentique», celle-là: des corps juifs – sacrés, par nature – auraient pu être enterrés – par inadvertance – avec des charognes de goyim… Ce sont des gens de chez Zaka, très fiers d'eux, qui m'en avaient informé. J'ai écrit à ce sujet.[29] Cet article a été repris par plusieurs sites ouèbe. Puis un juif britannique, un certain Manfred Ropschitz, a lancé une violente campagne *ad hominem* – contre moi. D'autres juifs se sont joints à la meute, débattant de la grave question de savoir si j'étais un juif, ou «un antisémite nazi vikingo-russe», comme si cela avait un quelconque rapport avec l'histoire du tsunami? Au lieu de hausser les épaules, d'autres supporters de la Palestine se branchèrent sur ce sujet piquant. Ils transférèrent leur discussion depuis le *Times* (de Londres) jusqu'à leurs listes de

29. Voir: «Tsunami à Gaza» http://www.israelshamir.net/English/Tsunami.htm

dialogue par méls, jusqu'à ce qu'en définitive un autre juif soi-disant « antisioniste » conclue, avec une satisfaction non dissimulée : « Shamir est marginalisé ; sa réputation est cuite… ».

Ropschitz n'a jamais essayé de démentir l'histoire des enterrements retardés, car elle était authentique. Il a écrit : « A l'instar de toute une armée de journalistes jouant des coudes pour traiter de l'histoire du Tsunami, j'aurais certainement eu connaissance de cette information choquante, à l'heure qu'il est – si elle était authentique. Je suis journaliste, et je n'en crois rien. » Non, Messieurs, vous n'entendrez pas une information véridique, si elle n'est pas du goût des Ropschitz encore en liberté. Ils vous pourchasseront jusqu'au bout du bout du monde, et il n'y a pas foule de gens qui soient prêts à risquer leur attaque, parfaitement planifiée. Il faudrait, de fait, être un véritable kamikaze pour engager un combat tel celui-là. Les Ropschitz et consorts, ces juifs tout ce qu'il y a de plus ordinaire, qui s'identifient totalement à leur communauté, représentent la clé de l'attaque de l'essaim de moucherons.

Nombreux sont les magnats juifs des médias, et encore plus nombreux les éditeurs juifs, mais ce sont les Ropschitz qui maintiennent la ligne du parti. Ces exécuteurs bénévoles de nos libertés, ces fantassins des magnats des médias, défendent de manière pavlovienne « les juifs », c'est à dire la communauté juive organisé, coûte que coûte. Les êtres humains ordinaires d'origine juive peuvent avoir les opinions les plus diverses. De la même manière, les Américains ordinaires ne décident nullement si leur pays attaquera, ou non, l'Iran. Mais Bush et Cheney ne peuvent mener, à eux seuls, la guerre en Irak, et les magnats juifs des médias seraient impuissants, s'ils n'avaient pas leurs liquidateurs zélés de la liberté.

Les philosémites non-juifs sont encore pires, a observé Eustace Mullins, cet écrivain américain de légende dont les best-sellers (tirés à plusieurs millions d'exemplaires) n'ont jamais été ni publiés, ni distribués, par les réseaux bien-pensants. Il a écrit :

« Il est connu de tout le monde, depuis bien longtemps – depuis la fusion des trois principaux réseaux nationaux [américains] de télévision, que chacun d'entre eux était détenu, dirigé et contrôlé par des juifs. Aujourd'hui, enfin – c'est du moins l'impression qu'on pouvait avoir – les chrétiens d'Amérique allaient avoir leur propre réseau chrétien de télévision, sur lequel ils seraient en mesure d'observer les préceptes de la religion chrétienne. C'est du moins ce qu'il semblait. Et, la chaîne CBN [Christian Broadcasting Network] ayant commencé à émettre quotidiennement, quel message a-t-elle répété, jour après jour? « Il faut aimer les juifs. Il faut soutenir l'État d'Israël dans toutes ses déprédations et dans sa dévastation immorale des sanctuaires sacrés chrétiens du pays natal de Notre Sauveur. Nous devons aider les juifs, et nous devons, par-dessus tout, éviter le péché mortel, le péché d'« antisémitisme », quoi que cela puisse bien signifier. Même les chaînes juives ne diffusent pas une propagande aussi ouvertement pro-juive que CBN. »

Cette année, en France, un homme est mort – un véritable saint, connu sous son surnom affectueux d'« Abbé Pierre » – un prêtre qui avait combattu dans la Résistance, qui avait aidé des sans-domicile-fixe, qui avait nourri les pauvres et qui fut un grand ami des Palestiniens. En 1996, ce fut la curée contre lui, après qu'il eut exprimé son soutien à un autre ami de la Palestine, Roger Garaudy, qui venait d'écrire son ouvrage *Les Mythes fondateurs de la politique israélienne*. Victime de l'attaque d'un essaim de moucherons juifs, il alla s'exiler en Italie et en Suisse, abandonné par ceux-là mêmes pour lesquels il combattait. Les Français devraient se remémorer le triste sort qui fut le sien, et cela devrait fouailler leur conscience. Si la Pucelle d'Orléans fut exécutée par le régime d'occupation britannique, ceux qui ont ostracisé l'Abbé Pierre n'ont absolument pas cette excuse : ils ont tout simplement pris la fuite au premier signe avant-coureur de l'attaque de moucherons, et ils courent toujours…

Cette peur des attaques de moucherons juifs a d'ores et déjà causé à l'humanité bien des désolations. Dans les années 1930, le célèbre aviateur américain Charles Lindberg exhortait les Etats-Unis à se tenir à l'écart de la guerre qui commençait à gronder, en Europe. Il fut attaqué par les médias juifs, qui dénoncèrent en lui un « nazi » et un « suppôt d'Hitler ». Il fut sali et, « du jour au lendemain, Lindbergh passa du statut de héros culturel à celui de paria ».

Aujourd'hui, derechef, les Etats-Unis sont poussés par les mêmes forces dans une nouvelle guerre, cette fois-ci au Moyen-Orient. Faisons tout pour l'empêcher, en nous montrant impavides, car comme le dit un chant spirituel juif hassidique, « *haikar lo lefahed bihlal* » : « l'important, c'est de n'avoir absolument pas peur ». Carter nous a apporté l'espoir qu'il existe une Amérique avec laquelle le monde pourrait coexister, une Amérique démocratique et non-agressive, dont les politiques ne soient pas décidées par des financeurs opulents, mais par les Américains ordinaires, qui ont voté contre la guerre, et qui se rassemblent, désormais, à Washington, afin d'en appeler à l'arrêt de l'escalade.

CHAPITRE XXXII
LA TYRANNIE DU LIBÉRALISME[30]

Le libéralisme moderne est aujourd'hui le paradigme dominant, aux Etats-Unis, et il joue un rôle fondamental en Europe, en Russie post-soviétique, et ailleurs. Cette ligne politique est prêchée par le conglomérat puissant des mass-médias mondiaux, dont les éléments semblent indépendants entre eux – pour la galerie –, tout en véhiculant le même message, que James Petras qualifie de « Message de la Tyrannie du Libéralisme ». [31]

« Tyrannie libérale » : voilà une expression qui peut frapper certains d'entre vous, de par l'oxymore qu'elle renferme – sinon la contradiction dans les termes – le libéralisme affectionnant de se donner lui-même à voir sous l'aspect d'un territoire de liberté en-

30. Titre original : « La religion dans les relations internationales », conférence prononcée à la Faculté des Relations Internationales, Université d'Etat de Saint-Pétersbourg (Russie), le 24 novembre 2006.
31. http://www.rebelioin.org/petras.english/cultural_imperialism.htm

tièrement neutre – plutôt que pour ce qu'il est, en réalité, à savoir une idéologie – et sous celui d'un arbitre garantissant le pluralisme confessionnel et la liberté, alors qu'il s'agit d'une idéologie fondamentalement antireligieuse.

Le libéralisme est cette sorte d'idéologie qui dénie en être une. Posez la question à un libéral : immanquablement, il vous répondra qu'il est opposé à la domination d'une quelconque idéologie, ou à celle d'une quelconque religion…

Afin de tenter de percer cette laque protectrice, nous mettrons en pratique certaines idées du penseur allemand aujourd'hui disparu Carl Schmitt, qui a eu à connaître la nature véritable du libéralisme, et ce, de la manière la plus cruelle qui soit, après la défaite militaire et la conquête de l'Allemagne, en 1945. Carl Schmitt vécut quelque temps dans les zones sous occupation soviétique et américaine, qui allaient devenir, plus tard, respectivement, la République Démocratique Allemande (RDA) et la République Fédérale d'Allemagne (RFA).

Se fondant sur son expérience comparative de ces deux formes d'occupation, Carl Schmitt observa que le libéralisme américain est une idéologie de combat, beaucoup moins encline au compromis que le communisme soviétique. Les Américains exigeaient de Schmitt qu'il apporte la preuve de sa croyance en la démocratie libérale, alors que les Russes ne lui avaient jamais demandé de prêter serment sur un exemplaire du *Manifeste communiste* de Karl Marx. Cette expérience vécue conduisit Schmitt à conclure que le libéralisme moderne américain n'est certainement pas un paradigme exempt d'idéologie, uniquement à base de « vivre, et laisser vivre », mais bel et bien une idéologie constituée – une idéologie encore bien plus dangereuse que ce communisme qu'il abhorrait.

Pour Schmitt, l'équilibre traditionnel des forces était menacé par l'empire mondial aérien et maritime anglo-américain, triomphant depuis peu, lequel avait pour fondement une idéologie agressive. C'est la raison pour laquelle il salua l'arrivée de la Guerre froide, convaincu qu'il était que, seule, l'URSS était en mesure de contenir la déferlante idéologique américaine.

Ces dernières années, avec l'invasion américaine de l'Afghanistan et de l'Irak, beaucoup d'autres penseurs ont été amenés à partager la prise de conscience qui fut celle de Schmitt, à savoir que le libéralisme est une idéologie planétaire agressive, qui prône certains principes devant être mis en œuvre *manu militari* dans le monde entier.

De même qu'un client attablé au restaurant et une huître décriraient à n'en pas douter de deux manières pour le moins divergentes l'arrivée sur la table d'une bouteille de Chablis et de rondelles de citron, les principes du libéralisme sont susceptibles d'être décrits aussi bien en des termes positifs qu'en des termes négatifs, selon qu'on est dîneur ou dîner.

Examinons donc, si vous le voulez bien, la carte de notre restaurant, d'un point de vue dual. Voyons… voyons : qu'allons-nous commander ?

— Droits de l'homme, ou Négation des droits collectifs ?
— Droits des minorités, ou Déni des droits de la majorité ?
— Droits des femmes ou Dissolution de la famille ?
— Propriété privée des médias, ou Droit exclusif du capital à former l'opinion publique ?
— Droits des femmes ou Dissolution de la famille ?
— Droits des Gays, ou Déni du caractère sacré du mariage ?
— Antiracisme, ou Dissolution de la culture autochtone
— Autonomie économique, ou Mise au ban de toute entraide sociale mutuelle.
— Séparation de l'Eglise et de l'État, OU liberté totale pour la propagande antichrétienne et interdiction de la mission chrétienne dans la sphère publique ?
— Elections contrôlée des gouvernements, limitée par la conformité des électeurs au paradigme libéral, ou Déni de toute autodétermination authentique ?

Carl Schmitt professait un précepte fondamental : toute idéologie est une doctrine crypto-religieuse. Ou, pour reprendre ses propres termes : « tous les concepts les plus prégnants de la doctrine moderne ne sont que des concepts théologiques sécularisés ».

A la lumière de cette vision des choses, comparons le communisme et le libéralisme : bien que né en Occident, le communisme a émergé pour la première fois dans une société formée par l'Eglise orthodoxe russe, et il présentait des caractéristiques que l'on pouvait s'attendre à trouver dans une orthodoxie laïcisée.[32] Les poètes ont bien senti cela ; ainsi, Alexander Blok chanta un Christ, à la tête de ses douze Apôtres-Gardes Rouges, « arborant un drapeau rouge, invulnérable à la mitraille, flottant au-dessus du blizzard, le front ceint d'une couronne de roses blanches »[33]. Aux jours révolus de l'Union soviétique, les Russes proclamèrent le principe chrétien : « L'homme est l'ami de l'homme, Camarade et Frère ! »[34] Les communistes russes méprisaient le confort matériel, comme leurs prédécesseurs orthodoxes, plaçant leur *sobornost'* (leur catholicité, leur « être ensemble », l'Eglise) et leur solidarité au-dessus de toutes les autres vertus[35].

La solidarité et la catholicité sont des traits qu'ont en partage des idéologies auxquelles le libéralisme est fondamentalement hostile. La semaine passée, Yehuda Bauer, directeur du Centre Yad Vashem, Grand-Prêtre du culte holocaustique, a déclaré, lors d'une conférence prononcée afin de tenter de contrebalancer la Conférence de Téhéran :

« Il y a certes de grandes différences entre le national-socialisme, le communisme soviétique et l'Islam fondamentaliste. Mais il y a, aussi, entre eux, d'importants parallélismes. Tous trois sont – ou

32. http://www.israelshamir.net/English/Re_Easter.htm
33. http://www.poemhunter.com/aleksandr-aleksandrovich-blok/poet-35200/
34. http://www.time.com/time/magazine/article/9,9171,895551-3,00.html
35. http://www.orthodoxresearchinstitute.org/articles/dogmatics/savich-catholicity.htm

plutôt, étaient – des mouvements religieux, ou quasi religieux. Incontestablement, la croyance quasi religieuse inhérente à l'idéologie nazie joua un rôle central dans l'existence même du régime nazi et dans sa politique. Or, c'est l'idéologie nazie qui fut le facteur causal déterminant de l'Holocauste; le marxisme-léninisme était le dogme quasi religieux selon lequel tout le monde devait prêter serment, dans l'Empire stalinien. Il en va de même en ce qui concerne l'Islam radical. »[36]

C'est manifestement vrai, ou, à la lumière des propos de Carl Schmitt, c'est plutôt un truisme: s'il s'agit bien d'idéologie, chaque idéologie a bien des connotations théologiques. Nous noterons que Bauer n'a pas mentionné une importante idéologie pourtant contemporaine des trois idéologies qu'il a citées, et en guerre contre celles-ci. Voici, de cela, une cinquantaine d'années – tout récemment, donc, à l'échelle historique – les marxistes-léninistes, les nationaux-socialistes et les libéraux réglèrent leurs différends sur les champs de bataille de l'Europe. Et pourtant, Bauer, un libéral s'il en fut jamais, fait bizarrement l'impasse sur le libéralisme… Pourquoi? Au-delà de sa lâcheté, l'omission – ô combien significative – de Bauer comporte un message théologique fondamental: la revendication, par le libéralisme, d'une transcendance. Un libéral place en effet le libéralisme au-dessus des religions « ordinaires », au-dessus des autres idéologies – sur un plan plus élevé que toute construction religieuse ou idéologique. Aux yeux d'un libéral comme Bauer, les adeptes de toute idéologie autre que le libéralisme sont « totalitaires » ou « fanatiques ».

Cette attitude arrogante des « seuls détenteurs de la vérité » que prétendent être les libéraux n'est pas sans évoquer le narratif judaïque de l'Ancien Testament, dans lequel les adorateurs du Dieu Unique sont exaltés et incités à se croire d'un niveau supérieur à celui des « païens ». Théoriquement, cette attitude de supériorité fut héritée par les trois grandes religions de notre *ouikouménè*, et donc par le christianisme occidental, par le christianisme oriental

36. mms://207.232.26.152/events/bauer.wma

et par l'Islam, tout aussi bien ; mais elle n'y a jamais été intégrée. Ainsi, jamais un chrétien orthodoxe ne s'est considéré au-dessus des musulmans, ni des catholiques.

Toutefois, le judaïsme moderne (qui diverge largement du judaïsme biblique, dans d'autres domaines) a, quant à lui, conservé cette prétention insupportable à la supériorité, héritée de son prédécesseur.

La réticence, qui est celle de Bauer, à nommer la composante religieuse du libéralisme nous fournit l'indice qu'il y a sans doute quelque chose que Bauer souhaite maintenir caché. Mais voici un indice supplémentaire : tout en persistant à rechercher des parallèles entre les trois mouvements qu'il place sur la sellette, il introduit leur commun antagoniste :

« Tous trois, ces mouvements ciblent les juifs, en qui ils voient leur principal ennemi, ou leur ennemi immédiat : les nazis les ont assassinés ; les Soviétiques ont planifié, en 1952, de déporter tous les juifs soviétiques en Sibérie, avec l'intention évidente de faire périr la plupart d'entre eux ; quant au message génocidaire adressé aux juifs par l'Islam, il a le mérite d'être clair… »

Si Bauer pensait que son affirmation à propos des nazis était aussi exacte que son assertion à propos des soviétiques et des musulmans, alors il aurait dû présider la Conférence de Téhéran, en qualité de négationniste émérite ! Si, en revanche, il ne croit pas un mot de ce qu'il avance lui-même, c'est un menteur, doublé d'un diffamateur.

L'histoire des « Soviétiques projetant de déporter les juifs » est un bobard israélien aussi faux qu'un billet de 3 dollars, qui a été, lui aussi, totalement démonté[37]. Si, en 1940, Staline et Hitler avaient pu lire Bauer, ils n'auraient pas fait la guerre. Mais ce qui nous importe, c'est le fait que Bauer conçoive tout mouvement moderne fondé sur la solidarité, la catholicité et la communauté, comme « anti-juif » ; le libéralisme étant, quant à lui, manifestement, à ses yeux, aussi juif que peut l'être la carpe farcie…

37 : http://www.lechaim.ru/ARHIV/125/kost.htm

Qu'est-ce que le libéralisme, au fond? Certains auteurs marchent dans les brisées de Max Weber, et qualifient le libéralisme de protestantisme laïcisé. D'autres mettent l'accent sur sa tendance anti-religieuse et anti-ecclésiale, voyant dans le libéralisme une forme sécularisée de satanisme. Le regretté Alexander Panarine considérait qu'il s'agissait d'une forme d'idolâtrie fondée sur le « mythe païen à base de marchandises décontextualisées et de leurs consommateurs désocialisés. » Armés de la thèse de Schmitt et du témoignage de Bauer, nous pouvons conclure ceci : la doctrine « de la démocratie libérale et des droits de l'homme », véhiculée par les Marines américains au-delà du Tigre et de l'Oxus, est une forme de judaïsme sécularisé.

Etant donnée la prédominance des juifs dans les médias de masse, et en particulier parmi leurs magnats, il est parfaitement naturel que l'idéologie dont ils se font les promoteurs soit si chère au cœur des juifs. Ses adeptes assimilent les attitudes juives classiques, et le « caractère unique d'Israël » est un des préceptes de cette école « non-religieuse », soit sous la forme du « caractère exceptionnel » de l'Holocauste, soit sous celle d'un attachement « unique » à la Palestine, ou encore d'un amour « unique » pour la liberté et la diversité.

De fait, tandis que des mosquées brûlent, en Hollande, et que des églises sont détruites, en Israël, aucune émotion particulière n'est véhiculée ou amplifiée par les médiass, comparée à celle qui est mise en branle dès l'instant où un graffiti fait son apparition sur le mur de quelque synagogue. Les Etats-Unis notent leurs alliés en fonction de leur attitude vis-à-vis des juifs. Le Temple de l'Holocauste (que d'aucun appellent « Musée ») trône, non loin de la Maison-Blanche. Le soutien à l'État juif est le *nec plus ultra*, pour les hommes politiques américains.

Bauer décrit l'horreur d'une possible victoire nazie en des termes graphiques : « Il n'y aurait plus de juifs, parce qu'ils auraient tous été éliminés. Cela aurait mis un terme à l'histoire en tant que

38. www.Vdare.com est une bonne source, pour la guerre contre Noël.

telle. » Autrement dit : l'histoire, aux yeux de Bauer, est une histoire de juifs. L'équation est d'une simplicité... biblique : pas de juifs = pas d'histoire. Le reste de l'humanité, ce ne sont que des moutons, exempts de toute mémoire et de tout devenir.

Le judaïsme sécularisé n'éprouve aucune aversion envers le judaïsme, lequel est effectivement la seule religion intouchable, dans le discours libéral dominant. Quand des Russes ont tenté d'appliquer la Loi contre l'Incitation à la Haine à des diatribes juives anti-chrétiennes, ils ont été condamnés, non seulement par des corps constitués juifs, mais aussi par la Maison-Blanche et par la Communauté européenne !

Récemment, un rabbin Lubavitch a exigé que les arbres de Noël qui ornaient l'aéroport de Seattle, aux Etats-Unis, en soient retirés, à moins qu'on installât un chandelier à sept branches, géant, à côté ! L'aéroport a procédé à l'enlèvement des résineux, s'excusant de son manque d'expertise en « anthropologie culturelle ». Les écoles de la ville de New York n'autoriseront aucune mention de Noël ; en revanche, elles célèbreront les fêtes de Hanukkah, le Ramadan, ainsi que celle, débile, de Kwanza, au motif qu'il s'agit de fêtes multiculturelles, ce que n'a pas l'heur d'être Noël, à leurs yeux.[38] (Toute référence au Christ est combattue par le réseau des organismes de défense des droits de l'homme, l'Anti-Defamation League, l'ACLU[39] et autres gendarmes du Politiquement Correct, qui n'élèvent jamais la moindre objection à l'ostension de symboles religieux juifs.

Quand l'orthodoxie sécularisée – le communisme russe – a conquis des territoires, ses tenants ont partagé leur foi et leurs ressources avec les peuples conquis. De fait, la Russie soviétique était un fournisseur net de ses soi-disant « satellites », et elle se saignait aux quatre veines pour soutenir Cuba, l'Allemagne de l'Est, la Hongrie, la Pologne et les Pays baltes. Après 1991, les pays ex-soviétiques restèrent propriétaires de grandes entreprises industrielles et de complexes énergétiques dont ils avaient été totalement dé-

39. ACLU : Université Californienne de Los Angeles.

pourvus jusqu'à leur intégration au sein du grand Commonwealth soviétique. Un des slogans les plus percutants des destructeurs libéraux de l'URSS n'était-il pas, d'ailleurs: « Il y en a marre, de nourrir des étrangers! »

C'est afin de piller des territoires et de les détruire que le judaïsme sécularisé en conquiert, quant à lui. Après quarante années de domination juive en Palestine, aucun bâtiment n'a été construit par les autorités, mais des milliers, en revanche, ont été détruits. Bien qu'entièrement sécularisé, l'État juif incarne la peur juive paranoïaque et l'exécration de l'étranger, tandis que les politiques cabalistiques du Pentagone ne sont qu'une autre manifestation de cette même peur et de cette même exécration, à l'échelle planétaire. Le jihad laïc juif en Irak a transformé la fertile Mésopotamie en terrain vague. Les pays qui ont été totalement subjugués par les libéraux – Haïti, le Malawi – sont les plus pauvres du monde.

Hé là! Arrêtez, allez-vous protester... Quelle tombereau d'insanités! Le judaïsme est une des grandes religions monothéistes; ses adeptes croient en ce même Dieu auquel nous, chrétiens et musulmans, croyons. Les juifs sont nos camarades, dans la lutte commune contre la subversion athée. Le judaïsme n'a rien à voir avec le culte anti-spirituel, matérialiste et antireligieux de la mondialisation, du néolibéralisme, du consumérisme, de l'aliénation, du déni des racines, de la destruction de la famille et de la nature. C'est exactement le contraire, qui est vrai: le judaïsme postule la primauté de l'esprit, le caractère sacré de la famille, la préservation de la nature; les communautés juives sont d'ailleurs bien connues pour leur solidarité et leur soutien mutuel, leurs traditions et l'être ensemble du peuple-uni-en-Dieu, non?

C'est là, en effet, une objection forte. Et apparemment, elle fait voler en éclats notre caractérisation du libéralisme en judaïsme sécularisé. Mais: en apparence, seulement... Car cette objection s'appuie, de fait, sur une prémisse erronée. Le judaïsme (à l'instar du dieu romain Janus) a deux visages: l'un d'eux est tourné vers les juifs; l'autre est tourné vers les goyim – les non-juifs. Ceci a pour effet de produire deux séries d'exigences : celles qui sont adressées aux juifs ; et celles qui sont adressées aux goyim. C'est là la différence fondamentale entre le judaïsme, d'un côté, et le christianisme, l'Islam et le bouddhisme, de l'autre.

Aucune de ces grandes religions ne formule la moindre exigence envers ceux qui n'en sont pas les adeptes, si ce n'est celle d'y adhérer, par la conversion. La seule chose que veuille l'Eglise, de la part d'un non-chrétien, c'est qu'il devienne chrétien, qu'il se convertisse.

Mais le judaïsme ne veut nullement faire d'un goy un juif... C'est là quelque chose de quasiment impossible, de quasiment interdit et officiellement désapprouvé. En revanche, le judaïsme impose des exigences impérieuses à tout non-juif qui a le malheur de se trouver en son pouvoir. Ce non-juif doit se garder d'imiter un quelconque juif ; il est par conséquent interdit, pour un goy, d'avoir une religion : le goy ne doit pas pouvoir célébrer ses propres fêtes religieuses. Le goy n'est pas autorisé à aider ses propres frères en religion ; il doit se contenter de rester du bétail économique.

Reprenons l'examen du libéralisme avec cet éclairage, comme un judaïsme pour goyim :

Le déni des droits collectifs

Dans le judaïsme, les goyim ne disposent pas de droits collectifs. Les juifs sont (seuls) fondés à prendre part à la société en tant que groupe, mais les non-juifs, quant à eux, doivent jouer « perso », ce qui se résume dans l'attitude type : « Vous, vous avez des droits individuels ; nous, nous avons des droits collectifs. » La propriété collective des goyim est considérée en déshérence, abandonnée. Ainsi, dans l'État juif, des juifs s'emparent en toute liberté des terres appartenant collectivement à des Palestiniens ; ce n'est d'ailleurs qu'à propos de la confiscation de terres palestiniennes privées que la discussion est, à l'extrême rigueur, permise. Dans le judaïsme sécularisé libéral, il faut briser la solidarité entre les travailleurs : les syndicats doivent être démantelés. En revanche, la solidarité entre riches est permise ; ils sont autorisés à se rencontrer pour des tables rondes, des échanges d'idées, etc. La privatisation est un déni des droits collectifs : dès lors qu'un capital n'appartient pas à une personne privée riche, c'est intolérable, et il faut livrer ce capital social à la foire d'empoigne.

Les droits des minorités et le déni des droits de la majorité

Dans le judaïsme, une majorité de non-juifs n'a aucun droit – certainement pas sur des juifs – et, de cela, le libéralisme a entièrement hérité. Dans la Russie des années 1991 – 1993, la victoire du libéralisme sur le communisme a été obtenue au moyen de la délégitimation, par les médias, de la Majorité : on qualifia les Russes de « majorité agressive et obéissante », par opposition à la Minorité Eclairée des Oligarques Juifs. Un discours éclairé, en Occident, se doit, à l'ordinaire, de comporter au minimum une référence, fût-elle cachée, à John Stuart Mill, à Madison, à Alexis de Tocqueville et à la peur de « la tyrannie que pourrait exercer la majorité »…

Propriété privée (par opposition à publique) des médias – Ou : droit exclusif, pour les riches, de formater l'opinion publique

Un journal au capital public se voit généralement opposer, par contraste, les « médias libres » – comme si un journal appartenant à quelque juif fortuné pouvait être de quelque façon que ce soit plus libre qu'un journal appartenant à un État, à une Eglise ou à un syndicat…

Les droits des femmes et les droits des homosexuels

Le judaïsme ne reconnaît pas la famille goy, et cet état de fait est entièrement passé, par héritage, dans le libéralisme. Les libéraux ne croient pas au droit pour un homme d'être le chef de famille, le maître chez lui. Voilà pourquoi ils montent des divisions entre les sexes, et ils montent les générations les unes contre les autres.

L'antiracisme :

L'antiracisme, pour un juif, est un outil, qu'il utilise dans sa lutte naturelle contre la population autochtone ; dans le paradigme libéral, l'antiracisme permet de faire taire l'opposition à l'importation d'une main-d'œuvre à prix cassés, ce qui permet de ruiner les syndicats et de procéder, à l'échelle mondiale globalisée, à une véritable course aux salaires les plus bas.

La sécurité sociale

Le judaïsme considère le *bien-être social* comme un apanage de la communauté judaïque, tandis que les goyim ne sont pas autorisés à disposer de prérogatives telle l'*agapè*, à des fins d'entraide et de protection mutuelles. Les libéraux oeuvrent d'arrache-pied à la démolition de la sécurité sociale, à moins qu'elle ne serve à soutenir l'activité de leurs firmes et de leurs trusts, ou de politique gouvernementale visant à apporter des subsides à des immigrants et à provoquer un bouleversement démographique – mesure ad hoc ayant pour finalité de saper les communautés nationales et d'ethniciser la vie politique.

La liberté de la propagande anti-chrétienne

Le libéralisme ne combat aucunement le judaïsme : au contraire, il mène une lutte de tous les instants contre le christianisme. Dans l'Amérique libérale, des juges condamnent l'Eglise catholique, en raison de ses enseignements, interdisent les arbres de Noël et publient une nouvelle version – expurgée – de la Bible.[40]

La démocratie

Nos commissaires libéraux ont parlé : dans le paradigme libéral, si vous n'êtes pas d'accord avec les idées libérales, votre voix ne compte pas : un anathème contre la Tyrannie de la Majorité est en effet immédiatement lancé. Si vous êtes d'accord avec les idées libérales, peu importe pour qui vous votiez, dès lors que le résultat reviendra toujours rigoureusement au même. On qualifie ainsi Israël de « démocratie », bien que la majorité de ses goyim ne disposent pas du droit de vote, et bien que ceux qui peuvent voter y soient tenus à l'écart du pouvoir, au nom de la « majorité juive ». Les victoires démocratiques du Hamas (en Palestine) et de Lukashenko (en Biélorussie) ont été considérées illégales ; en Serbie, on a recommencé les élections jusqu'à ce que le résultat escompté ait été obtenu.

40. Sur la Bible de Scofield, voir ci-après : « Malédiction ou bénédiction ».

Conclusion

Le libéralisme américain contemporain est un judaïsme sécularisé à l'usage des Gentils. Il ne représente en aucun cas une libération d'on ne sait quelle oppression religieuse, comme l'affirment ceux qui en sont les adeptes.

Pour quelle(s) raison(s) les Etats-Unis et la Grande-Bretagne ont-ils succombé à cette idéologie pour le moins étrange? On trouvera une réponse – plausible – à cette question dans l'histoire anglaise. Selon les études effectuées récemment par Mark Thomas, de l'Université de Californie (Los Angeles), des tribus saxonnes pré-chrétiennes ont conquis l'Angleterre, tout au long d'une période s'étendant du Ve au VIIe siècle, établissant une « société d'apartheid » constituée d'une dizaine de milliers d'envahisseurs contrôlant près de deux millions d'indigènes. Ces envahisseurs finirent par supplanter totalement les indigènes: « Leur élite conquérante anglo-saxonne a pu s'installer rapidement, en ayant plus d'enfants susceptibles d'atteindre l'âge adulte, grâce à sa puissance militaire et à ses privilèges économiques. Les membres de cette élite saxonne ont, par ailleurs, veillé à ce que les gènes celtes de la population indigène ne contaminent pas l'élite anglo-saxonne, en régulant fortement les mariages mixtes, dans le cadre d'un système d'apartheid qui eut pour effet de germaniser le pays, tant culturellement que génétiquement. Résultat: la population de la Grande-Bretagne est très largement d'origine génétique germanique, et elle parle une langue essentiellement germanique», écrit Mark Thomas[41]. C'est ainsi qu'une partie de la population britannique conserve une mémoire innée d'une stratégie évolutionniste efficace, qui ne manque pas de présenter des similarités avec l'apartheid, né avec la mise en application de principes « judaïques ». Les juifs n'ont pas l'exclusivité de la malfaisance et l'étrange flirt britannique avec le mythe des Tribus Perdues a plus à voir avec les Saxons qu'avec les Israélites. Aussi longtemps que l'Angleterre demeura catholique – et, par conséquent, chrétienne – cette ten-

41. http://news.bbc.co.uk/1/hi/sci/tech/5192634.stm

dance fut tenue en respect. Mais vint la Réforme, avec son importation massive d'idéologie judaïque puisée dans l'Ancien Testament, suivie de celle d'ouvrages talmudiques imprimés en Hollande, durant la Révolution orangiste.

C'est alors que la muselière catholique se défit : immédiatement, le système des « enclosures » se mit à dévorer la campagne anglaise traditionnelle. Par cette grande fringale de privatisations, les propriétaires terriens divisèrent, privatisèrent et clôturèrent les pâturages communaux.

Comme leurs précurseurs juifs, ils méprisaient les droits collectifs des classes défavorisées de souche, ces « goyim » de leur « Nouvel Ordre » en lieu et place de l'ancienne Angleterre chrétienne.

Les maîtres saxons appliquèrent cette stratégie en Irlande et au Pays de Galles, puis, plus tard, en Amérique du Nord et en Australie, causant l'extinction quasi totale des millions d'indigènes de ces malheureuses contrées. Beaucoup de Britanniques, d'Américains et d'Australiens conservent la mémoire de cette stratégie – ô combien – efficace ; ceci fait d'eux des gens enclins aux politiques philojudaïques et aux mesures quasi judaïques.

Assurément, ce n'est pas seulement en Angleterre que se sont produites une telle colonisation et une telle formation d'une caste militaire dominante. Il en va ainsi également de la conquête aryenne, dans la tradition indienne, ou encore du pouvoir des chevaliers francs, en France. Les Français ont résolu le problème, au moyen du grand Rasoir National inventé par le Dr Guillotin, lors de la Grande Terreur de 1793, au cours de laquelle l'idée d'une aristocratie au sang bleu fut dénoncée avec véhémence par les révolutionnaires, qui appartenaient au « Tiers État ». Aujourd'hui encore, la Polonais nobles se targuent d'être les descendants des Sarmates, donc : de non-Slaves, par opposition aux Polonais ordinaires, lesquels, eux, sont des Slaves… C'est d'ailleurs cette « revendication sarmate » de la noblesse polonaise (qui comporte un mépris implicite évident pour les Polonais non-nobles, perçus comme des étrangers), qui fut l'une des principales raisons du fait que la Pologne a toléré, et réchauffé en son sein, la plus importante communauté juive de tous les temps…

Partout où elle conquiert la haute main, la doctrine juive séculière libérale génère d'énormes fossés entre des castes supérieures et des castes inférieures. Ainsi, il est de fait qu'aux Etats-Unis, soixante millions de citoyens survivent avec sept dollars par jour – voire moins –, tandis qu'une minorité favorisée de *happy few* possède des fortunes colossales, qu'ils ne savent comment entamer.[42] Cet état des choses est le résultat achevé d'une stratégie évolutive particulièrement réussie, au goût de l'oligarchie régnante. Cette stratégie connaît un tel succès qu'il se pourrait fort que la majorité dominée soit amenée à prendre, un jour, des mesures drastiques pour en modérer le succès, et donc les effets calamiteux.

Mais la disparition totale du libéralisme n'est pas, pour autant, souhaitable.

Ramené à des proportions acceptables, débarrassé de sa *doxa* exclusiviste, cantonné à une petite niche écologique, le libéralisme peut avoir son utilité, dans une société solidaire, un peu à la manière d'un ventilateur, dans une pièce où il fait trop chaud. Il faut simplement veiller à ce qu'il ne puisse pas nous transformer en glaçons!…

42. http://wsws.org/articles/2006/dec2006/ineq-d12.shtml

CHAPITRE XXXIII

C'EST LE PRINTEMPS ![43]

Le printemps est venu jusqu'à notre retraite nordique : la neige a fondu, découvrant des prairies qui ont réussi, on comprend mal comment, à rester vert pâle ; la glace, épaisse, qui recouvrait le lac, s'est brisée, et ses blocs se sont hissés sur la berge, comme autant de crocodiles blancs ; maintenant, une brise tiède souffle, et le soleil brille, comme pour dire « maintenant, fini d'hiverner, faut travailler! ». Le Printemps est venu conclure un Hiver splendide : notre âme a autant besoin d'obscurité que de lumière et, ici, à 60 degrés de latitude Nord, à un jet de boule de neige du Cercle Arctique, en ce lieu où je passe quelques mois, loin de l'incessant soleil méditerranéen, l'obscurité m'a été prodiguée à flots, aussi généreuse que ces montagnes de crème glacée, dans nos rêves de gamins. Dieu sait si j'aspirais à l'obscurité et à l'isolement – au froid, aux ciels nocturnes noirs et

43. 14 mars 2007.

bas, avec une myriade d'étoiles scintillantes – à des champs bordés de neige et à des pins brodés de neige – au soleil, ne s'élevant guère au-dessus de l'horizon, à la paresse des matins tardifs, aux journées raccourcies et aux soirées interminables, au feu crépitant dans la cheminée, au patinage sur glace et aux descentes à ski – et tout cela m'a été prodigué, à foison. Et voici qu'aujourd'hui un rayonnement se déverse dans notre univers, promettant la résurrection de la Lumière issue de la Lumière, *lumen de lumine.*

C'est le temps des bonnes nouvelles. A Londres, le mouvement Palestinian Solidarity a repoussé une motion d'activistes juifs visant à exclure Deir Yassin Remembered [DYR : Mémorial de Deir Yassine], la plus dynamique des associations palestinophiles non-sionocompatibles, au motif (entre autres péchés) qu'elle a un lien avec moi. Le samedi 10 mars, au Meeting Général Annuel de la Campagne de Solidarité avec la Palestine, deux motions ont été proposées par Tony Greenstein et Roland Rance, toutes deux tout aussi interminables que parfaitement explicites, exigeant des amis de la Palestine qu'ils fassent de la « lutte contre l'antisémitisme et contre le négationnisme de l'Holocauste » l'Alpha et l'Oméga de leur combat.[44] Qualifier cette impudence de chutzpah serait un euphémisme. Ces types sont tellement malhonnêtes que je n'ai absolument pas été étonné d'apprendre que ce Greestein avait été dénoncé en tant que fraudeur à la carte de crédit.[45] Greenstein avait sali Deir Yassin Remembered [DYR], le président de DYR, le professeur Dan McGowan, le directeur britannique de DYR, Paul Eisen, ainsi que notre ami Gilad Atzmon, dans le quotidien britannique *The Guardian*, dans un article intitulé « Les dessous de la solidarité »[46], et il m'avait attaqué personnellement dans un long texte intitulé « L'antisémitisme ne saurait être la bonne réponse au

44. http://www.zionism-israel.com/israel_news/2007/03/legitimate-criticism-of-israel.html
45. http://geocities.com/tonynotgreenstein/Criminal.pdf
46. http://commentisfree.guardian.uk/tony_greenstein/2007/02/greenstein.html

sionisme»[47]. Ainsi, ils ont essayé d'interdire DYR, bien que cette association accorde des bourses d'études à des enfants palestiniens, informe le public et commémore le combat et les souffrances des Palestiniens. Paul Eisen [48], Ramzy Baroud[49] et Gilad[50] les ont envoyés se faire voir.

Les deux motions ont été rejetées à une stupéfiante majorité – 95 % des voix –, a indiqué Mary Rizzo sur son blog [51]. Les amis britanniques de la Palestine ont tranché en faveur de la liberté de pensée et du pluralisme, et ils ont rejeté le lit de Procuste d'une analyse sociale imposée par les activistes juifs. Si leur motion, par malheur, avait été acceptée, elle aurait discrédité non seulement Gilad, Paul Eisen et votre serviteur, mais aussi Michael Neumann, Jimmy Carter et jusqu'à Walt et Mearsheimer eux-mêmes. Quiconque aurait fait allusion à l'existence d'un lobby juif aurait été qualifié d'antisémite, et donc mis au ban de l'humanité. Cela aurait institué une croyance obligatoire au mythe juif antisioniste de la création, selon lequel, seul, l'impérialisme serait coupable, le lobby juif étant une invention des antisémites – une vision totalement fallacieuse des choses, magnifiquement déconstruite par M. Ahmad[52]. L'obsession de l'holocauste serait devenue un devoir pour tout ami de la Palestine. Mais ceux qui veulent que la Palestine soit libre veulent être eux-mêmes libres: libres de lire, libres d'écrire et de dire ce qu'ils veulent. Et c'est ainsi, afin de protéger cette liberté chérie, qu'ils ont rejeté le diktat juif.

Bien sûr, c'est un détail, en comparaison des merveilles de la nature, ou même en comparaison avec certains des combats fondamentaux que des gens sont en train de livrer, ailleurs dans le

47. http://www.amin.org/look/amin/en.tpl?IdLanguage=1&IdPublication=78&NrArticle=396118&NrIssue=1&NrSection=3
48. http://groups.yahoo.com/group/shamireaders/message/906
49. http://arabnews.com /?page=7&section=0&article=93246&d=7&m=3&y=2007
50. http://peacepalestine.blogspot.com
51. http://peacepalestine.blogspot.com
52. http://www.dissidentvoice.org/Mar07/Ahmad04.htm

monde. Mais ne tordons pas le nez dessus… ; ce fut, là, une importante bataille et une grande victoire, même si elle a été arrachée dans notre propre camp, sur notre propre terrain. Comme l'a dit un jour Churchill : « ça n'est certes pas le commencement de la fin ; mais c'est déjà la fin du commencement ». Depuis des années et des années, ils obtenaient absolument tout ce qu'ils voulaient. Les juifs de droite attaquaient Ken Livingstone et Jimmy Carter en raison de leur « antisémitisme », tandis que les juifs de gauche attaquaient, quant à eux, mes amis, et moi-même, sous le même prétexte, avec la même perfidie. Il était totalement impossible de prononcer le mot « juif » autrement qu'avec une admiration proche de l'adoration, si l'on voulait conserver sa place dans la société.

Effrayés par ce genre d'offensives, d'anciens alliés timorés quittent les organisations, font le vide autour de la victime, voire participent eux-mêmes à l'ostracisme. Des sites ouèbe (les médias écrits, je n'en parle même pas…) cessaient de publier mes essais, les organisateurs de mes conférences me désinvitaient. Comme les Commissaires aux imperméables en cuir de la redoutable Tchéka, des activistes juifs s'immisçaient dans absolument toutes les conversations pour imposer leur discours unique – le seul « vrai » – et les braves gens, sensibles aux sentiments d'autrui, ne voulant offenser personne, se mettaient au garde-à-vous. Seuls, les esprits les plus solides, les plus déterminés et les plus amoureux de la liberté soutenaient leur assaut d'essaim de moucherons. Le vote intervenu à Londres est-il annonciateur d'un changement ? Peut-être le long hiver de nos dissensions est-il, enfin, terminé ?

C'est possible, car souffle actuellement le vent dominant venu de l'Orient. En dépit de sa merveilleuse civilisation propre et de ses conforts terrestres, l'Occident a toujours reçu ses meilleures idées – les plus profondes – de l'Orient, qu'il s'agisse du christianisme (venu de la Palestine), ou du socialisme (venu de la Russie).

Et voici qu'aujourd'hui, la Russie nous offre la *Volya* – cette liberté russe illimitée et intraduisible – antidote de cette guerre menée, en réalité, contre les libertés, mais qui se dissimule sous son pseudo de « guerre contre le terrorisme ». La Russie est incroyablement libre, ou plutôt : elle est pleine de volya : on peut fumer dans un restaurant ou dans un bar, on n'a pas l'obligation d'attacher sa ceinture de sécurité, et on peut même se garer où l'on veut, pour peu qu'il y ait une place de libre. Plus important encore : vous pouvez dire, écrire et publier pratiquement tout ce qui vous passe par la tête. En plus de toutes les libertés disponibles en Occident, les Russes peuvent être gays, ou se moquer des gays ; ils peuvent déplorer l'Holocauste, ou regretter qu'il ait pris fin trop tôt ; ils peuvent être féministes ou harceler les féministes ; ils peuvent aimer Israël ou prôner son démantèlement rapide.

C'est un fait : tous les journaux libéraux et détenus par des juifs, en Occident, déplorent le manque de libertés dans la Russie « soumise au dictateur sanguinaire du KGB Poutine » (ou au Venezuela « soumis au dictateur sanguinaire Chavez »), (ou encore à Cuba, « soumis au dictateur sanglant Castro » – c'est très simple : tous ceux dont la tête ne leur revient pas sont tous, dans tous les cas, « des dictateurs sanguinaires », cela va de soi), mais les Russes sont libérés du politiquement correct et de l'adoration des juifs – ces deux caractéristiques fâcheuses de l'Occident de l'après-guerre.

Récemment, un groupe d'écrivains russes a effectué une visite en Israël, où ils ont rencontré leurs lecteurs (il faut savoir que plus d'un million d'Israéliens sont russophones). Les lecteurs n'y sont pas allés par quatre chemins : ils ont demandé à leurs écrivains préférés de jurer allégeance à l'idéologie en vigueur ; de condamner l'Iran, et de glorifier Israël – cette « forteresse de la démocratie au Moyen-Orient » –, de dénoncer la fourniture d'armes russes aux Arabes et de fustiger l'« antisémitisme » des Russes. Les juifs ont tendance à se voir en créditeurs, c'est sans doute la raison pour laquelle ils sont très prompts à formuler des exigences. N'importe quel visiteur de marque occidental se serait aplati, quand bien même serait-il allé chialer dans le giron de sa femme, après coup. Le déni d'un antisémitisme omniprésent et éternel est l'antichambre du négationnisme de l'Holocauste, vous ne le saviez pas ? Mais la Russie est libre, et les lecteurs russo-israéliens ayant demandé à l'écrivain russe Maria Arbatova de leur dire de quelle manière elle « souffrait de l'antisémitisme » et à quel point « sa vie dans la Russie du dictateur Poutine devait être un enfer », elle a refusé tout net :« Mais vous allez arrêter, avec ça ?! ? », a-t-elle protesté[53]. Puis elle a ajouté :

« Moscou, de nos jours, ressemble au Paris des années 1960 : nous avons plus de manifestations culturelles dans une seule journée que vous n'en avez durant tout un mois. Aujourd'hui, la glorieuse Moscou est un centre de rayonnement mondial. Quant à vous, vous nous fatiguez. Et les Arabes, eux aussi, en ont ras-le-bol de vous et de vos exigences ! Votre projet purement occidental est failli ; il n'est plus d'aucune utilité. Si mes enfants s'avisaient ne serait-ce que d'envisager aller s'installer en Israël, je leur dirais : « Moi vivante ; jamais ! ». La Russie n'a jamais connu l'antisémitisme. Je n'ai pas ressenti d'antisémitisme, ne serait-ce qu'une seule fois dans ma vie – et j'ai cinquante ans ! Vous me dites que les juifs ne trouvent pas de travail ? En Russie ? Il est arrivé, une seule fois, à ma mère de se faire rembarrer, mais elle a immédiatement trouvé un autre boulot, bien plus intéressant, en faisant jouer les relations de sa famille. »

Telle fut, donc, la réponse à ses lecteurs israéliens d'une femme écrivain progressiste russe éminente. Loin d'être un nationaliste russe, le grand-père de l'écrivain féministe russe en vue Maria Arbatova était un important dirigeant juif, et son arrière-grand-père fut un des fondateurs du mouvement sioniste en Russie tsariste. Quant à elle, sa réponse a été à la fois universelle et paradigmatique.

En Occident, Tony Judt et Harold Pinter auraient pu dire la même chose – et peut-être aussi Philip Weiss. Les autres ont toujours les foies. Mais les propos tenus par des évêques allemands – qui se sont par la suite repentis – peuvent être tenus, sans problème, dans la libre Russie, par des descendants de juifs, ou par n'importe qui. Le charme mystique des juifs s'est éventé, en Russie, ce pays où on ignore ce que peut bien être le « politiquement correct », où les églises sont pleines à craquer et où les gens se bénissent mutuellement en se disant : « Christ est ressuscité ! ». Loin d'être effrayés et

53. http://m-arbatova.livejournal.com/814.html

de se sentir insultés, comme le voudrait la doxa américaine multiculturaliste, beaucoup de mes amis (juifs) de Moscou se considèrent « tout simplement Russes », même quand ils descendent d'un parent juif (ou de deux). De plus, avec un taux de mariages mixtes atteignant près de 80 %, la juiverie russe est derrière nous : elle appartient désormais au passé. Beaucoup de juifs russes (ou plutôt : de Russes juifs…) qui avaient précipitamment sauté dans un avion pour Israël, de crainte d'épouvantables pogromes annoncés par les médias sionistes, regrettent leur précipitation.

Il faut reconnaître qu'Israël s'est beaucoup démené afin de les détromper : même les juifs russes les plus aisés ont constaté qu'ils étaient fort mal accueillis dans leur « foyer national historique ». L'oligarque Gusinsky est mis en examen ; à chaque fois qu'il vient en Israël, depuis sa résidence principale espagnole, on l'emmène direct au commissariat central ; un des juifs russes les plus riches, Arkadi Gaïdamak, s'est vu mettre son compte en banque sous séquestre. Des Russes moins en vue ont été maltraités et exploités par de vieux briscards établis de longue date en Israël et par leur progéniture, exactement de la même manière dont des juifs (séfarades) exilés du Maroc avaient été maltraités et exploités, voici, de cela, une quarantaine d'années. Pratiquement aucun d'entre eux ne s'est fait une place au soleil méritant d'être mentionnée. La guerre éternelle prônée et mise en pratique par les dirigeants israéliens les séduit peu ; les missiles du Hezbollah leur ont montré qu'Israël n'est plus invulnérable, et une offensive israélienne future contre la Syrie ou l'Iran pourrait entraîner un grand nombre de victimes parmi les civils israéliens. Corrompu, même en tenant compte des standards moyen-orientaux, perclus de préjugés au point d'être en proie à une jalousie maladive, Israël est sans doute l'endroit où la vie est la moins attractive, en particulier pour les gens éminemment mobiles et dynamiques.

Le résultat, c'est que des dizaines de milliers d'Israéliens d'origine russe retournent en Russie, et y retrouvent leur véritable pays, leur véritable foyer – là-bas, sur leur terre natale. L'idée sioniste avait un certain charme romantique, mais ce genre de trucs, ça ne dure généralement pas. Ainsi, dans les années 1970, j'avais rencontré des Noirs américains, en Tanzanie, venus vivre en Afrique, poussés par une vague de quête romantique de leurs propres racines. Ils tenaient au maximum cinq ans. Depuis, ils en étaient venus à admettre qu'ils étaient Américains, pour le meilleur ou pour le pire, tandis que les Africains étaient divisés entre de nombreuses nations et tribus, et qu'ils n'en trouvaient aucune à leur goût. Impossible de « rentrer chez soi », deux cents ans après. Alors, après deux millénaires, vous plaisantez, j'espère ?

Le scientifique russe Dan Axelrod, originaire de Saint-Pétersbourg, m'a parlé de ses parents, en Israël, qui aimeraient tellement retourner vivre dans cette ville et y racheter les appartements qu'ils y avaient bradés, voici une dizaine d'années (c'était sous Boris Eltsine). La seule chose qui les en dissuade, c'est une triste réalité : la valeur de ces appartements a fait dix fois la culbute, depuis lors.

Axelrod a dépassé ce genre de problème : ce fils de parents juifs est un chrétien orthodoxe pratiquant, il observe strictement le Carême, il a épousé une femme russe, fait baptiser ses enfants, et il aime son pays – la Russie. Apparemment, la Russie a trouvé une réponse à la Question Juive : ni par la furie germanique, ni par la soumission américaine, mais *via* l'assimilation dans l'amour chrétien. Ce modèle russe est le seul qui puisse fonctionner ; il finira par fonctionner en Palestine, aussi.

C'est d'ailleurs là une raison supplémentaire pour laquelle la Russie est tellement haïe et tellement dénigrée par les médias bien-pensants occidentaux contrôlés par les sionistes, et c'est la raison pour laquelle la Russie est aimée des amis de la Palestine. Un de mes amis suédois, qui est aussi un ami de la Palestine, Stefan L., m'a écrit : « Vous avez tout à fait raison, en ce qui concerne Poutine. Le fait qu'il soit l'otage des oligarques, c'est une chose… Mais quand il remet les pendules à l'heure, en affirmant la vérité, pour une raison ou pour une autre, nous l'aimons bien, notre petit espion avec son air de souris méfiante et à l'accent Kalashnikov ! Et à chaque fois que nous revient en mémoire l'existence de Eltsine, nous jurons à Poutine une éternelle loyauté ! »

CHAPITRE XXXIV
RESPLENDISSEZ ENCORE, CUBAINS ![54]

C'est pour moi un grand honneur que de me trouver à Cuba et de m'exprimer devant vous, car, pour les gens de ma génération, Cuba restera à jamais une composante importante de notre jeunesse romantique. J'étais encore un adolescent quand, voici, de cela, quarante-cinq ans, le jeune Fidel Castro jura d'apporter la révolution et la liberté aux habitants de l'ensemble des Amériques, de la Terre de Feu aux glaces de l'Alaska, en passant par Washington, et son appel résonne encore à mes oreilles. Ce furent là des journées glorieuses, mais ensuite, et durant très longtemps, les gens eurent le sentiment que cela ne se réaliserait jamais, que l'on devait s'estimer heureux que Cuba seule, reste, contre vents et marées, le dernier refuge de la liberté. Je vous apporte une bonne nouvelle:

54. Conférence prononcée lors de la Deuxième Conférence pour l'Equilibre Mondial, La Havane, Cuba, 29 janvier 2008.

ne soyez pas abattus ! Votre dernier nid de résistance à la loi de l'Empire ne sera pas balayé. La vague de l'histoire mondiale est en train de tourner, et nous sommes prêts à passer à la contre-attaque. Ceux qui s'opposent à l'empire néolibéral sentent bien qu'ils ne sont pas les derniers bisons dans la prairie, et demain nous serons l'armée victorieuse.

La révolution est nécessaire, et quiconque l'aurait oublié, se le serait vu rappeler, voici quelques jours de cela, par les événements dans ma Palestine chérie. Les habitants de Gaza ont fait une véritable révolution : ils ont voté contre la volonté de l'occupant, ils ont expulsé le gang de collaborateurs dirigé par Dahlan, ils ont brisé le siège, ils sont sortis, ils ont risqué leur vie, ils ont débordé l'armée, retourné la barrière, traversé les fils de fer barbelés, effacé la frontière entre deux pays, multipliant les actes héroïques et subissant des pertes. Sans cette révolution, ils n'auraient même pas été autorisés à acheter du pain pour leurs enfants. C'est là un bon exemple, pour nous tous : rien n'est possible si l'on se cantonne aux limitations légales que nous imposent nos ennemis. Cette poussée que l'on appelle la Révolution est indispensable.

Le sujet de cette rencontre, c'est l'équilibre, et à mon avis, l'équilibre est le nom de la victoire que nous obtiendrons demain. En effet, l'équilibre est ce dont notre monde a douloureusement besoin – l'équilibre entre l'opulence et la modestie, entre droits et devoirs, entre besoins de la majorité et désirs des minorités privilégiées, entre masculinité et féminité, entre désir de changement et besoin de stabilité, entre interventionnisme et souveraineté, entre superpuissances et petits pays, entre laïcité et Eglise. Tout régime politique tente d'atteindre une certaine forme d'équilibre, mais notre Equilibre doit être l'harmonie, seul équilibre stable.

En tant qu'écrivain israélien de langue russe, je partage mon temps entre Tel Aviv et Moscou, et je m'exprime à la fois du point de vue d'un Russe et du point de vue d'un Israélien. J'ai grandi en Union soviétique, dans un pays socialiste, et comme vous le savez sans doute, le mot « Soviet » signifie « conseil », « avis ». Nous les Russes ne pouvons pas nous empêcher de donner notre avis sur tout! L'Union soviétique avait ses problèmes; la Russie post-soviétique a les siens. Je suis d'accord avec ce que dit Maxim Kantor, un merveilleux écrivain russe: si cinquante ans de communisme ont démontré l'échec du communisme, les vingt ans de capitalisme qui leur ont succédé ont démontré que l'échec du capitalisme est encore bien pire. Ce ne sont pas les problèmes matériels qui ont entraîné la chute de l'Union soviétique (les Russes vivaient bien mieux que les Cubains), ni les pénuries, mais les problèmes idéologiques: c'est sur le front des idées que les idéologues soviétiques ont été battus.

La bataille des idées ne s'est pas déroulée dans le mental de quelque ermite isolé, mais dans les esprits de millions de personnes, connectées entre elles par les moyens du discours, depuis la conversation en famille jusqu'aux émissions de télé.

Le discours constitue un champ de bataille, et comme tout champ de bataille, ce n'est pas une étendue étale, sans reliefs qui lui soient propres; non: il faut le visualiser avec des buttes, des rochers escarpés, des vallées encaissées où serpentent des torrents, tout ce qui rend ce champ de bataille aussi compliqué que n'importe quel autre champ de bataille. Cette bataille a changé de nature, étant donné que nos ennemis, qui sont aussi ceux de la liberté, ont inventé et assemblé une machine unique, absolument inédite dans l'histoire de l'humanité. Cette machine, c'est un appareil entièrement intégré de formatage de l'opinion publique; elle se compose des mass-médias, des experts et des universités; elle possède pratiquement toutes les chaînes de télévision et tous les journaux; elle produit une narration unique, et elle réussi à laver le cerveau des braves gens. Les propriétaires de cette machine, ce sont les Maîtres du Discours, ceux qui prétendent nous confisquer la parole. Ce sont ceux qui décident ce que les gens auront le droit de savoir, quelle opinion sera ou non acceptable, et quelle opinion sera bannie. C'est parce qu'ils contrôlent cette machine que les dirigeants impérialistes sont devenus tellement fervents à la démocratie: ils savent bien, eux, que cette machine infernale fait de la démocratie un slogan creux.

Voici un exemple. Il y a, de cela, quelques jours, se déroulaient les primaires, dans l'État américain du Nevada. Le deuxième en lice était Ron Paul, un candidat anti-establishment, anti-guerre, libertarien. Nous ne débattrons pas ici de la question de savoir si ce Ron Paul est bon, ou mauvais, pour notre cause ; ce qui importe, en l'occurrence, c'est le fait que les médias américains, intégrés dans leur machine à décerveler unique, n'ont strictement rien dit de son succès. J'ai vérifié des dizaines de reportages : son nom n'a même pas été mentionné, bien que le troisième candidat ait été mentionné, lui, plus qu'abondamment. Autrement dit : les médias, aujourd'hui, sont capables de saper jusqu'à la démocratie bourgeoise qu'ils étaient supposés protéger et alimenter.

Cela n'a rien de nouveau : Lénine, dans son ouvrage *L'État et Révolution*, écrit en 1916, disait que la démocratie, y compris la démocratie bourgeoise, ne peut être réalisée tant que les médias appartiennent à des personnes privées susceptibles d'en limiter l'accès. Ce qui est nouveau, en revanche, c'est le niveau atteint par l'intégration : les journaux privés d'antan pouvaient être bons ou mauvais, libres ou pas. Mais, aujourd'hui, les médias sont concentrés entre les mains d'une poignée de propriétaires et de trusts, qui décident de ce qui arrive, ou non, et de ce que leurs lecteurs peuvent lire, ou non.

La machine médiatique est tellement bien intégrée qu'elle alimente aussi bien la gauche que la droite. Certes, il y a une différence entre les médias de droite et les médias de gauche, entre, disons, le *Guardian* et le *Telegraph*, en Angleterre, ou entre *The Nation* et le *New York Post*, aux Etats-Unis, voire même entre *Libération* et *Le Figaro*, en France. Mais cette différence n'est pas aussi importante qu'il n'y paraît car, en définitive, tous ces journaux sont des médias bourgeois. On se trouve confronté là à des divergences modérées, subtiles. Tous les trente-six du mois, un canard de gauche publie un article de gauche, mais en temps ordinaire, les journaux, qu'ils soient réputés de gauche ou de droite, aux Etats-Unis et en Europe, sont profondément anticommunistes, et ne cessent de dénoncer Staline, d'éreinter les musulmans, de soutenir Israël, de ressasser l'Holocauste et d'oublier Hiroshima.

Néanmoins, ils s'entendent à vous donner une impression de liberté, une impression de choix. Aussi offrent-ils quelques fausses alternatives à l'opinion publique. Ainsi, par exemple, au sujet de Cuba, ils vous proposent certains choix: la droite bourgeoise dit que Cuba devrait être conquise ou ostracisée, tandis que la gauche bourgeoise affirme que Cuba doit être traitée en douceur, afin d'y encourager un changement de régime politique. Les gens, automatiquement, choisissent le moyen le plus « sexy ». Le troisième choix – voir en Cuba un laboratoire d'une société d'avenir – n'est jamais, au grand jamais, envisagé… C'est ça, le réel changement: jusqu'à présent, il y avait une vraie différence d'opinions, qui s'exprimait même dans les médias bourgeois; désormais, ça n'est qu'une mascarade. Tandis que le régime socialiste s'efforce de créer un consensus, de former une opinion correcte unique, les techniques modernes d'endoctrinement appliquent le principe de l'équilibre et du juste milieu. Ces techniques sont fondées sur un constat psychologique: confronté à deux idées, tout individu recherche automatiquement, instinctivement, un équilibre entre les deux, puis il choisit le juste milieu.

Prenons l'Iran; on nous offre un choix: les Etats-Unis et/ou Israël doivent-ils bombarder l'Iran, ou ce pays doit-il être désarmé, au moyen de sanctions? L'Allemagne demande plus de sanctions, les Etats-Unis réclament un bombardement. Un choix bien préférable – celui de laisser les Iraniens faire ce qu'ils entendent faire – n'est, bien entendu, jamais pris en considération. Même la Russie accepte cette restriction du champ de la réflexion. Les diplomates russes disent généralement qu'ils conviennent du fait qu'un Iran doté de capacité nucléaire est inacceptable, bien qu'ils pensent qu'il y a des moyens soft de convaincre les Iraniens, autres que les sanctions ou les tapis de bombes. Ont-ils raison? Mettons de côté, pour l'instant, le côté non-agressif de l'Iran. Même si le programme nucléaire iranien devait être mené à bien, l'Iran n'a pas les moyens de lâcher la bombe atomique sur une cible. L'Iran n'a pas de missiles à même de véhiculer une charge nucléaire où que ce soit. Au même moment, le quotidien israélien *Ha'aretz* a publié une carte, le mardi 17 janvier, qui montre que les nouveaux missiles israéliens, les Jericho-3, peuvent atteindre Moscou et Berlin, et qu'ils sont parfaitement capables de livrer à domicile certains des multiples engins nucléaires que détient Israël.[55] Contrairement à l'Iran, Israël est un pays généralement très agressif. Le grand éditorialiste israélien Matti Golan rêve de rayer l'Allemagne de la carte, tandis que les néocons juifs, tel Max Boot, présentent la Russie comme une menace majeure. Toutefois, il est interdit de débattre de ce danger pesant sur la Russie et l'Allemagne, mais le danger qu'est censé incarner l'Iran peut – que dis-je, doit – être ressassé sans fin. Les Russes peuvent souligner la menace israélienne, et fournir à l'Iran des moyens balistiques de se défendre, ou, grâce au savoir-faire nucléaire, de créer un nouvel équilibre au Moyen-Orient. Mais l'appareil occidental de formatage de l'opinion les en dissuade.

En fin de parcours, le problème, ce sont les intellectuels. Naguère, les intellectuels occidentaux avaient de fortes sympathies communistes, mais ce n'est plus le cas, aujourd'hui. Ils sont si nombreux à avoir été séduits, et à soutenir aujourd'hui le capitalisme, à l'admettre, que beaucoup d'entre nous sommes devenus des collaborateurs zélés de l'impérialisme. Aux Etats-Unis, en Europe et en Russie, le sionisme a joué un rôle très important dans ce changement climatique. Au début des années 1960, les jeunes juifs – des hippies de San Francisco aux kibboutz israéliens – soutenaient la gauche. Certains propriétaires de journaux et certains banquiers juifs avaient des sympathies pour le courant de gauche. Mais c'est à partir de cette époque-là que les juifs américains commencèrent à améliorer considérablement leur position dans la société américaine. En 1965, les juifs américains avaient des revenus un peu au-dessous de la moyenne, ils étaient tenus à l'écart des positions éminentes au sein de la société, et ils étaient favorables à la révolution et au changement; en 2008, les juifs des Etats-Unis

55. http://www.haaretz.co.il/hasite/images/printed/P180108/ a.a.1801. 1.1.9.jpg

gagnent en moyenne trois fois plus que l'Américain goy moyen, occupent dix fois plus de postes éminents que la moyenne, et ils sont, aujourd'hui, très majoritairement à droite.

Les juifs de gauche d'hier sont devenus des néo-conservateurs, ce sont des enfants de trotskistes qui ont aidé Ronald Reagan à détruire l'Union soviétique et qui imposent, aujourd'hui, le blocus à Cuba. La juiverie organisée a glissé vers la droite, et elle y a emmené, avec elle, la machine médiatique, devenue plus pro-sioniste, et plus monolithique.

Vous pourrez l'observer aisément avec cette question clé qu'est la question palestinienne. Il est dans l'intérêt des peuples israélien et palestinien d'éliminer l'apartheid de la manière dont cela a été obtenu en Afrique du Sud (grâce aux efforts des Cubains), c'est-à-dire en créant un seul et unique pays démocratique, dans lequel les juifs et les non-juifs soient égaux, aux yeux de la loi. Mais, au lieu de cela, tout ce qu'on nous laisse espérer pour la Palestine, c'est une collection de bantoustans tels que ceux qui ont été à juste titre éliminés en Afrique du Sud. C'est pour cette raison, que l'effroyable crime consistant à affamer un peuple tout entier, le peuple palestinien, a pu se produire, sans que cela ne suscite trop de protestations, bien que Fidel ait condamné le siège imposé à Gaza en des termes très clairs. Il est impossible, même de seulement évoquer l'alternative de l'égalité, l'option sud-africaine, dans les journaux américains et européens. C'est la raison pour laquelle l'apartheid sud-africain fut universellement condamné et éradiqué, tandis que l'apartheid en Israël/Palestine continue à être florissant.

Le sionisme est l'ennemi de Cuba et de tout pays sud-américain libre : Israël, perpétrateur de l'apartheid, vote systématiquement contre Cuba dans tout scrutin, à l'ONU et dans toutes les autres instances. Les meilleurs amis d'Israël, aux Etats-Unis, ce sont Bush et Giuliani, les féroces ennemis de Cuba. Israël a fourni des armes aux Contras, pour les aider à combattre les Sandinistes. Israël et la juiverie organisée américaine participent activement à la cabale contre Hugo Chavez.

Beaucoup d'hommes et de femmes, en Israël, aiment Cuba, écoutent votre musique et portent des tee-shirts à l'effigie du Che, mais le pouvoir, dans l'Israël de l'apartheid, appartient à quelqu'un d'autre : il appartient aux ennemis de Cuba et aux ennemis du socialisme. De la même manière, il y a beaucoup de juifs américains qui aiment Cuba, mais les puissantes organisations juives sont contre Cuba, et contre Chavez. La gauche pro-sioniste est devenue un « bon flic », qui fait équipe, en fait, avec le « sale flic » de la droite, car ils poursuivent le même but. Ce bon flic de gauche a fait tout ce qu'il pouvait pour saper l'Union soviétique. Le magnat des médias britanniques Robert Maxwell, qui était l'ami des dirigeants soviétiques et publiait leurs livres dans le monde entier, était un agent du Mossad, le service secret israélien. Avec des amis comme ça, l'Union soviétique n'avait certes pas besoin d'ennemis…

Nos ennemis disent que des médias contrôlés par l'État ne sont pas des médias libres. Pour eux, des « médias libres » ne sauraient être que des médias détenus par d'opulents magnats. Je n'ai jamais pu comprendre pour quelle raison un journal appartenant à un Rotshchild (comme *Libération*, dans le cas français), ou à Asper (comme c'est le cas pour tous les journaux canadiens) serait automatiquement plus libre qu'un journal appartenant à un peuple tout entier, fût-ce à travers son État ?

Les médias à capital public sont un important atout, qu'il convient de conserver, dans l'intérêt du peuple. Les médias privés seront, tôt ou tard, contrôlés par un riche magnat, et intégrés à la machine dont nous avons parlé. Mais les médias à capital majoritairement public doivent apprendre à offrir le choix. Nous savons qu'il existe une opposition pro-occidentale, chez vous, à Cuba. Nous l'entendons s'exprimer, dans les médias occidentaux. Mais il y a aussi des dissidents de l'opinion exactement opposée, il y a des gens, à Cuba, qui veulent plus de communisme. J'ai cru comprendre que leurs opinions étaient considérées comme quelque peu vieillottes. Mais pourquoi ne pas les laisser exprimer leur opinion, afin que leur voix puisse contrebalancer celle des intellectuels pro-occidentaux. Alors, notre position pourra, à juste titre, être considérée comme le juste milieu !

L'Union soviétique s'est effondrée parce que les médias détenus par l'État avaient été pris sous leur contrôle par des apparatchiks pro-occidentaux, et que ceux-ci avaient effectivement bloqué l'accès d'opinions autres au peuple. Internet doit être adopté, avec enthousiasme et empressement : tout d'abord, nos positions sont fortes, sur le ouèbe. Les Maîtres du Discours ne le contrôlent pas encore. On y trouve des milliers de sites favorables à Cuba et aux idées d'égalité, des sites qui démasquent les mensonges du néolibéralisme. Ensuite, Internet est très abordable. De nos jours, il n'est plus besoin de câbles, l'internet mobile est en mesure de parvenir jusqu'au village le plus reculé, et tout étudiant peut y accéder. Pour Cuba, où les livres sont chers et difficiles à trouver, Internet offre la solution idéale. Les Cubains éduqués deviendront un élément important dans la bataille des idées, et ils devraient être formés à tenir ce rôle. Internet le permet, dès lors que s'y déroulent des milliers de débats, simultanément.

L'effondrement de l'URSS a été causé, dans une large mesure, par les classes russes éduquées, *l'intelligentsia*, qui était très pro-occidentale aux derniers jours de l'ère soviétique. Une des raisons était que le style de discours propre à l'Union soviétique ne permettait pas des débats ouverts. Les Russes modernes n'avaient jamais lu Chomsky, ils n'avaient jamais entendu Fidel ; à l'époque, Internet n'existait pas. Ils ignoraient l'existence des puissants groupes et expressions anti-impérialistes, en Occident. Ils étaient innocents : ils pensaient qu'ils allaient vivre comme des profs à Harvard, tandis que tous les Russes vivraient comme les Suisses, après le grand revirement vers le capitalisme. Résultat des courses : la Russie a énormément souffert ; ses biens nationaux ont été pillés, et le pays était au bord de l'effondrement total. L'intelligentsia a souffert le martyre. Son sort a été résumé par Viktor Pelevine, dont je vous recommande chaudement les ouvrages.

Il a écrit ceci : à l'époque communiste, l'intelligentsia russe était supposée lécher le postérieur du Dragon Rouge, et elle était payée à coups de noyaux de pêche pour ce faire. Les intellectuels haïssaient donc le Dragon, et ils l'empoisonnèrent avec le bâton de rouge à lèvres que leur avait offert le Crapaud Vert. Mais ils découvrirent bientôt que le Crapaud Vert n'avait que faire de millions d'intellectuels, il avait besoin, en tout et pour tout, de trois intellectuels capables de fellationner le Crapaud vingt-quatre heures sur vingt-quatre, avec un grand sourire extasié.

La majorité du peuple russe est profondément mécontente du capitalisme – non pas seulement parce que son sort personnel a empiré, mais parce que le capitalisme a rendu la Russie dépendante de l'Ouest. Aujourd'hui, le président Poutine, qui est un nationaliste modéré, a adopté une orientation plus patriotique, et les choses se sont un peu améliorées, mais même aujourd'hui, s'il y avait une démocratie authentique et ouverte, les Russes opteraient pour une politique antiyankee plus énergique et plus antinéolibérale. Actuellement, le capitalisme traverse une crise d'une profondeur qu'il ne connaissait plus depuis bien longtemps, les dollars si recherchés étant devenus de vulgaires bouts de papier dénués de valeur. La vision socialiste de la situation doit être autorisée à être présentée activement dans les médias. Et pas seulement socialiste : les opinions non-libérales, anti-bourgeoises, de manière générale, doivent pouvoir s'exprimer publiquement.

Tout en se prétendant sans opinion, sans engagement, les Maîtres du Discours sont les dévots d'un paradigme pseudo-libéral, ou néolibéral. Celui-ci prône la liberté individuelle, l'exclusion de l'Eglise de la vie active, les droits de l'homme, les droits des femmes. Tout cela semble bel et bon. Mais ces dogmes doivent être contrebalancés, pour être acceptables. A défaut, c'est la société dans son ensemble qui sera déséquilibrée.

Considérons, par exemple, les droits de l'Homme. N'est-ce pas là un noble concept ? Mais c'est au nom de ce concept, précisément, que des pays ont été conquis, et que des centaines de milliers de personnes ont été massacrées. On attaque fréquemment Cuba en raison de ses « violations des droits de l'Homme », car Cuba, en effet, limite lesdits droits quand ceux-ci transgressent les droits de la société. Nos adversaires dénient que la société puisse avoir, elle aussi, des droits; pour eux, seuls des individus, et de préférence ceux qui ont beaucoup d'argent, sont susceptibles d'avoir des droits. On m'a interrogé, sur une télé russe, à propos des droits de l'Homme à Cuba, et j'ai répondu: c'est vrai, il y a, à Cuba, d'horribles violations des droits de l'homme, et il faut les dénoncer. A Guantanamo, oui, car la base américaine se trouve sur le territoire de Cuba. Mais, curieusement, ils ne voulaient pas en entendre parler… Le concept de droits de l'homme doit être contrebalancé par des obligations envers la société, a dit une importante philosophe communiste, Simone Weil, dans son livre intitulé *L'Enracinement*, ou *Déclaration des Devoirs envers l'Humanité*. A ses yeux, les droits étaient « subordonnés et relatifs » aux devoirs. Si Simone Weil a pu donner cette réponse correcte, c'est parce qu'elle avait refusé de tomber dans le piège du libéralisme. Elle refusa catégoriquement de se plier aux dogmes libéraux, fût-ce du bout des lèvres.

Considérons les droits des minorités sexuelles. Le droit, pour les homosexuels, d'adopter des enfants, doit être équilibré par le droit des enfants à avoir un vrai père et une vraie mère. Leur droit à se « marier » devrait être équilibré par le droit des hommes et des femmes de s'engager dans une union sacramentelle unique, appelée communément mariage. De même, le droit, pour un homme, de manger du porc, devrait être limité par le droit, pour un collectif de juifs ou de musulmans, de disposer d'un lieu qui n'ait pas été profané par la présence d'un porc. Ce n'est pas là une question sans importance: les gens ordinaires, l'immense majorité des gens, partout dans le monde, sont contre la priorité donnée aux droits de minorités sexuelles sur leurs propres droits à une vie familiale. Aux Etats-Unis, cette question est utilisée afin de créer un schisme entre les militants progressistes et la population.

La liberté religieuse. L'animosité entre socialistes ou communistes et l'Eglise n'est pas quelque chose d'inéluctable; elle s'est produite dans certains contextes historiques, et elle peut, aujourd'hui, être dépassée. Au plus fort de la Révolution, en 1918, le grand poète russe Alexander Blok eut la vision de soldats de l'Armée rouge guidés par un Jésus Christ invisible. Si les communistes russes avaient su créer l'harmonie avec l'Eglise, le communisme aurait survécu. Il est bon qu'à Cuba, les églises soient ouvertes ; vous avez de bonnes relations avec l'Eglise catholique, avec sa tendance dite de la théologie de la libération, et vous êtes attachés à votre propre tradition si colorée, de la Santeria. Mais une situation apaisée avec l'Eglise, cela signifie plus d'interaction, dans les deux sens. Au XIXe siècle, le gouvernement colonial de Cuba déporta les prêtres catholiques en masse, parce qu'ils soutenaient l'indépendance, porteuse de révolution. Le gouvernement actuel peut renverser la tendance. En Amérique latine, il y a beaucoup de prêtres et d'évêques prosocialistes, et on pourrait les faire venir à Cuba, tandis que les prélats antisocialistes pourraient, quant à eux, être invités à prendre leur retraite.

Enfin, une dernière chose, que je tiens à vous dire : soyez sûrs de votre bon droit. Vous êtes dans le droit chemin. La vie, à Cuba, ne cesse de s'améliorer, depuis les années 1990. Vous avez toujours votre dirigeant avisé, Fidel Castro, qui est proche de Noam Chomsky, pour sa pensée radicale ; il a une forte volonté, et le soutien des masses populaires – c'est un roi-philosophe comme en rêvait Platon… Il y a encore parmi vous des vétérans qui ont repoussé l'agression américaine, qui ont abattu les blindés de l'armée d'apartheid, dans les savanes de l'Angola ; vous avez beaucoup de gens dotés du meilleur niveau scientifique dans le monde.

Vous êtes la lumière du monde ! Resplendissez encore, Cubains !

Précision

J'ai prononcé cette conférence dans la délicieuse ville de La Havane. Cette ville, que je n'avais pas vue depuis un certain temps, s'est beaucoup embellie, beaucoup de maisons et de rues ont été réparées, les drogues et la prostitution ne sont pas visibles, il y a des voitures plus neuves, mais le charme d'antan demeure. Même dans les quartiers déglingués, on ne trouve ni le désespoir, ni la violence et l'abattement que vous trouverez, par exemple, dans le sud du Bronx, à New York. Les gens, à La Havane, chantent, dansent, fument leurs longs cigares là où ça leur chante : c'est ça, la liberté ! Celui qui aux petits des oiseaux assure la pâture l'assure aux Cubains, aussi : les magasins sont dégarnis, mais les gens semblent correctement nourris, et ils sont bien habillés.

Ils ont fait de leur Parque Central un Hyde Park Corner, bien que l'on y discute essentiellement de sport. Les Cubains voyagent à l'étranger, aussi, même s'il n'est pas facile, pour eux, d'obtenir des visas d'entrée dans les pays qui se plaignent depuis toujours de la politique cubaine de restriction de l'émigration. Je connais une dame qui est allée à trois reprises à Miami voir sa famille, mais, la quatrième, elle s'est vu refuser le visa américain. Beaucoup de Cubains vont dans les pays d'Amérique latine pour y combattre l'illettrisme ou pour y apporter leurs compétences médicales, après quoi, ils rentrent chez eux. Les restaurants sont abondants, quoique la nourriture reste médiocre. Les boissons, en revanche, sont aussi délicieuses qu'aux temps d'Ernest Hemingway. Il y a peu d'anxiété, et beaucoup d'espoir en un avenir meilleur, toutefois, sans bouleversements. Les peintres, les musiciens, les artistes cubains, de manière générale, vivent bien, et ils produisent des œuvres originales. Les églises sont enfin restaurées, après avoir été négligées beaucoup trop longtemps, bien que leur fréquentation soit encore plutôt faible. Le Vatican est tout à fait négatif à l'égard de la révolution et du socialisme ; l'Eglise ne veut pas sortir de sa réclusion, m'a dit un prêtre modéré.

Pendant ce temps, la *santería,* le culte local d'origine africaine, se répand de plus en plus. Il n'est pas rare de voir des gens entièrement vêtus de blanc ; ce sont des initiés à la santería de fraîche date. L'État ne redoute pas plus l'Eglise catholique que cette santería.

Dans les campagnes, ça ne va pas mal non plus. Le pays est vert, et propre, surtout quand on s'éloigne des faubourgs de La Havane. J'ai séjourné chez un cultivateur de café, dans les montagnes, à environ cent kilomètres de la capitale. Coïncidence agréable, il se prénommait, lui aussi, Israël (j'ai appris que ça n'est pas rare, ici). Un type impressionnant, qui fait tout, sur son exploitation de cinq hectares, de ses deux mains, avec l'aide de deux journaliers; il était satisfait du socialisme: l'État lui achète tous les ans sa production, et le paie correctement (l'État lui achète son café à 20 pesos, et le revend à 25 dans les commerces de détail). Sa fille est médecin, et son fils l'aide, à la ferme. La seule chose qui les gêne, c'est que l'État les paie en monnaie locale, alors qu'il doit payer en peso lourd et convertible, pour tous ses achats personnels. C'est certainement désagréable, mais cela limite la spéculation. Il obtient des devises fortes en louant des chambres à des étrangers qui viennent se baigner dans les eaux de Soroa, un lieu isolé et idyllique, situé dans une vallée dissimulée dans la montagne. Vous serez les bienvenus chez lui: il n'y a pas le téléphone, mais il vous installera confortablement, pour un prix raisonnable, et c'est chez lui que j'ai le mieux mangé, de tout mon séjour dans l'île.

Le pays est plutôt en bon état, même s'il est très cher pour le visiteur. Ils ont un taux de change du dollar quasi dissuasif; allez-y donc avec d'autres devises. Toutefois, les posters « George Bush = Adolph Hitler », et les drapeaux noirs devant l'ambassade des Etats-Unis font plus que compenser ces petits inconvénients. Fidel continue à gouverner personnellement, et le journal publie ses lettres, écrites de sa propre main. Certes, tout cela est étrange, mais Cuba s'efforce de vaincre la cupidité, et c'est là une tâche ardue. L'avidité et la luxure sont les péchés les plus difficiles à combattre, nous enseigne le Talmud, au cas où nous ne le saurions pas!

Les Russes n'ont jamais retrouvé leur statut perdu. Fidel ne leur pardonne pas l'ère Gorbachev, durant laquelle le KGB [anti-]soviétique livra un État socialiste après l'autre aux Américains. Le tour de Cuba aurait normalement dû venir, quelque part entre la République Démocratique Allemande et la Roumanie. La RDA était un pays tout à fait viable, et les *Ossies* continuent à en regretter le démantèlement. Mais le KGB était acharné à éradiquer totalement le socialisme. A Cuba, les forces de Gorbachev avaient pensé utiliser le général Ochoa en vue d'un coup d'état et pour la restauration totale du pouvoir des Etats-Unis, mais Fidel en a eu vent, et il fait exécuter les traîtres, a indiqué récemment le site russe http://www.left.ru. Poutine a lui aussi commencé son mandat en bradant les positions russes à Cuba. La base de surveillance qui permettait de capter la totalité du trafic des télécommunications de l'ensemble de l'Amérique du Nord a été condamnée, sous prétexte de loyer trop élevé. Il est vrai que Poutine et la Russie ont énormément changé, depuis l'an 2000, mais ils devront travailler d'arrache-pied s'ils veulent réparer leurs erreurs passées.

Le Venezuela est le grand ami de Cuba, actuellement. Les deux pays entretiennent des relations multiples, et pas seulement commerciales. Des personnalités vénézuéliennes, cubaines et latino-américaines (des révolutionnaires et des dignitaires) ont assisté à la conférence ; l'espagnol était de rigueur, et j'ai été sauvé par Maria Poumier, notre amie, notre collègue, professeur, écrivain et traductrice très introduite dans la société cubaine. Comme beaucoup de Cubains, elle se veut encore plus « martienne » que marxiste. Pourtant, elle n'est pas particulièrement belliqueuse, et elle n'a rien d'une extra-terrestre. Pour les Cubains, c'est José Martí, le grand écrivain cubain du dix-neuvième siècle, qui a remplacé Marx dans la conscience publique. Ce n'est pas une mauvaise idée : à bas le culte de ces lourds mentors allemands ! *Marx, Freud, Einstein : No ! Cuba Libre : Si !* Ou plutôt, un *mojito* s'il vous plaît… !

Entre autres personnes intéressantes, j'ai rencontré Celia Hart, avec laquelle j'avais polémiqué[56] à propos de Staline (mon préféré) et de Trotski (le sien), voici de cela quelques années : nous avons fait la paix en trinquant au *roncoli* (le Rhum Collins, en cubain).

Je suis passé à la télévision cubaine, et j'ai donné des interviews aux deux quotidiens nationaux, faisant la promotion de notre idée d'un État démocratique unique en lieu et place de l'apartheid judaïque en Palestine/Israël. L'apartheid sud-africain a été défait par le courage des Cubains en Angola : je les en ai félicités. Mais ils m'ont répondu d'un ton cassant qu'ils n'envisageaient pas d'envoyer de troupes pour libérer Gaza…

56. Voir supra : « Notre bon vieux temps », p. 166.

CINQUIÈME PARTIE

PARDÈS, DU CÔTÉ DE LA KABBALE[57]

CHAPITRE XXXV
SUR LA ROUTE DE SUEZ

Durant la guerre d'octobre 1973, un hélicoptère avait déposé mon unité commando de Bérets Rouges dans les étendues fauves du Désert Oriental égyptien, à 101 kilomètres du Caire. Nous avions reçu l'ordre de bloquer la route Le Caire – Suez. Deux journées – décisives – durant, nous avons tenu quelques petites collines, en face des puissantes falaises du Jabal Attaka, notre artillerie repoussant l'une après l'autre les vagues de tanks et de commandos égyptiens. Nous

57. Jaffa-Jérusalem, mars-avril 2004.

étions à peine une centaine d'hommes, pauvrement équipés d'armes anti-chars démodées… Mais les Egyptiens, de leur côté, croyaient que nous disposions, au minimum, de la puissance de feu d'une division. Nous nous accrochions à notre colline, cherchant à nous protéger des puissantes salves du feu des ennemis en nous enterrant dans leur sol sablonneux : nous n'avons refait surface que lorsque les canons des Egyptiens ont eu cessé de tirer, afin de permettre à leur infanterie de venir nous débusquer. Des tanks égyptiens, qui grondaient, s'avançant du côté de l'est, ont été alors pris sous nos tirs. Ils se sont arrêtés, afin de reprendre leur pilonnage. Et nous, nous continuions à nous cramponner à notre colline, bien que nous n'ayons plus d'eau potable, ni même le temps d'enterrer nos camarades tués. Tenir à distance respectueuse les chiens affamés et efflanqués du désert, afin qu'ils ne se régalent pas des cadavres purpurins et gonflés de nos camarades, voilà qui n'était pas une mince affaire…

Aucun d'entre nous (sauf peut-être notre commandant ?) ne comprenait la logique qui présidait à nos actions. « Il n'y avait pas à se poser de question »… Les soldats ne se battent pas sur la base du besoin de savoir. Simplement, nous nous efforcions de faire notre boulot, et surtout, de survivre. Ce n'est que deux jours après, les colonnes blindées du Général Brenn étant parvenues jusqu'à nous, que nous avons eu connaissance des plans de l'état-major général, consistant à isoler la Troisième Armée égyptienne sur la rive orientale du canal de Suez et à arracher la victoire, in extremis, des mâchoires de la défaite. Ce n'est que bien plus tard encore que nous avons appris qui était l'homme qui rendit cela possible. Il s'agissait de rien moins qu'Henry Kissinger, le célèbre Secrétaire d'État américain juif, lequel avait donné son feu vert, tout en déployant le parapluie protecteur de l'arme nucléaire américaine au-dessus des troupes israéliennes[58]. Auparavant, il avait recommandé

58. « Les États-Unis ont laissé distordre les accords de trêve de 1973 en faveur d'Israël », Reuters. Washington : Les États-Unis ont donné à Israël le feu vert lui permettant de poursuivre le combatt contre l'Egypte et la

à une Golda Meir encore hésitante de violer le cessez-le-feu ordonné par le Conseil de sécurité et de compléter l'encerclement des forces égyptiennes. C'est alors, seulement, que tout s'est éclairci, notre modeste action trouvant une cohérence, dans une stratégie d'ensemble.

De manière similaire, il est rare qu'un juif sache – ou, s'il le sait, comprenne – ce que Les Juifs veulent, tant d'eux-mêmes que d'une humanité perplexe. Ce manque de compréhension amène beaucoup d'honnêtes hommes et femmes à proclamer leur soutien (ou, le cas échéant, leur opposition) au corps politique que constituent « les juifs ». En la matière, être né juif, ou avoir été élevé dans le judaïsme, n'est absolument d'aucune aide. Exactement de la même manière que, troufion, votre appartenance aux troupes d'élite ne vous permet en rien de comprendre quoi que ce soit aux plans stratégiques du quartier général.

Une personne peu au fait de la judéité est qualifiée, dans la culture juive, de *tinok shenishba*, expression signifiant « enfant kidnappé » en hébreu. Un « enfant juif kidnappé » ne connaît pas les coutumes juives. Il ne sait d'ailleurs même pas qu'il appartient au peuple juif. Récemment, le président israélien Moshe Katzav a qualifié les juifs non-religieux d'« enfants kidnappés »… Mais les juifs religieux eux-mêmes n'ont qu'une compréhension extrêmement limitée des projets juifs en matière d'organisation du monde. Beaucoup d'Israéliens déversèrent leur ire contre les propos de Katzav. Pour autant, celui-ci n'avait pas tort. Le « juif » moyen a une connaissance très limitée – et une compréhension encore plus li-

Syrie après l'heure fixée par l'ONU pour le début officiel d'un cessez-le-feu, au cours de la guerre d'octobre 1973. Ils l'ont même encouragé à le faire, d'après des documents officiels américains rendus publics mardi dernier. « Vous ne recevrez pas de protestations violentes venant de Washington si quelque chose devait se produire au cours de la nuit, pendant que je serai en avion », a dit le secrétaire d'État Henry Kissinger au Premier ministre israélien Golda Meir, en Israël, dans l'après-midi du 22 octobre 1973, quelques heures avant le dernier délai fixé par l'ONU pour un cessez-le-feu.

mitée – des sujets que nous nous proposons de traiter ici. Il est fort probable que notre juif moyen ne se considère juif (ou juive) qu'en raison du fait que ses grands-parents étaient juifs, et rien de plus.

Notre objectif, c'est comprendre – et expliquer – ce que veulent « les juifs ». C'est là une tâche fort difficile, car les juifs n'ont pas de dirigeants définis et évidents, qui décideraient d'une stratégie unifiée. Ils n'ont pas de quartier général, ni de poste central de commandement. L'idée que les juifs peuvent avoir une stratégie, sans disposer d'un stratège, est certes difficile à admettre. Si les *Protocoles des Sages de Sion* sont si populaires, c'est précisément parce qu'ils font l'hypothèse de l'existence d'un tel stratège suprême (bien qu'obscur). Toutefois, « les sauterelles n'ont pas de roi, et néanmoins elles attaquent en formation » [Proverbes 30 : 27]. Les sauterelles, on le sait d'expérience, dévastent des régions entières, semblant obéir, en cela, à un plan. Est-il concevable qu'il n'y ait pas (ou presque pas) de juifs qui comprennent totalement ce que les juifs veulent ? L'expression « les juifs », que nous utiliserons dans cet article, désigne une entité supérieure, dans le même rapport avec les individus juifs que l'Église catholique avec un(e) catholique, ou encore une ruche avec une abeille. Partant, aucune culpabilité subjective personnelle ne saurait être attachée à des individus, du simple fait qu'ils sont juifs, à moins que leurs propres actions (ou inactions) ne soient, en tant que telles, criminelles ou blâmables.

Aussi pensons-nous que ce propos devrait aider tout individu à décider s'il veut être juif ou non. De la même manière qu'il vous appartient de décider si vous voulez être communiste, ou quaker, ou tout ce que vous voudrez…

CHAPITRE XXXVI
TO BE OR NOT TO BE

J'ai la profonde conviction qu'être – ou ne pas être – juif relève du libre arbitre. Un juif français peut être simplement français ; un juif russe, simplement russe ; un juif palestinien, simplement palestinien… Nul n'est tenu d'être juif. L'exemple magnifique de Simone Weil, la petite sainte chrétienne communiste des années sombres de l'occupation hitlérienne, en est la meilleure preuve. Par choix délibéré, elle vécut parmi les ouvriers de chez Renault. Elle soutint la Résistance du Général de Gaulle. Elle rêva de vaincre, non pas « seulement » les nazis, mais bien l'entier paradigme de la modernité, avec sa fausse éducation, son indifférence religieuse et son déracinement. Née dans une famille juive, elle adopta le Christ. Mais elle ne put se résoudre à entrer en totale communion avec l'Église, dont elle sentait bien qu'elle était par trop pro-juive[59]. Pour elle, non seulement les prophètes hébreux, mais aussi les Grecs et les Gaulois, les Indiens et les Chinois, les Germains et les Slaves… savaient que le Christ viendrait, bien avant qu'Il ne fût né.

Rejetant l'assertion des « racines juives » du christianisme, elle affirma que l'adoption irréfléchie de l'Ancien Testament était, pour l'Église, son « péché originel ». Pour elle, le Christ – son Christ – était proche de Dionysos et d'Attis, tandis que Déméter et Isis étaient des préfigurations de Notre-Dame. Elle affirmait que l'horrible méfait de la Crucifixion n'avait pu se produire que dans un lieu où le Mal l'emportait sur le Bien.

Mais Simone Weil n'était pas la seule, dans son cas. De saint Paul à sainte Thérèse d'Avila, de Karl Marx à Léon Trotski, des gens, nés dans des familles juives, avaient coupé les amarres et rejoint le peuple au milieu duquel ils vivaient. Ces personnes ne constituaient pas une minorité de juifs originaux, que l'on aurait pu compter sur les doigts d'une seule main. Bien au contraire, ils en représentaient une écrasante majorité. Sur les sept millions de juifs vivant à l'époque de saint Paul, seuls quelques milliers étaient restés juifs au huitième siècle. Les autres (l'immense majorité, donc) étaient devenus qui Palestiniens, qui Italiens, qui Français, qui Egyptiens, qui chrétiens, qui musulmans…

Au vingtième siècle, des millions de juifs s'assimilèrent – avec succès, eux et leur descendance – aux sociétés dans lesquelles ils vivaient. Certains d'entre eux furent admis dans l'Église catholique, telle Edith Stein. D'autres, dans l'Église orthodoxe, comme le Père Alexander Men. D'autres encore, dans l'Islam, comme mon ami israélien, l'extraordinaire Neta Golan. D'autres, très nombreux, contractèrent des unions « extra-communautaires » et coupèrent les ponts avec les juifs.

Épouser un conjoint non-juif est le signe ultime indiquant qu'on a « franchi la limite ». « Un mariage mixte, c'est pire que

59. Simone Weil : Let*tre à un religieux,* 1951, Gallimard (réédité par Le Livre de Vie, en 1974).

l'Holocauste », a dit sobrement Golda Meir, Premier ministre d'Israël. Tandis qu'Elliott Abrams, directeur du service Moyen-Orient de la Maison Blanche sous l'administration Bush, et Deborah Lipstadt, qui a beaucoup écrit et fait de conférences sur le négationnisme de l'Holocauste, ont fait campagne contre les mariages entre juifs et Gentils, au motif de conserver la « pureté de la race juive » !

« Deborah Lipstadt, qui a consacré beaucoup d'ouvrages et de conférences au négationnisme, a exhorté les parents juifs à dire tout simplement « non » à leurs enfants qui auraient envisagé de contracter mariage avec des non-juifs, exactement de la même manière qu'ils leur interdiraient de se droguer »[60] . Elliott Abrams est l'auteur du livre *Faith or Fear: How Jews Can Survive in Christian America?* [Peur ou Foi : Comment les juifs peuvent-ils survivre dans l'Amérique chrétienne ?], dans lequel il met en garde ses lecteurs juifs contre les mariages mixtes qui, d'après lui, mettent en danger la survie du judaïsme en Amérique[61]. Golda Meir et Deborah Lipstadt n'ont fait que se conformer à la ligne traditionnelle chez les juifs : l'Ancien Testament glorifie Phinéas, qui tua un juif parce qu'il avait eu une relation sexuelle avec une femme non-juive ; Ezra excommunia tous les prêtres juifs qui avaient épousé des Palestiniennes ; le Talmud compare la xéno-conjugalité à la bestialité, « car les Gentils sont plus proches des animaux qu'ils ne le sont des juifs ». Dans la tradition juive, une famille juive qui se respecte se devrait de prendre le grand deuil et de célébrer tous les rites des funérailles, au cas improbable où « par malheur » un de ses fils (ou une de ses filles) commettait le crime d'épouser un *goy* (ou une *shiksa*).

Malgré ces excommunications et condamnations, des hommes et des femmes d'origine juive se marient « à l'extérieur », rompant

60. *Embracing the Stranger: Intermarriage and the Future of the American Jewish Community* (Basic Books, 1995, p. 18), par l'auteur et éducatrice juive Ellen Jaffe McClain.

61 http://www.nytimes.com/2002/12/07/politics/07ABRA.html?ex=1040321027&ei=1&en=67a11e479feac48e

délibérément les liens avec la communauté organique. Ce geste donne un gage important de leur disposition à renoncer au particularisme et à se joindre au peuple au milieu duquel ils vivent. Il s'agit, d'une certaine façon, d'une rupture aussi décisive que le serait leur baptême.

La conversion forcée des juifs espagnols, en 1492, fut perçue par les Espagnols non-juifs comme un acte fondamentalement hypocrite, car les *conversos* (les juifs convertis au catholicisme à leur corps défendant) retournaient à la judéité dès qu'ils quittaient le royaume d'Espagne. Et on les accueillait, à l'extérieur de l'Espagne, à bras ouverts. Mais les juifs, quant à eux, savaient bien ce qu'il en était : les marranes (juifs pratiquant le catholicisme pour la galerie, et pour avoir la paix) ne se mariaient qu'entre eux. Leur christianisme n'était qu'un fond de teint protecteur, qu'un artifice de l'art juif de la dissimulation. En revanche, ceux de ces néo-convertis qui épousaient des chrétiens apportaient, du même coup, la preuve manifeste de la sincérité de leur conversion.

Les *Dönme* [62] en Turquie, adeptes de Sabattaï Zevi, faisaient montre de s'être convertis à l'Islam. Mais ils n'en continuaient pas moins à ne contracter des mariages qu'à l'intérieur de leur communauté. Cette secte particulière joua un rôle très important dans les développements tragiques qu'allait connaître la Turquie au début du vingtième siècle. Certains historiens turcs établissent un lien entre ces Dönme et l'expulsion génocidaire des Arméniens ainsi qu'avec les massacres de Grecs en Anatolie et la politique, menée par Mustapha Kemal Atatürk, d'éradication violente des traditions.

En conservant présente à l'esprit cette tradition de dissimulation, nous comprendrons mieux à quel point les mariages mixtes représentent un pas décisif, une authentique rupture, qui requiert beaucoup de courage, beaucoup d'indépendance d'esprit – qualités dont les enfants de ces couples mixtes peuvent tirer une légitime fierté. Car un mariage équivaut à une communion. Le

62. Ce mot signifie « converti », en turc, NdT.

mariage extra-communautaire est, dans tous les cas et en tous lieux, un acte de rébellion contre la communauté, une rupture afin de conquérir la liberté, une alliance avec le peuple indigène parmi lequel vit le couple.

Dans des circonstances normales, ce processus aboutirait à l'évaporation des juifs en un siècle, tout au plus. Mais ce processus a été stoppé – pire : il a même fait machine arrière – au cours des dernières décennies. Désormais, les juifs représentent l'élite, le « chien du dessus »[63], et les enfants de couples mixtes se sont raréfiés. D'aucuns « redécouvrent » (ou, simplement, « découvrent ») leurs ancêtres juifs, un peu à la manière dont les British ont « découvert leurs origines normandes ».

Les principaux candidats en lice pour l'élection présidentielle américaine, en l'an de grâce 2004, se livrent entre eux une concurrence acharnée en la matière : c'est à qui aura les « racines juives » les mieux attestées… Le général Wesley Clark a déclaré « descendre d'une longue lignée de rabbins de Minsk »[64] ; Hillary Clinton a une de ses deux grands-mères qui avait épousé un certain Max Rosenberg… Quant à John Kerry, il a « appris, tout récemment, que ses grands-parents, des deux côtés, étaient juifs » (avant d'angliciser leur nom, les Kerry étaient des Kohn). Howard Dean, dont l'épouse est une chrétienne d'origine juive, tient à nous faire savoir que ses enfants ont été élevés dans le judaïsme. Ainsi, on le constate, tous les efforts déployés par la génération précédente sont en train d'être anéantis, à l'heure actuelle.

Les enfants de couples mixtes, bien souvent, ne comprennent pas le geste iconoclaste de leurs géniteurs. De leur côté, bien souvent, les parents hésitent à expliquer à leurs rejetons l'importance sacrée de leur geste, lesquels, bien loin d'en être fiers – et aussi, par un esprit de contradiction propre à leur âge – tendent à vouloir en prendre le contre-pied et à « renouer » avec le cocon juif. Démarche, au demeurant, vouée à l'échec : un enfant dans leur

63. Dans un combat de chiens, NdT.
64. http://www.jta.org/story.asp?id=030917-clar

cas ne pourra jamais devenir un « vrai juif », un « juif complet », selon la loi juive. Il (ou elle) ne pourra pas épouser un(e) Cohen, ni non plus aucun membre d'une famille juive « comme il faut ». Son statut sera peu ou prou le même que celui d'un *mamzer*, un bâtard, un « fils de prostituée ». Tout au plus sera-t-il autorisé à servir des juifs. Eventuellement, si besoin, il sera autorisé à mourir pour eux. En revanche, en aucun cas on ne l'enterrera dans un cimetière juif… Mais que ces enfants – partiellement juifs, et entièrement humains – n'aient nul regret : non seulement, devenir juif est quelque chose de totalement impossible ; si ç'était possible, ce serait tout à fait indésirable. Car la judaïté n'est en rien une sinécure, comme nous nous emploierons à le démontrer, dans cet essai…

Ainsi, au début du vingtième siècle, un enfant né d'un mariage mixte impliquant un parent juif était appelé, presque dans tous les cas, à s'assimiler au peuple indigène au milieu duquel il vivait et grandissait. Mais cette tendance fut contrariée par la narration de l'Holocauste, construction idéologique destinée à inculquer aux descendants de juifs un sentiment fataliste d'« absence d'échappatoire ». « Peu importe que vous soyez de pur sang juif, ou que vous n'ayez que quelques gouttes de sang juif en vous, que vous soyez baptisé, ou non… : vous serez tués par les nazis d'Hitler. Par conséquent : restez chez les juifs, et soutenez-les » : voilà quelle fut, en gros, l'idée propagée par les juifs afin de conserver de leur côté les juifs périphériques, les descendants de juifs, les gens d'origine juive.

En fait, les juifs, tels que les caricaturèrent les idéologues de l'Holocauste, firent d'Adolf Hitler et de ses nazis leurs meilleurs alliés. Ne doit absolument rien au pur hasard le fait que Mme Lipstadt, obsédée par la « pureté juive », proteste contre les études critiques des événements tragiques de la Seconde guerre mondiale : en effet, le discours holocaustique officiel a pour fonction – et pour but – de faire en sorte que les juifs restent les serviteurs obéissants des juifs. C'est probablement la même raison qui poussa les banquiers juifs à soutenir précocement Hitler et son parti, lorsqu'ils étaient en passe de s'emparer du pouvoir.

Mais la réalité diffère quelque peu du récit fataliste des idéologues holocaustiques : ce sont plus de 150 000 hommes d'origine juive qui s'engagèrent dans l'armée d'Hitler, comme le montre Bryan Mark Rigg, professeur d'histoire à l'Université Militaire Américaine[65]. Parmi eux, l'Amiral Bernhard Rogge, auquel Hitler remit, en personne, la Ritterkreuz ; le Général Johannes Zukertort, le Général de la Luftwaffe (armée de l'air) Helmut Wiberg ou encore le maréchal des logis Erhard Milch, et bien d'autres encore…

L'idéologie d'Hitler, consistant à opposer entre eux les archétypes aryen et juif, tire, pour partie, son inspiration des théories d'un brillant philosophe autrichien, Otto Weininger, lequel répudia la communauté juive et fut admis au sein de l'église luthérienne.

Pour cet Otto Weininger, la judéité n'était « ni une race, ni un peuple, ni une foi religieuse reconnue, mais une disposition mentale ». Il a écrit ceci : « Je m'occupe du judaïsme, au sens platonique du terme « s'occuper de », comme je m'occuperais d'une idée abstraite. Le juif absolu n'existe pas. Pas plus que le chrétien absolu. Pour vaincre le judaïsme, un juif doit avant tout se comprendre lui-même et se livrer la guerre à lui-même. Seule une résolution inexpugnable, alliée au plus haut des respects envers lui-même, peut libérer un juif de sa judéité. En conséquence, la question juive ne peut trouver d'autre solution qu'individuelle : il incombe à chaque individu juif de s'efforcer de résoudre [cette question] à l'intérieur de sa propre personne » – en découvrant la présence de Dieu au monde, c'est-à-dire : le Christ.

Le poète bavarois Dietrich Eckart, un homme qu'Hitler appelait « mon paternel ami », alliait l'anti-judaïsme à sa pensée anticapitaliste. Il était convaincu que l'élément juif était omniprésent, chez tous les peuples, parmi toutes les nations. Cet élément juif de-

65. Bryan Mark Rigg, *Hitler's Jewish Soldiers. The Untold Story of Nazi Racial Laws and Men of Jewish Descent in the German Military*, http://www.kansaspress.ku.edu/righit.html

vait être dominé et dépassé, mais il était impossible, pour Eckart, de l'éradiquer totalement[66]. Les éléments juif et aryen correspondent, chez cet Eckart, aux opposés Yin et Yang, et un minimum de « judéité » (= d'égoïsme) est, dans sa vision, absolument nécessaire à une nation, si l'on veut que cette nation survive. Il avait beaucoup de respect pour les juifs convertis au christianisme. Hitler lui dédia le deuxième volume de son *Mein Kampf*[67].

En dépit de son admiration pour Weininger et de son amitié pour Eckart, le pragmatique Hitler, loin de combattre l'approche juive, préféra l'imiter, en faisant de « son propre peuple, le peuple germanique », le Peuple Élu. Cette attitude fondamentalement et suprêmement raciste provoqua un raz-de-marée de souffrances indicibles, qui déferla sur toutes les nations européennes et ruina le vieux continent pour des années. Néanmoins, il est important de garder présent à l'esprit qu'une lecture négative du judaïsme (ou de la judéité) n'est pas fatalement intrinsèquement raciste, mais qu'elle peut être, tout au contraire, supérieure idéologiquement et théologiquement.

La pensée anti-judaïque est à la racine du christianisme et du communisme, pour ne mentionner que deux des idéologies majeures. Les juifs font tout, afin de tenter de démontrer que l'anti-judaïsme est une posture raciste. Bien que la pensée anti-judaïque existe depuis des siècles, les juifs tiennent à ce qu'on emploie le terme d'« antisémitisme » pour la désigner, alors que ce terme désigne, en réalité, une théorie raciale, sans lendemain, apparue à la fin du dix-neuvième siècle. Pour un antisémite, un juif a des qualités inhérentes et innées, qui ne sauraient être changées. Tandis que la pensée anti-juive, elle, analyse la tendance juive, afin de mieux la combattre : dans les arts, dans la théologie, ou encore dans les sciences politiques.

66. Albert Lindemann, *Esau's Tears*, cit., p. 498.
67. *Mon combat*, livre interdit en France, dont le début fut rédigé en prison, de février à décembre 1924, (NdT).

Mais les juifs ne semblent pouvoir supporter que l'on oppose la moindre objection raisonnée, et rationnelle, à leur idéologie, et ils s'en tiennent à répéter leur mantra: « On nous critique pour ce que nous sommes, et non en raison de ce que nous faisons ». Mantra récemment récupéré, de la manière qu'on sait, par le président américain George W. Bush. Donc, il ne saurait s'agir d'autre chose que de racisme…

David Mamet, un dramaturge juif américain, vit un jour, collé sur le pare-chocs d'une Volvo, un autocollant proclamant: « Israël: hors des colonies! ». Slogan qui, selon ses dires, aurait pu à juste titre être traduit ainsi: « Juifs au nez crochu: crevez! »

Graham Barrett a écrit dans le quotidien *The Age*, à direction juive, que « le Premier ministre de Malaisie (aujourd'hui à la retraite) Mahathir Mohamad prend pour cible les « juifs au nez crochu » qui « gouvernent le monde par procuration », sentiment « qui trouve un écho dans d'autres capitales du monde musulman »[68]. Barrett ment, effrontément: le Dr Mahathir n'a pas prononcé les observations racistes qu'il lui attribue. Mamet, lui aussi, mentait: la personne qui conduisait la Volvo à l'autocollant dénonçant la colonisation des territoires occupés pouvait tout aussi bien être un homme (ou une femme) d'origine juive.

J'ai reçu un e-mail d'un certain « Sam Jones », qui m'écrit: « Vos efforts, méritoires, dans votre production littéraire, sont appréciés d'un bout à l'autre de ce pays. Je partage totalement votre mépris pour la vermine sioniste au nez crochu. Tous ces sales juifs devraient être remis dans les fours. Merci, encore une fois, pour votre contribution à la diffusion de ce message vital ». On a pu remonter la filière et trouver l'adresse e-mail de ce correspondant courageusement caché sous un pseudo: il s'agissait d'un provocateur sioniste bien connu. Mais cette recherche était tout à fait superflue: l'expression « au nez crochu » était une signature suffisamment probante, caractéristique de l'acharnement juif à vouloir faire

68. Melbourne,10.04.2004http://www.theage.com.au/text/articles/2004/07/09/1073437469530.html

passer toute polémique antisioniste ou antijuive pour une manifestation de racisme.

Le même « Sam Jones » envoya des e-mails du même tonneau à d'autres amis de la Palestine. Jeff Blankfort, un antisioniste à toute épreuve, d'origine juive, a tout de suite flairé l'arnaque. D'autres, toutefois, tel notre ami gentil Harry Clark, ont pris peur, et ils se sont retirés de notre forum de discussion[69].

De fait, les personnes d'origine juive sont immunisées contre ce genre d'agression psychologique. C'est la raison pour laquelle, durant les premières années du régime soviétique, les communistes dévoués, d'origine juive (de l'Evsektsia : la cellule juive) ont démoli la juiverie traditionnelle, tandis que les Gentils au cœur tendre (tels Kalinine et Lounatcharski) ont erré du côté du philosémitisme. Otto Weininger a noté que « L'Aryen d'un bon niveau social ressent toujours quelque besoin de respecter le juif ; il est mal à l'aise quand des juifs font en sa présence quelque révélation croustillante au sujet des juifs et, ce faisant, il doit s'attendre à recevoir aussi peu de remerciements de la part de ces juifs-là que de celle de juifs ayant une susceptibilité à fleur de peau ». Ses propos ont acquis une acuité supplémentaire aujourd'hui : avec l'Ascension des Juifs, la démolition de la nouvelle Juiverie est devenu la tâche exclusive de personnes d'origine juive.

Des années durant, il y a eu un débat ininterrompu, au cours duquel les hauts cris « L'antisionisme, c'est de l'antisémitisme ! » alternaient, sur un rythme soutenu, avec « Ne confondez pas le judaïsme avec le sionisme ! Comment osez-vous faire ça, espèce d'antisémite ! » – comme l'explique notre ami toujours facétieux Michael Neumann.

Les contempteurs d'Israël jurent, tous les jours, qu'ils ne sont pas antisémites. Tout en rejetant l'antisémitisme raciste biologique, cette théorie aberrante du dix-neuvième siècle, aujourd'hui pratiquement disparue, nous embrassons totalement la grande tradi-

69. Togethernet, NdT.

tion anti-judaïque de saint-Paul, de Marx, de Simone Weil. L'antisémitisme peut être anti-juif, comme il peut aussi ne pas l'être. L'Evangile, lui, en revanche, l'est, à coup sûr. Seul Dieu est bienveillant, tandis que les juifs sont parfaitement capables d'agir d'une manière destructrice et malveillante à l'encontre du monde dans lequel nous vivons, à l'encontre de la nature, et à l'encontre des non-juifs.

Ce clair désengagement de la pensée anti-judaïque de sa connexion contre nature avec l'antisémitisme biologique était attendu depuis bien longtemps : il permettra à notre monde de retrouver la normalité. Soumis à un feu roulant d'attaques, Mel Gibson devrait pouvoir désormais rétorquer fièrement à Foxman et aux autres brutes de l'Anti-Defamation League : « Non, je ne suis pas antisémite. Je ne pense pas qu'il y ait quoi que ce soit à reprocher à un juif, ni à la judéité. Sinon, je n'aurais pas fait un film sur Jésus Christ. En revanche, oui, je suis anti-judaïque, à l'instar du Christ. »

Les antisionistes pourront se payer le luxe de choisir entre : soit, être opposés au sionisme, en le considérant comme une aberration (position du rabbin Arik Asherman) ; soit, y aller franc jeu, faire le « Full Monty », et rejeter le sionisme, en tant que partie intrinsèque du paradigme juif (ce qui est ma position : Israël Shamir). En fin de compte, cela ranimera les énergies visant à contrer la tendance judaïque et à la mettre hors d'état de nuire. Avant tout, en encourageant les personnes d'origine juive à ne pas lui apporter leur soutien.

Mais qu'est, exactement, cette tendance judaïque ? Et pourquoi faut-il absolument l'éradiquer ? L'exégèse juive propose quatre niveaux successifs, permettant de pénétrer la signification ésotérique des versets de la Bible. Ces quatre niveaux sont résumés dans l'acronyme « PaRDeS », qui signifie : Paradis, ou jardin.

En voici le développement :

« P » est mis pour *peshat* : la lecture littérale. « R », « D » et « S », sont mis pour *raz*, *derash* et *sod* : les sens analogiques, débouchant sur la mystique.

C'est ce schéma que nous suivrons, dans notre exposé, afin d'expliciter les desseins des juifs.

Tandis que peshat a un rapport à l'argent, raz renvoie au discours, et derash est relatif au niveau politique. Quant à sod, c'est le niveau théologique…

CHAPITRE XXXVII
PESHAT

Trois bandits, plutôt soulagés d'avoir pu échapper à leurs poursuivants, mais sans un sou et déprimés, se rencontrent par hasard dans une petite ville du Midwest... Ainsi commence une nouvelle drolatique – *The Man Higher Up* – de l'auteur américain O. Henry, virtuose du genre[70].

Chacun des trois protagonistes incarne une spécialisation dans l'art de la rapine : Bill est un voleur ; Jeff, un escroc. Quant à Alfred, il vend des actions bidonnées. A la fin du récit, Bill, après avoir dévalisé une banque, aura ouvert une salle de jeux ; Jeff aura truqué les cartes du jeu de poker et ruiné Bill, « ne lui laissant que

70. Pseudonyme de William Sydney Porter, auteur de plus de six cents nouvelles, dont « L'homme qui est tout en haut » ; certaines furent écrites alors qu'il était en prison pour détournement de fonds, NdT.

son slip et sa peine». Mais la joie de Jeff sera de courte durée: ayant en effet investi les profits de ses «affaires» dans des actions de mines d'or, il ne tardera pas à s'apercevoir – trop tard! – que ces actions étaient signées: Le Président Directeur Général, A.L. Fredericks... Lequel n'était autre que son compagnon de cavale: Alfred E. Ricks! Ainsi le fruit du larcin passa chez l'entrepreneur pour atterrir chez le spéculateur... Et Jeff le tricheur de crier «Au voleur! La spéculation et le détournement du bien d'autrui doivent être poursuivis par la loi!»

Cette histoire est une parabole des fortunes américaines. Bill le Voleur symbolise l'acquisition primaire («accumulation primitive», en terminologie marxiste). Les premiers pionniers américains massacrèrent les indigènes et pillèrent le Nouveau Continent. Ils creusèrent le sol, à la recherche d'or et de pétrole, ils transformèrent les prairies en champs de blé et léguèrent leur image de cow-boys intrépides aux panneaux publicitaires vantant les clopes Marlboro. Jeff le Yankee, archétype de l'homme d'affaires américain, a scalpé Bill, ouvert des commerces et des banques, fait le marketing du Coca Cola, créé des compagnies pétrolières, escroqué les États du Sud, fait de l'Amérique du Sud son arrière-cour productrice de bananes... Et, tout ça, pour quoi? Pour finalement se retrouver avec toute sa fortune investie chez nos A.L. Fredericks bien réels, eux: les Goldman Sachs, les Marc Rich, les Michael Milken, les Andrew Fastow et consorts.

Dans la vraie vie, comme dans la nouvelle d'O. Henry, A.L. Fredericks a roulé Jeff le magouilleur. Il lui a piqué ses vrais dollars et les a transformés en «monnaie de singe, émise par la Banque Fédérale Américaine (*Fed*) non remboursables et non actuariels, gagés sur rien d'autre que la confiance des gogos», comme un observateur facétieux l'a écrit sur Internet. Pour 650 millions de dollars émis, la Fed n'avait dans ses coffres pas plus de 17 millions de dollars en actions – la seule couverture qui vaille». Les États-Unis traînent aujourd'hui 38 milliards de dollars de dettes contractées par Alfred – à comparer à un PIB américain de 10 milliards de dollars, dégagés par les Bill et autres Jeff. Cette «pyramide financière» – la plus énorme de tous les temps – est construite sur les mêmes principes que celle qui ruina l'Albanie, il y a quelques années. Tôt ou tard, Jeff, de la classe moyenne américaine, sentira la morsure d'une crise qui s'annonce pire que celle de 1929. Bill, le travailleur américain, en ressent, pour sa part, d'ores et déjà les effets. La ruine de la classe travailleuse – et même, de la classe moyenne – américaine, est inévitable, car les incroyables richesses des États-Unis ont disparu dans le trou noir du coffre-fort d'Alfred.

Pouvons-nous identifier «Alfred», l'homme qui est tout en haut, plus précisément qu'en disant simplement de lui qu'il s'agit d'un «riche malhonnête» ? Qui sont les bénéficiaires nets de la pyramide financière? Une étude récente, effectuée à l'échelle des États-Unis par Lisa Keister, professeur assistante de sociologie à l'Université d'État de l'Ohio, dit que «la richesse (c'est-à-dire la richesse nette moyenne, *per capita*) des juifs, aux États-Unis, est de l'ordre de 150 890 dollars, soit trois fois plus que la fortune moyenne des Américains (48 200 dollars). (En comparaison, en 1956, la fortune nette moyenne d'un juif était un peu au-dessous de la moyenne). La fortune des protestants conservateurs (Bill, dans notre histoire) est de 26 200 dollars, soit environ la moitié de la moyenne générale. La fortune des protestants et des catholiques des classes moyennes (Jeff, dans notre récit) est du même ordre que la moyenne nationale»[71]. Ainsi, les juifs ont trois fois plus de biens que le tellement calomnié Jeff le Bobo(*Wasp*), et six fois plus que le – ô combien! – méprisé Bill le Cul-Terreux(*Redneck*)

Pour actualiser les propos percutants de Frantz Fanon, éminent spécialiste marxiste du colonialisme: «Ce qui fait le partage du monde, c'est le fait d'appartenir ou non à une certaine classe. La cause est la conséquence: si vous êtes riche, c'est parce que vous êtes juif; et si vous êtes juif, c'est parce que vous êtes riche». (Mutatis mutandis: Fanon, en ce qui le concerne, évoquait le statut «de l'Homme Blanc», dans la réalité coloniale de l'Afrique).

71. http://www.osu.edu/researchnews/archive/relgwlth.htm

Lenni Brenner, auteur (trotskiste) de l'ouvrage *Jews in America*[72], a écrit, récemment : « Pourquoi le lobby sioniste est-il si puissant, aux États-Unis, alors même que ses propres intellectuels ne cessent de déplorer la désaffection de la jeunesse pour ce mouvement ? »

La réponse est simple : les juifs représentent la couche ethnique (ou religieuse) la plus fortunée des États-Unis. Leur niveau de vie est tellement élevé qu'ils représentent ceux des Américains qui reçoivent la meilleure formation. Étant les mieux formés, ils ont une tendance à l'esprit scientifique et, partant, ils sont plus susceptibles que d'autres de s'orienter vers l'athéisme ou l'agnosticisme. Mais la minorité des vrais croyants, chez eux, n'en continue pas moins à disposer de fonds considérables à jeter dans la sébile des hommes politiques. »

Keister relève qu'« au moins un tiers des juifs investissent dans les capitaux à haut risque et à très haute rentabilité, tels les stock options et les obligations ; à comparer avec l'inexistence de ce genre d'investissement spéculatif chez les protestants, et aux 4 % de catholiques qui ont le même comportement ». Si les juifs ne détiennent pas le monopole de la spéculation à Wall Street, ils constituent bien, en revanche, le noyau dur du FCP A.L. Fredericks. Cela fait partie de leur tradition : Jay Gould et Joseph Seligman ont causé le crash boursier du « Vendredi Noir », à la fin du dix-neuvième siècle, tandis que Jacob Schiff a provoqué la panique du « Jeudi Noir » qui déclencha une dépression économique telle qu'elle affecta l'ensemble des États-Unis[73]. Seligman s'illustra aussi en tant que responsable de l'Affaire de Panama, une entourloupe boursière qui marqua profondément la France.

« Durant la Prohibition », relève Robert, auteur d'un livre apologétique consacré aux gangsters israélites, « cinquante pour cent des contrebandiers qui tiraient les ficelles étaient juifs, et ce sont des criminels juifs qui finançaient et organisaient la plus grande

72. Saki Books, Londres, 1985.
73. Benjamin Ginsberg, p. 73, cité par JTR.

part du trafic des narcotiques aux États-Unis… Ces gangsters défendaient et aidaient la communauté juive »[74]. Murder Inc. [« Criminels Associés »] – gang à direction juive de Chicago – fournissait des armes aux sionistes ; le gangster juif Mickey Cohen récoltait des fonds pour les terroristes juifs de l'Irgoun[75]. Meyer Lansky, capo de la Mafia américaine, avait assassiné un exportateur d'armes qui avait le tort d'en vendre aussi, à des pays arabes, et on sait qu'il légua sa fortune bien mal acquise à l'Appel Juif Unifié. Les dirigeants actuels de la communauté juive organisée sont en majorité les fils de gangsters, de tueurs, de trafiquants et de fraudeurs (juifs). Ainsi, par exemple, les Bronfman, fils du trafiquant d'alcool Bronfman, ou encore Michael Steinhardt, fils du mafioso « Steinhardt le Rouge », l'un des principaux mécènes d'un possible candidat démocrate à la présidentielle américaine : Joseph Lieberman.

Le Dr William Pierce a écrit un article fort intéressant sur les escrocs juifs. Oui, je sais : le Dr Pierce est un raciste d'extrême droite, mais cela n'invalide en rien ses observations. Une bonne moitié du discours antisioniste a bien été tiré des livres de Benny Morris, un nazi israélien, apologiste de l'épuration ethnique des Palestiniens, qui a regretté que la Palestine ne soit pas *goy-free*, « débarrassée des goys ». Si nous nous référons encore aux ouvrages d'un Morris, alors nous n'avons absolument aucune raison d'ignorer le Dr Pierce, lequel a écrit :

« Vous souvenez-vous de Michael Milken, d'Ivan Boesky, de Marty Siegel, de Dennis Levine et du scandale d'initiés qui faillit faire s'écrouler Wall Street, il y a une dizaine d'années – ruinant au passage des dizaines de milliers d'Américains comme vous et moi, qui perdirent toutes leurs économies à la suite d'une manipulation totalement artificielle des prix des actions ? Pas un seul des acteurs importants, dans ce scandale, qui ne fût juif…

Vous vous souvenez de cette énorme catastrophe qui toucha l'épargne et les prêts, dans les années 1980, et qui finit par coûter

74. Rockaway, p. 215 cité par JTR.
75. Birmingham, p. 281.

aux contribuables américains 500 milliards de dollars ? Eh bien, en grande partie, l'effondrement du secteur financier, dans les années 1980, était dû à d'énormes investissements dans ce que l'on appelait des « actions pourries » [*junk bonds*], achetées par beaucoup d'institutions de courtage financier. Et l'homme, derrière ces actions pourries, le génie de la finance qui persuadait les courtiers financiers de les acheter, n'était autre que… Michael Milken.

Vous souvenez-vous de Martin Frankel, qui extorqua plus de 200 millions de dollars à des compagnies d'assurances sises dans plus de cinq États, puis s'enfuit des États-Unis, en 1999, la police commençant « à brûler », dans son enquête ? Vous ne souvenez probablement plus de lui, mais vous avez quelque excuse : en dépit de l'ampleur de son escroquerie, les médias lui firent fort peu de publicité…

Vous rappelez-vous Sholam Weiss, ce rabbin ultra-orthodoxe de New York, qui extorqua 450 millions de dollars à la compagnie d'assurances National Heritage, en Floride, dans ce qui fut, à cette date, la plus grande escroquerie à l'assurance vie de toute l'histoire des États-Unis ? Il a détourné les économies de toute une vie, patiemment constituées par 25 000 Américains, pour la plupart âgés, qui avaient investi la totalité de leur retraite dans cette compagnie d'assurances.

Vous rappelez-vous les Quatre de New Square, ces quatre juifs orthodoxes de la ville entièrement juive de New Square, dans la banlieue new-yorkaise, qui fondèrent une école juive (*yeshiva*) bidon, qui n'existait que sur le papier, après quoi ils collectèrent plus de 40 millions de dollars de prêts de l'État, pour leur école de carton-pâte ? Ces Quatre, les voici : Chaim Berger, Kalmen Stern, David Goldstein et Jacob Elbaum. Quelques heures avant de quitter la Maison Blanche, Bill Clinton prit la peine de commuer les peines de ces quatre escrocs juifs. Le tribunal les condamna à restituer les 40 millions de dollars. Mais, à ce jour, le premier cent n'a pas encore été versé…

Vous vous souvenez sûrement de Marc Rich et de son acolyte, Pincus Green ? Il s'agit de deux criminels juifs dont on a beaucoup parlé, l'année dernière, lorsqu'ils reçurent l'absolution de dernière minute de Bill Clinton. Ce sont des spéculateurs spécialisés dans les magouilles sur des fonds internationaux, qui ont enfreint un nombre considérable de lois dans leurs manips et leurs bidouillages, et qui ont mis à gauche quelques milliards de dollars pour leurs vieux jours, ce faisant. Mis en examen pour racket, fraude et autres félonies, ils prirent la fuite en emportant le grisbi. Rich a fait don d'environ 200 millions de dollars à Israël, et d'un montant inconnu à Bill Clinton, afin d'acheter sa clémence.

Non que les juifs soient les seuls escrocs qui volent le peuple américain. George Bush est un escroc, or il n'est pas juif. Bill et Hillary Clinton sont des escrocs, or ils ne sont pas juifs, non plus. Il y a sans doute, en Amérique, plus d'escrocs gentils que d'escrocs juifs. Mais c'est probablement parce que les Gentils sont quarante fois plus nombreux que les juifs…

Non, les juifs ne sont certes pas les seuls escrocs, mais ils sont certainement les plus gros escrocs. Si vous entendez parler d'une escroquerie de cent mille dollars, elle peut être le fait de n'importe qui. Mais si vous entendez parler d'une escroquerie de cent millions de dollars; alors là, vous pouvez être sûr que c'est un juif.»[76]

Juger «racistes» ces observations serait une erreur. Les idéologues de la «communauté» dénient, indignés, toute connexion entre la «religion», l'«ethnie», ou encore «les origines» des escrocs, et leurs escroqueries. Rien de particulièrement étonnant à cela: ils sont payés pour le faire. Mais, comme par hasard, notre A.L. Fredericks du début est dévoué aux juifs – peu importe qu'il soit lui-même juif, ou non.

Ainsi, le directeur financier d'Enron, Andrew Fastow, a certes été décrit par le rabbin de sa synagogue comme un «*mentsh*, un membre très dévoué à la communauté, soutenant très activement les causes juives et partisan actif d'Israël»[77], tandis que son épouse, Lea Weingarten, «descendante d'une famille de philanthropes

76. http://globalfire.tv/nj/03en/globalism/rabbisandglobalism.htm
77. *Forward*, 22.02.2002.

éminents et très respectés», qui est en train de plaider coupable en échange d'une réduction de peine[78], ne manque jamais un cours de religion à la synagogue.

Mais Kenneth Lay, le principal inculpé dans le scandale Enron – bien que goy – était tout aussi dévoué à la cause juive. Lui, et son épouse Linda – d'origine tout aussi gentille que lui-même – ont récolté 850 000 dollars lors d'une vente de charité, l'année dernière, au profit du Musée de l'Holocauste d'Houston (au Texas), nous a appris le *Jerusalem Report*, lequel concluait ainsi: «Au total, Enron était pour quelque chose dans environ un tiers des 3,5 millions de dollars récoltés lors de cette manifestation en l'honneur du sénateur du Texas Lloyd Bentsen et de la spécialiste de l'Holocauste Ruth Gruber.»[79]

Une fois encore, nous avons un exemple de cette connexion stupéfiante, étrange, et extrêmement étroite entre des escrocs et – non pas des juifs, mais des causes juives – qu'il s'agisse du culte de l'Holocauste ou de la cause sioniste. Lay et Fastow ont escroqué des milliards de dollars à Jeff l'Investisseur; ils en ont volé encore plus à Bill l'Ouvrier, tandis que Lea Fastow-Weingarten siphonnait leur fric dans des paradis fiscaux aux îles Caïman. Mais, en matière de kermesses de charité, peu leur importaient les Américains indigents ou les Africains affamés. Seule, la cause juive bénéficia de leur dîme.

Kenneth Lay n'est pas seul. «Sir» Conrad Black, un magnat goy des médias (que l'on dit marié à une éditorialiste juive suprématiste insupportable) est entièrement dévoué à la cause juive et sioniste. Il possède le *Jerusalem Post*: un journal sioniste extrémiste, qui accuse Sharon de mollesse. Conformément à toutes les attentes, il s'est avéré escroc. Il a raflé les capitaux de sociétés auxquelles il présidait, dérobant des centaines de millions de dollars[80].

78. *New York Times*, 09.01.2004.
79. http://www.jrep.com/Business/Article-5.html 25 mars 2002.
80. http://www.globeandmail.ca/servlet/story/RTGAM.20040117.wblack17/BNStory/Bus

On peut presque en faire une règle : tout homme fortuné aimant les juifs et faisant des cadeaux somptueux à la cause juive est, de façon quasi certaine, un escroc. Qu'il soit juif, comme Fastow ou non-juif, comme Lay.

Si l'implication de criminels juifs est aisément compréhensible, qu'est-ce qui rend la cause juive tellement attirante, pour les escrocs goys ? A ce sujet, le Dr Pierce propose une analyse psychologique intéressante :

« Le plus grand avantage dont jouisse un escroc juif est sans doute le fait qu'il est quelqu'un de l'extérieur, un « outsider ». S'il se fait choper, un malfrat gentil devient un paria, aux yeux de son propre peuple. Un malfrat juif, lui, vole pratiquement tout le temps des Gentils, et c'est là une chose encouragée par sa religion et par une tradition ancestrale de son peuple. Il peut, certes, être puni par les Gentils, s'il se fait prendre en flagrant délit. Mais, aux yeux de son propre peuple, il ne deviendra jamais un réprouvé, et c'est la raison pour laquelle il n'est retenu par aucun scrupule moral. Il a donc tendance à aller plus loin qu'un escroc gentil, à sa place, ne le ferait. »

Là n'est pas l'unique avantage dont jouisse l'escroc juif. Son sentiment de victimitude, imposé à la société constitue, pour lui, un avantage encore bien supérieur, car, en sa qualité de victime perpétuelle, le juif ressent le besoin de corriger l'« injustice » dont il s'estime victime, par quelque action d'auto-compensation extra-légale.

Ainsi, afin de justifier leurs vols de terres jordaniennes dans la vallée de la Arava, les Israéliens invoquent leur désir de corriger l'« injustice » commise par Mère Nature : ce sont des raisons géologiques qui ont fait que des sols alluvionnaires, d'une bien meilleure qualité agronomique, se soient déposés sur la rive orientale – jordanienne – de la Arava… Le vol de terres palestiniennes a été « expliqué » (entre autres, par le Rabbin Lerner) par la nécessité de corriger l'« injustice » de l'occupation romaine en Palestine, voici deux millénaires… La création de l'État juif est expliquée en invoquant l'« injustice » dont bénéficiaient les Arabes, avec leurs vingt-deux États, tandis que les juifs n'en avaient aucun... Quant au casse, en plein jour, des banques suisses, il est venu corriger l'« injustice » des confiscations nazies... bien que les banques suisses n'aient jamais reçu le moindre dépôt de fonds juifs[81].

D'une certaine manière, les musées de l'Holocauste représentent un facteur explicatif non négligeable de la montée de la criminalité juive, car ils renforcent chez les juifs le sentiment de leur victimitude.

Une extrême combativité, un état de guerre permanent contre la société des Gentils – traits permanents du paradigme juif – fournissent d'autres éléments explicatifs de la criminalité juive. L'état de guerre, qui a permis aux juifs d'imposer des taux usuraires et de collecter des taxes exorbitantes, de faire fonction de marchands de sommeil dans des taudis sordides et dans des propriétés extorquées, est devenu, dans une certaine mesure, la norme, dans notre société « ouverte », néo-libérale, dans laquelle tout un chacun est en permanence en guerre contre tous les autres...

Ces traits caractéristiques du mode de fonctionnement juif séduisent certains non-juifs – nous les appelons les « mammonites » – lesquels préfèrent le paradigme quelque peu luciférien de l'outsider, en guerre contre la société, libéré des contraintes morales imposées par la majorité, et néanmoins « élu » par une entité supérieure... Ces « copieurs – imitateurs de juifs » sentent bien – à juste titre – qu'ils ne pourront que prospérer dans notre monde diligenté par les juifs. C'est pourquoi ils soutiennent la cause juive et admirent l'État d'Israël, Le Pays où les restrictions morales n'existent pas, Le Pays est un assassin en gros, un bousilleur d'environnement naturel, un blanchisseur d'argent sale, un meurtrier de masse et un champion toutes catégories des exportations d'armes et d'instruments de torture.

Jacob Ben Efrat, un militant israélien pro-démocratie, nous invite à « considérer Tel Aviv, dont un quart de la population est au-

81. Mais des dépôts en provenance plus générale du gouvernement allemand, NdT.

jourd'hui constituée d'ouvriers immigrés originaires d'Extrême-Orient, d'Europe orientale et d'Afrique. Les globalisateurs capitalistes veulent une force de travail flexible, qu'ils peuvent transporter à volonté d'un pays à un autre. Résultat : le fossé entre les possédants et ceux qui n'ont rien ne cesse de s'élargir. Israël en est un exemple éclatant. Ici, le cinquième le plus favorisé de la population perçoit des revenus 21 fois supérieurs au cinquième des plus défavorisés (à comparer à « seulement » 11 fois, aux États-Unis)[82]. C'est cette caractéristique qui fait d'Israël ce pays tellement prisé par les mammonites gentils…

Aussi, pour un Américain, un Européen, ou un Russe, la conclusion est claire : pour le peuple, leurs politiciens pro-israéliens, pro-juifs, sont les pires qui soient. Et les meilleurs qui soient, pour les escrocs. Un investisseur potentiel dans Enron, qui aurait lu ce court essai, aurait pu, tout simplement, vérifier au préalable les libéralités versées par Enron au musée de l'Holocauste… Edifié, il en aurait assez appris pour décider d'aller voir ailleurs. A moins qu'il ne tînt absolument se débarrasser de son fric, pour des raisons fiscales… Il suffira à un électeur californien de demander à Diane Feinstein ce qu'elle pense de l'État juif, après quoi notre brave électeur pourra voter pour elle en toute connaissance de cause – à condition, toutefois, qu'il soit masochiste et qu'il apprécie la guerre en Irak, une électricité privatisée hors de prix et une invasion d'ouvriers immigrés clandestins…

En effet, Diane Feinstein, une Démocrate (de nom), a contribué à la guerre en Irak beaucoup plus que n'importe quel Républicain moyen. « Quelques minutes après la déclaration de guerre de Powell, des Sénateurs démocrates en vue, tels Joseph Biden, du Delaware et Diane Feinstein, de Californie, déclarèrent qu'il s'agissait d'une sentence sans appel contre l'Irak. Ils ouvraient ainsi la voie à leur parti, l'invitant à venir se ranger derrière les partisans

82. Conférence de Yacov Ben Efrat, secrétaire général de l'Organisation pour l'Action Démocratique (ODA), à Bamat Edgar, à Jaffa, le 11 décembre 2003.

de la guerre, dont le déclenchement n'est plus, désormais, qu'à quelques semaines, voire quelques jours, devant nous», a noté le *World Socialist Web Site*, en février 2003[83]. La compétition en cours, aujourd'hui, pour les voix juives et mammonites, pour les présidentielles américaines, est un très mauvais signe, tant pour Bill que pour Jeff: on leur demande de désigner le candidat qui les plumera de la meilleure manière...

En Suède, le seul État providence encore réellement existant (grâce aux fortifications de feu le Premier ministre antisioniste Olof Palme) est en train d'être démoli par Göran Persson, le Premier ministre suédois actuel, organisateur infatigances holocaustiques.

Au moment de voter, ou d'investir, l'Américain, l'Européen ou le Russe prudent se doivent de choisir une compagnie ou un candidat qui ne soutiennent ni la cause juive, ni la cause sioniste. Bien entendu, il peut s'agir du choix d'un homme politique d'origine juive, tel le sénateur du Minnesota Paul Wellstone, qui est mort dans un accident d'avion survenu à point nommé en octobre 2002. Wellstone était l'orateur le plus enflammé contre la guerre en Irak, et il soutenait la lutte du peuple palestinien. Michael Howard, le nouveau chef du parti conservateur britannique, est un autre bon exemple. L'idéologue d'extrême droite et raciste britannique Martin Webster l'a qualifié «d'opposant déclaré aux lois juives « anti-haine »; il a dit à Israël quelques vérités bien senties au sujet de ce qu'il doit faire s'il veut obtenir une paix juste; il s'est «marié à l'extérieur», et un de ses fils s'apprête à entrer dans les ordres. Bien sûr, je préférerais avoir un Breton Anglo-Saxon-Celtique, blanc et non juif, comme Premier ministre de Grande-Bretagne, cela ne fait aucun doute. Mais, étant donnée la performance lamentablement pro-juive et pro-sioniste du caniche

83. «Le discours de Powell à l'ONU lance le compte à rebours pour la guerre contre l'Irak» [Powell's UN speech triggers countdown to war against Iraq] ; voir le site de World Socialist, http://www.wsws.org éditorial du 06.02.2003.

de l'Amérique (j'ai nommé le titulaire actuel de cette fonction, Tony Blair), qui présente pourtant toutes les qualités que je viens de mentionner, il y a sans doute matière à réfléchir un instant…

De fait, un non-juif qui aime la cause juive – à l'instar d'un Tony Blair, d'une Condoleezza Rice ou d'un George W. Bush – est beaucoup plus dangereux qu'un juif qui se tient éloigné de toute cause juive.

Comme nous l'avons vu, les juifs et leurs alliés mammonites sont les gagnants nets des trois dernières décennies, durant lesquelles, comme l'a formulé l'éminent philosophe américain Immanuel Wallerstein, certains se sont couverts d'or, tandis que d'autres y laissaient leur chemise. « Le problème étant que la plupart des profits ont été réalisés à travers des manipulations financières. »[84] Pour reprendre nos personnages : A.L. Fredericks a réalisé des profits, aux dépens de Bill et de Jeff.

Immanuel Wallerstein compare les événements de 1968 à un « naufrage », à la suite duquel le talentueux A.L. Fredericks a pu se hisser sur la plage « sans se préoccuper le moins du monde du sort de ses compagnons morts noyés ». Poursuivant la parabole wallersteinienne, en l'adaptant à notre propos, nous dirons que la noyade de Bill et de Jeff a servi à mettre en valeur la capacité du surdoué Fredericks à nager pour trouver le salut, en la leur présentant comme la preuve qu'ils avaient encore un espoir. Ici, Wallerstein est à côté de la plaque : cette interprétation n'a pas été celle de Bill et de Jeff, mais bien de la succursale à cent pour cent d'A.L. Fredericks : les médias détenus par les juifs et leurs magnats juifs. Sans cet outil indispensable, Fredericks aurait été condamné au goudron et aux plumes, au cas où il aurait échappé à un lynchage en règle, dans la plus pure tradition américaine.

C'est un processus similaire qui s'est déroulé dans de nombreux pays. La Russie en fournit un exemple tout récent, puisqu'un groupe d'escrocs (pour la plupart, juifs) a fini par posséder la totalité des propriétés d'État de Russie, depuis le gaz jusqu'au pé-

84. Immanuel Wallerstein, *CODA, The so-called Asian Crisis*, p. 52.

trole (Khodorkovsky et Abramovitch), à l'aluminium (Tchernoy). On sait moins que la Russie a eu, elle aussi, son Jeff, qui a roulé Bill, avant qu'Alfred ne le roule à son tour. Le Jeff russe était un apparatchik du Parti ou un chef d'entreprise – un homme appartenant à l'élite de l'époque soviétique. Il dirigeait les industries du pétrole et du gaz ; il avait mis sur pied un programme spatial à la cheville duquel personne n'arrivait ; il dirigeait un énorme réseau ferré et aérien. Toutefois, Jeff le goy était simplement un gestionnaire, il n'était pas le propriétaire de ces capitaux. Alors, il succomba à la tentation de « privatiser » (lire : voler) la propriété publique. Il démantela le système soviétique, mais pour se retrouver escroqué par Alfred. En Russie aussi, Bill est le dernier des perdants, en bout de chaîne : du temps de Jeff, il avait son modeste appartement et un salaire garanti. Mais Alfred trouvait à redire, à « de tels luxes, contraires à l'économie de marché ». En ce qui concerne Alfred, Bill peut bien crever demain, s'il n'est pas capable de tenir le coup face à la compétition de la main-d'œuvre chinoise, ou mexicaine…

Le capital financier des spéculateurs et des banques excéda les capacités industrielles et agricoles, créant la gigantesque bulle du dollar, qui ne tardera pas à exploser. Ceci explique la campagne actuelle, totalement hystérique, contre les « antisémites » : A.L. Fredericks ne veut pas que Bill et Jeff connaissent son nom, ni son adresse ; il préfère se cacher derrière une façade de « richards blancs » anonymes. Pour que ça marche, il faut que les « antisémites » soient toujours mis dans le même sac que les « racistes ». Et les juifs, dans le même sac que les Noirs ou d'autres minorités immigrées… : comme si la lutte contre Alfred avait quoi que ce soit à voir avec les qualités, raciales ou autres, de Jim, le demi-frère noir de Bill, ou d'Ahmed, un outsider inoffensif !

Pourquoi devrions-nous nous intéresser à la question de savoir qui a mis dans ses poches le cash de Bill : un Jeff, voleur américain pur sucre, ou un Alfred, escroc cosmopolite ? Certes, même si l'argent juif restait toujours simplement de l'argent, il serait légitime, pour la classe moyenne, de s'en inquiéter. C'est pourquoi les socialistes du début du vingtième siècle et l'ancienne Ecole de Francfort considéraient l'antisémitisme comme « une défense petite-bourgeoise face au capital financier » – une défense déployée par Jeff, face à Alfred. De ce point de vue, un Américain de la classe moyenne a une authentique bonne cause sur laquelle veiller : tout bonnement son épargne ! Mais les Américains ordinaires, de la classe ouvrière, ont-ils la moindre raison de se faire du souci ? Si vous vous faites du souci pour le capital juif, ne devriez-vous pas vous en faire, dès lors, pour le capital des musulmans (l'homme le plus riche du monde est le Sultan de Brunei, un musulman), ou encore pour le capital des Arméniens et des Asiatiques (autres communautés fortunées venues d'outre-mer) ?

Tout capital d'une minorité ethnico-religieuse est source de problèmes, car les capitalistes minoritaires se moquent généralement des prolos indigènes comme de leur première chemise. Ils ne sont liés à eux ni par les liens du mariage ni par la foi religieuse, et ils peuvent se montrer envers eux bien plus cruels que les entrepreneurs du cru. Les minorités ethniques capitalistes – les Arméniens et les Grecs, dans l'Empire ottoman, les Chinois expatriés en Extrême-Orient, les Indiens de l'Afrique orientale – fournissent un point de comparaison intéressant, qui permet de comprendre la position occupée par les juifs dans le monde chrétien. Amy Chua, une universitaire philippine d'origine chinoise, appelle ces minorités *market-dominant*. Elle écrit :

« Les minorités dominantes sur le marché existent partout dans le monde. Ma famille appartient à la minorité chinoise des Philippines, peu importante en nombre, mais très entreprenante et économiquement très puissante. Bien qu'ils ne représentent qu'un pour cent de la population philippine, les Chinois contrôlent 60 % de l'économie privée, dont les quatre principales compagnies aériennes du pays et la quasi totalité des banques, des hôtels, des centres commerciaux et des principaux trusts. Les Chinois sont une minorité dominante sur le marché non seulement aux Philippines, mais dans l'ensemble de l'Asie du Sud-Est. En 1998, les Indonésiens chinois, qui ne représentent que 3 % de la population de l'Indonésie, contrôlaient environ 70 % du secteur privé indonésien, dont tous les plus grands trusts. Plus récemment, en Birmanie, les Chinois, très dynamiques, ont littéralement pris le contrôle de l'économie des régions de Mandalay et de Rangoon, la capitale. Les Libanais jouent ce rôle de minorité dominant le marché en Afrique de l'Ouest. Les Ibo sont une minorité dominante au Nigéria. Quant aux juifs, ils constituent une minorité prépondérante sur le marché dans la Russie post-communiste »[85].

Et pourtant, si Alfred le juif constitue une classe à part à lui tout seul, ce n'est pas uniquement en raison de sa cruauté. Le Sultan de Brunei construit un palais, et il offre un Boeing à sa fille préférée. Paul Getty va s'isoler dans quelque île déserte. Les juifs fortunés, eux, créent des médias, or les médias sont des outils qui altèrent les âmes. Aussi, leur influence dépasse, de très loin, la simple domination du marché : elle s'étend jusqu'à l'intérieur des eaux territoriales du contrôle mental, encore inexplorées.

Ce schéma est à l'oeuvre partout dans le monde. Sulzberger et Zuckerman possèdent une série de journaux américains, du *New York Times* à *USA Today*, tandis que leurs frères et sœurs monopolisent les rédactions en chef et d'autres postes éminents, à partir desquels ils diffusent leur discours. La liste des juifs occupant des positions clés dans les médias est trop longue pour la citer ici : on peut la trouver ailleurs (par exemple, dans la nouvelle préface de Kevin McDonald à son ouvrage *The Culture of Critique* [86]).

Etablissant un lien entre la fortune et l'influence dans les médias, Benjamin Grinsberg, professeur de sciences politiques à l'Université John Hopkins a écrit, en 1993 :

« Bien que les juifs ne représentent, aujourd'hui, que 2 % de la population des États-Unis, près de la moitié des milliardaires américains sont juifs. Les directeurs exécutifs des trois principales chaînes de télévision, et des quatre plus grands studios de cinéma,

85. *World on Fire: How Exporting Free Market Democracy Breeds Ethnic Hatred and Global Instability*, par Aym Chua, 2003.
86. http://www.csulb.edu/~kmacd/Preface.htm

sont juifs, comme le sont les propriétaires des principaux groupes de presse, dont le plus influent est celui qui édite le *New York Times*[87] ».

C'est bien vu. Si ça n'était pas le cas, des médias libres pointeraient dans leur direction un index accusateur. Le peuple américain demanderait à Alfred de retourner ses poches et de rembourser, jusqu'au dernier dollar, les biens qu'il a volés. Toutefois, un tel remède ne leur vient même pas à l'esprit, aujourd'hui. La raison en est l'implication juive dans le discours. Aussi terminerons-nous le premier niveau de notre analyse en mentionnant pour mémoire cette interprétation purement matérialiste, tellement chère au cœur des marxistes classiques :

« Les riches juifs achètent des médias afin de couvrir leurs méfaits (et ceux de leurs semblables) ». Non. Les choses, en réalité, se passent ainsi : dans les médias, les juifs protègent les juifs riches. Dans les médias de droite, ils protègent tous les hommes riches et puissants – qu'ils soient juifs, ou non. Dans les médias de gauche, ils estompent les traits qui permettraient de distinguer Jeff d'Alfred. Est-ce là, vraiment, ce que les juifs veulent ?

87. *The Fatal Embrace : Jews and the State*, University of Chicago Press, Chicago, 1993, p. 1. (L'étreinte fatale : Les Juifs et l'État).

CHAPITRE XXXVIII
RAZ

Mais examinons les choses d'un peu plus près. La position juive dans le discours (général) est bien plus forte que ce qui suffirait à assurer simplement la protection des juifs riches. Aux États-Unis, et même en Europe occidentale, aucune opinion ne peut être proposée à l'opinion publique sans qu'elle ait reçu au préalable l'imprimatur (après avoir été contrôlée et corrigée) d'un groupe juif. Cette centralité des juifs dans le système occidental de pouvoir a été excellemment illustrée par un ex-directeur de la CIA, James Woolsey, lequel a récemment déclaré: « Les juifs sont les grands champions, dans l'histoire, de l'État de droit, si bien qu'ils en sont venus à l'incarner. L'antisémitisme menace l'État de droit, et l'intolérance envers les juifs représente un premier pas vers un pouvoir dictatorial »[88]La

88. http://www.worldnetdaily.com/news/article.asp?ARTICLE_ID=35857

CIA n'est pas spécialement réputée pour son amour de l'État de droit… mais bien, en revanche, pour son amour des élites au pouvoir. C'est la raison pour laquelle la conjecture de Woolsey peut être interprétée ainsi : « Les juifs en sont venus à incarner le pouvoir des élites ».

Des opinions similaires sont exprimées par le président George W. Bush, Condoleezza Rice, et tous les candidats à la présidence américaine, qui sont prompts à se trouver des origines juives ou, à défaut, à trouver des origines juives à leurs épouses et maîtresses. Il est d'ores et déjà établi, comme l'a constaté à juste titre l'hebdomadaire israélien *Vesty*, que quatre – sur cinq – candidats majeurs à la présidentielle américaine sont éligibles à la citoyenneté israélienne…

Le même phénomène peut être observé en ce qui concerne l'Empire du Mal d'antan. Dans l'Europe de l'Est communiste de l'après-guerre, les juifs incarnaient le rôle du Kremlin : ils constituaient les gouvernements, les services de sécurité et l'appareil idéologique de nombreuses Républiques, tant indépendantes que soviétiques. Leur influence fut maximale durant la période 1945 – 1956, où ils constituaient la composante des élites nationales la plus loyale envers Moscou. Après 1956, tandis que ces pays acquéraient plus d'indépendance, l'influence des juifs dans les structures de pouvoir s'affaiblissait. Mais le rôle qu'ils assumaient dans le mouvement dissident se renforçait dans la même proportion. Si, dans le passé, les régimes à direction juive de la Hongrie, de la Pologne et de la Tchécoslovaquie étaient communistes purs et durs, de nos jours, c'est à l'ombre de la Bannière Etoilée américaine que l'Ascension juive s'y opère.

Dans ces pays, à la suite des révolutions des années 1990, les juifs (fort peu nombreux) devinrent l'incarnation du mode de vie occidental, du monde américain unipolaire. C'est particulièrement perceptible en Hongrie, en Bulgarie et en Roumanie : les nouveaux dirigeants post-communistes de ces pays ont établi des relations étroites avec l'État juif ; ils ont créé des musées de l'Holocauste, prêché la croisade contre l'antisémitisme (identifié aujourd'hui à l'anti-américanisme, comme il l'était, hier, à l'antisoviétisme)... Dans le monde post-communiste, les juifs sont souvent perçus comme la Cinquième Colonne de la mondialisation sous houlette américaine[89]. Aujourd'hui, les forces pro-américaines (qualifiées de « pro-démocratie », de « pro-libérales », ou encore de « pro-marché » par les publication occidentales) comportent un nombre disproportionné de juifs et de Gentils philosémites, bien que la composante juive dans la population générale soit numériquement des plus modestes.

Les dernières élections législatives en Russie le confirment. Tandis qu'en Russie (au sens strict) le parti ultra-pro-marché et pro-États-Unis, l'Union des Forces de Droite [acronyme russe : SPS], a obtenu 4 % des voix, en Israël, les juifs russes lui ont accordé 41 % des leurs...

Le Professeur Alexander Panarine, philosophe socialiste russe, a écrit : « Les juifs sont amoureux fous des États-Unis. Dans les pays qui continuent à résister aux ambitions globalisatrices américaines, ils sont souvent perçus par la population indigène comme la Cinquième Colonne des États-Unis. Une conversation avec un intellectuel juif se termine presque toujours par le panégyrique, de la part de celui-ci, de la mission de l'Amérique dans le monde, et par des observations méprisantes sur les patriotes « archaïques incapables de comprendre cette mission et les exigences de notre temps ». Les juifs préfèrent assigner aux États-Unis la mission de contrôler la majorité de l'humanité, et l'hégémonie des États-Unis dans le monde contemporain est perçue par eux comme une sorte de police d'assurance. C'est pourquoi, à leurs yeux, la souveraineté nationale doit être sapée, et le contrôle américain s'étendre. Absolument partout. »

89. Le phénomène n'est pas entièrement nouveau. En effet, déjà, dans les années 1960, les tendances pro-américaines des juifs russes étaient relevées par le chercheur marxiste d'origine juive Isaac Deutscher, qui justifia certains doutes au sujet de la loyauté des juifs russes envers leur mère-patrie russe.

Une position, peu ou prou similaire, a été adoptée par l'historien communiste Serguey Kara-Murza et le penseur nationaliste Alexander Douguine. Ni l'un ni l'autre n'a l'intention de laisser tomber les juifs : au contraire, tous deux sont unis dans leur tentative de gagner les juifs aux côtés des indigènes dans la confrontation mondiale. Sans doute vivent-ils de leurs souvenirs de l'époque, désormais entièrement révolue, où les juifs soutenaient la Russie soviétique, où le couple Rosenberg fut exécuté pour avoir aidé l'Union soviétique et où tous les théoriciens du complot situés à droite, de Winston Churchill à Douglas Reed, voyaient dans le communisme un complot juif.

Aussi, ils souscrivent, eux aussi, (sans jamais tenter d'en expliciter les raisons) au concept de l'importance des juifs pour le monde. Toutefois, cette importance n'est pas (ou pas seulement) due à la richesse juive : en Russie soviétique, les juifs n'étaient pas riches, et néanmoins leur influence fut un facteur important dans la création de l'Union soviétique (et aussi, dans son effondrement).

La vision ordinaire, banale, de l'influence juive, en tant que sous-produit de l'argent, ne permet pas d'expliquer le phénomène, sauf, comme Toynbee, à introduire dans l'équation la catégorie de l'Église. Dans la société traditionnelle, la fonction du discours, le Super Ego national, a été monopolisée par les prêtres. L'Église était responsable de la conscience de la nation, tandis que les gouvernants étaient responsables du bien-être matériel du peuple. Dans une situation idéale, l'Église et l'État représentent deux autorités indépendantes (et mutuellement interdépendantes – bien que cet équilibre ait été fréquemment sapé par la force du pouvoir papal ou royal), l'Église mettant l'accent sur le bien-être spirituel et le besoin de solidarité du peuple envers le souverain. Ainsi, l'Église fait sien le pouvoir absolu du gouvernant, tout autant qu'elle lui impose des limites.

Allons, si vous le voulez bien, dans la capitale de l'Alsace, un petit territoire pris en sandwich entre l'Allemagne et la France, et foyer d'une communauté juive (ashkénaze) très ancienne – la première communauté juive ashkénaze de France, en vertu de l'intégration de l'Alsace dans ce pays. Sur les piliers de l'imposante cathédrale de Strasbourg, on voit deux figures féminines. L'une, hiératique, porte couronne. Quant à l'autre, courbée, elle porte un bandeau sur les yeux et tient à la main une lance. Brisée. Ces deux allégories représentent, respectivement, l'Église et la Synagogue. Ces deux gentes dames semblent en compétition pour retenir l'attention du Roi. Pas seulement du Roi céleste, mais aussi du Roi terrestre.

Cependant il semble que la vision des artistes qui ornèrent la cathédrale de Strasbourg était quelque peu prématurée. Malgré sa lance brisée et bien qu'elle ait perdu sa couronne, la plus âgée des deux dames a encore plus d'un tour dans son sac. D'abord, elle est plus accommodante avec le Souverain. La puissante Église exige beaucoup de choses du Roi, tandis que l'establishment concurrent – c'est-à-dire l'establishment juif – lui apporte son concours sans formuler la moindre exigence. La Synagogue se comporte, vis-à-vis du Roi gentil comme Jézabel la Sidonite vis-à-vis d'Ahab, le Roi d'Israël : elle le considère tout-puissant, au-dessus des règles morales et des reproches. A ses yeux, il peut voler et massacrer tout son saoul. Dès lors qu'il l'aime, il n'y a pas de problème : il est pardonné d'avance ; il bénéficie de son entier soutien. Elle ne cherche pas à le détrôner – surtout pas ! – car elle sait fort bien qu'à elle seule, elle serait bien incapable de régner sur une terre qui lui reste en fin de compte étrangère. Pour l'Église chrétienne, le Roi doit être bon pour le peuple. Mais la Synagogue – Église étrangère – n'a pas de ces exigences : elle est impitoyable pour la populace des Gentils. Mieux : elle est l'ennemie jurée de la seule Véritable Souveraine exigeante et indépendante. J'ai nommé : l'Église…

Comme nous le savons, l'Occident a été déchiré, des siècles durant, par le conflit entre les pouvoirs royal et papal, jusqu'à ce que la Révolution française parachève l'abolition de l'Église. La force instigatrice du combat de la Révolution française contre l'Église n'était pas athée : le peuple qui profana Notre-Dame et d'autres grandes et magnifiques cathédrales de France proposait un culte alternatif à la Raison Suprême. La plupart de ces gens étaient d'ex-ecclésiastiques, souvent liés à la « tendance gallicane », qui tentait d'établir une Église de France autocéphale, indépendante. Tragiquement, leur aspiration fut repoussée par l'Église catholique. Après quoi, ces réformateurs déçus se muèrent en révoltés. Ils ne réussirent toutefois pas à instituer une nouvelle Église, car une Église est destinée à pourvoir à la dimension mystique de l'Autorité suprême, chose que la Raison ne peut faire. Tout ce qu'ils réussirent à faire consista à miner l'Église catholique en France.

Hermann Hesse a bien décrit cela : « Dans la vie spirituelle de l'Europe post-médiévale, deux tendances principales dominaient, tout en coexistant : la libération de la pensée par rapport à l'autorité, c'est-à-dire la lutte de l'esprit, adulte et souverain, contre la suprématie de l'Église romaine, d'une part. Et, d'autre part, la quête clandestine, mais passionnée, d'une légalisation de cette liberté par une nouvelle autorité supérieure. »[90]

Ainsi, l'Histoire nous a apporté la confirmation du fait qu'aucune société ne peut survivre sans Église. « Vous allez devoir servir quelqu'un… Peut-être s'agira-t-il du Diable, peut-être sera-ce le Seigneur… Mais vous allez devoir servir quelqu'un… », pour reprendre la formulation de Robert Zimmerman, alias Bob Dylan. Le court interrègne de la « société civile », bâtie sur les ruines de la Bastille, prit fin avec la constitution des juifs en une nouvelle caste sacerdotale.

L'Église alternative de notre société – c'est-à-dire : les juifs – a survécu, comme en suspens, durant des siècles. Tant que l'Église chrétienne se chargeait du discours, les juifs n'avaient tout simplement aucune chance d'entrer dans la compétition. Mais, une fois le pouvoir de l'Église brisé par les assoiffés de liberté, la structure de remplacement – la « roue de secours » juive – vint la remplacer.

L'importance du choix entre « l'Église OU les juifs » fut ressentie par les intellectuels européens. Dans son film magnifique et

90. Hermann Hesse, *Magister Ludi.*

obsédant *Fanny et Alexandre*, le brillant metteur en scène Ingmar Bergman oppose entre eux les deux personnages d'un évêque – austère et lugubre – de l'Église luthérienne et d'un juif – doux et charmant au possible. L'évêque maltraite ses enfants adoptifs, qu'il séquestre dans un grenier sans fenêtre. Le juif sauve ces enfants, et il aide leur mère, qui finalement recouvre la liberté. L'évêque meurt d'une mort atroce, et le juif le remplace, à la tête de la famille.

Bergman n'essaie même pas de donner à sa fable un quelconque réalisme : son juif, un orthodoxe vêtu d'un vaste *yarmulke* noir, boit du vin en compagnie de Suédois lors d'un repas de Noël – chose qu'aucun juif religieux ne ferait pour rien au monde. D'un autre côté, des (juifs) anti-juifs tels T. S. Eliot, G.K. Chesterton et Jurgen Graf, un spécialiste – iconoclaste – ès Holocauste, ont fini par être accueillis dans l'Église.

L'Ascension de l'Église judaïque est semblable à celle des Eunuques à la cour des empereurs byzantins, ottomans ou encore chinois, ont noté (séparément) Michael Neumann et Siegfried Tischler. Cette ascension ne peut se produire que lorsque le pouvoir du roi est affaibli. Si l'Amérique avait des dirigeants américains dignes de ce nom, elle ne serait pas réduite au niveau constaté aujourd'hui d'obéissance à ces Eunuques de Sulzberger et autres Foxman, pensent-ils. Cependant, à mon avis, cette comparaison ne tient pas : même une puissante aristocratie a besoin du soutien d'une Église, si elle veut légitimer son pouvoir. Si l'Église chrétienne ne peut plus assurer ce rôle, une Église alternative viendra se substituer à elle par défaut.

Les juifs ont été bien préparés à la prise de contrôle par leur attitude vis-à-vis du discours. Au cours des siècles de gouvernement chrétien, les juifs fortunés (que nous avons évoqués au chapitre précédent) se sont chargés, traditionnellement, du lourd fardeau consistant à assurer le logis et le couvert à des érudits juifs et à les marier à leurs filles richement dotées. Un juif riche savait qu'il était de son devoir de pourvoir au gîte et au couvert des érudits. Les juifs riches ont quelque raison pratique de s'introduire dans les médias (comme nous l'avons mentionné plus haut). Mais ils n'avaient apparemment aucune raison pratique de dépenser de l'argent pour ce vaste appareil idéologique qu'est l'« Église alternative ». Vue sous l'angle opposé, cette Église alternative (appelons-la : Les Juifs) était, bien au contraire, la raison d'être[91] de leurs efforts.

91. En français dans le texte, NdT.

CHAPITRE XXXIX

DERASH : L'ÂNE DU MESSIE

Ces riches juifs ne sont rien d'autre que l'âne du Messie, pour rester dans la terminologie juive. Cette expression a eu beaucoup de succès en Israël, voici quelques années, après que l'écrivain Seffi Rachelevsky eut publié un fort volume portant ce titre[92]. Dans ce livre, il affirmait que l'establishment religieux cabaliste juif considère que les juifs ordinaires ne sont que l'« âne du Messie » : ils sont censés transporter le Messie, sans comprendre véritablement la nature de leur fonction.

Cette expression est tirée des propos du Prophète Zacharie [9:9] : « Ton roi est venu… monté sur un âne » [*xamor*]. Les Sages dirent : il s'agit du même âne qu'Abraham (« il sella son âne » [Ge-

92. *L'âne du Messie*, http://www.findarticles.com/cf_dls/m1181/1999_Fall/56750487/pl/article.jhtml

nèse 22:3]) et Moïse («il les installa sur un âne»), [Exode 4:20]) avaient chevauché.

Le créateur du Golem, Maharal de Prague, a expliqué cette énigme au moyen d'un jeu de mots [Gevurot 5:29] : en hébreu, «xamor'signifie «âne», tandis que «*xomer*'désigne la matière.

Le Messie (comme, avant lui, Abraham et Moïse) est capable d'utiliser des instruments matériels («de chevaucher l'âne») sans succomber au monde matériel. Dit simplement : l'esprit finit toujours par l'emporter sur la matière, et la manière dont le Messie de l'Esprit vainc la matière consiste à utiliser l'Âne de la Matière.

D'après Rachelevsky, la théologie cabalistique du rabbin Cook, avec son mélange entêtant d'idées messianiques, de haine envers les goys et la gauche sioniste socialiste, de désir de revanche et de bains de sang, est devenue l'idéologie prédominante chez les juifs orthodoxes. «L'obtention du pouvoir absolu est le but qui les façonne ; ils sont entièrement voués à la destruction de la démocratie israélienne et à la reconstruction du Troisième Temple (qui annoncera la venue du Messie) et, peut-être, à faire jaillir l'étincelle qui enflammera une apocalypse d'ampleur mondiale». «Les cabalistes n'ont rien objecté lorsque les sionistes socialistes bâtissaient Israël et faisaient ses guerres, pavant la voie à la rédemption si longtemps attendue du peuple juif. Mais, une fois obtenus ces objectifs nécessaires, la gauche doit redescendre de la scène de l'Histoire, car son existence même entre en contradiction avec le concept du salut national-religieux», a écrit Eliezer Don Yehiya dans *Ha'aretz*[93].

«Certains critiques ont vu dans ce livre de nouveaux *Protocoles des Sages de Sion*. En réalité, *L'Âne du Messie* est bien pire, il appartient à la catégorie des ouvrages antisémites les plus virulents», conclut le critique orthodoxe.

Le livre de Seffi Rachelevsky, cet «antisémite virulent», connut un immense succès en Israël : il fut salué par nombre d'intellectuels israéliens, du plus grand poète contemporain Nathan Zach, au

93. http://www.geocities.com/CapitolHill/2527/press35.htm

militant pacifiste Uri Avnery, qui le qualifia de « livre le plus important publié ici (en Israël) depuis des années. Toute personne soucieuse de l'avenir du pays doit lire ce livre »[94].

« Beaucoup de rabbins respectables participent (en ce moment) à une conférence en faveur de la reconstruction d'un temple sur les ruines de deux des lieux saints musulmans les plus sacrés, tout en sachant pertinemment que cela entraînerait une guerre entre nous et un milliard de musulmans – et il n'y a pas un seul rabbin qui ose protester publiquement contre cette folie ! Nous voyons les « nationalistes – religieux » et les ultra-orthodoxes – récemment encore ennemis jurés – resserrer les rangs, sous la bannière commune de la haine envers les goys », poursuivait Avnery, qui demandait ensuite : « Comment le judaïsme a-t-il pu se muer en une telle monstruosité ? »

Rachelevsky a expliqué le processus, dans le moindre détail : il a révélé le code secret enfermé dans ce message. Il nous révèle tout un monde, inconnu jusqu'ici de nous : des centaines de faits inédits, des centaines de citations du Talmud, du Livre de Zohar, de Rambam, de Ha'ari, du Maharal, du rabbin Cook et de beaucoup d'autres sources encore.

Mais ces faits et ces citations étaient-ils réellement inconnus ? Il existe une énorme littérature qui expose les idées toxiques du judaïsme. Depuis le Quatrième siècle, époque où saint Jean Chrysostome a étudié et critiqué la nouvelle foi du Talmud, ou encore le Douzième siècle, époque où l'Occident prit conscience de la foi juive (jusqu'alors, les Européens pensaient que les juifs adhéraient au judaïsme biblique pré-chrétien), et même avant la publication d'ouvrages récents, tels *Trois Mille Ans de tradition juive*, d'Israël Shahak, ou *Les Dieux étranges du judaïsme,* de Michael Hoffman, il existait littéralement des milliers de livres traitant du sujet. Durant des siècles, des centaines de juifs jetèrent le froc aux orties, se convertirent au christianisme et révélèrent les secrets de la « haine des goys » et de « la recherche du pouvoir absolu ». Mais la com-

94. http://www.gush-shalom.org/archives/article38.html

munauté juive se contenta de se tordre les bras et de crier à l'« antisémitisme ! ». Et même Uri Avnery, dans un discours qu'il prononça à Cologne, cinq ans après son éloge de l'ouvrage de Rachelevsky, choisit d'oublier délibérément « les faits inconnus et les centaines de citations » et de rejoindre le camp des dénonciateurs – non pas de « ceux qui haïssent les goys et sont à la poursuite du pouvoir absolu », mais des « antisémites », c'est-à-dire de ceux qui ont fait connaître et les faits et les citations en question…[95]

Toutefois, bien que Rachelevsky ait accompli un pas important en révélant le véritable visage du judaïsme à ces « enfants kidnappés » que sont les Israéliens modernes, à l'épreuve des faits, sa théorie ne tient pas. Même si nous acceptons sa théorie d'une intoxication des juifs orthodoxes par les cabalistes messianiques, cela ne signifie nullement que leurs opinions (aussi horribles soient-elles) puissent trouver leur traduction dans une politique cohérente. Les juifs orthodoxes représentent la fraction la plus pauvre et la plus discriminée de la société israélienne. Même les juifs religieux – nationalistes sont loin de détenir un quelconque pouvoir, et les colons brutaux d'Hébron qui ne sont que quelques dizaines, en tout et pour tout, sont l'exception qui confirme la règle. Quoi qu'ils pensent des sionistes de gauche, cela n'a vraiment aucune importance.

De plus, le sionisme socialiste n'est pas moins répugnant que les enseignements du rabbin Cook. Lasse Wilhelmson l'a qualifié – à juste titre – de national-socialisme juif. Si vous tenez absolument à entendre des opinions repoussantes, la « gauche » sioniste non-religieuse est un lieu tout indiqué pour commencer. Matti Golan, exemplification du sioniste libéral non-religieux, ancien directeur du quotidien *Ha'aretz*, a écrit, à la veille du Nouvel An : « Ceux qui disent que la même loi devrait s'appliquer tant à nous qu'aux pays musulmans, en matière d'armes nucléaires, ne se préoccupent pas de notre bien-être. À la question de savoir comment nous pouvons être tellement sûrs que ces armes ne seront ja-

95. *Gush Shalom*, 22.11.2003.

mais utilisées à mauvais escient, nous devons affirmer franchement : « Notre confiance (à ce sujet) découle du fait que nous ne sommes pas eux ; nous ne sommes pas comme eux, et ceux qui disent autre chose ne sont absolument pas intéressés par la vérité. Permettre à des pays musulmans de continuer à détenir des armes nucléaires reviendrait à accepter un suicide planétaire. »[96] En réalité, avec verbosité, Matti Golan ne faisait là que reprendre les paroles de la prière du matin prononcée par tout juif : « Sois Béni, Seigneur, de m'avoir fait différent des goys, d'avoir fait que leur destin ne soit pas le nôtre et que nous ne soyons pas semblables aux autres Nations qui peuplent la Terre. »

Ainsi, Rachelevsky s'est trompé, et la popularité de son livre, en Israël, était causée essentiellement par le choix du coupable. En effet, les sionistes n'aiment pas les juifs religieux. Il a à juste titre identifié la strate cachée du judaïsme à « la haine envers les goys » et « la poursuite d'un pouvoir absolu », mais il s'est trompé, quand il a accusé de sa réactivation la communauté relativement réduite des religieux. Il s'est trompé, aussi, en faisant des sionistes socialistes (racistes comme pas un) l'innocent âne du Messie. Les sionistes socialistes (que l'on qualifie de « gauche israélienne » pour une raison que je ne parviens toujours pas à m'expliquer) ne jouent pas un rôle plus important que les juifs puissants, ailleurs dans le monde, de Sulzberger à Soros. D'une certaine manière, tous les juifs jouent inconsciemment le rôle de l'Âne du Messie, alors que le Messie est un esprit, et non une personne en chair et en os.

Le rabbin Leitman, cabaliste israélien de renom, a expliqué qu'« il n'y a pas de Messie qui serait une personne, du point de vue cabalistique, voire même du point de vue du judaïsme orthodoxe. Les cabalistes ont précisé explicitement que le Messie est la Lumière céleste, la Force Hautement Spirituelle qui descend dans notre monde et rend meilleure l'espèce humaine en élevant sa conscience à un niveau supérieur. « Messiah » [Messie] est un dérivé du verbe *liMshoh* (encore un jeu de mots, les cabalistes aiment

96. Matti Golan, *Jerusalem Post*, 31. 12. 2003.

tellement ça!), « tirer », car il tire les gens, de ce marécage, de cet entre-deux qu'est l'existence quotidienne, vers un niveau supérieur. Tel est le Messie. Des lumières indiquant la direction peuvent apparaître à chaque génération, ce sont des enseignants et des prêcheurs. Le Messie, quant à lui, est une force spirituelle, non un homme. »[97]

Serguey Balandine, un écrivain russe spirituel, fort intéressant, qui vit à Jérusalem, a noté la similarité entre ce point de vue et celui du christianisme. Mais il s'agit du genre de similarité qui peut exister, par exemple, entre les antipodes. Le Christ est, en vérité, la Lumière Céleste, qui brille pour tous ceux – grecs comme juifs – qui veulent L'accepter, tandis que la Lumière du Messie Juif brille pour les seuls juifs, en répandant l'obscurité sur les chrétiens. Si un juif comprend que la Lumière du Messie brille pour quiconque l'accepte, il devient chrétien. Mais l'obscurité répandue par le Messie juif coupe l'homme du Christ, l'éloigne de Dieu. En effet, tout ingénieur en éclairage vous le confirmera : si vous voulez mettre en évidence un homme dans un spot light, assurez-vous, avant d'allumer le projecteur, qu'il est bien entouré d'une profonde obscurité.

97. http://www.kabbalah-web.org/ruskab/index_rus.htm

CHAPITRE PREMIER

SOD : *ISRAEL IS REAL*

Le Messie juif, que les juifs portent sur leur dos, à l'instar d'un âne, au cours de leur long voyage à travers les siècles, est un Esprit, qui est avec juifs dans la même relation que le Christ – avec l'Église. Mais les juifs ne le considèrent pas comme Dieu. A juste titre, car « il ne s'agit pas de Dieu, mais de l'idole que les juifs adorent », comme l'écrit Simone Weil, qui explique: « Les Hébreux ont eu pour idole, non du métal ou du bois, mais une race, une nation, chose tout aussi terrestre. Leur religion est dans son essence inséparable de cette idolâtrie, à cause de la notion de « peuple élu ».[98]

98.*Lettre à un religieux*, cit. p. 19.

En effet, un juif considère qu'il est une partie intégrante, inséparable – une unité – d'Yisraël, grande entité sacrale, qui est avec l'individu juif dans le même rapport que la ruche avec une abeille, ou encore l'Église avec un catholique. Yisraël est la figure androgyne centrale de l'univers juif, car il est l'époux de la Torah, laquelle est l'épouse Élue de Dieu. Mais, tandis que dans l'univers chrétien existe le couple Christ-Église, dans l'univers juif, Yisraël, l'Église des juifs, est comme le Christ pour les chrétiens. Car l'Église des juifs – Yisraël – adore Yisraël, c'est-à-dire : elle-même. Cette *persona* narcissique de rang supérieur, sorte de surmoi névrotique de la personnalité collective des juifs, a sa propre volonté. Et cette volonté ne coïncide pas avec les volontés et les désirs des individus juifs. Yisraël ne se soucie nullement des juifs en tant qu'individus. Les juifs, Yisraël peut parfaitement s'en passer, si sa mission l'impose.

Howard Bloom, auteur du *Principe de Lucifer*, livre récent (et populaire), a proposé une explication à partir d'une analogie scientifique : « Au début du vingtième siècle, l'entomologiste William Morton Wheeler observait la vie des fourmis. Aucune fourmi n'est une île perdue dans l'océan. Vues par l'homme, les activités des individus fourmis semblent avoir beaucoup moins d'importance que le comportement de la colonie prise dans son ensemble. En réalité, la colonie se comporte comme une créature indépendante : elle se nourrit, expulse ses déchets, se défend, et pense à son avenir. Wheeler fut celui qui, le premier, qualifia de « super-organisme » un groupe d'individus qui se comporte, collectivement, comme un seul être vivant. Vous comme moi, à l'instar des fourmis et des diverses familles de cellules d'une éponge, nous sommes les éléments d'une vaste population, dont les efforts conjoints font se mouvoir et progresser sur le chemin de l'existence une créature de dimensions supérieures. Comme les fourmis, nous ne pouvons survivre en total isolement par rapport à notre essaim humain. Nous sommes les composants d'un super-organisme… Nous vivons en tant qu'individus, mais nous appartenons, aussi, à quelque chose de plus grand que nous-mêmes, ce quelque chose étant doté d'une physiologie complexe et d'une vie mentale dont nous nous faisons l'expression, que nous exprimons, tout en ne la comprenant que très vaguement. »[99]

Beaucoup de juifs furent enthousiasmés par le livre de Bloom : « J'ai rencontré Dieu, et il habite Brooklyn ! Howard Bloom est l'égal d'un Darwin, d'un Freud, d'un Einstein ! », a écrit Richard Metzger… Car Bloom reformulait, en des termes quasi scientifiques, ce qu'instinctivement ils ressentaient. Ils avaient ce sentiment que leur appartenance « aux Juifs » échappait largement à leur compréhension, tout en étant aussi vraie que nature. Ils avaient le sentiment d'être en compétition avec tout le reste de l'humanité, non pas en tant qu'individus, mais en tant que groupe. Ils ressentaient la réalité suprême de ce « super-organisme » (pour parler comme Bloom) qu'est Yisraël, démontrant par là même qu'il ne s'agit en rien d'une réalité imaginaire. Et ils ne considéraient nullement que Dieu lui fût supérieur.

Un chrétien sait qu'au-dessus de tout, il y a Dieu, et que l'Église est centrale, pour la communauté. Mais un juif, en général, prend son sentiment d'appartenir au super-organisme national pour un sentiment religieux. C'est la raison pour laquelle la synagogue était plutôt un club qu'un lieu de prières (Le bruit et les bavardages des juifs en leurs synagogues constituaient le principal motif de récrimination des juifs réformés du dix-neuvième siècle). Les juifs religieux croient en un Dieu qui est le Dieu d'Yisraël, protecteur divin du super-organisme. Leur « monothéisme » n'est pas une religion tribale, comme l'affirment leurs détracteurs. Non : c'est l'extrême égocentrisme d'une fourmi totalement incapable d'imaginer qu'une quelconque forme de vie puisse exister en-dehors de sa fourmilière, ou encore que puisse exister un dieu qui ne soit pas le Dieu des Fourmis ! Et rares sont les juifs pieux qui ont une perception du Dieu Père de Tous les Hommes, consubstantiel au Christ. Ces rares juifs, qui sont les Fils des Prophètes, sont rejetés

99. Édition Jardin des livres, t. 1, 2001, t. 2, 2003.

par « les Juifs ». Ils sont très proches du Christ, et l'Église ne cesse de prier la grâce divine de les y conduire.

Au modèle purement biologique et matériel de Bloom – la fourmilière – correspond un modèle profondément spirituel, qui permet de se représenter l'énigme de l'existence juive. Les Élus étaient les membres d'Israël, la grande super-âme, pendant, sur le plan spirituel, du super-organisme de la biologie. Touché par Dieu et forgé par Son Alliance, Israël était une super-réalité, dans le monde pré-chrétien. Avec la venue du Christ, cette super-âme connut une catharsis et sa plus grande part – la meilleure – fut admise – par le baptême – dans la super-âme de l'Église. Néanmoins, la partie formée des scories (restantes) d'Israël ne disparut pas pour autant. Elle perdura, pour partie, dans le monde spirituel, et pour partie, dans le monde matériel. Elle est toujours réelle, par opposition à la réalité imaginaire des nations dé-spiritualisées. Mais elle est démonoïde et désorientée. Elle se souvient vaguement de la raison pour laquelle elle a été choisie (élue), ce pourquoi elle tente d'agir. Mais, sans le Christ, ses efforts partent dans la mauvaise direction. Elle est devenue une parodie de l'antique Israël et, tout en s'efforçant de faire advenir les prophéties, elle crée le mal, du point de vue chrétien. Nous l'appellerons Yisraël dans la suite de ce texte.

Yisraël est en rébellion contre Dieu. Aussi est-ce à Lucifer qu'il s'assimile. Yisraël ne peut ni vivre, ni mourir. Tel un éléphant fou, le reste dé-spiritualisé du vénérable Israël de jadis divague dans le monde, semant la destruction sur son passage. Il combat le Christ, car le Christ a expurgé Israël de la substance brutale qui était la sienne, l'empêchant de pouvoir continuer à croire seul possible son propre Univers. Et Yisraël continue à espérer en sa victoire, qui passe par l'élimination du Christ de ce monde. Ses plans échoueront lamentablement : la Jérusalem dont rêvent les juifs n'existera jamais. Tout en espérant l'édifier, ils ne font que détruire la Terre promise. Le monde qu'ils fabriquent n'est qu'une parodie horrifiante des visions prophétiques.

Mais, sur ces entrefaites, la grande âme de l'Église – cette réincarnation d'Israël dans le feu baptismal du Christ – a souffert de terribles calamités. Les communications étant rompues entre l'Orient mystique et traditionnel et l'Occident exotérique et matérialiste, ces deux moitiés d'une unique conscience furent schizophréniquement séparées. Tout en devenant physiquement plus fort, l'Occident s'affaiblit spirituellement.

Pour Yisraël, ce fut l'opportunité rêvée. Bien que malade et mal dirigé, il était, en ce qui le concerne, déjà une réalité, tandis que les Églises nationales disparaissaient peu à peu. Une Nation sans sa propre Église nationale est un corps sans vie et sans âme, puisque c'est son Église qui en était l'âme.

Ainsi, Yisraël prospéra sur les corps sans vie des nations sans Église, inventant une imitation parodique de leur Surmoi. Mais, si l'Église attirait les plus spirituels, Yisraël, ce Pitre parodique, attire la lie, prête à se détourner du Christ, à dénier toute spiritualité et à rechercher avidement les seuls biens matériels.

C'est la raison pour laquelle Yisraël est perçu par les Gentils comme Mammon, divinité des biens matériels. Pour un adorateur de Mammon, toute considération relative à l'au-delà est interdite, tandis que le profit est placé au plus haut, dans l'échelle des valeurs. L'école néo-libérale de Chicago, créée par Milton Friedman, est l'expression quasi-scientifique de la tendance mammonite, proclamant la supériorité des Forces du Marché. Mammon est un puissant ennemi du Christ, car les Mammonites sont totalement prisonniers de l'univers matériel : il sont dépourvus d'esprit.

Victor Pelevine, un auteur russe contemporain, a proposé de démythifier Mammon. Il a renommé cette pseudo-divinité « Oranus »[100]. C'est une moule, une holothurie, une étoile de mer. Bref, une sorte de créature vivante incapable d'une quelconque pensée

100. Oral + Anus, « Culbouche », mais aussi Ouranus ou Uranus selon la mythologie grecque, le premier être engendré par Gaïa la Terre, et qui, s'unissant à celle-ci, engendra les Titans (dont Chronos, le monstre qui émascula son père et mange ses enfants), les Géants, les Cyclopes, les Érynnies vengeresses… et les nymphes des frênes, NdT.

sophistiquée. Dépourvue d'oreilles, de nez, d'yeux, d'esprit, elle n'est pas un concentré du mal, elle n'a pas de volonté propre. C'est une sorte de parasite virtuel primitif, moins évolué que ses propres cellules, du point de vue évolutionniste. Oranus – Mammon est ainsi constitué de cellules, dont chacune est la projection économique – monétaire – d'un homme.

L'homme est une créature multidimensionnelle : il peut trouver sa projection dans l'espace mammono-économique, ou bien dans la sphère christo-ecclésiale, ou encore être la pièce de barbaque destinée à un tigre, ou la chope de sang prélevée pour un vampire, etc. Ainsi, « un homme, en tant que cellule de Mammon » est une projection de l'Homme exempte de passion pour Dieu, d'Amour et d'Art. Animal très peu évolué, Mammon – Oranus n'a pas de désirs complexes : l'argent est son sang et, tandis qu'il aspire à une plus grande circulation d'argent, il développe une sorte de système nerveux, les « médias publicitaires ». Mammon est la face qu'Yisraël présente aux Gentils, c'est un sous-produit de la dé-spiritualisation du monde. L'attitude mammonite est fondée sur le concept « *Homo homini lupus est* » [L'homme est un loup pour l'homme] développé par Hobbes et repris par les von Hayek, Popper, Soros, Jacob, Glucksman et autres néo-libéraux. C'est l'attitude judaïque fixant le modèle des relations à avoir en dehors de la communauté juive, modèle développé aux fins du commerce avec les Goys, qui ne sont « intrinsèquement, que des tessons de poterie malfaisants », nous enseigne sobrement la Kabbale.

Dit simplement : le néolibéralisme est un judaïsme, sans Dieu.

Le Christ est un ennemi d'Yisraël, car c'est Sa divine intervention qui en a causé l'excrétion. Toutefois, Yisraël ne peut l'admettre sans admettre, du même coup, que Jésus est le Christ [= le Messie]. C'est pourquoi, comme solution de rechange, le judaïsme (Yisraël) a inventé le mythe de la Destruction du Temple, comme événement cathartique des temps anciens. Les juifs croient que la reconstruction du Temple va pleinement restaurer le pouvoir d'Yisraël, et le remettre en communion avec Dieu. Mais ils se trompent gravement : étant donné que la véritable catastrophe d'Yisraël fut son rejet du Christ, la reconstruction du Temple sera le plus grand échec juif après la Résurrection. Or Mammon est un ennemi du Christ dans un sens *peshat* aussi, car les chrétiens sont élevés dans l'idée qu'ils doivent avoir honte d'être riches. On leur enseigne à comparer la taille d'un chas d'aiguille à celle d'un chameau. Généralement, ils comprennent – comme par une sorte d'instinct – que les richesses échoient rarement aux hommes honnêtes. Ils ont honte du pouvoir, car on leur a dit : les derniers en ce bas monde seront les premiers dans l'Au-delà. Les Mammonites, quant à eux, n'ont pas de ces scrupules : ils recherchent le pouvoir, car l'Ancien Testament dit : « Que les peuples te servent, et que les nations s'inclinent devant toi ; sois un seigneur au-dessus de tes frères, et fais se prosterner devant toi les fils de ta mère »[101]. Ils pensent que la richesse est le signe de leur bénédiction.

Pour les chrétiens, en revanche, le signe qu'ils sont bénis, c'est le fait qu'ils sont une bénédiction pour leur prochain.

Les juifs sont censés obéir à Yisraël. De fait, quiconque a discuté assez longtemps avec des juifs connaît leur admiration illimitée pour le comportement juif, leur déni des vérités dérangeantes, leur véhémence dans l'argumentation, l'immense variété protéiforme de leurs moyens de défendre Yisraël et d'attaquer la société gentille. Leur jeu collectif est unique : communistes comme capitalistes, pauvres comme riches, ils répètent un seul et même refrain, et ils visent le même but. S'ils ne protègent pas Yisraël, ce ne sont tout simplement pas des juifs. Même s'ils pensent différemment, en tant qu'individus.

« En 1684, durant la guerre civile en Ukraine, les Cosaques tentèrent d'arracher les juifs pauvres à l'esclavage que leur faisaient subir leurs frères fortunés. Ils envoyèrent aux juifs pauvres une délégation leur offrant entière protection, car leur combat était fondamentalement une lutte sociale conjointe des paysans ukrainiens

101. Genèse 27:29e

déshérités et de leurs combatifs alliés cosaques, contre leurs exploiteurs : les hobereaux polonais et les hommes d'affaires et requins de la finance juifs. Les Cosaques ne ressentaient aucune nécessité de se battre contre les Polonais pauvres, ni contre les juifs pauvres. Néanmoins, les juifs pauvres rejetèrent leur proposition, et ils évacuèrent le pays avec les juifs riches », écrit l'historien Saul Borovoy, un marxiste, juif critique.

Aujourd'hui, les juifs ont des idées variées, et ils appartiennent à différents partis politiques et à différentes idéologies. Mais beaucoup d'entre eux ont un même objectif final. Aujourd'hui, ils attaquent l'Islam, car celui-ci représente un vaste réservoir de spiritualité, encore intact. Du grand prêtre du culte holocaustique Elie Wiesel à l'antisioniste convaincu Lenni Brenner, de l'universitaire israélien de gauche Benny Morris à l'extrême droite kabbalistique de Baruch Marzel, les juifs expriment leur hostilité envers l'Islam, même si leurs rationalisations varient.

Ceux qui ne respectent pas la ligne, qui n'ont pas le sentiment d'appartenir au super-organisme, qui n'excusent pas systématiquement les crimes des juifs, ne sont tout simplement pas des juifs, même s'ils sont nés dans une famille juive. En raison de quelque défaut, ils n'établissent pas la « connexion télépathique » avec Yisraël. Cela arrive aussi, quelquefois, à certaines abeilles. Généralement, ces abeilles dissidentes ne survivent pas.

Le sentiment qu'ont les juifs d'appartenir à une ruche est absolument stupéfiant. Unique. Et, jusqu'à la fin de leur vie, ils n'en prennent pas conscience. C'est la raison pour laquelle ils nous jouent ce que Michael Neumann appelle plaisamment « l'ancestral jeu de bonneteau de l'identité juive » : « Regardez ! Nous sommes une religion ! Non ! Une race ! Non ! Une entité culturelle ! Désolés – une religion ! »

L'historien antisioniste Joachim Martillo a tenté de se débarrasser de cette exception juive en replaçant le sionisme dans le contexte historico-géographique de l'Europe centrale et orientale. Il a donné aux juifs un autre nom : les ashkénazes. Pour lui, un nom est-européen devrait aider à ramener la question à ses proportions normales. Il a mis en évidence les similarités entre le sionisme et le nationalisme (ainsi que le confessionnalisme) de différentes nations d'Europe centrale et orientale, et il a décrit le sionisme comme un mouvement « organique » doté d'idées « primordialistes », tout en objectant à l'exceptionnalisme mis en exergue par la plupart des universitaires juifs[102].

Hélas, cette simplification n'a pas marché. Aussi fortement que l'on déteste l'exceptionnalisme, traiter de cette question n'est pas hors sujet. D'après Martillo, si les Ashkénazes sont un peuple est-européen entièrement imbu d'idées organiques primordiales, à l'instar des Serbes, pourquoi, dès lors, dans le discours dominant, tous les mouvements organicistes est-européens, et même de toute autre région du monde, sont-ils condamnés, à la notable exception du sionisme ? Pourquoi cette exclusion ? Pourquoi ni les Serbes, ni les Japonais n'ont-ils pas le droit, d'après le *New York Times*, d'avoir un mouvement organiciste et des tendances primordialistes ? Si le mouvement juif est si semblable au nazisme allemand, pourquoi l'un est-il maudit, tandis que l'autre est encensé par les médias consensuels ? Comment le petit peuple est-européen des Ashkénazes a-t-il réussi à dominer le discours des États-Unis et de la Russie, ainsi, dans une moindre mesure, que celui prévalant en Europe ? Comment l'arme financière la plus puissante et la plus dévastatrice de tous les temps en est-elle venue à s'incarner dans la personne de George Soros ? Comment se fait-il que les idées de ces « quasi-Serbes » soient devenues le paradigme du jour sous le nom de marque déposé « néolibéralisme » ? Pourquoi peut-on dire absolument tout ce qu'on veut sur les Serbes, tandis que le moindre soupçon d'antisémitisme fait se figer l'encre dans les stylos ?

La comparaison opérée par Martillo est très intéressante, mais elle peut nous induire en erreur. Le sionisme présente bien, effectivement, certains traits évoquant les mouvements européens (nazisme, etc.) Mais ces traits lui sont-ils inhérents ? Ou bien sont-ils seulement superficiels ? Le sionisme est-il « organiciste » ? Certai-

102. http://www.telfordtools.com/NAAP_Lecture/naaplecture.htm

nement pas, puisqu'il est en réalité un mouvement conçu pour éradiquer toutes les vraies traditions des juifs, ashkénazes et de toute autre nature, dans leur nouvel habitat – en Palestine. Si ce mouvement se prétend organiciste, c'est à seule fin de s'attirer le soutien d'autres mouvements organicistes. Plus précisément, il prétendait être tel durant les années 1920 et 1930 – époque où les mouvements organicistes avaient le vent en poupe.

Le sionisme présente également certains traits dse mouvements socialistes, mais ces traits sont-ils fondamentaux ? Le kibboutz semble être de nature socialiste jusqu'à ce qu'on l'examine de plus près et qu'on en découvre le caractère unique, « exceptionnaliste », fait de racisme absolu, de discipline militaire et de lavage de cerveau. Le sionisme est-il socialiste ? Non : il le prétend seulement. Afin de séduire les socialistes, avec le succès que l'on sait…

Aujourd'hui, l'État sioniste semble être une société ouverte, une démocratie. A nouveau, ce n'est là qu'apparence, créée afin de tromper et de séduire. Nul besoin de multiplier les exemples : la nature réelle de l'apartheid israélien meurtrier devrait être bien connue du lecteur. Inutile, par conséquent, d'insister.

C'est ma principale objection à la thèse de Martillo, qui ne laisse pas d'être séduisante, par ailleurs. Le sionisme, ou le mouvement juif, mérite un traitement exceptionnel, car il est exceptionnel de par sa capacité de mimétisme[103] ou de parodie[104]. Nazi, socialiste, démocratique : tout ce que vous voudrez. Protéiforme, en tous les cas. Le sionisme ne peut être compris isolément des autres mouvements à direction juive, du Bund antinazi aux néoconservateurs non sionistes. L'activité juive en Palestine semble

103. Le mot grec *mimesis* signifie « imitation ».
104. En biologie, phénomène caractérisé par les ressemblances superficielles présentées par deux (ou plus) organismes qui ne sont pas intimement apparentés du point de vue taxonomique. Cette ressemblance confère un avantage – tel la protection contre la prédation – à l'un de ces deux organismes (ou à plusieurs), à travers un « flux d'information » indéfini passant entre les organismes et l'agent de sélection vivant.

bien faire partie intégrante (mais ce n'est pas la plus importante) d'un réseau plus vaste.

Les dirigeants du monde le sentent, fût-ce confusément : ils envoient leur meilleurs ambassadeurs dans notre pauvre petit pays. À Tel Aviv, ils recherchent des clés donnant l'accès au cœur des puissants, depuis le bousilleur de budgets nationaux George Soros jusqu'à la coqueluche des conservateurs Conrad Black, en passant par Michael Levy, le chef du parti Travailliste pour atteindre Tony Blair, Richard Perle pour atteindre George Bush, et la pléthore de magnats des médias, pour aller jusqu'aux cœurs des Américains. La prudence m'incite à exprimer une réserve : cette activité est perçue comme un tout intégré et interconnecté, mais il est au demeurant toujours possible que, quand ces gens importants se rencontrent, ils se contentent d'évoquer leurs parties de golf aux Bahamas.

Scientifique dans l'âme, Martillo veut classer le sionisme et l'épingler dans sa collection de monstres est-européens. Mais ce monstre est beaucoup trop gros. Ce n'est pas seulement une forme exécrable de nationalisme. Son danger provient de sa séparation d'avec Dieu : les Prophètes d'Israël ont condamné les Israélites, les accusant d'être sans Dieu. L'épingle de Martillo ne suffit tout simplement pas, pour remettre cette créature effrayante à sa place : il faudrait, à tout le moins, enfoncer un gros clou.

CHAPITRE XLI
DES MONDES ET DES DIEUX

Pour comprendre la volonté d'Yisraël, nous devons nous intéresser à deux univers parallèles : l'univers chrétien[105], et l'univers juif.

Aventurons-nous, tout d'abord, dans l'univers juif. Dans cet univers, la Création du Monde a séparé le monde de Dieu, rendant du même fait le monde sans Dieu : le Tout-Puissant dans sa miséricorde a choisi Yisraël, auquel il a confié la Torah, laquelle Torah est descendue dans notre monde à la manière de Sophia, dans la vision gnostique[106]. Mais cela à jamais : elle n'allait plus jamais quitter la Terre. Elle a épousé Yisraël, et ensemble, ils ont at-

105. Les notions christologiques variant entre les différentes Églises, nous suivrons le point de vue orthodoxe tel qu'il a été précisé par les divers Synodes de l'Église uniate.
106. Dans la Kabbale, Israël est de nature masculine, vis-à-vis de la Torah, et féminine vis-à-vis de Dieu.

terri sur une île de Lumière, dans un monde plongé dans l'obscurité. Yisraël est l'Église de l'Humanité; c'est la seule présence de Dieu dans le monde matériel, car Yisraël peut communier avec Dieu, tandis que les Gentils sont différents, du point de vue existentiel, du peuple d'Yisraël, et ils n'ont aucune possibilité d'adorer le Dieu d'Yisraël, si ce n'est en servant Yisraël.

Yisraël est la Lumière des Nations, et les Nations sont illuminées par sa Lumière, comme un arbre est illuminé par le soleil, tout en demeurant, néanmoins… un arbre.

Dans l'univers juif, toutes les communications entre l'Homme et Dieu sont coupées. L'idée même d'une intervention directe de Dieu est repoussée par les Sages Juifs, dans une parabole talmudique, par ces mots: « Depuis que la Torah a été donnée à Israël, toutes les décisions sont prises par nous, sur Terre. Après la Destruction du Temple, même Yisraël ne peut communiquer avec Dieu ». Ainsi, on le voit, l'Univers juif est un univers sans Dieu, et cela se manifeste dans tous les domaines.

Dans l'univers chrétien, il n'y a aucun gouffre insurmontable, existentiel, entre Dieu et le Monde, car Dieu Lui-même est descendu dans le monde, où Il s'est incarné. Il n'y a jamais eu, non plus, dans l'univers chrétien, de fossé existentiel entre Juifs et Gentils: nous sommes tous les fils d'Adam.

Avant l'incarnation du Christ, les juifs adoraient Dieu, mais ils n'en avaient pas le monopole: Melchisédech, le Plus Grand Prêtre de Dieu, était contemporain d'Abraham. Il lui était même supérieur. Melchisédech était un prêtre de l'Église originelle de l'Humanité, il était porteur de la tradition chrétienne, avant (même) l'Incarnation de Jésus-Christ. Le Christ n'est pas seulement le Messie d'Israël: il est le Grand Prêtre de l'Église de Melchisédech, c'est-à-dire de l'Église de l'Humanité.

Le Christ a ouvert Israël à tout le monde. La Lumière divine, cessant d'être l'exclusivité d'Israël, transforma (toutes) les Nations en Lumière, comme un feu se répandant dans une forêt.

Cela fut possible parce que les idées chrétiennes étaient non moins présentes parmi les nations du monde qu'au sein de l'antique Israël. Simone Weil a rappelé dans ses écrits les intuitions pré-chrétiennes des Grecs, et elle a mis l'accent sur les sources non-juives de la foi chrétienne.

Elle a rejeté le concept de l'idolâtrie des Gentils comme une « fiction du fanatisme juif. Tous les peuples, de tous les temps, ont toujours été monothéistes. »[107].

L'accueil massif des Gentils (quels qu'ils soient) par les pouvoirs et la grâce du Christ n'a rien changé à l'élection d'Israël : Israël était Élu, Élu demeurait Israël. L'Israël d'après le Christ – c'est-à-dire : le Véritable Israël – c'est l'Église chrétienne, laquelle rassemble tous ceux qui ont reconnu le Christ – tant juifs que Gentils.

Les juifs qui, en revanche, ont rejeté le Christ ont cessé d'appartenir à cet Israël Véritable – le seul Israël qui tienne – et ils sont demeurés à l'extérieur de l'Alliance avec Dieu. Ainsi, du point de vue chrétien, les juifs qui ont rejeté le Christ ont rompu avec Dieu.

Pour Simone Weil, après le Christ, la foi juive devint une forme d'idolâtrie, car l'adoration par les juifs de leur propre nation (ou de leur propre race) (et donc, d'un objet mondain, c'est-à-dire : « de ce bas monde ») est implicite, dans l'expression même de « Peuple Élu ». Ainsi, l'Yisraël juif est ce reste – exclu – du véritable Israël antique.

Au mieux, Yisraël est une non-entité. Au pire, c'est un allié de Satan.

Revenons à l'univers juif. Ici, l'élection d'Yisraël est l'élection éternelle d'une certaine lignée, d'un certain sang. Même l'acceptation de (quelques) convertis ne change rien à ce principe, car le véritable converti est – ici – né avec une âme juive, simplement déposée (par la providence divine) dans un corps de Gentil. Pour le converti, sa conversion (au judaïsme) consiste simplement à corriger cette « erreur » d'attribution d'âme, à la naissance. Un véritable Gentil ne peut se convertir (au judaïsme), car il n'existe aucune recette qui permette de lui fournir une âme juive. Pour certains

107. *Lettre à un religieux*, cit.

kabbalistes contemporains, la différence entre un juif et un Gentil est une différence génétique (au niveau de l'ADN). Un Gentil, comme tout être vivant, a pour devoir d'adorer le Dieu d'Yisraël; mais en aucune façon ne doit-il tenter d'intégrer Israël.

Un goy qui s'efforcerait de suivre les préceptes donnés à Yisraël par la Torah devrait être tué, comme n'importe quel quidam qui essaierait de placer sur sa tête la couronne d'un Roi ou d'un Prêtre. Même un goy qui se contenterait d'étudier la Torah devrait être mis à mort, bien qu'existe un savant débat sur la question de savoir s'il doit être tué parce qu'il est un voleur, qui a cherché à dérober le patrimoine d'Yisraël, ou un homme adultère, qui aurait essayé de coucher avec l'épouse légitime d'Israël[108]. Ainsi, l'univers juif se manifeste comme une société de castes, dans laquelle la caste des prêtres est séparée des autres, et où toute mobilité sociale est découragée.

Dans l'univers juif, Yisraël est la réalité, tandis que les nations des Gentils et leurs dieux ne sont que des fictions imaginaires. La dissolution des nations des Gentils et l'élimination de leurs dieux est l'objectif théologique d'Yisraël, car sa mission proclamée, c'est de faire en sorte qu'il n'y ait qu'un seul Dieu, et un seul Temple, à Jérusalem, et aucune autre forme d'adoration.

L'existence même des nations gentilles, avec leur propre sphère sacrale, est une offense, pour ce jaloux qu'est Yisraël. C'est la raison pour laquelle Yisraël encourage la mondialisation, l'homogénéisation du monde, le déracinement et la micronisation de l'humanité. Le soutien juif à la mondialisation a été confirmé par le Dr Avi Beker, directeur des Affaires internationales du Congrès Juif Mondial, membre des conseils d'administration de Yad Vashem, de l'Université Bar Ilan et du Beth Hatefutsoth, dans son ouvrage *Dispersion et Globalisation : les Juifs et l'Economie internationale*, dans lequel il écrit :

108. http://www.shemaYisraël.co.il/dafyomi2/sanhedrin/points/sn-ps-059.htm

« La dispersion du peuple juif, sa concentration dans certaines branches de l'économie, son mouvement vers les centres économiques, et peut-être même ses caractéristiques nationales et religieuses lui ont donné certains des avantages requis par une économie globalisée. Durant des siècles, la vie des juifs dans la Diaspora a été fondée sur la mondialisation et, aujourd'hui, comme par le passé, les juifs font la promotion de l'idée de la globalisation, dont ils ont été les agents. »[109]

Il y a peu de manières différentes d'interpréter la tendance juive à l'internationalisme et à la mondialisation. Les optimistes y voient une preuve de l'humanité suprême des juifs. Bon, c'est possible. Il est aussi possible, comme le disent les cyniques, que les juifs ne voient que très peu de différences entre les différents peuples et nations. Pour un juif, un goy est un goy, et tous les goys peuvent être mis dans le même sac, sans se casser la tête. Observez des affirmations juives, telles : « Les nationalités sont appelées à disparaître ! Les religions, c'est du passé ! Israël, en revanche, ne cessera jamais d'exister, car ce petit Peuple est le Peuple qui a été Choisi par Dieu »[110].

Mais Yisraël lui-même ne finira-t-il pas par être détruit par la Modernité et la Mondialisation ? La « judaïté » est un élément théologique profond, une relation archétypale aux choses et aux hommes, et les juifs sont persuadés qu'elle peut survivre au déracinement et à l'homogénéisation. Certains juifs visualisent un Juif laïc, parfaitement dé-ethnicisé, sans langue, ni culture, ni religion séparées, mais néanmoins juif. Certains traditionalistes, notamment Alexander Douguine, pensent qu'Yisraël sera détruit par la modernité, lui aussi, et que par conséquent il faut persuader les juifs de cesser de soutenir le déracinement, dans leur propre intérêt.

109. http://www.wjc.org.il/publications/policy_studies/pub-study20.html Policy Study n° 20.
110. Alliance israélite Universelle.

Mais le feu, lui aussi, détruit la base de son existence, en dévorant le bois. Néanmoins, on ne saurait le convaincre, par la persuasion, de se dispenser de calciner toute la forêt. Le comportement d'Yisraël est tout aussi inconditionnel, car il n'y a aucune possibilité de raisonner cette *persona* supérieure.

Tel le Golem, Yisraël fait ce qu'on lui a dit de faire, même si les circonstances dans lesquelles il devait le faire étaient tout autres. Néanmoins, il est incapable de s'arrêter.

Les Mammonites gentils soutiennent la globalisation à fond. « Les adeptes de Mammon n'aiment pas cette mosaïque délicieuse de peuples et de cultures ; ils préfèrent nettement homogénéiser le monde. Ils ont une raison pratique, pour ce faire : il est plus facile de vendre des biens standardisés à une humanité homogénéisée. Ils ont aussi une raison morale : ils ne veulent pas que les hommes jouissent de cette beauté gratuitement. C'est pourquoi il faut la détruire. La vraie place des belles choses du passé, c'est dans les musées, car, là, ils peuvent faire acquitter le prix du billet d'entrée, une fois les villes et villages ancestraux détruits. »[111]

Yisraël soutient l'immigration, car elle contribue à l'homogénéisation des Gentils ; le « multiculturalisme » est cause d'indifférence religieuse. Simone Weil était horrifiée par cette idée « multiculturelle » proclamant que la religion est une affaire strictement privée, sans la moindre dimension publique, tel le choix d'un parti politique ou d'une cravate. Elle était horrifiée par des phrases du type : « Catholiques, protestants, juifs ou athées – nous sommes tous français », comme si la foi était un attribut sans importance. Pour elle, c'était (au contraire) la qualité la plus significative d'un homme.

Mais, dans l'univers juif, un Gentil athée vaut bien mieux qu'un Gentil pieux, car l'athée est le témoin sincère de l'absence de Dieu en dehors d'Yisraël, tandis que le pieux s'invente une fausse idole voire – pire – nourrit quelque prétention à la Couronne d'Yisraël.

111. Voir « La vague de réfugiés est en marche », in *L'autre visage d'Israël*, éd. Alqualam, Paris, 2004, p. 302-315.

Ainsi, les États-Unis – qui sont aussi juifs que l'Italie est catholique – ont banni toute mention d'Allah et du Coran dans les livres scolaires de l'Irak occupé[112]. Les employés de l'USAID ont demandé aux experts du ministère irakien de l'Education nationale d'expurger tous les versets du Coran des manuels expérimentaux d'enseignement de la grammaire arabe, et de les remplacer par des phrases neutres. « S'il y a une expression telle que « Grâce soit rendue à Dieu'dans un manuel de grammaire, nous engagerons un débat afin de trouver une autre phrase pour la remplacer », a dit un expert américain. La guerre contre l'Islam, on le voit, n'est donc pas seulement une guerre pour le pétrole, l'État d'Israël et ses intérêts.

C'est aussi une guerre religieuse, visant à imposer la croyance dans le « Dieu d'Yisraël » et à éradiquer la foi religieuse existante.

Aux États-Unis, la foi en Christ est à peine tolérée. Même la Passion du Christ semble bannie : le film de Mel Gibson, condamné par les juifs, a du mal à trouver un distributeur, tandis que même l'exposition de figurines de Noël est interdite dans les lieux publics. On sait, nous l'avons vu, qu'en vertu de la loi juive, « Un Gentil est passible de mort, s'il s'est inventé une fête religieuse pour lui-même [telle la fête de Noël] ».

Quelle est la raison théologique de ce revers du christianisme et de cette ascension de l'idéologie juive ? Cela tient à la vieille question – toujours d'actualité – du conflit esprit / matière : c'est la question la plus fondamentale posée à l'Humanité. Pour la comprendre, nous devons faire un zoom sur le monde des idées, afin de découvrir la tendance anti-juive de cet autre versant du christianisme qu'est le gnosticisme.

La théologie chrétienne est aussi improbable qu'un pièce lancée en l'air qui, retombée sur la tranche, resterait ainsi en équilibre. Elle est aussi improbable que le Big Bang, que le magma en ébullition au-dessous d'une prairie verdoyante, que la puissance

112. http://news.ft.com/servlet/ContentServer?pagename=FT.com/StoryFT/FullStory&c=cid=169493436562

explosive de l'hydrogène. Une de ses problématiques les plus complexes est la cosmogonie de la Création, nécessaire pour garantir la liberté de la volonté, la capacité donnée à l'Homme de choisir entre Dieu et le Malin. Dans les doctrines non-créationnistes (par exemple, dans l'hindouisme), il n'existe pas de réelle liberté de la volonté. Dans l'hindouisme, il n'existe pas non plus de monde réel, ni de Bien par opposition au Mal, mais Maya, une illusion, une sorte de songe. Dans le judaïsme, il y a à la fois Création et libre arbitre, mais au prix exorbitant d'un divorce irrémissible entre l'Esprit et la Matière.

Dans l'univers chrétien, ce divorce a été comblé par Dieu et par la sainte Vierge, être humain matériel, qui a porté en son sein le Christ, à la fois Homme et Dieu. Ce comblement concerne tout le monde : « Dieu se fit Homme afin que l'Homme puisse devenir Dieu » (pour reprendre les propos de saint Irénée de Lyon et de saint Athanase), sans cesser pour autant d'être un Homme.

Cette grande idée ouvrit le puits de l'esprit à l'humanité, et son premier adversaire fut cet aspect terre-à-terre du vieux judaïsme biblique, qui forme la tendance judaïque. Le Christ rejeta cette tendance en proclamant que Son Royaume n'était pas de ce monde, en rejetant le Temple et Jérusalem, en rejetant aussi la lettre de la Loi, au profit de son Esprit. Mais il la rejeta aussi, avant toute chose, par son Incarnation – l'improbable Incarnation du Logos dans une chair mortelle. Saint Paul combattit les tendances judaïques au sein de l'Église naissante, en élevant le contenu spirituel de la foi renouvelée. C'est sa haute spiritualité que les gnostiques ont poussée aussi loin qu'ils le pouvaient. Trop loin…

Si la tendance judaïque, au sein du christianisme, voyait dans le Christ un Homme (un prophète, un Rabbi), la tendance gnostique voyait en Lui Dieu, dont l'incarnation n'était qu'une illusion. Pour les gnostiques, la Matière représentait un piège redoutable pour les âmes humaines ; ce monde-ci n'était qu'une prison temporaire pour l'Esprit. Dans leur narration archétypale, le monde avait été créé par un Démiurge ignorant (ou carrément maléfique) – le dieu juif Yahweh – qui n'avait même pas conscience qu'existassent des sphères spirituelles supérieures. C'est pourquoi notre monde est loin d'être parfait. Sophia, l'âme archétypique, se querella avec le Dieu Très Haut, après quoi elle descendit dans le monde matériel. Là, elle souffrit, elle fut destituée et réduite à une terrible misère. Puis elle invoqua Son Père, le Dieu Très Haut, et Il envoya sur Terre le Christ, Son Epoux et Sauveur. Le Christ L'épousa et la ramena dans le Plérome, le monde spirituel supérieur.

Cette conception gnostique était problématique, en ceci qu'elle rejetait la sublime beauté de notre monde, sa magnifique nature, sa joie matérielle, et les Hauts Faits du Christ. De fait, pour les gnostiques, le Christ n'avait pas de corps matériel et, partant, il n'avait pas pu être crucifié : son exécution, sur le Golgotha, n'avait été qu'une vision. Le concept du Démiurge Malfaisant ramena le clivage entre l'Homme et le Monde. Dans sa forme extrême, le gnosticisme rejetait le mariage, la Nature, la société : il considérait le temps qu'il incombe à l'homme de passer sur Terre comme une sentence d'emprisonnement.

Ce nihilisme était insupportable – que dis-je ? suicidaire – pour la société : l'Église naissante réagit en se tournant vers la tendance judaïque, qui consiste à glorifier le Créateur et le Monde matériel.

En bref, la tendance judaïque exalte la Matière et réduit l'Esprit à un superflu bien inutile, tandis que la tendance gnostique, au contraire, exalte l'Esprit et considère le Monde matériel comme une prison illusoire. La voie tracée par l'Église fut une Moyenne d'Or entre ces deux tendances contradictoires : c'est ce qu'on appelle l'Orthodoxie. Finement adapté, l'enseignement orthodoxe pouvait amener l'Homme jusqu'à Dieu, tout en le maintenant en communion avec sa société, et avec la nature.

Nous vivons des temps de domination écrasante de la tendance judaïque : croyance en la Matière et rejet de l'Esprit. Cette situation théologique trouve sa traduction dans les lois budgétaires et criminelles. Ainsi, pour un gnostique, la mort d'un corps a peu d'importance, elle peut même être désirable. Pour un chrétien de la Moyenne d'Or, on ne doit pas craindre celui qui peut tuer le corps, mais plutôt ceux qui veulent tuer l'esprit. Pour les juifs, qui tue un juif détruit l'univers entier. Ces idées sont importantes : la pensée gnostique est bonne, pour un guerrier, et pour un homme d'esprit. Mais, pour les gens du peuple, elle risque de s'avérer catastrophique. L'idée juive, en revanche, est – en apparence – humaniste, mais elle a été cause de surpopulation massive, d'acharnement thérapeutique sur les vieillards et sur les enfants non viables, de soins médicaux hors de toute proportion apportés aux riches, et d'interdiction de l'euthanasie. Un retour à l'équilibre du christianisme permettrait aux personnes âgées de mourir en paix, et aux jeunes de grandir et de devenir adultes.

Ainsi, on le voit, le judaïsme n'est pas une foi aussi totalement étrangère, ni différente, pour des Chrétiens, que ne le sont par exemple le Bon tibétain ou le Sikhisme : c'est une tendance extrême, à la marge du christianisme, comme l'est le trotskisme, à la marge de l'Église communiste. Le judaïsme est dangereux parce qu'il entre en résonance avec la base fondamentale de la société chrétienne. La résonance, on le sait, est un phénomène générateur d'une force terrifiante : un groupe de fantassins a pu faire s'écrouler un pont, par son seul pas cadencé. C'est pourquoi les juifs ne mettent pas en danger les sociétés non-chrétiennes : leurs conceptions n'entrent pas en résonance avec les structures profondes de ces sociétés.

En Inde, en Chine ou encore au Japon, les juifs ne constituent que des minorités ethniques ou religieuses de peu d'importance. Mais, pour les sociétés chrétiennes, l'esprit judaïque représente une force destructrice mortelle.

René Guénon a formulé le concept de la « contre-initiation ». Les contre-initiés sont des adeptes entièrement convertis à l'aspect ésotérique d'une foi, mais qui agissent à l'encontre de ses buts profonds[113]. Pour lui, les satanistes, ou certains francs-maçons, sont les adeptes d'une contre-initiation. Mais Alexandre Douguine a pro-

113. *Le Règne de la quantité et les signes des Temps*, Gallimard, 1945. chapitre XXXVI, « La pseudo-initiation ».

posé une interprétation différente : c'est entre elles que certaines religions agissent mutuellement à la manière de groupes de « contre-initiation »[114] Le judaïsme et le christianisme constituent un couple de ces religions ainsi mutuellement contre-initiées. Elles sont apparues et se sont développées en même temps, dans les premiers siècles après Jésus Christ, époque où les Pères de l'Église, d'un côté, et les Tanaïm et les Amoraïm, de l'autre, composaient, en pleine connaissance de leurs adversaires, leurs commentaires de la Bible mutuellement anathémisants. Un juif studieux convenablement formé se comporte comme un contre-initié dans la société chrétienne, et un prêtre chrétien, dans l'État juif, sape la loyauté aveugle des juifs. Ce n'est pas un hasard, si le christianisme est en butte aux persécutions, dans l'État juif. Pour vivre, le christianisme doit lutter contre la tendance judaïque, quand bien même se serait-elle accoutrée des oripeaux d'un mouvement non-religieux. Néanmoins, la symétrie (entre judaïsme et christianisme) n'est pas totale.

Généralement, les religions ont une double fonction : a) elles fixent les limites des sociétés ; et, b) elles en protègent la diversité. La césure entre chiites et sunnites aide les Arabes et les Persans à préserver leurs différences culturelles. De même, l'existence séparée des Orthodoxes et des Catholiques a aidé la Russie à consolider sa propre culture, même à l'ère de l'hégémonie occidentale. Certaines communautés religieuses peuvent parfaitement coexister pacifiquement dans un même pays : l'Islam sunnite et le christianisme orthodoxe donnent un bon exemple de coexistence, depuis la Palestine jusqu'à la Russie, en passant par la Turquie. Mais ce couple de religions ne peut partager un même État avec des chrétiens occidentaux – catholiques ou protestants – comme cela a été démontré par l'éclatement de la Yougoslavie et de la Tchécoslovaquie, ou encore par l'incapacité, d'une part de l'Empire ottoman à conserver en son sein les catholiques de Croatie

114. Alexandre Douguine, « La contre-initiation dans la métaphysique de la Bonne Nouvelle », Moscou, 2002.

et, d'autre part, de la Russie à conserver son contrôle sur la Pologne catholique et la Lituanie, ainsi que les États de la Baltique, protestants. La différence de religions est, souvent, un indicateur de l'incapacité des sociétés à se mélanger. A ce sujet, je citerai une plaisanterie russe: « Ce qui fait du bien à un Russe tue un Allemand ».

Le Japon, à l'ère pré-Meiji, autorisa les commerçants hollandais à franchir ses frontières. A une condition: pour ce faire, ils devaient s'essuyer les pieds sur l'Evangile, comme sur un paillasson. Les Japonais sentaient que ces commerçants n'avaient, une fois chez eux, plus aucun bagage religieux et qu'ils ne mettaient, par conséquent, nullement en danger la cohésion de la société japonaise.

Mais si nous retournons à nos moutons, le judaïsme et la chrétienté, nous sommes confrontés à un problème: la tendance judaïque peut pénétrer dans une société chrétienne, sous un déguisement matérialiste, non-religieux, et la détruire. Contrairement à notre exemple japonais, le rejet, par les juifs, de leur foi traditionnelle est loin de suffire.

La tendance gnostique est un remède traditionnel contre l'influence judaïque. C'est la raison pour laquelle Simone Weil suivit Marcion, dans son rejet du Dieu des juifs et de l'Ancien Testament. L'influence gnostique est particulièrement puissante dans l'Islam: les musulmans, à l'instar des gnostiques docétistes, croient que la Crucifixion ne fut qu'une vision, et que Dieu a élevé le Christ aux Cieux, tout en laissant l'image d'un homme sur la Croix. En expurgeant la Bible selon leur Canon, les musulmans se sont préservés contre une tendance crypto-judaïque littéraliste; en interdisant l'usure, ils ont barré le chemin devant l'alliance mammono-juive. En n'ayant ni Pape, ni Vatican, ils ont évité la concentration du pouvoir spirituel en un seul lieu et son corollaire: l'appauvrissement de tout le reste.

La victoire musulmane sur les juifs fut si complète que les juifs cessèrent de représenter une menace pour l'islam. Leur petite communauté s'occupant des activités proscrites (usure, prêts bancaires et sorcellerie) ressemblait, dans une certaine mesure, aux Burakumin du Japon, cette caste de parias spécialisée dans l'abattage des animaux de boucherie – activité strictement interdite aux adeptes du bouddhisme. Mais, dans une certaine mesure, seulement : les Burakumin ne purent jamais améliorer leur sort en adhérant strictement à la norme bouddhiste, tandis que les juifs, dans le monde musulman, purent s'intégrer à la société musulmane en adoptant l'islam. Dans les *Mille et Une Nuits*, recension de contes réalisée à l'époque de l'Empire Abbasside de Bagdad, un sorcier juif, riche, mesquin et malfaisant, lorsqu'il est vaincu par un héros musulman, doit oublier sa foi maléfique. Quant aux femmes juives, aisément converties, elles étaient accordées en mariage à des musulmans.

C'est pourquoi l'idéologie anti-judaïque, dans l'islam, est pratiquement inexistante ; les musulmans n'ont pas besoin – ils ne la comprennent d'ailleurs pas – de la pensée anti-judaïque de la société européenne (occidentale) ou orthodoxe. Ni le fait qu'on y imprime les *Protocoles des Sages de Sion*, ni même la propagande anti-musulmane diligentée par les juifs ne changeront jamais rien à cet état de fait. Pour les musulmans, les juifs ne présentent aucun danger idéologique ; et les juifs doivent les combattre avec des tanks et des missiles, en lieu et place des moyens autrement plus subtils qu'ils utilisent contre la chrétienté.

Parler d'« antisémitisme musulman » est non seulement une inexactitude : c'est une ineptie totale.

Ce n'est que récemment, relativement, que la secte wahhabite, avec son rejet des pèlerinages vers des mausolées locaux (*ziyârât*) (et, par conséquent, de la vénération de saints), avec son « monothéisme intégral », a fait son apparition en tant que mouvement allant dans le sens de la tendance judaïque. Les wahhabites ne sont certes pas des amis des juifs. Mais les précurseurs du sionisme chrétien n'en étaient pas, eux non plus…

A l'intérieur d'une doctrine chrétienne déterminée, la tension entre Jérusalem et Athènes, entre Création et Manifestation, entre judéo-chrétienté et helléno-chrétienté a trouvé différents modes de résolution, en Orient et en Occident. Même avant le schisme, l'Église orientale préféra la tendance hellénique, avec ses traits ésotériques et un Christ – Dieu, tandis que l'Église occidentale préféra la tendance judaïque de culte exotérique et un Christ – Homme. L'Orient préféra l'Esprit, et l'Occident préféra la Matière, au sein d'une même Orthodoxie. Le schisme entre Orient et Occident accentua ces oppositions, et la Chrétienté occidentale, désengagée de ses racines spirituelles en Orient, s'orienta vers un matérialisme plus affirmé.

Mais cela ne suffisait encore pas pour les calvinistes, lesquels, pratiquement, se recréèrent un judaïsme, sans les juifs. Ils se tournèrent vers l'Ancien Testament, légitimèrent l'usure, renoncèrent à la Vierge, rejetèrent l'Église et les sacrements, causèrent des massacres à gogo et amenèrent le capitalisme prédateur. Si l'on veut absolument voir les choses positivement, on peut identifier la tendance judaïque à la liberté : la liberté de toute régulation sociétale, la liberté de toute moralité, la liberté du fort pour opprimer le faible, et, en fin de compte : la liberté d'être débarrassé d'un Dieu bien gênant. Le royaume de liberté qu'elle promettait n'était qu'une étape temporaire sur la voie de l'asservissement de l'homme déraciné. Mais les chercheurs de liberté ne le comprirent pas. Finalement, la tendance judaïque triompha, en Occident, créant un monde dé-spiritualisé, totalement profane et prêt à entrer dans l'Église judaïque : l'Église de Mammon.

La bataille n'allait pas s'arrêter là : la tendance judaïque a été attaquée, sur sa gauche par les communistes, et sur sa droite par les nationaux-socialistes.

Aujourd'hui, nous vivons les suites de la grande victoire des Judéo-Mammonites sur ces rebelles. Mais effectuons un petit retour en arrière…

CHAPITRE XLII

DROITE ET GAUCHE CONTRE MAMMON

Pendant plus d'un siècle, les gens de droite restèrent persuadés que le communisme était un complot juif. « Le communisme, c'est le judaïsme », affirmaient-ils, mettant l'accent sur l'origine juive de Karl Marx et des révolutionnaires russes. Mais le judaïsme est le culte par excellence de l'Election, de la différence intrinsèque entre la scorie honnie et l'étincelle adulée. Le christianisme, en revanche, est la croyance en la bonté innée de l'Homme. Ontologiquement, les communistes sont des chrétiens, et non des juifs.

Si le néolibéralisme mammonite est une lecture athée des attitudes juives au sein du monde gentil, résumée dans l'expression hobbésienne « L'Homme est un loup pour l'Homme », le communisme est une lecture athée de l'attitude chrétienne du « Tu aimeras ton prochain comme toi-même ». Le slogan des communistes russes était : « L'homme est pour l'homme un ami, un camarade et un frère». De fait, les communistes étaient traditionnellement hostiles aux juifs. Non seulement Marx a écrit: «Leur Dieu, c'est l'avidité», mais Rosa Luxembourg a désigné les dirigeants gentils du terme allemand de *shabbesgoys* («Esclaves des juifs», une insulte prisée par les antisémites), et Lénine a exclu le parti juif Bund des rangs de son parti Bolchevique. Les opinions de Simone Weil sont bien connues pour être aussi anti-juives que celles de n'importe qui. Un fort courant anti-juif a été incarné par Proudhon. Quant à Staline et Trotsky, ils étaient aussi anti-juifs l'un que l'autre.

Les emprunts des communistes russes à leur héritage chrétien orthodoxe furent nombreux. Joseph Staline étudia la théologie, et sa rhétorique demeura chrétienne; il se référait souvent à la théologie anti-juive de saint Paul, et il citait souvent le Nouveau Testament. Ces faits ont été observés par de nombreux auteurs [115].

A l'instar du christianisme, il existait, aussi, dans le communisme, une tendance judaïsante. Il n'est d'idée si vile dont on ne puisse tirer un bien; il n'est d'idée si noble qu'on ne puisse l'avilir. La tendance judaïque à l'intérieur du communisme prônait la modernité, le déracinement, l'homogénéisation, la centralisation, le pyramidage vertical et impérial du pouvoir et les qualités quasi-ecclésiales du Parti communiste. C'est sous son emprise que les communistes russes combattirent l'Église orthodoxe russe, lui causant énormément de souffrances. Bertand Russell écrivit en 1920: «Le bolchévisme est… une aristocratie insolente et dénuée de sentiment, composée de juifs américanisés. Les Russes sont une nation d'artistes, jusqu'au plus simple paysan; le but des bolchéviques est de les rendre *industriels* et aussi Yankee que possible. Imaginez-vous gouvernés dans les moindres détails par une sorte de mélange de Sidney Webb et de Rufus Isaacs, et vous aurez l'image de la Russie moderne».

115. Léon Trotski, V. Chernov, N. Valentinov, A. Avtorchanov, Michael Agursky («Stalin's Ecclesiastical Background» *Survey*, n° 28, 1984, Robert C. Tucker, *Stalin as a Revolutionnary*, et alii.

Cette guerre contre l'Église était un élément de « modernité », qu'il s'agît d'une modernité communiste, ou non. En France, pourtant non communiste, les églises furent dépouillées de leurs biens au début du vingtième siècle : les magnifiques peintures et objets sacerdotaux qu'elles contenaient furent confisqués et vendus au plus offrant. En Norvège, elle aussi non communiste, les *stavkyrkor*, magnifiques églises entièrement en bois, furent brûlées, au dix-neuvième siècle, afin de libérer le terrain pour d'autres usages. Dans la Russie – communiste – un nombre incalculable d'églises médiévales ont été détruites, ainsi que moult icônes vénérées, trésors de l'esprit accumulés au cours des siècles. En Russie, comme ailleurs, la lutte contre l'Église provoqua une rupture avec le passé, en assurant la promotion de la « civilisation nomade » chère à Jacques Attali.

Jacques Attali, banquier juif, a en effet prôné la création du Nouveau Nomade : un homme « libéré de toute contrainte – libéré des racines nationales, des traditions culturelles, des passions politiques, des liens familiaux », et d'une Civilisation Nomade, composée d'hommes reliés entre eux par les seuls liens financiers[116]. En URSS, existait une tendance à déraciner l'Homme, ce qui fut fait, avec un succès indéniable : l'Homme Nouveau à la mode soviétique n'était pas l'animal commercial, esclave de la société de consommation, des rêves d'Attali, mais il vivait « à la pointe du progrès ». Ayant perdu ses traditions, il ne mettait jamais les pieds dans une église, et il était au moins aussi aliéné de la nature que son homologue occidental.

Aussi la critique que Simone Weil faisait de Marx est-elle pertinente : l'élimination du mercantilisme, dans la société communiste, n'a pas résolu les problèmes engendrés par le déracinement. Le communisme aidait à éduquer les gens, à leur donner la sécurité, un logement, du travail, du temps libre, pour réfléchir et pour agir. Mais sa théologie rudimentaire causa sa perte. Une philosophie athée finit nécessairement par rejoindre la tendance judaïque,

116. Jacques Attali, *Les Juifs, le Monde et l'Argent*, éditions Fayard, 2002.

avec son Dieu absent, aux antipodes du sentiment chrétien que Dieu est vivant. Sans le Christ, l'idée d'amour fraternel perdit son fondement, et les élites furent tentées d'adopter l'attitude hobbésienne, selon laquelle « L'Homme est un loup pour l'Homme ». L'aliénation de la Nature était liée à l'abandon du culte traditionnel de la Theotokos, Notre Dame, car Son image signifiait l'Amour de l'Homme pour la Terre, dans les sociétés chrétiennes. La percée capitaliste de l'Europe du Nord fut fondée sur l'élimination du culte de Notre Dame, en permettant à l'homme de remplacer l'Amour de la Terre par la Domination sur la Terre. La puissance occidentale, avec sa relation prédatrice à la Terre, à la Nature et à l'Homme, fut plus forte que ses victimes amoureuses de la Terre, à la manière dont un cannibale est plus fort, dans une ville assiégée, et survit plus longtemps. Les communistes russes se sont engouffrés dans la même impasse : ils ont renoncé à leur amour pour notre Mère la Terre, afin de soutenir la compétition avec les États-Unis. Sans le Christ et Sa Mère, les Russes survécurent, certes, au défi militaire de l'Occident. Mais ils finirent par perdre la guerre idéologique.

Reste que, sous Joseph Staline, les communistes russes sapèrent la tendance judaïque, et donnèrent aux descendants des juifs une chance de s'intégrer au peuple. Beaucoup de descendants de juifs en bénéficièrent : ils épousèrent des conjoints non-juifs, ils adhérèrent au Parti, et, plus tard, certains se convertirent au christianisme. C'est, en particulier, le cas des enfants de couples mixtes : jusqu'en 1990, ils choisissaient immanquablement l'identité russe. Si l'URSS avait subsisté un autre demi-siècle, elle aurait sans doute réussi à assimiler ses juifs, aussi bien que l'ont fait la Sicile, l'Espagne et la Chine.

A aucun moment de leur histoire les communistes russes ne sont tombés dans la haine biologique des juifs ; ce fut l'apanage du national-socialisme allemand. Les Allemands allèrent trop loin dans leur rejet des juifs, et ils rejetèrent, en même temps, le christianisme apostolique. Le nouveau livre de Gyorgy Konrad Loew, *Die Schuld* (La Faute), sous-titré « Les Juifs et les chrétiens dans l'opinion des nazis, et de nos jours» (Resch Press, 2002) cite Hitler, qui voulait écraser l'Église catholique «comme une grenouille». D'après le consensus nazi, les racines vétéro-testamentaires du christianisme impliquaient que quiconque était contre les juifs devait nécessairement être contre l'Église, et rejoindre «le bras armé invincible de l'esprit, du sang et de la terre, contre le fléau hébreu et le christianisme».

Le consensus nazi était tout aussi antichrétien qu'il était anticommuniste. Le Dr Robert Ley, idéologue et ministre éminent du gouvernement [nazi], déclara, dans un discours-programme: «Notre enseignement affirme la vie. C'est l'idée de la race, du sang et du sol, l'idée de la vie ici-bas et des beautés de la Terre, de la Terre-Mère, c'est-à-dire de la Terre de nos Ancêtres. Telle est notre défense, face aux pouvoirs obscurs du marxisme, du bolchevisme, du libéralisme, de la franc-maçonnerie, de la foi dans le Messie [= le Christ, ISH] et de la doctrine juive du salut»[117].

Les nationaux-socialistes allemands n'ont pas compris la dialectique hégélienne, et ils sont allés trop loin. Libre à eux d'être contre «les juifs», mais encore faut-il l'être dans des limites raisonnables. Sinon, on tombe dans l'abîme du rejet du Christ. Or, le grand édifice qu'est notre culture a, précisément, été édifié sur le Christ.

En effet, la foi en Christ est un étroit sentier sur une crête entre deux gouffres: celui de la tendance judaïque et celui de la tendance gnostique – un étroit sentier, par conséquent, entre Athènes et Jérusalem. Chacune de ces deux tendances peut s'avérer mortelle, si on la suit trop loin. Il est naturel qu'aux époques de prépondérance du gnosticisme, nous nous soyons tournés vers le judaïsme pour y trouver un remède, comme le firent les Pères de l'Église, au temps de Marcion. Tandis qu'aux époques où domine le judaïsme, nous nous tournons, à l'instar de Simone Weil, vers les Gnostiques, afin de retrouver un équilibre.

117. Robert Ley, «Wir oder die Juden... », *Die Hoheitsträger* 3 mai 1939, pp. 4-6.

Alfred Rosenberg, l'un des principaux idéologues nazis, s'intéressait à la pensée gnostique. Mais il adopta l'idée juive des qualités juives intrinsèques. Or il n'existe pas de « judaïté » biologique. En revanche, existent bel et bien une idéologie et une théologie juives, qui doivent être contrées et exorcisées. Bien des années après, cela a été compris par un homme peu ordinaire, membre de la Fraction Armée Rouge – mouvement d'extrême gauche – et fondateur du Parti National Allemand, d'extrême droite : Horst Mahler, lequel a écrit :

« Ce n'est qu'au mois d'avril 1945 qu'Hitler a compris que les juifs sont porteurs d'un certain Esprit susceptible d'être débarrassé de son unilatéralisme (ce qui signifie « défait », dans la terminologie hégélienne) uniquement par l'Esprit, et non pas au moyen de l'assassinat des juifs. Nous devons faire la critique du principe juif de séparation entre Dieu et l'Homme, et prendre conscience du fait que « la vision scientifique du monde » et l'athéisme ne sont rien d'autre que le message négatif du judaïsme. Nous devons dénoncer le racisme biologique du national-socialisme historique, qui a réduit l'être humain à ses impulsions animales, détruisant la spiritualité de l'homme, du fait que, pour lui, l'Esprit n'était pas infini, mais mortel. Les nazis n'ont pas compris que la liberté est l'essence de l'esprit : au contraire, ils voyaient dans la liberté de l'individu la racine du mal. Dans un geste radical, ils ont extirpé cette racine – se détruisant, du même coup, eux-mêmes. »

Ainsi, Mahler, qui a passé dix années de sa vie en prison, a mis l'accent sur le rôle positif des juifs – en effet, déraciner l'homme le libère – mais aussi sur leur rôle négatif, dans la séparation entre l'homme et Dieu. Pour lui, hégélien, l'esprit des juifs ne devrait pas être vaincu, mais « débarrassé de son déséquilibre », dans un esprit synthétique.

CHAPITRE XLIII
JOSIAS : LE RETOUR

Mon ami Jeff Blankfort, qui est aussi un ami de la Palestine, m'écrit :

« La plupart des juifs que j'ai connus, au fil des ans, non seulement n'étaient pas des piliers de synagogue, mais connaissaient fort peu de choses en matière d'Écritures. Tout au plus observaient-ils les fêtes religieuses juives. D'une manière générale, les juifs n'adhèrent pas aux dogmes antichrétiens qu'Israël Shahak a décrits dans un de ses ouvrages, en les reprenant de textes religieux juifs et de leurs gloses. »

Ce que dit Jeff est vrai. C'est aussi vrai que le fait que, sur les cent courageux paras du Kilomètre 101, c'est à peine s'il y en avait un ou deux, tout au plus, qui savaient pour quelle raison ils se trouvaient là. Très rares étaient les soldats à ressentir une quelconque haine envers les Égyptiens. Ce n'était d'ailleurs absolument pas nécessaire : nos commandants avaient tout planifié, et nous devions nous en tenir à faire ce que font des soldats. Pas plus compliqué que ça…

De manière similaire, les juifs ordinaires (et même, d'ailleurs, les juifs pas-si-ordinaires-que-ça) ne connaissent – ni, a fortiori, ne comprennent – les projets d'Yisraël. Ils sont obéissants : cela suffit. Ainsi, un soldat ne doit pas nécessairement haïr l'ennemi, ni comprendre la stratégie de ses généraux : c'est déjà bien, qu'il fasse son petit boulot dans son coin. Ce n'est pas tant leur action consciente qui fait problème : ils ne sont que l'âne utilisé par leur Esprit Directeur.

Les juifs orthodoxes ne sont pas, non plus, pires que les juifs athées. C'est même le contraire. En effet, un juif religieux a une vague idée de Dieu, tandis qu'un juif athée pense, le plus souvent, que la pièce qu'il met dans la machine à sous ne va pas tomber plus loin, que toute l'histoire s'arrête là, et qu'il n'y a d'autre Dieu qu'Yisraël. Le « plan » juif n'est un secret pour personne : nul besoin de lire les *Protocoles des Sages de Sion* pour savoir ce que les juifs veulent !

Yisraël veut, ostensiblement, les mêmes choses que voulait Israël avant le Christ. Et il s'agit de désirs qui sont sacrés, pour les chrétiens, à première vue. De fait, les chrétiens lisent les mêmes Prophètes, trouvent l'inspiration dans les mêmes Psaumes, et leurs buts semblent être les mêmes que ceux des juifs. Pour un observateur extérieur…

« Le Seigneur règnera sur toute la Terre. Ce jour-là, le Seigneur sera Un et son nom sera Un. Toute la Terre sera aplanie ; Jérusalem demeurera seule, et en sécurité… La richesse de toutes les Nations sera réunie – or et argent – en grande abondance… »

Bref : Yisraël, à l'instar d'Israël avant lui, veut unifier le monde sous sa direction spirituelle : le Temple du Dieu d'Yisraël sera situé à Jérusalem, centre d'un univers gouverné par les juifs, et toutes les

Nations lui rendront hommage. Les Nations adoreront Dieu, en étant au service d'Yisraël.

Ce paradigme de Globalisme n'est pas particulièrement sexy: certains penseurs contemporains en ont fait remonter l'origine jusqu'à l'Ancien Testament. Notre ami, le professeur de philosophie polonais Marek Glogocsowski, qui vit à Cracovie, l'a comparé au slogan: « Un seul Peuple, un seul Führer » d'Adolf Hitler, et il en a tiré une conclusion (à mon sens) hâtive: il n'y a aucune différence entre juifs et chrétiens, et le président Bush fait actuellement ce que les Prophètes désiraient qu'il fût fait. C'est à cette même conclusion que sont parvenus les sionistes chrétiens, bien que les conséquences finales soient différentes. Les sionistes chrétiens suivent Bush et la Bible, tandis que Marek Glogocsowski suit Marcion, en rejetant aussi bien la Bible que Bush. (En rejetant, y compris, l'enseignement paulinien, Marek va même plus loin que Marcion, lequel aimait et respectait saint Paul. Mais c'est là une autre question...)

Toutefois, ces amis et ennemis de l'Ancien Testament sont autant dans l'erreur les uns que les autres. Ce sont les mêmes idées, ce sont les mêmes versets bibliques, mais interprétés de manières divergentes par les juifs et les chrétiens. Par conséquent, les désirs d'Israël (= ceux de l'Église) et les désirs d'Yisraël (= ceux des juifs) sont tout à fait différents. Il fallait s'y attendre, dès lors qu'Yisraël n'est qu'une parodie, qu'une moquerie maligne des vieilles prophéties, alors que le Véritable Israël – l'Église – en incarne la lecture spirituelle.

Pour reprendre Marx: le judaïsme est un christianisme sordide, tandis que le christianisme est le judaïsme spiritualisé.

La lecture juive de l'Ancien Testament est très différente de celle qu'en fait le christianisme. Ainsi, par exemple, le commandement: « Tu ne tueras point » signifie, pour les juifs: « Tu ne tueras pas un (autre) juif ». Il en découle que les visions élevées des prophètes (l'unité spirituelle de l'humanité, autour de Jésus Christ) reçoivent une interprétation sordide, toute de possessions matérielles. Pour les chrétiens, « Jérusalem » est un symbole de l'Église universelle. Pour les juifs, c'est une ville bétonnée, traversée par un mur de huit mètres de haut, surmonté de fil de fer barbelé.

Dans la lecture juive, la sacralité exclusive de Jérusalem et d'Israël implique une désacralisation des Nations et du reste du monde. Il n'y aura ni églises ni mosquées, ni prêtres, pas plus chrétiens que musulmans. Le monde deviendra un désert profane, peuplé par des bêtes rendues profanes (les nations) et leurs bergers (les juifs).

Les Pères de l'Église avaient pleine conscience du caractère problématique du concept juif d'un Jérusalem-centre-sacral-du-monde, qui désacralise irrévocablement le reste du monde. Saint Basile le Grand était même opposé aux pèlerinages en Terre Sainte, car il craignait que les chrétiens qui auraient effectué un pèlerinage ne considèrent plus leurs propres églises comme suffisamment sacrées à leurs yeux. De fait, dès le début, le christianisme est à la fois mondial et local. Bien que le Christ soit le même Christ, Son Église n'a pas de point focal unique.

Chaque église – à Moscou, comme à Paris – est aussi sacrée que le temple de Jérusalem. Chaque prêtre est aussi valable que le Grand Prêtre juif. Aussi l'Église n'est-elle pas une force globalisatrice. La moindre petite église paroissiale est tout aussi salvifique que la Cathédrale de Chartres.

Durant son premier millénaire d'existence, l'Église n'eut pas non plus de chef en titre. Les curies de Constantinople et de Rome, d'Alexandrie et de Jérusalem, d'Antioche et (plus tard) de Moscou avaient leur propres Popes, ou Patriarches autocéphales. C'était là une politique délibérée et fondamentale : elle visait à décentraliser l'Église. Lui faisaient pendant les Synodes Œcuméniques, où les grands sages de toutes les églises nationales débattaient et décidaient d'une théologie commune. En Orient, cette tradition fut préservée : de plus en plus nombreuses, des églises nationales se scindaient en églises autocéphales, tout en conservant une théologie commune. Même ces petites régions que sont la Serbie, ou la Géorgie, ont leur propre église nationale indépendante. En Occident, cette tradition fut perdue, et c'est tragique. Ainsi, les églises nationales du Nord de l'Europe, tout en luttant pour leur indépendance, firent sécession et allèrent trop loin dans leur dérive. Elles décidèrent de leur propre théologie, et parvinrent à une croyance erronée, selon laquelle une Église nationale peut être créée simplement par une décision souveraine.

Les chrétiens nordiques avaient tort : pour être vivante, une Église nationale doit être en communion sacramentelle avec l'Église instituée par le Christ.

L'Église est une, comme Israël est un. Elle a été créée par Dieu, et elle ne peut être créée par des hommes. Son unité doctrinale doit être restaurée, tandis que sa décentralisation doit être encouragée. Il ne s'agit pas d'une question politique, de rivalités de pouvoirs. La chrétienté (y compris la chrétienté pré-chrétienne) présuppose une Présence Divine répandue dans le Monde. Localisée, certes – dans des églises et dans des lieux sacrés – mais largement répandue. Par opposition, Yisraël veut rendre profane l'ensemble du monde – à l'exception de Jérusalem. Les juifs veulent rejouer, à l'échelle globale, la tragédie du roi Josias, qui détruisit jusqu'au moindre lieu saint, dans le pays, afin d'établir le caractère unique du Temple de Jérusalem [Rois II,23] : « Il brûla les vases sacrés, déposa les prêtres idolâtres, désacralisa les temples et les hauts lieux, brisa les colonnes, mit bas les autels », etc.

A ce sujet, Simone Weil a dit, fort judicieusement :

« Si des Hébreux de la bonne époque ressuscitaient, et si on leur donnait des armes, ils nous extermineraient tous, hommes, femmes, et enfants, pour crime d'idolâtrie. Ils nous reprocheraient d'adorer Baal et Astarté, prenant le Christ pour Baal et la Vierge pour Astarté. Réciproquement, Baal et Astarté étaient peut-être les figures du Christ et de la Vierge ».[118]

Simone Weil a écrit ceci en 1942, à une époque où les juifs ethniques connaissaient une terrible épreuve. Mais même dans ces circonstances extrêmes, elle pensait qu'il était de son devoir d'avertir les gens contre le terrible danger idéologique de la théologie

118. *Lettre à un religieux*, cit., p. 18.

juive, de sa tendance à globaliser, à dé-spiritualiser le monde et à déraciner les hommes.

« Les juifs sont le poison du déracinement », a-t-elle résumé, d'une formule lapidaire.

CHAPITRE XLIV
LA POMPE SPIRITUELLE

Nous avons cité l'image prophétique de cet âge messianique, où toutes les nations expédieront leur or et leur argent à Jérusalem : « La fortune de toutes les Nations sera rassemblée, or et argent, en grande abondance… ».

Pour les chrétiens, cela n'a de signification que spirituelle. Cela n'a rien à voir avec la Terre sainte. A l'instar des paraboles du Christ, qui ne font en rien référence à des vignes réelles.

Mais Yisraël, conforté par l'effondrement de l'Église, met en œuvre son programme propre, basé sur une lecture littérale. Son peshat (interprétation littérale), apparemment, est devenu réalité. Les juifs ont probablement plus d'argent que les chrétiens ou les musulmans, mais les États-Unis et l'Allemagne n'en continuent pas moins à envoyer des milliards de dollars chez nous, en Israël.

Mais il y a aussi un derash (une interprétation ésotérique) : les nations remettront aux juifs jusqu'à leur esprit. Ceci aussi a été réalisé, dans une certaine mesure : il est difficile de trouver une sphère d'activité de l'esprit où les juifs ne jouent pas le tout premier rôle. Résultat : l'esprit national européen et américain se caractérise par son adhésion à un style juif pragmatique et sans personnalité, que ce soit en architecture, dans l'art conceptuel, dans la sociologie de Francfort, l'économie de Chicago, la psychologie viennoise, la politique néo-conservatrice, la théologie de l'Holocauste, ou encore le sionisme. Cela ne signifie en rien que les juifs soient brillants. Non : simplement, ils ont réussi à faire de leur propre programme d'action celui de l'univers.

Ainsi, par exemple, deux événements importants se sont fait jour simultanément, en Russie : le procès de Byaliss, accusé et innocenté du crime d'assassinat d'enfant à des fins religieuses ; et la tragédie que furent les derniers jours de Léon Tolstoï. Bien que, pour l'homme universel, le second événement ait été plus significatif, le premier, le procès, bénéficia d'une couverture médiatique bien plus importante (c'est encore le cas de nos jours).

Aujourd'hui, des graffitis sur une synagogue attirent immanquablement beaucoup plus d'attention que la destruction de l'église de Sainte-Barbe par l'armée israélienne.

De façon concommitente aussi, se déroulait la tragédie des massacres de juifs, durant la Seconde guerre mondiale, et celle d'Hiroshima. Jusqu'à l'ascension des juifs, en 1968, il y eut *Hiroshima Mon Amour*. Aujourd'hui, il n'y a plus que *La Liste de Schindler*. C'est que, désormais, l'esprit de l'Occident est entièrement soumis au programme d'action juif.

Il y a une interprétation sod, également : dans l'univers juif, il y avait une catharsis, précédant, et accompagnant la destruction du Temple. L'exil d'Yisraël fut causé par le besoin de réparer un désastre cosmique, survenu au moment où le Vaisseau Céleste explosa, sous la pression de la Lumière Divine, après quoi, ses débris tombèrent sur la Terre et s'y mêlèrent aux étincelles de lumière.

Alors qu'à ses yeux, Yisraël est une mer de lumière, les Nations sont intrinsèquement des débris mauvais. Néanmoins, certaines d'entre elles sont porteuses d'une parcelle de lumière. Il ne saurait s'agir que d'une âme juive, emprisonnée dans le monde gentil. Finalement, de génération en génération, toutes les étincelles seront réunies dans le Peuple Juif, tandis que les débris – les Goys – s'éteindront totalement, et finiront dépourvus de tout esprit. Tel est le but de l'exil juif : il s'agit de recueillir précautionneusement (toutes) les étincelles spirituelles (égarées) dans le monde gentil.

Aujourd'hui encore, nous assistons au même phénomène. Dans les années récentes, des dizaines d'instituts ont été créés, dans lesquels on enseigne à des Gentils une certaine teinture de judaïsme. Bien sûr, ces Gentils n'y sont pas convertis ; ils sont appelés à constituer un deuxième bataillon de supplétifs. Beaucoup de personnes pourtant religieuses préfèrent un « Dieu » non-religieux pour les autres, qui puisse être en cohérence avec le modèle judaïque. Le théisme est une autre forme de religiosité, acceptable pour les juifs, puisqu'il affirme qu'il n'existe pas de foyers particuliers de sacralité.

Tout le monde sait que les juifs veulent en un certain sens dominer le monde. Toutefois, ce n'est pas à l'instar d'un Roi qu'ils recherchent cette domination, mais bien à la manière d'une Église – à la fin des fins, sous la forme d'un État-église théocratique.

De la même manière que l'Église ne veut pas faire de ses laïcs des prêtres, les juifs ne veulent pas convertir les Gentils, ils ne veulent pas faire d'eux des juifs.

Pour les chrétiens, tout le monde peut devenir prêtre. Pour les juifs, il est aussi difficile, pour un goy de devenir juif que, pour un chat, se faire homme.

Les exigences de l'Église juive vis-à-vis de ses laïcs gentils ne sont pas très contraignantes : ils peuvent faire ce qu'ils veulent ; ils peuvent amasser des richesses et du pouvoir, pour peu qu'ils renoncent à leur âme et admettent n'avoir aucune inspiration spirituelle. Ils ne doivent pas s'entraider, non plus, car l'altruisme est l'apanage des juifs, dit la doctrine juive. Et beaucoup de Gentils se plient à cette exigence.

Avilie ou non, l'Église chrétienne a été fondée par Celui qui a lavé les pieds de ses disciples et qui a promis que le premier (ici bas) serait le dernier (au Jugement dernier). L'Église juive, quant à elle, fut fondée sur la promesse faite à ses adeptes que leurs propres frères mettront le genou à terre devant eux. C'est pourquoi elle convient mieux à ceux qui aspirent à dominer.

Dans l'univers juif, les Gentils doivent se soumettre aux juifs. L'acceptation des Sept Commandements Noachiques est l'instrument de cette soumission[119]. En résumé, un goy doit s'interdire d'adorer d'autres dieux. Plus important encore : un goy doit n'avoir aucun rite ni aucune fête qui lui soient propres. Tant qu'il n'a pas de religion, le goy ne pose pas de problème, son existence dé-spiritualisée ne causant aucune inquiétude. Rambam a expliqué qu'« Un Gentil qui crée ou observe une loi religieuse, en-dehors des Sept Commandements, doit être flagellé, et averti qu'il sera mis à mort, s'il persiste. Nous, juifs, nous ne permettons pas aux Gentils de se créer des rites et des commandements religieux pour eux-mêmes » [120]. En acceptant les Sept Commandements, une personne consent à son statut de goy, dans l'univers Juif.

Quand saint Paul et saint Pierre commencèrent leur mission (évangélique) auprès des Gentils, les dirigeants de l'Église de Jérusalem – juifs chrétiens – exigèrent que les nouveaux convertis fussent circoncis[121]. A leurs yeux, le christianisme était réservé aux juifs. Toutefois, ils étaient prêts à accepter des conversions. Saint Pierre refusa. Les dirigeants de l'Église proposèrent un compromis : que les nouveaux chrétiens d'origine gentille acceptent les Commandements Noachiques, et qu'ils cessent de consommer

119. http://www.noahide.com/covenant.htm : Le congrès U.S reconnut officiellement les Lois noachiques dans la législation, passée par les deux Corps. Le congrès et le Président des Etats-Unis, Georges Bush, ont indiqué dans la « Public Law 102-14, 102nd Congress», que les Etats-Unis d'Amérique étaient fondés sur les Sept Commandements de Noé (« Seven Universal Laws of Noah'). A cette fin, le 26 Mars 1991 fut désigné comme « Education Day, U.S.A. » ('Journée de l'enseignement'), par ce même texte.
120. Mishneh Torah, Hilchoth Melachim, 10
http://www.users.cyberone.com.au/myers/bengur62.jpg
121. Actes 15:9.

des viandes sacrifiées selon les rites païens. Saint Pierre était prêt à l'accepter, car il ne comprenait pas la signification de cette interdiction.

Mais saint Paul la rejeta. Car lui, il avait compris : s'ils se soumettaient à cette exigence, les nouveaux chrétiens accepteraient de s'intégrer dans l'ordre juif de l'univers[122]. Il n'insista pas, mais il était indispensable, pour lui, de dire : « Nous avons droit à toutes les nourritures, car cette « interdiction'n'a aucun sens, pour nous ».

Dans le monde spirituel, il n'y a pas de détail sans importance. Un kabbaliste de Safed, Joseph della Reina, ayant capturé Satan à l'intérieur d'un pentagramme, lui avait ordonné de relâcher l'âme du Messie, raconte un récit juif médiéval. Satan accepta, à la condition (apparemment) bénigne que Joseph allumât une chandellee. Joseph s'exécuta : il alluma une chandelle. Et cet acte de foi libéra… Satan ! Lequel attrapa Joseph au collet et le chassa, jusqu'à Tibériade…

De manière semblable, de petits arrangements avec les juifs furent cause de la soumission de la chrétienté – non pas seulement aux juifs, mais aussi à leur Esprit Directeur. Cela commença par des petites choses, tel le retrait des signes religieux des écoles et des places publiques. Mais nos âmes interprètent cette abdication de l'esprit comme une preuve de la victoire juive. Il y a quelque temps, le Congrès américain, dans un acte de soumission absolument extravagant, a accepté de conférer aux Sept Commandements le statut d'une loi. Cela n'avait absolument aucun sens : nous ne mangeons plus de nourriture sacrificielle. C'était aussi extravagant que la chandelle de della Reina. Et aussi catastrophique que la folle négligence de ce pauvre Kabbaliste.

Une folie encore pire fut l'idée (décrétée lors du Concile Vatican II) des deux Alliances. Un catholique ne peut défendre l'idée que le Nouveau Testament est distinct de l'Ancien, mais il doit désormais faire sienne la notion de supercession. Autre solution pour un chrétien : il peut croire, comme les Orthodoxes, qu'il n'y

122. I Cor 8.

a qu'une seule Alliance, et que l'Ancienne est identique à la Nouvelle. Mais dans ce cas, il devrait affirmer que les juifs, qui rejettent le Christ, ne font plus partie de l'Alliance. En aucune façon, un chrétien ne peut affirmer que l'Alliance Juive est toujours en place, car cela contrevient au sens même du sacrifice du Christ.

Cela crée nécessairement une religion un tiers / deux tiers : un tiers de « Juifs chrétiens », membres des deux Alliances, et deux tiers de Goys, de seconde classe, membres de la seule seconde Alliance. L'Église doit attirer et baptiser les juifs, mais sans leur donner un quelconque statut spécial. Sinon, elle – qui représente la défense la plus puissante face à l'offensive juive en cours – sera subjuguée, et la majestueuse dame de Strasbourg échangera sa place avec la Synagogue.

L'univers juif est en train d'être édifié, brique après brique, et l'une de ses manifestations est l'abaissement de la vie culturelle et spirituelle des Gentils. Dans le grand État juif – les États-Unis – un étudiant a besoin d'au moins 30 000 dollars annuels pour se payer une formation universitaire valable. Dans leur écrasante majorité, les Américains ne peuvent disposer d'une telle somme qu'en rêve. Mais les juifs n'ont rien à craindre, en la matière. Les films américains dégradent ceux qui les regardent. Les programmes de la télévision, n'en parlons pas : ils transforment en zombies ceux qui persistent à les suivre.

Le sujet, délicat, de l'intégration scolaire, me revient à l'esprit. John Spritzler, de *Democracy Now*, a écrit : « Ici, aux États-Unis, j'ai vu l'élite libérale (dans les années 1970), au nom de la fin de la ségrégation raciale, recommander aux parents blancs de mettre leurs enfants en âge d'aller à la maternelle dans des bus qui les emmèneraient, en traversant tout Boston – un trajet d'au moins une heure – dans des écoles éloignées. Lesquelles, comme toutes les écoles destinées aux enfants d'ouvriers, à Boston, étaient terriblement dégradées et indigentes. Le juge libéral qui avait décidé ça n'avait même pas daigné prendre en compte un autre projet, suggéré par des parents noirs, qui aurait permis de mettre fin à la ségrégation, sans trimballer les marmots de cette manière. Mais les

Blancs qui s'opposèrent au décret du juge furent qualifiés de « racistes » par le quotidien libéral *Boston Globe* (aux capitaux détenus par les plus grands financiers américains) ».

Veuillez noter que le *Boston Globe* est un journal dont le propriétaire est juif. Cette idée de trimballer les gamins en bus était une très bonne chose pour les écoles juives et les jardins d'enfants juifs, lesquels s'implantaient où ils voulaient, ne nécessitaient aucun transport en bus et pouvaient ainsi capturer tous les parents juifs et les parents gentils de la haute société, et imposer des tarifs plus élevés. Certes, cela embêtait et humiliait les Wasp, mais cela permettait d'intégrer tous les goys de base dans une même famille, unie et heureuse, ce qui ne gâchait rien. Mais une chose est sûre : le transport scolaire – qu'il ait été bon ou mauvais, juste ou injuste, par ailleurs – aboutit à une baisse du niveau d'éducation de la classe moyenne américaine, et cette débilitation de l'Amérique bobo était une étape nécessaire pour la prise de contrôle de l'esprit américain. Si tant est que la victoire de l'esprit juif sera atteinte dès lors qu'un goy rendu débile et illettré lèchera, plein de gratitude, la main d'un juif, qu'il remerciera pour sa bonne guidance.

CHAPITRE XLV
LA TERRE SAINTE

Que veulent donc les juifs, en Terre sainte? « Vivre en paix », disent leurs supporteurs. « Ils veulent tuer les Palestiniens, ou les chasser », disent leurs adversaires. « Ils espèrent créer un super-État, du Nil à l'Euphrate », disent les pessimistes. « Peu importe ce qu'ils veulent, dès lors qu'ils nous foutent la paix », disent les antisémites (lesquels se mettent le doigt dans l'œil). Il y a certainement des juifs pour vouloir l'une ou l'autre de ces choses. Mais « les Juifs » (par opposition aux « personnes juives ») entendent faire de Jérusalem la capitale suprême du monde et, de son temple reconstruit, le point focal de l'Esprit sur Terre. C'est là, en effet, la seule chose qui manque encore à la construction, toujours en cours, de l'Univers juif.

En 1962, la revue *Look* invita le fondateur de l'État juif, David Ben Gourion, à décrire sa vision du monde dans vingt-cinq ans. Ben Gourion prédit (en se trompant) que le Gouvernement Mondial serait déjà en place en 1987, la Cour Suprême de l'Humanité (le corps ecclésiastique supérieur) étant installée à Jérusalem, ainsi qu'un temple, au même endroit, commémorant le rôle joué par les juifs dans l'unification du genre humain[123].

Quand cela sera fait (si cela est fait, un jour), le monde aura été changé de manière irréversible. Le christianisme aura disparu, l'esprit aura abandonné les nations, dans notre partie du monde, et notre démocratie actuelle – aussi insuffisante soit-elle – aura été supplantée par un vaste État théocratique. La paix est la dernière des choses à laquelle les braves gens doivent s'attendre, dans des circonstances telles celles-là. Les États théocratiques ne sont pas spécialement agréables à vivre ; qu'il s'agisse du Paraguay soumis à la férule des Jésuites, des États du Pape, ou de la Nouvelle Angleterre puritaine. Toutefois, l'État théocratique juif sera incommensurablement pire, parce que les Gentils ordinaires n'auront aucune part à son pouvoir, ni aucun accès à sa spiritualité. Dé-spiritualisés et déracinés, apatrides et seuls, les Maîtres du Monde d'hier, devenus esclaves à tous points de vue, n'auront plus, de « maîtres », que le nom.

Dès lors, nous commençons à comprendre le mystère suprême que représente l'unité duale de deux idées politiques, en apparence opposées : le sionisme et le libéralisme mammonite. Tandis que le Sionisme crée une base pour le Quartier Général du Nouvel Ordre Mondial, le Libéralisme mammonite crée l'esclavage à l'échelle mondiale. Jabotinsky et Soros accomplissent deux tâches différentes, au service d'un même système ; le Mur de Fer et la Société Ouverte des marchés ne sont que deux dénominations différentes d'un seul et même signifié. Quand les juifs affirment leur droit de faire passer leurs tanks là où bon leur semble, en Terre sainte, de pourchasser leurs ennemis partout dans le monde, de privatiser

123. David Ben Gourion, cité par le magazine *Look* du 16.01.1962.

les terres des Palestiniens et les usines d'aluminium des Russes, ils ne font que mettre en pratique le paradigme de la Société Ouverte. Lorsqu'ils construisent le Mur sur les terres des Palestiniens et obligent leurs esclaves chinois à signer des contrats « sans dieu ni sexe », ils ne font que se tourner vers l'hypostase du Mur de Fer[124].

Qui plus est, la Société Ouverte ne saurait exister sans Mur de Fer. Les membres de la tant vantée société prétendument ouverte auxquels on aura volé leur gagne-pain attaqueront les voleurs, lesquels devront bien finir par ériger leur Mur de Fer. En Terre sainte, les juifs ont et la terre et l'eau, et les Gentils ont et la faim et la soif : c'est la raison pour laquelle les territoires palestiniens sont Ouverts devant les incursions juives, tandis que le Mur protège les juifs.

Décrivant le Grand prêtre de la Société Ouverte et ses idées, Marek G. a écrit : « L'essentiel de l'œuvre de Hayek est consacré à

124. Jérusalem (AP) — An Israeli company has required thousands of Chinese workers to sign a contract promising not to have sex with Israelis or try to convert them, a police spokesman said Tuesday. (Mardi 23 Décembre 2003) : « Une entreprise israélienne à exigé de milliers de travailleurs chinois de signer un contrat où ils s'engagent à s'abstenir de toute relation sexuelle avec des Israélien(ne)s, ou d'essayer de les convertir », a déclaré mardi un porte parole de la police.

125. Ce n'est absolument pas une exagération. La promotion de l'égoïsme est devenue une véritable « mission américaine » de par le monde. A la fin août 2002, j'ai participé à un Congrès « Mut zur Aethik », à Feldkirch, en Autriche, où j'ai pu entendre l'ancien sénateur américain Bob Barr chanter les louanges de « la vertu d'égoïsme ». D'après Barr, qui répétait de manière mécanique les opinions de la philosophe américaine Ayn Rand – « toute l'histoire pourrait être décrite comme l'éloignement de l'individu de l'influence de la « tribu' ». Commentant cette affirmation, l'écrivain américain Mike Jones, dans un reportage sur le Congrès de Feldkirch, observait de manière acerbe : « De fait, l'isolement, re-qualifié en idée d'intimité, est la seule chose qui nous lie entre nous, les Américains. Cela est peut-être le cas, mais cela sera sans doute difficilement un point de ralliement irrésistible pour la coopération internationale que ce genre de conférence est généralement supposé encourager. » [note de Marek Glogoczowski]

l'élaboration de méthodes permettant de faire des gens des étrangers les uns pour les autres, dénués de la moindre trace d'amitié et d'altruisme»[125] . Il propose que les populations de l'Empire Global soient constamment mêlées les unes aux autres, afin qu'aucune culture durable et distincte ne puisse se faire jour (ou qu'aucune culture héritée du passé ne puisse être conservée). Les habitants de l'Empire Global sont supposés être des humanoïdes sans nationalité (et, par conséquent, sans identité), se déplaçant «individualistiquement» dans les directions que leur impartissent des commandeurs financiers «invisibles», dont l'existence, dans les écrits de Hayek, est implicite. Il proclame que «la liquidation de la souveraineté des États est l'objectif nécessaire, et logique, du programme libéral.» Le seul objectif collectif admissible de l'activité humaine, dans l'Empire Global, doit être l'acquisition de la propriété privée, en particulier d'objets mobiliers, si possible clinquants, compatibles avec la production et la distribution de masse. [126].

Le (néo-)libéralisme est la vision judaïque d'un monde soumis aux juifs. C'est la principale ligne d'assaut d'Yisraël, tandis que le sionisme, en dépit de toute sa cruauté, n'est qu'une opération mineure. Aujourd'hui, nous assistons à un phénomène fort intéressant: George Soros, ce Guderian d'Yisraël, se plaint de ce que les agissements imprudents des néo-conservateurs sionistes américains mettent en danger son opération à lui, d'une importance toute autre.[127]

Il n'est pas exceptionnel, dans le domaine militaire, qu'un général exige la cessation des opérations jusqu'ici couronnées de succès d'une autre unité, au motif que celles-ci portent atteinte à l'effort principal. George Soros a réussi, à la force du poignet (oui, enfin, presque...) à coloniser l'Europe orientale, et il nourrit l'ambition d'incarner une alternative aux «néocons» belliqueux d'Eu-

126. «Western Concepts of Social Order: from «European Corporation'of A. Comte (1842) to «Global Tumour'of F.A. von Hayek» (1939) by Dr Marek Glogoczowski («Les conceptions occidentales de l'ordre social, depuis Auguste Comte jusqu'à von Hayek»)..
127. http://www.nytimes.com/2004/01/25/books/chapters/0125 1st soros.html

rope occidentale[128]. Il semble bien, dès lors, que le projet préféré d'Yisraël s'accomplira de notre temps.

128. George Soros, NS Profile, by Neil Clark, *New Statesman*, 2 juin 2003. Neil Clark écrit: « L'opinion commune, partagée par beaucoup à gauche, est que le socialisme s'est effondré par faiblesse du système. Ce peut être en « partie vrai', mais le rôle de Soros fut crucial. Dès 1979, il distribua 3 millions de dollars chaque année aux dissidents de l'est, dont le mouvement polonais Solidarité, la Charte 77 tchécoslovaque, et Andreï Sakharov en Union Soviétique. En 1984, il fonda son premier Institut pour une Société Ouverte en Hongrie, et injecta des millions de dollars aux mouvements d'opposition et médias indépendants. Les Yougoslaves résistèrent stoïquement, et régulièrement confirmèrent le Parti Socialiste « orthodoxe', de Slobodan Milosevic au gouvernement. Soros fut à la hauteur du défi. A partir de 1991, son Open Society Institute transféra 100 millions de dollars dans les coffres de l'opposition anti-Milosévic, finançant des partis politiques, des maisons d'édition et médias « indépendants' comme la Radio B92, la petite radio d'étudiants effrontée de la « Légende de l'Ouest» qui était en réalité soutenue par un homme parmi les plus riches au monde, au nom de la nation la plus puissante du monde »). Soros met en avant son amour de l'« Open Society », mais ses « Sociétés Ouvertes » ne se révèlent guère ouvertes en pratique. Soros considère « ouverte » une société non pour son respect des droits de l'homme et des libertés fondamentales, mais bien pour son « ouverture » à le laisser lui et ses proches s'en faire « les bourses'. Il a dupliqué une méthode qu'il a déployée en « grande pompe » sur l'Europe de l'Est: se faire l'avocat des « Thérapies de choc » et des « réformes économiques', puis fondre en « rase mottes' sur chaque pays avec ses associés pour empocher des « biens d'Etat valables», à prix cassés.
« Plus d'une décennie après la chute du mur de Berlin, Soros est le roi sans couronne de l'Europe orientale. Son Université d'Europe Centrale (Central European University), avec des campus à Budapest, Varsovie et Prague, et des progammes d'échanges aux USA, propage outrageusement la ligne du capitalisme néo-libéral et clone la prochaine génération de politiciens dirigeants pour la région… elle poursuit le plan Soros classique de privatisation et de libéralisation économique – vers un accroissement des fossés entre riches et pauvres. »
Soros est en connexion avec d'autres adeptes de Yisraël: « Dans son Human Rights Watch (« Surveillance des Droits de l'Homme »), on trouve en chaire Morton Abramovitz, sous secrétaire d'Etat pour la recherche et le renseignement du gouvernement américain; l'ex ambassadeur Warren Zimmer-

Toutefois, la profanation totale de l'Homme est physiquement impossible. De même que la privation de toute vie sexuelle normale en prison cause des perversions, une perversion de la spiritualité occidentale ne pourra manquer de se faire jour. Les esclaves africains, en Amérique, ont développé un nouveau culte d'esclaves, mêlant leurs anciennes croyances à celles de leurs maîtres. Des cultes d'esclaves, similaires, sont en train de se développer, chez les Européens ; le culte de l'Holocauste est l'un d'entre eux.

Théologiquement, ce culte est une adaptation du rôle spirituel joué par les juifs dans les mentalités chrétiennes. Il remplace le Christ par Israël, le Golgotha par Auschwitz, et la Résurrection par la création de l'État juif. Les gens qui osent remettre en cause le dogme de l'Holocauste sont traités de la manière dont les hérétiques le furent, jadis : excommuniés, ils sont exclus de la société.

Généralement, il s'agit de personnes dotées d'un esprit scientifique ; leur argumentation évoque celle de ces athées naïfs, si enclins à affirmer : « Une baleine ne peut pas avaler un homme : donc, l'histoire de Jonas, c'est des balivernes ! » De manière similaire, les hérétiques du culte holocaustique disent : « Les juifs n'ont pas pu être tués en si grand nombre », ou bien : « Il ne subsiste aucune chambre à gaz, qui fournirait la preuve qu'elles aient existé

man (dont le séjour en Yougoslavie coïncida avec l'explosion de ce pays) ; et Paul Globe, bien nommé directeur de la communication à « Radio Free Europe', radio fondée par la CIA mais que Soros finance également. L'International Crisis Group, de M.Soros, est fier de brandir des lumières « indépendantes» comme les ex-conseillers MM. Zbigniew Brzezinski et Richard Allen, ainsi que le consultant général Wesley Clark, que l'on vit commandant suprême des forces alliées de l'OTAN en Europe. Le vice-président du groupe est l'ex-sénateur Stephen Solarz qui fut connu comme « le tacticien législatif en chef du lobby pro-Israël au dôme du Capitole », et signataire, en compagnie de Richard Perle et Paul Wolfowitz d'une célèbre lettre au président Clinton en 1998, demandant « une politique d'ensemble globale et une stratégie militaire pour abattre Saddam Hussein et son régime ».

un jour. » Mais ces arguments ne portent pas : des gens qui se retrouvent plongés dans l'univers juif ont besoin d'un minimum d'instruments et de dogmes religieux.

Sur le plan du subconscient, les Américains – et, dans une moindre mesure, les Européens – ont d'ores et déjà admis leur défaite. Claude Lanzmann a lancé un défi, lorsqu'il a affirmé : « Si Auschwitz est vrai, alors il y a une souffrance humaine à laquelle celle du Christ ne peut, tout simplement, pas être comparée. Dans ce cas, le Christ est faux, et le salut ne viendra pas de lui. Auschwitz est la réfutation du Christ »[129] Ce défi n'a pas été relevé. Aucun Roland n'est venu relever le gant de l'ennemi menaçant. Lanzmann ne fut nullement ostracisé : ses films ont été projetés dans les salles de cinéma, en France, tandis que des théologiens débattaient doctement sur le thème : « Le christianisme après Auschwitz ». La capitulation spirituelle de l'Occident s'est manifestée par l'enlèvement de la Croix et d'une église de l'intérieur de l'enceinte d'Auschwitz. Elle trouva confirmation lorsque le Pape alla à Canossa, à Jérusalem, le chef de l'Église catholique demandant pardon aux juifs…

Ce fut une erreur. Ce n'est nullement une coïncidence si, très peu de temps après cela, Sharon a déambulé sur le Mont du Temple, déclenchant la Troisième Guerre Mondiale. Les juifs ne sont pas des chrétiens. Dans le pardon, ils ne voient qu'une seule et unique chose, la capitulation. Notre ami Paul Eisen a écrit :

« Aux chrétiens, et à l'ensemble du monde non-juif, les juifs disent ceci : « Vous demanderez pardon pour la souffrance juive, encore, encore et encore. Et, quand vous aurez fini de demander pardon, vous demanderez encore pardon. Quand vous aurez assez demandé pardon (selon nous) nous vous pardonnerons… à condition que vous nous laissiez faire ce que nous voulons, en Palestine. » »

En affirmant cela, Eisen péchait par excès d'optimisme. La Palestine n'est pas le but ultime des juifs : leur but ultime, c'est le

129. *Les Temps modernes*, Paris, décembre 1993, p. 132, 133.

monde. La Palestine n'est que l'endroit où doit être implanté le quartier général de l'État mondialisé ; étape nécessaire, sans laquelle le peuple d'Europe n'aurait pas pu être tétanisé, tel un lièvre surpris par les phares d'une voiture. Si un État juif avait été créé, disons, en Argentine (comme le désirait le baron Hirsh), ou en Ouganda (comme l'envisageait Herzl), ou encore à Madagascar (comme le projetait Hitler), cela n'aurait pas permis d'activer certains niveaux sous-jacents de la conscience de la chrétienté. Désormais, comme cela a l'apparence de relever de la prophétie, son esprit est captif.

Remarquez que cela a captivé l'esprit des Israéliens, aussi. Leur tâche, dans le plan d'ensemble, est bien entendu très limitée. Les juifs, dans leur aspiration à la domination mondiale, ont besoin d'une base : il incombe aux Israéliens de se rendre maîtres de cette base, et de la sécuriser. Les sionistes, on le sait, sont des gens plutôt frustes. Mais, pour accomplir une telle mission, ils n'ont guère besoin d'imagination. Le quotient intellectuel (QI) israélien moyen est de 95. C'est au-dessous du QI européen moyen, qui est de 100 ; et bien au-dessous du QI juif européen moyen, qui est de 105. La faiblesse du QI israélien moyen ne doit rien à l'intégration des juifs séfarades. En revanche, il doit tout au fait suivant, bien connu : les juifs intelligents et qui réussissent n'immigrent presque jamais en Israël. Ils font carrière aux États-Unis ou en Russie, en France ou en Allemagne. Ils font du fric à Wall Street, ils partent en croisade contre l'« antisémitisme » dans les pages du *Monde* et du *Times*, ils dirigent des nations et écrivent des critiques d'art. Les Israéliens ne sont que la racaille de la « communauté juive » mondiale, envoyée à la conquête de la terre nécessaire à l'édification du Quartier Général du Nouvel Ordre Mondial.

Très peu d'Israéliens voient plus loin que la colline d'en face, qu'ils espèrent voler aux Palestiniens. Ils sont possédés par leur désir, bien qu'ils soient incapables de comprendre ni d'expliquer pourquoi. Un bon exemple est fourni par le Dr Benny Morris. Cet expert de la Tragédie palestinienne de 1948, qui la dénonçait hier, aujourd'hui l'approuve. Il regrette qu'elle n'ait pas été portée à son terme, et il souhaite qu'elle se répète, multipliée et amplifiée[130]. Cela ne s'appelle certes pas « déni de l'Holocauste » : c'est de l'approbation de l'Holocauste! Pour Morris, déraciner les Palestiniens et détruire leur culture, leur terre, et leur caractère unique: il n'y a pas là de quoi fouetter un chat. Ont-ils disparu, comme une espèce biologique archaïque? Non? Bon, alors quoi? Le Goy n'est-il pas qu'une machine biologique, un animal, dont l'environnement et le mode de vie peuvent être détruits si cela est indispensable à des êtres d'essence supérieure? Et Morris d'affirmer: « Je me situe toujours à gauche. » Si ça, c'est un juif de gauche, quelqu'un pourrait-il avoir l'amabilité de me dire ce qu'est un juif de droite?

Le temps passant, la reconnaissance de leur mission pénètre profondément dans la conscience des Israéliens. La métamorphose de Nathan Sharansky, hier défenseur des droits de l'Homme, devenu un nationaliste juif de droite, est là pour en administrer la preuve. Naguère libéral, il a appelé, récemment à la conservation du Mont du Temple entre des mains juives, fût-ce au prix d'une guerre sans fin[131]. Benny Morris, hier ami des Palestiniens, en appelle aujourd'hui au nettoyage ethnique et prédit une guerre éternelle. Optimiste, il prévoit un holocauste nucléaire, dans les vingt ans à venir. Les juifs, ailleurs dans le monde, sont infatués de l'État d'Israël, bien qu'ils ne s'en soient que fort peu souciés avant 1968. En effet, ce n'est qu'après cette année fatidique qu'ils se mirent à prendre conscience de l'avancée des plans d'Yisraël à l'échelle planétaire.

En Israël, la proportion des gens qui approuvent les projets de Troisième Temple ne fait que croître: elle excède d'ores et déjà les 60 %. L'Irak occupé, les Palestiniens emprisonnés derrière le mur de Sharon, les Iraniens paralysés et les Saoudiens malades de trouille, la destruction par explosifs du Dôme du Rocher et la

130. « Survival of the fittest », interview par Ari Shavit, *Ha'aretz*, 9 janvier 2004.
131. *Ha'aretz*, 16 octobre 2003.

construction du Troisième Temple ne sont plus qu'une question de temps. Les conséquences sont incalculables. Soit elles se limiteront – par miracle – à un Armageddon nucléaire. Soit (ce qui serait incommensurablement pire) notre Oekuméné partira à la dérive, pour aller s'abîmer dans l'univers juif.

Enfin, pas exactement : tandis que les nations chrétiennes mourront spirituellement, aucune multiplication des temples ne permettra jamais d'établir la ligne téléphonique – inexistante – entre les juifs et Dieu. Nulle grâce divine ne viendra jamais se déverser, par l'intermédiaire de ce « temple », depuis le ciel, sur l'humanité. Le Moqueur satanique rira au nez des juifs, pour avoir cru que des tanks et des bulldozers leur permettraient de se mettre Dieu dans la poche.

Dans une histoire écrite par Charles de Coster, le magicien facétieux Till l'espiègle vend à des juifs un sachet magique, en leur promettant qu'ils pourront deviner l'avenir, s'ils en aspirent le contenu. Les juifs espéraient savoir quand leur Messie viendrait, alors ils ont aspiré de toute leur force… Pour découvrir à leurs dépens que le sachet était plein de fiente en poudre[132]. C'est un désappointement de même nature qui attend, au tournant, les constructeurs de Troisième Temple.

Mais les conséquences – désastreuses – de cette folle entreprise seront bien réelles, car l'acceptation du pouvoir satanique influencera la conscience collective de l'humanité, laquelle est extrêmement puissante, sinon omnipotente. Les scientifiques du Projet Manhattan, qui furent invités à créer la première bombe nucléaire, redoutaient que la réaction en chaîne ne détruisît la Terre, et elle serait devenue une jolie petite étoile de plus, au firmament. Faire joujou avec les sphères divines risque d'occasionner des dommages de même ampleur, en transformant le monde en désert spirituel.

132. Charles de Coster, *La Légende et les aventures héroïques, joyeuses, et glorieuses d'Ulenspiegel et de Lamme Goedzak au pays de Flandres et ailleurs*, 1868.

Afin de sauver le monde d'une possible dévastation spirituelle, l'État juif doit être démantelé. Dût Yasser Arafat jurer une loyauté éternelle à Ariel Sharon, il faut le faire – pas seulement pour les Palestiniens, mais pour le monde entier. Cela peut être fait en douceur, sans transfert ni bain de sang, en créant un État démocratique pour tous les habitants de la Palestine, qu'il s'agisse des Palestiniens de naissance ou des Palestiniens d'adoption. Cela ne sera pas un État juif, mais les Israéliens juifs finiront par être absorbés par les Palestiniens, comme les juifs furent jadis absorbés par les Palestiniens du deuxième au septième siècle après Jésus-Christ.

Après tout, les Indigènes palestiniens et les Israéliens juifs sont un même peuple ; seule, la religion les distingue. Dans une étude récente, le professeur de génétique espagnol Antonio Arnaiz-Villena, de l'Université Complutense de Madrid, a trouvé que les juifs et les Palestiniens ont en commun des génomes étonnamment proches, et qu'on doit par conséquent les considérer étroitement apparentés, et certainement pas différents, du point de vue génétique. La rivalité entre ces deux groupes, par conséquent, est fondée « sur la culture et la religion, et certainement pas sur des différences génétiques », ont indiqué les auteurs de l'étude qu'il a dirigée[133].

Ainsi, la famille d'Abraham sera réunifiée, et le monde se rétablira, lentement, de la dévastation provoquée par Yisraël.

133. http://cgis.jpost.com/cgi-bin/General/printarticle.cgi?article=/ Editions/200

CHAPITRE XLVI
MALÉDICTION, OU BÉNÉDICTION ?

Y a-t-il une méthode qui permette de décider, objectivement, qui est dans le vrai ? Quel modèle de l'univers est exact : le modèle juif, ou le modèle chrétien ? Ou bien n'est-ce qu'une question de goût, comme on peut préférer le thé au café ? Question subsidiaire : sont-ce nos oignons ? Mais bien sûr, qu'une méthode existe ! Mais bien sûr : c'est nos oignons ! Nous devons nous en occuper. Si ce que disent les juifs est juste – s'ils sont le Véritable Israël – alors leur présence devrait être une bénédiction pour les populations au milieu desquelles ils vivent. Si, en revanche, ce que l'Église enseigne est vrai, au sujet des juifs – à savoir que leur Yisraël est un imposteur – alors l'Ascension des Juifs a toutes les malchances de représenter une malédiction pour les gens du coin.

C'est une question sur laquelle juifs et chrétiens s'accordent : la bénédiction est le critère. Un porte-parole populaire juif, Irwin

Graulich, dont l'article « Le Judaïsme obsessivo-compulsif » (*Obsessive-Compulsive Judaism*), a beaucoup circulé sur Internet, écrit :

« La réponse (à la question de savoir s'il faut se soumettre aux juifs, ou non) est en réalité très simple. Elle découle d'une phrase très importante, contenue dans le Nouveau Testament : « Ceux qui bénissent les juifs seront bénis, et ceux qui maudissent les juifs seront maudits ». Quiconque croit en cette affirmation emboîtera immédiatement le pas aux chrétiens intégristes américains [sionistes]. Pas étonnant que l'Amérique soit devenu le pays le plus béni de toute l'histoire mondiale. Et quelles sont les nations les plus maudites, de nos jours ? A l'évidence, il s'agit des nations du monde arabo-musulman. Et tous leurs puits de pétrole ne font rien à l'affaire ! »[134]

Il n'y a pas plus d'affirmation de ce genre, dans le Nouveau Testament, que de beurre en branche. En revanche, des allusions à la Synagogue de Satan, oui : ça, il y a ! Et pas qu'un peu ! Les juifs ont persécuté Jésus : ça aussi, d'accord. Les juifs ont tout fait pour Le mettre à mort : incontestable. Les juifs ont agi par traîtrise : c'est clair. Mais la phrase qu'Irwin Graulich prétend trouver dans l'Ancien Testament y brille par son absence.

Graulich n'a pas entièrement inventé cette histoire de bénédiction et de malédiction : il a simplement confondu entre le Nouveau Testament et l'Ancien, dans lequel cette phrase a un sens totalement différent. La véritable citation est celle-ci : « Je bénirai celui qui te bénira (te = Abraham), et je maudirai ceux qui t'auront maudit : et en toi, toutes les familles de la Terre seront bénies »[135]. Pour un Chrétien, Dieu renvoie au Christ, descendant d'Abraham en ligne directe, notons-le au passage. Pourrait-il y avoir une bénédiction meilleure que celle d'être un ancêtre du Christ ? Bien entendu, à travers le Christ, toutes les familles de la Terre= les Gentils) ont été bénies, et tous ceux qui ont reconnu le Christ sont devenus les enfants d'Abraham, comme l'a affirmé

134. http://www.haaretz.com/hasen/spages/380986.html
135. Gen. 12:3.

saint Paul[136]. En revanche, ceux qui ont rejeté le Christ ont été maudits, par la malédiction même citée – mal à propos – par Graulich.

Dès l'instant où le Christ avait ouvert l'Alliance à tous les hommes, l'Église chrétienne devenait le Véritable Israël, et les juifs qui avaient rejeté le Christ n'appartenaient plus au Véritable Israël. Les prophéties divines ne leur appartenaient plus. En appliquant les promesses antérieures au Christ à la réalité postérieure au Christ, Graulich se moque de ses innocents lecteurs. Il ne se contente pas de se moquer d'eux : il les trompe.

L'opinion d'un Graulich aurait normalement fort peu d'importance. Mais c'est, hélas, la même idiotie qui fut propagée par la Nouvelle Bible de référence Scofield, publiée à Oxford en 1967 et sans cesse rééditée depuis lors. Il s'agit d'une vaste entreprise de propagande – inspirée par les juifs – qui trouve un écho inouï auprès des prêcheurs simplets de l'Amérique. Cette « Bible » serait plus correctement dénommée Talmud : le texte de la Bible lui-même y est accompagné d'un abondant appareil critique de « commentaires » et autres « notes de bas de page ». Le résultat est aussi éloigné de l'Ancien Testament que peut l'être le Talmud juif, qui n'est, lui aussi, qu'un recueil de « commentaires ». Ainsi, par exemple, le Talmud commente l'entrée « Homme » en ces termes : « Homme : ce mot désigne un juif, car un non-juif n'est pas appelé « homme » ».

Les éditeurs oxfordiens de la Bible de Scofield ont, quant à eux, accolé ce genre de note de bas de page à l'Ancien Testament :

« Il existe une promesse de bénédiction pour ceux qui, parmi les Nations, bénissent les descendants d'Abraham. Et une malédiction pèse sur ceux qui persécutent les juifs. Or, invariablement, dans l'Histoire, ceux qui ont persécuté les juifs ont très mal fini, tandis que ceux qui les ont protégés n'ont eu qu'à s'en féliciter.

136. Rom. 4:11.

L'avenir prouvera, d'une manière encore bien plus éclatante, la validité de ce principe »[137].

Vérifions, histoire de voir, si vous le voulez bien, si ceux qui ont protégé les juifs s'en sont si bien tirés que ça ? Pour procéder à cette vérification, est-il meilleur endroit que l'État juif ? Dans les dunes poudreuses du désert du Néguev, vaste zone aride située dans le sud de la Terre sainte, juste au-dessous du Détroit du Scorpion creusé par les Romains, sur la falaise qui domine la vallée de la Arava, à mi-chemin entre Eilat et Jérusalem, et entre Gaza et Petra, se trouve un vénérable jujubier millénaire. Sous sa frondaison toujours verte et majestueuse, coulait jadis une abondante source, appelée dans la Bible En-Hazeva, en hébreu, et de nos jours Ain Husub, en arabe. Ses eaux jaillissantes attiraient les caravanes de commerçants nabatéens, qui transportaient la myrrhe et l'encens de l'Arabie Heureuse vers les ports de la Méditerranée. Les Israélites de l'antiquité vivaient à proximité de cette source ; les Edomites construisirent un petit temple sur la colline qui la jouxte ; et les Romains construisirent des thermes, alimentés par elle. A l'époque moderne, beaucoup de bergers bédouins, enfants d'Abraham, amenaient leurs troupeaux s'abreuver à cette source bénie, et ils prononçaient des vœux, à l'ombre profonde et fraîche du jujubier[138].

Nous sommes, en cet endroit, à l'orée de la Terre sainte. C'est le cadre de vie de cette figure pastorale emblématique : vous savez, ce berger portant un agneau sur ses épaules ? Elancé, vigoureux, vêtu d'une ample tunique blanche, son noble visage buriné par l'air vif et encadré par la blancheur immaculée de son *keffiéh* retenu par une corde noire tricotée, une cigarette d'herbes aromatiques cultivées maison dans ses mains calleuses, l'Arabe se sent au moins aussi à l'aise, chez lui, dans la vaste étendue dénudée du désert, que vous pouvez le faire à Paris, rue du Faubourg Saint-Honoré. Rencontrer ces gens en permanence détendus et amicaux est

137. Page 19, Édition Genesis, 1967,12:1-3).
138. « Shizef », *Ziziyphus mauritanica*, NdT.

un vrai plaisir. Combien de fois, dans mes balades dans le désert, n'ai-je trouvé sur mon chemin une tente noire de Bédouins et n'ai-je été requinqué par leur tisane de sauge *maryamiyyéh*, toujours tenue au chaud dans un gros coquemar en aluminium, un peu de guingois sur les braises rougeoyantes ?

Les étoiles – ces étoiles énormes, et ébouriffées, qu'on ne voit que dans les déserts – au-dessus de leur feu de camp, étaient tellement plus impressionnantes et émouvantes que l'écran de la télé que nous semblons condamnés à fixer, dans nos appartements. L'électricité, cette bénédiction à double tranchant, nous a donné le plaisir de pouvoir lire des livres nuitamment, mais elle nous a volé les étoiles. Il est certes plus facile d'allumer une ampoule électrique, en tournant l'interrupteur, que d'allumer un feu. Mais au prix de cet effort, les Arabes ont de la lumière et un vrai feu, qui les réchauffe, par-dessus le marché. Les sédentaires bâtissent des murs qui coupent le vent, mais ils gênent la vue. Les Arabes, au contraire jouissent du spectacle vivant offert par une nature intacte. Nos toits nous protègent de l'ardeur du soleil et de la pluie. Mais les Arabes ont ce ciel, très haut, en permanence au-dessus de leur tête, qui les fait se souvenir de Dieu.

Vus de loin, tous les habitants du Moyen-Orient sont des « Arabes ». Mais, ici, en Palestine, ce nom appartient exclusivement aux Bédouins. Dans la belle mosaïque humaine de la Palestine, les bergers arabes, les paysans *fellahs*, et les citadins sont aussi distincts entre eux que les couleurs fondamentales. Tous aussi bons les uns que les autres. Mais néanmoins différents.

Les Fellahs ont les doigts verts : il font fleurir les amandiers et fructifier les oliviers ; il construisent des terrasses et de belles maisons en pierre de taille. Les citadins vivent parmi les églises et les mosquées de Palestine ; ils s'occupent du commerce et de l'enseignement. Les Arabes, quant à eux, sont encore différents de ces deux populations sédentaires, car ils sont exposés aux éléments : délavés par la pluie, réchauffés par le soleil, assainis par le vent, ils font partie intégrante de la nature. T. E. Lawrence en était tombé amoureux. Il pensait que les juifs protègeraient les Bédouins des menées des Fellahs et des citadins. C'est cette erreur qui l'amena à soutenir la déclaration Balfour et la colonisation de la Palestine par les juifs.

Toutefois, dès la déclaration unilatérale d'indépendance d'Israël, en 1948, les juifs chassèrent les Bédouins de la vallée de la Arava vers la Jordanie, le Sinaï et la bande de Gaza. Seule, une famille resta auprès de la source de Aïn Husub. Il s'agit de la famille d'Ali Abu el-Mesk Amrani, dont le père « avait protégé les juifs » : il avait aidé les soldats sionistes à trouver la piste conduisant au sud, jusqu'à Eilat, en 1949. En récompense, il fut autorisé à demeurer sur la terre de ses ancêtres, près du grand arbre vénérable et de l'abondante source. Mais pas pour longtemps : dans les années 1960, des colons juifs vinrent s'installer dans la Arava. Ils voulaient profiter de son climat tropical en créant une agriculture très rentable, dont les productions seraient exportées en Europe. Le sol était très pauvre, aussi s'arrogèrent-ils, tant qu'à faire, des terres jordaniennes, par-delà la frontière. Le travail était très dur, aussi importèrent-ils, tant qu'à faire, des manœuvres thaïlandais. L'idée qu'ils se faisaient de l'agriculture était inspirée de l'Europe, avec son eau abondante. Aussi forèrent-ils, tant qu'à faire, des puits très profonds, et firent-ils tant et si bien qu'ils pompèrent le jus de la terre. Déjà, en 1964, la source de Ain Husub cessa de jaillir. Il ne fallut que quelques années pour que l'ensemble des vingt-six petites sources qui naguère abreuvaient les moutons d'Ali soient taries. N'ayant plus de gagne-pain, Ali décida de construire une maison et d'adopter le mode de vie moderne. Mais on ne le lui permit pas non plus : ces mêmes autorités qui permettaient aux juifs de construire leurs villas, l'interdisaient au goy Ali. Il continua à vivre, avec sa famille, sous ses tentes d'abord élimées, puis carrément déchirées, auprès de la source asséchée de Aïn Husub, tout près des villas cossues des colons juifs, et d'un petit bidonville de journaliers thaïs, poétiquement dénommé « Bangkok ».

Maintenant, nous pouvons oublier le multiculturalisme postmoderne, l'approche anti-haine et soucieuse d'éviter toute offense, qui proclame à grands cris l'égale valeur de toutes les religions, et répondre aux questions de savoir qui est dans le vrai, et quel modèle de l'univers est préférable : le modèle juif, ou le modèle chrétien ?

Certes, l'univers juif est bon – pour les juifs. Mais, pour les autres, c'est une malédiction. L'Église a vu juste : leur bénédiction est devenue malédiction, et quiconque les bénit est maudit. Les Américains en font aujourd'hui l'amère expérience, au prix de leur propre vie. La domination juive n'est absolument pas bon signe pour les gens ordinaires. Ce n'est pourtant certes pas la première fois qu'on en fait l'expérience éprouvante…

En Europe orientale, les époques de domination juive furent les pires que les peuples eurent à subir. La Russie post-révolutionnaire a fait l'expérience du règne de la terreur, dans les années 1920, avec la destruction de ses églises, la grande famine en Ukraine et le déracinement massif des paysans. Mes ancêtres juifs ne voulaient pas faire de mal ; il ne s'agissait aucunement de monstres malfaisants. Simplement, comme le garnement qui sort le poisson rouge de son bocal pour lui faire prendre un bain de soleil, les juifs entendaient bien faire. Ils voulaient faire de la Russie un pays moderne, efficace, sans églises, sans cet « antisémite » de Dostoïevski, sans sa culture originelle, si naturelle. Si les Russes avaient absolument besoin d'une Église, les juifs étaient prêts à leur en fournir une : la hiérarchie quasi ecclésiale du PCUS [Parti communiste de l'Union soviétique]. Généreusement, ils en rajoutèrent même une louche, en leur fournissant par-dessus le marché la police idéologique quasi inquisitoriale qui allait avec : la Tchéka.

Il fallut attendre jusqu'en 1934 pour que les juifs perdent leurs hautes responsabilités dans l'Église Communiste. Après quoi, la vie des Russes ordinaires s'améliora notablement. Après 1991, en revanche, les judéo-mammonites imposèrent leur paradigme à la Russie, et la vie des Russes ordinaires se dégrada, tandis que les nouvelles élites prospéraient.

En Pologne, en Tchécoslovaquie et en Hongrie, les années de domination juive (1945 – 1956) furent les plus dures, les plus détestables. En Allemagne, la prééminence juive des années 1920 coïncida avec un chômage et une inflation terribles pour les Allemands, concomitants de l'accroissement de la richesse des juifs et de leur influence. Dans l'État juif d'Israël, l'indigène Gentil est écrasé plus bas que terre. Aux États-Unis, où l'influence juive croît continûment depuis 1968, la vie des gens du peuple ne cesse de se dégrader, et les disparités sociales de décupler.

Business Week, un hebdomadaire américain de droite, a indiqué, dans un article intitulé « Réveil douloureux, après le rêve américain », qu'entre 1973 et 2000, le revenu réel moyen des 90 % inférieurs des contribuables américains a chuté en termes réels de 7 %. Sur la même période, le revenu moyen du centile supérieur (centile = 1 %) des revenus américains a connu une croissance de 148 %. Le revenu moyen du 1/1000ème des plus hauts revenus a crû, quant à lui de 343 %. Quant à celui du 1/10 000ème des revenus supérieurs, il a connu une croissance de… 599 %[139]. La mobilité sur l'échelle sociale chutait, sur la même période, de 25 % à 10 %, et très rares sont les enfants des classes inférieures à parvenir à se hisser, ne serait-ce qu'à un bien-être des plus frugaux. Paul Krugman a écrit, dans *The Nation* que l'Amérique est en train de créer une société de castes, dans laquelle la situation dégradée des Américains ordinaires est maintenue par les coupes budgétaires frappant l'enseignement et la santé, et par la délocalisation du fardeau fiscal, depuis les classes riches et sophistiquées jusque sur les épaules des travailleurs[140].

Cette tendance est très forte, dans l'État juif, où les profits de la bourse et de l'immobilier échappent, dans bien des cas, à toute fiscalité, tandis que le travail est hyper-taxé. Cela n'est absolument pas une coïncidence : traditionnellement, les juifs méprisent le travail et les travailleurs, et l'ascension de l'Église juive a eu des répercussions très sévères pour les gens du peuple. Dans l'État d'Israël, la question « malédiction, ou bénédiction ? » ne se pose

139. Ils ont donc été multipliés par 6, en 7 ans, en prenant en compte l'inflation, NdT.
140. http://www.thenation.com/doc.mhtml?i=20040105&s=krugman

même pas. Les indigènes gntils de la Terre sainte subissent la destruction de leur pays : on arrache leurs oliviers, leur revenu représente une infime fraction de celui des juifs et, en prime, on les emprisonne derrière la grande Muraille de Sharon.

L'auteur israélien Ran Ha Cohen a écrit, sur le site Antiwar.com : « Il est plus que temps de le dire, à haute et intelligible voix : de toute l'histoire juive, depuis l'exil babylonien, au sixième siècle avant Jésus-Christ, il n'y a jamais eu d'époque aussi dénuée d'antisémitisme que la nôtre. Jamais les juifs n'ont connu période plus favorable que la période actuelle. » Je suis d'accord avec lui, et il faut le claironner !. Mais malheureusement, une époque propice pour les juifs ne saurait être une période propice pour le reste de l'humanité. Comme on le constate depuis 1968 : les juifs se portent de mieux en mieux (merci pour eux !), tandis que la situation des non-juifs va de mal en pis.

Ainsi, nous avons trouvé une réponse à notre question : la bénédiction pour les juifs est bien, en effet, une malédiction pour les non-juifs. Par conséquent, les juifs ne peuvent être l'Israël béni. Un théologien juif new-yorkais, Saadiya Grama, l'a résumé en quelques mots : « Les succès des juifs, de par le monde, sont entièrement conditionnés par l'échec de tous les autres peuples. Ce n'est que lorsque les Gentils sont confrontés à la catastrophe totale que les juifs font l'expérience de la bonne fortune »[141]. Notons que son livre fut – à juste titre – condamné pour racisme : il n'avait pas hésité, en effet, à affirmer ce qui suit : « La différence entre le peuple d'Israël et les nations du monde est une différence d'essence. De par leur origine, et de par leur essence propre, les juifs sont fondamentalement bons. En revanche, les goys, de par leur origine, et de par leur essence même, sont totalement mauvais. Il ne s'agit pas seulement d'une question de différence de religion : il s'agit tout simplement de la différence entre deux espèces n'ayant rien à voir l'une avec l'autre. »

141. http://www.forward.com/issues/2003/03.12.19/news4a.html

Grama a exprimé de manière explicite et brutale ce que beaucoup d'autres juifs pensent tout bas, depuis les Hassids Lubawitsh jusqu'à Matti Golan. Mieux : ses propos sont une très bonne définition du paradigme théologique juif, débarrassé des mensonges et des dissimulations propres aux impératifs des relations publiques. Cette définition resterait objectivement exacte, quand bien même aucun juif n'exprimerait (voire même, n'entretiendrait d'une manière consciente) de telles pensées.

Pour illustrer cette réalité, je rappellerai que l'Amérique est séparée de l'Europe par l'Océan Atlantique. Et que tel était déjà le cas, (même) avant que les Européens n'eussent découvert l'Amérique.

CHAPITRE XLVII
LEÇON DE CIVILISATION, AU RESTAURANT CHINOIS

Au XIIIe siècle, les Français conquirent la Sicile. Ils s'installèrent dans les villes de cette grande île, et ils y formèrent une classe aristocratique, séparée des indigènes. Ces Français étaient plus riches et plus puissants que les Siciliens, et les troupes françaises stationnées sur l'île étaient là essentiellement pour assurer leur protection. Mais, le jour de Pâques 1282, à l'heure des vêpres, la population palermitaine apparemment docile se révolta, et elle massacra tant les soldats que les colonisateurs français. Ce sont près de 2000 Français qui périrent, égorgés, au cours du massacre resté célèbre dans l'histoire sous le nom de Vêpres Siciliennes. La France perdit sa mainmise sur le royaume de Sicile. Dix ans plus tard, le Royaume Croisé de Saint-Jean d'Acre était vaincu à son tour par le Sultan Khalil al-Ashraf: là encore, les colons francs furent, qui égorgé, qui vendu comme esclave, qui déporté à Chypre.

Ce ne sont pas là des exemples inhabituels de solution au problème posé par une suprématie étrangère. Si les étrangers régnants restent entre eux, et ne s'intègrent pas à la population indigène, ils se préparent le sort peu enviable des Français, en Sicile, ou des Francs, Outremer. Mais il y a néanmoins des manières moins sanglantes de traiter le problème des élites étrangères, comme nous allons le découvrir, si vous le voulez bien, tout en dînant…

Dans les meilleurs restaurants chinois, vous jouissez d'un plaisir visuel (ce qui ne gâche rien), en plus de mets succulents. En effet, les serveuses portent des robes de soie descendant jusqu'au sol, et fendues sur le côté, jusqu'à la taille. Aussi, chaque pas de ces créatures exquises donne un aperçu éphémère de leurs jambes superbes. Rien à voir, en l'occurrence, avec les stigmates de la décadence occidentale : même les restaurants les plus traditionnels dans le vénérable Empire du Milieu observent cette coutume roborative. Très loin d'eux, l'idée de détourner l'attention de leur client de la dégustation de leur Canard à la Pékinoise, spécialité du chef depuis « n » générations… Non, vous n'y êtes pas du tout : la fente, dans la robe de soie, a une tout autre signification.

Il s'agit là de la mémoire de la conquête de la Chine par les Mandchous – une population apparentée aux Mongols, venue de la province de Mandchourie, située au nord-est de la Chine. En 1644, les Mandchous repoussèrent les percées des Russes, dans la vallée du fleuve Amour. Avec l'aide de Chinois dissidents, ils finirent par s'emparer du pouvoir en Chine, sous le nom de la Dynastie Ch'ing. Le pouvoir dynastique des Ch'ing dura jusqu'en 191, soit près de trois siècles. Durant cette longue période, les Chinois assimilèrent culturellement leurs gouvernants semi-nomades : les Mandchous perdirent leur langue, leur culture spécifique, leurs coutumes. Et ils finirent par devenir plus chinois que les Chinois !

Mais l'assimilation est un processus bijectif. Les Mandchous – aussi bien les femmes que les hommes – étaient des guerriers redoutables et des cavaliers intrépides. Les dames mandchoues de noble extraction portaient de longues robes fendues sur le côté jusqu'à la taille, car cela leur permettait de monter avec beaucoup d'aisance à cheval, à califourchon. Elles firent connaître leurs atours si particuliers dans leur nouvelle capitale impériale, Beijing (Pékin)… Et, très vite, toutes les dames de l'aristocratie chinoise adoptèrent cette mode, d'autant plus exotique et du dernier chic branché, à leurs yeux, qu'à aucun prix, elles n'auraient daigné, quant à elles, monter à cheval…

La révolution de 1911 instaura en Chine une république. Le pouvoir mandchou était désormais chose du passé, et il ne tarda pas à être tout à fait oublié, en dépit d'une tentative japonaise (sans lendemain) de créer un nouvel État mandchou : le Manchukuo. La seule chose qui demeura, des presque trois siècles de pouvoir mandchou fut ce vêtement de cour, avec ses longues fentes sur les côtés, si pratiques pour monter à cheval. Et il est même relégué, en l'occurrence, au fin fond des restaurants chinois.

L'assimilation est une bonne manière de déconstruire la domination des élites étrangères. Il n'est pas toujours possible de chasser l'envahisseur. Parfois, il est plus facile de l'assimiler. La domination juive aux États-Unis et en Palestine plaide en faveur d'une rapide assimilation des juifs. Quelques traces – vestiges de la période de domination idéologique des juifs – persisteront, bien entendu. Mais lorsqu'on les aura réduites au niveau des robes mandchoues fendues, elles ne présenteront plus aucune sorte de danger. De fait, tout en condamnant la théologie et l'idéologie juives, ce que nous désirons faire, c'est sauver les juifs du mauvais sort, les rendre bons, et mettre leur indéniable énergie au service des gens. Le feu de la Palestine y contribuera.[143]

143. Précisions de l'auteur, mars 2004 : « La Pâque qui s'annonce est un temps très particulier. Cette année, toutes les Églises, tant d'Orient que d'Occident, célèbreront Pâques ensemble, car la date de cette célébration, bien que calculée différemment par les Églises orientales et occidentales, coïncide à intervalles cycliques. Cette année, le Vendredi saint coïncidera avec l'anniversaire du Massacre de Deir Yassine, jour funeste de 1948, où des centaines d'hommes, de femmes et d'enfants palestiniens furent massacrés par les juifs qui voulaient s'emparer de Jérusalem, en dépit de la dé-

cision de l'ONU de conserver cette ville sous souveraineté internationale. Le Vendredi saint coïncidera également avec le massacre de Jénine, perpétré, voici deux ans de cela, par les juifs, dont les bulldozers ont enseveli de malheureux Palestiniens sous les décombres de leur propre maison. Il coïncidera aussi avec le siège sacrilège de l'Église de la Nativité, à Bethléem. On le constate : le rapport entre la tragédie palestinienne et la Crucifixion est inscrit dans l'Histoire.

Mais nous savons qu'après la Crucifixion, vient la Résurrection. »

POST-SCRIPTUM

Le système de la Kabbale, et plus généralement la foi judaïque, a énormément souffert du fait de certaines interprétations grossièrement matérialistes. Celles-ci ont été utilisées à l'instar d'une « bêche », pour « creuser la question » [pour reprendre les termes du Talmud], bien plus que d'un outil permettant de parvenir jusqu'à Dieu. En particulier, le sionisme est [que dis-je : était] une lecture bâtarde de textes gnostiques et kabbalistiques dans lesquels des idées profondes, symboliques et métaphoriques furent réinterprétées de la manière la plus grossière, bien conforme à notre ère de décomposition spirituelle. Pour un homme éclairé, l'idée sioniste de conquête militaire de la Palestine visant à [y] faciliter le Retour des Juifs équivaut à l'idée de conquérir militairement l'Irak afin de connaître le Jardin d'Eden ! Mais, pour un authentique croyant et pour l'observateur faisant preuve de discernement, l'Exil et le Retour sont des mythes gnostiques classiques : ils symbolisent notre âme, dont l'errance dans le monde matériel doit être parachevée par son retour auprès de son Père Céleste. Ces deux notions sont

*. Réponse aux lecteurs inquiets à l'idée que Shamir réduise la Kabbale à un ensemble d'automatismes mentaux qui conduit une collectivité à des comportements inadmissibles.

relativement courantes dans la Kabbale, où elles s'insèrent dans un projet divin de réarrangement de l'Univers.

La Bible évoque des Israélites auxquels sont prodigués « des maisons qu'ils n'ont nullement construites et des champs qu'ils n'ont aucunement labourés ». La lecture au ras des pâquerettes y voit un commandement divin de déposséder les Palestiniens. C'est de cette manière que cela a été lu par notre ami Gilad Atzmon, qui a exprimé son horreur devant une telle perversion du sens de la justice. Toutefois, nous tous, nous vivons dans des maisons que nous n'avons point construites – soit que nous les ayons achetées, soit que nous en ayons hérité ; et, nous tous, autant que nous sommes, nous utilisons des produits que nous n'avons ni semés, ni manufacturés. Beaucoup nous est prodigué par la Providence divine, et nous sommes à jamais débiteurs envers Dieu, qui nous a prodigué ces dons, tant matériels que spirituels.

La Kabbale traite de la relation complexe entre les mondes matériel et spirituel, et elle place le Spirituel au premier plan, à la place la plus éminente. Y compris le souhait terrestre de voir notre monde réorganisé de la manière la plus idoine à la recherche de spiritualité peut conduire à Dieu. Il est fondamental de s'en souvenir. Il y a encore des disciples spirituels des grands maîtres judaïques. Ils ont emprunté énormément d'éléments aux traditions ésotériques chrétienne et soufie musulmane, et ils les ont transmis jusqu'à nos jours. Leur foi ne doit pas être méprisée. Tout en rejetant l'interprétation grossièrement matérialiste des sionistes et des nationalistes, d'un côté, et le kabbalisme populaire New Age des Loubavitchs, de l'autre, nous devons garder présent à l'esprit que la quête de Dieu emprunte des voies innombrables, et que la grâce de Dieu peut être accordée à n'importe qui, de manière méritée, ou non.

La lutte intrinsèque à la foi judaïque n'est pas encore terminée : à nous de soutenir ce que celle-ci renferme d'éléments positifs !

CODA

LE GLAIVE DE SAINT-MICHEL[142]

Dans *Dune*, un film visionnaire qui prédit l'invasion du Moyen-Orient par les Etats-Unis, on demande au chef spirituel de la Résistance: Aurons-nous un jour la paix? Nous aurons la victoire! répond-il.

En effet, parfois, un envahisseur peut s'adoucir, et rechercher la paix; mais un pays agressé doit poursuivre la victoire, tant que l'envahisseur ne demandera pas la paix. Ainsi, durant la guerre au Vietnam, de bons Américains demandaient « la paix », mais les Vietnamiens et leurs soutiens, partout dans le

142. 26 septembre 2004.

monde, voulaient défaire l'envahisseur. Cette règle est souvent oubliée des tenants contemporains du pacifisme et de la non-violence. Ils prêchent la non-violence aux opprimés, en la leur présentant comme la panacée de tous leurs maux. Comme on devait s'y attendre, la non-violence, bénéficiant d'une très bonne couverture médiatique, est très copieusement servie aux opprimés.

La Terre sainte a reçu, dernièrement, un petit-fils du Mahatma Gandhi, lequel est allé enseigner la non-violence aux Palestiniens, à Ramallah. Bonne idée, mais mauvais endroit : la non-violence est le pain quotidien de l'immense majorité des Palestiniens, leur « violence d'opprimés » étant une denrée rare et précieuse ; sans celle-ci, la non-violence n'a aucun sens. La part du lion en matière de violence, c'est celle de l'État juif, bien qu'il s'agisse souvent d'une « violence suspendue », pour reprendre l'expression du philosophe israélien Adi Ophir, ami de la Palestine : une violence suspendue comme l'épée de Damoclès, comme une sentence de mort, lovée sur elle-même, en suspens, prête à se déployer et à frapper à tout instant. Les pacifistes laissent la violence suspendue en place ; voilà pourquoi, au lieu de la paix, c'est la victoire, qu'il nous faut rechercher.

Plus dérangeante encore : cette tendance à faire de la non-violence la seule voie possible, une sorte de norme pieusement orthodoxe pour tout dissentiment. « Rien ne saurait justifier la violence », ou encore « deux torts ne font pas un droit » : on entend lâcher quotidiennement cette pseudo-sagesse, qui est une authentique plaisanterie. Elle est fausse à tous points de vue ; même vue de l'exigence morale la plus élevée : la violence est justifiée, elle est impérative, même, lorsqu'il s'agit de sauver la vie et la dignité d'autrui. Un saint homme peut suivre à la lettre le Sermon sur la Montagne, et offrir sa joue droite afin qu'on la soufflette ; mais il ne peut passer à côté d'un violeur ou d'un assassin et le laisser poursuivre ses méfaits sans lui demander des comptes. Il doit le tuer, s'il n'y a pas d'autre manière d'arrêter l'assassin. Nous sommes libres de renoncer à notre vie et à notre dignité, mais nous avons le devoir de défendre nos frères et nos sœurs. De même, la justice

« commet le mal » en emprisonnant, en soumettant à l'amende ou en exécutant quelqu'un parce qu'il a « commis le mal » en assassinant ou en violant; vu sous cet angle, pour sûr, deux torts font bel et bien un droit. Ce principe de justice, communément accepté par toutes les sociétés, on le refuse aux opprimés, qui devraient se contenter de la religion de la non-violence.

Le concept d'auto-défense, ou la vertu de la bataille énergique pour les faibles, est quelque chose que négligent – intentionnellement, le plus souvent – les prêcheurs de la non-violence. Sur le forum de discussion Togethernet (voir ci-après), un pacifiste canadien d'origine indienne, Ardeshir Mehta, affirmait ceci : « Soit on est chrétien, soit on se fait l'avocat de la violence. Mais les deux à la fois : non, c'est impossible ! » Ardeshir n'est ni l'un ni l'autre, mais les paroles du Christ sont souvent citées avec les mêmes libertés que prenait Nietzsche lorsqu'il citait Zarathoustra. Joh Domingo, un Sud-Africain radical, a rétorqué : « Est-ce que je justifie la violence palestinienne ? Non, je ne la justifie pas : je la soutiens ! »

La résistance violente est-elle mauvaise et antichrétienne ? Cette question m'amène à l'esprit un tableau, que j'ai vu à Medina del Campo, une petite ville castillane où se tenait une exposition de peintures en mémoire d'Isabelle la Catholique, la Reine de Christophe Colomb et de Grenade. Le tableau de l'un de ses contemporains, le Maître de Zafra [Alejo Fernandez] est sans doute l'œuvre la plus marquante et impressionnante de l'art de cette époque, et même, à vrai dire, de toutes les époques… Au beau milieu d'une bataille apocalyptique, parmi des saints et des anges, des diables et des dragons, sur un fond d'un bleu profond, brillait une représentation élégante, calme, sereine, de saint Michel brandissant son glaive d'une main et son bouclier damasquiné de l'autre. Un visage d'une beauté sublime, quelque peu androgyne, comme le sont les anges, ce saint Michel serein n'était pas effleuré par la moindre haine, la fureur ne voilait pas ses paisibles yeux saphir, la colère ne ridait pas son front lisse, couronné d'un crucifix. Mais son glaive n'était visiblement pas un jouet : s'il était brandi, c'était pour frapper.

C'est dans une profonde vallée qu'est blotti le village palestinien d'Ein Karim. Des buissons rouges et violets de bougainvillées y embrassent sa délicieuse Eglise de la Visitation, qui marque le lieu où se rencontrèrent les deux futures mères [sainte Marie, mère de Jésus, et sainte Elizabeth, cousine de sainte Marie et mère de Jean-le-Baptiste, NdT]. Au niveau supérieur, on peut voir une grande peinture représentant la bataille navale de Lépante, la Vierge étant l'inspiratrice de cette bataille, le Commandeur de l'Armée Céleste et le Défenseur de la Foi, semblable, en cela, au saint Michel des Castillans, à la Nikè des Grecs et aux Walkyries des pays nordiques ; c'est une manifestation du Christ, qui a dit : « Je ne vous ai pas amené la paix, mais l'épée ». L'épée... de saint Michel.

La foi chrétienne comporte des idées apparemment contradictoires ; c'est une de ses qualités sans pareilles. Parmi celles-ci, l'exemple de saint François d'Assise, qui considérait qu'il retirait un plaisir ineffable des moments où il était humilié et poussé dans la neige. Mais aussi le glaive brandi par saint Michel. Ces deux contraires sont harmonisés par notre amour pour Dieu et les êtres humains, nos semblables. Cet amour peut nous amener à tout donner, y compris notre vie. Mais il peut nous amener, aussi, dans certaines circonstances, à ôter la vie.

Comme l'exprime notre ami, le philosophe Michael Neumann :

« Le christianisme est une religion d'amour. Mais ce n'est pas une religion d'amour écoeurant ou d'amourette. Le pécheur repentant est aimé. Le pécheur persistant dans le péché est abhorré, mais il reçoit l'amour de Dieu lorsqu'il reçoit la grâce du repentir. Pensez à Tertullien, lequel affirmait : « Ce que nous apprendrons au Jugement Dernier, c'est qui, en définitive, est haï. Nous devons toujours aimer nos ennemis, mais pas les ennemis de Dieu ! »

Trop souvent, la non-violence ne découle ni de l'humilité ni du don de soi, mais de l'instinct de conservation et de la peur ; et notamment de la peur de soutenir le bon camp, dans une guerre. Etre « contre les guerres et la violence », c'est généralement bien plus facile que faire face à un agresseur envahisseur, en particulier quand il se trouve que cet agresseur, cet envahisseur, c'est votre propre pays.

Ainsi, en Italie, le leader communiste Fausto Bertinotti s'est proclamé « contre la guerre en Irak », car « il est pacifiste et contre les guerres, quelles qu'elles soient ». Après une telle déclaration, il n'avait plus aucune raison d'exiger le retour à la maison des soldats italiens. D'ailleurs, il s'en est bien gardé. Quel changement, pour un parti qui reprenait jadis les paroles retentissantes de ce grand rebelle, le Président Mao, qui disait : « Le pouvoir est à la pointe du fusil ! »

Et on peut dire que les Italiens sont réellement coincés. Pour la deuxième fois en soixante ans, leur pays a misé sur le mauvais cheval : deux fois de trop ! Voici soixante ans de cela, les jeunes soldats italiens sont étaient allés se faire massacrer à Stalingrad, avec Hitler ; et voici qu'aujourd'hui leurs enfants et leurs petits-enfants vont à Bagdad, avec Bush. Et pourtant, hier comme aujourd'hui, le douloureux devoir de tout Italien doté d'une conscience, c'est de souhaiter une prompte victoire aux gens qui tirent sur les soldats italiens. Qu'il se soit agi, hier, des soldats russes, sur les rives de la Volga, ou qu'il s'agisse, aujourd'hui, des résistants irakiens, sur celles de l'Euphrate.

Certaines guerres sont stupides : personne ne sait pourquoi on a fait la Première guerre mondiale – il n'y avait même pas une Hélène à ramener à la maison, depuis les rives de la Spree. Dans ce genre de guerre absurde, il faut surtout tout faire pour déserter et ne pas combattre. Mais dans la présente guerre, il y a bel et bien un bon camp et un mauvais camp, et notre devoir nous impartit de soutenir le bon camp, contre le mauvais.

Dans la Troisième Guerre mondiale actuelle, menée en Palestine, en Irak, en Afghanistan et ailleurs, il ne suffit pas d'être « contre la guerre », ni de prêcher la non-violence « aux deux côtés ». On doit donner un soutien moral entier aux combattants qui résistent à l'envahisseur, tout comme les Russes résistèrent à l'agression germano-italienne, durant la Seconde guerre mondiale. De la même manière, les bons Américains ont soutenu le Viêt-Cong contre leur propre armée; et les bons Français – à l'instar de nos amis Ginette Skandrani et Serge Thion – ont soutenu la résistance algérienne. Ce n'est pas cool, certes, de se battre pour faire connaître l'humiliation aux forces armées de son propre pays, mais la plupart du temps, une victoire ne sert qu'à planter le décor pour un effondrement plus retentissant. Le pacifisme n'est que l'échappatoire du couard qui veut échapper à un choix moral inéluctable.

Les états de service moraux du pacifisme sont loin d'être parfaits. Beaucoup de lecteurs ont entendu parler d'un ouvrage publié en Amérique, pendant la Seconde guerre mondiale, par un certain Dr Kaufman[143], qui proposait de stériliser les Allemands afin de se débarrasser du bellicisme. Le ministre allemand de la propagande fit réimprimer ce livre, en plusieurs millions d'exemplaires, afin de galvaniser le moral des combattants allemands et de leur rappeler qu'ils ne défendaient pas seulement leur patrie, mais leur paternité et leur postérité, tout aussi bien… Peu de gens savent que ce même Dr Kaufman proposait de stériliser les Américains, aussi – c'était un pacifiste convaincu. Il pensait que rien ne pourrait apporter la paix universelle comme la stérilisation de masse, aussi simple que cela…

Un autre grand pacifiste, Lord Bertrand Russell, se fit l'avocat de la vitrification nucléaire de l'Union soviétique afin d'apporter la paix. Le père de la non-violence, le Mahatma Gandhi, conseilla quant à lui aux juifs de se suicider en masse, afin de couvrir de honte leurs oppresseurs nazis, et sa propre carrière politique se conclut par l'un des plus grands massacres de l'histoire humaine. Bref: le pacifisme est une idée bizarre, douteuse, et qui ne marche pas.

Par le passé, les ennemis du Christ tentèrent de convaincre les chrétiens (et pour moi, les musulmans sont chrétiens, eux aussi, puisqu'ils croient que Jésus est l'Oint du Seigneur) d'accepter la non-violence et le pacifisme au moyen de divers sophismes. Le *Toledot Yeshu*, un best-seller judaïque du quatrième siècle, très

144. www.ihr.org/books/kaufman/perish.html

amusant (bien qu'extrêmement antichrétien), nous conte l'histoire d'un juif rusé, qui vint trouver les premiers Chrétiens, en prétendant qu'il était envoyé par le Christ. Il les endoctrina (dit l'ouvrage), au nom du Christ :

« Le Christ a souffert aux mains des juifs, mais il n'a pas résisté. De la même manière, vous devez endurer quoi que ce soit que les juifs vous fassent subir, sans leur causer le moindre tracas, tout comme le fit Jésus. Si un juif exige de vous que vous marchiez sur une distance de cinq kilomètres, faites ces cinq kilomètres à pied, et puis, tiens : vous en ferez même dix. Si un juif vous fait du mal, ne lui faites pas de mal en rétorsion. Si un juif vous soufflette à la joue droite, tournez vers lui votre joue gauche, par amour pour Jésus, et ne causez aucun tracas aux juifs, ni petit, ni grand. Si un juif vous insulte, ne le punissez pas, mais dites-lui : « C'est votre arrogance qui s'exprime ici », et laissez-le aller librement. Si vous voulez être auprès de Jésus, dans l'au-delà, vous devez souffrir tout le mal que vous causent les juifs, et ne pas oublier de les en remercier, par vos bonnes actions, et votre reconnaissance envers eux ».

Nous ne savons pas si une telle tentative d'endoctrinement a jamais eu lieu, dans les années obscures antérieures à la conversion de Constantin, mais si cela fut le cas, elle a profondément échoué, comme plus d'un juif insolent a eu à en connaître, à ses dépens. Non que les Chrétiens eussent oublié les paroles de Jésus (« tendre l'autre joue » vise seulement à nous faire renoncer à la vengeance, mais la foi chrétienne n'est pas une simple collection d'anecdotes ; elle se manifeste dans le corps vivant de l'Eglise, dans sa doctrine et sa praxis, et cela inclut tout autant le glaive de saint Michel que les petites fleurs de saint François d'Assise.

La société, comme toute chose dans l'univers, est au mieux de sa forme lorsqu'il existe un équilibre entre le yin (le principe passif, féminin) et le yang (le principe actif, masculin). Chaque fois que le yang de la Chrétienté fut puissant, la Chrétienté fut puissante. Alors, l'Eglise bénit beaucoup de guerriers, et elle fut bénie en retour par eux. Saint Georges Terrassant le Dragon et sainte

Jeanne d'Arc manièrent l'épée. L'Eglise occidentale connut les Templiers et les Chevaliers de saint Jean, et l'Eglise orientale vénère saint Alexandre Nevski, qui battit les Germains, ainsi que saint Serge, qui pria pour demander la victoire sur les Tartares, et la victoire lui fut accordée. Car un soldat peut être noble, et la guerre peut avoir une signification spirituelle ; et nous devons reconnaître que « la guerre est une voie possible vers l'ascèse et l'immortalité », comme l'a dit Julius Evola pour résumer, d'une formule, la tradition chrétienne médiévale. Les musulmans, nos frères, expriment la même idée, parlant de Petit Jihâd (la guerre pour la foi, contre l'oppresseur) et de Grand Jihâd (la guerre pour la foi, dans son âme propre).

Aujourd'hui, le yin a conquis l'esprit de l'Occident, et c'est la mort de l'esprit de la chevalerie. Le mouvement pacifiste est dominé par des femmes, et ce n'est pas là pure coïncidence. Dans un article intitulé « Les petites vieilles dames pour la paix », Owen Owens (qui est l'auteur d'une critique de notre étude *Pardès*) remarque que le public du Camp de la Paix se caractérise par les qualificatifs suivants : « féminin, âgé et court d'esprit ».

Bien sûr, ces petites vieilles dames sont bénies. Mais leur prédominance est un signe d'absence d'équilibre. A côté du Mouvement Yin de la Paix, il y a – ou plutôt, il devrait y avoir – le Mouvement Yang de la Victoire. C'est la menace représentée par Malcolm X qui a amené les dirigeants à la table de négociation avec Martin Luther King junior. Ce sont eux, les combattants armés de mitraillettes AK-47, qui progressent précautionneusement dans les venelles étroites de Naplouse ou de Fallujah, eux, les paysans français qui aplatissent des McDo avec leurs tracteurs, eux, les manifestants de Seattle et de Gênes, eux, les partisans de Che Guevara et les rebelles de Mishima : les voilà, les combattants du Christ des temps modernes, qui se dressent instinctivement contre les forces déshumanisantes de Mammon.

Saluez ces combattants, ne retenez pas leur bras armé.

Nous n'aurons peut-être pas la paix. Mais nous aurons la victoire !

INDEX

Aaronovitch, David : 279
Abdallah II (Roi de Jordanie) : 57, 63
Abgar (roi) : 147
Abraham : 221, 391, 392, 413, 451, 453
Abramovitch, Roman : 379
Abramovitz, Morton : 445
Abrams, Elliot : 286, 356
Abu Assad, Hany : 41
Abu el-Mesk Amrani, Ali : 457
Abunimah, Ali : 39
Acosta, Uriel : 273
Adam : 183, 413
Adams, Douglas : 96, 151
Agnon, Shmuel Yosef : 239
Agursky, Michael : 423 (note)
Ahasuerus (roi) : 212
Ahmad : 327
Ahmadinejad, Mahmoud : 64, 77, 79, 78, 80, 82, 85, 84, 91, 92, 134, 209, 234, 247, 271, 297
Ahmed, Lord : 136
Akabia, Issi b. (connu également sous les noms de Joseph de Huzal Joseph b. Judah) Issi b. Gamaliel Issi b. Mehalalel) : 122
Al-Ashraf, Khalil : 466
Al-Durra, Mohamed : 88
Alekseeva, Lyudmila : 136
Alexandre Nevski (saint) : 476
Allen, Richard : 446 (note)
Al-Sadate, Anouar : 95
Amara, Fadela : 14-17
Andromaque : 61
Andromède : 137-143
Annan, Kofi : 154
Antonioni, Michelangelo : 190
Arad, Ron : 215
Arafat, Abu Nimah : 43, 113, 209, 248, 451
Arbatova, Maria : 329, 330
Arnaiz-Villena, Antonio : 451
Aron, Raymond : 124 (note)
Ash, Gabriel : 90, 91
Ashcroft : 175, 176, 178, 192
Asherman, Arik : 364
Ashrawi, Anan : 203
Asper, Israel : 212 (note), 340
Assad, Bashar al- : 53
Astarté : 432

Atalla Hanna, Théodose: 59
Atatürk, Mustafa Kemal: 299, 357
Athanase (saint): 419
Attali, Jacques: 223 (note), 424
Attis: 355
Atzmon, Gilad: 95, 208, 327, 328, 468
Atzmon, Yossi: 41-50
Aucassin : 108
Avnery, Uri: 292, 305, 393, 394
Avtorchanov, Abdurachman : 423 (note)
Axelrod, Dan: 332
Ayalon, Dan: 41-49
Azmon, Yossi: 41
Baal : 432
Bach, John Sebastian: 96
Baer, Yitzhak: 35 (note)
Baïbars: 22, 28
Baker, James: 92, 303
Balandine, Sergueï: 396
Balfour, Lord: 461
Bandera: 146
Barak, Ehud: 95, 96, 120
Baram, Haim: 254, 255
Barnea, Nahum: 253, 254
Baron-Cohen, Sacha: 132
Baroud, Ramzy: 327
Barr, Bob: 447 (note)
Barrett, Graham: 362
Basile le Grand (saint): 418, 431
Baudelaire, Charles: 119
Bauer, Yehuda: 237, 313-317
Beau, Nicolas: 124
Beethoven, Ludwig von: 196
Begin, Menahem: 209, 213, 221
Beker, Avi: 411
Ben Efrat, Jacob: 375, 376 (note)
Ben Gourion: 25, 230, 233, 442
Ben Laden, Osama: 76, 102, 125
Benstein, Lloyd: 373
Berger, Chaim: 371
Bergman, Ingmar: 389
Berlinguer, Enrico: 168
Berlusconi, Silvio: 289
Bernadotte, Folke: 24, 38, 129, 130, 154
Bertinotti, Fausto: 475
Bialik, Chaim Nachman: 280
Bialyss: 435
Biden, Joseph: 376
Bishara, Azmi: 34
Black, Conrad: 203, 373, 407
Blackwell, Sue: 240, 269
Blair, Tony: 224, 266, 378, 407
Blankfort, Jeffrey: 34, 176, 179, 182, 201, 363, 432
Blok, Alexander: 313, 344
Bloom, Howard: 398, 399, 400
Boesky, Ivan: 370
Bolton, John: 23
Bonaparte, Napoléon: 27, 56, 206
Bond, James: 248
Bonner, Elena: 125, 135
Boot, Max: 70, 338
Borovoy, Saul: 404
Bouddha: 220
Boulgakov, Michael: 306
Bourgeois, Denis: 199-201
Bové, José: 477
Bradner, Heidi: 136
Brecht, Berthold: 171

Brejnev, Leonide: 226
Breker, Arno: 149
Brenn: 351
Brenner, Leni: 67, 204, 205, 369, 404
Bronfman, Charles: 370
Bronfman, Edgar: 370
Brown, Dan: 271
Bruno, Giordano: 283, 284
Brzezinski, Zbigniev: 125, 131, 135, 170, 171, 446 (note)
Buchanan, Patrick: 145, 147, 163, 176, 177, 178, 180, 181
Bukovsky, Vladimir: 125, 135
Burston, Bradley: 304
Burton, Richard: 278, 279
Bush, George Herbert Walker (senior): 171 (note), 437 (note)
Bush, George Walker: 15, 56, 71, 80, 85, 86, 91, 128, 133, 134, 138, 144, 145, 146, 171 (note), 176, 187, 193, 209, 219, 247, 266, 307, 339, 346, 356, 362, 372, 378, 384, 407, 430, 475
Caïphe: 266
Campanton, Isaac: 283, 284
Camus, Jean-Yves: 121, 272
Carmen: 281
Carter, Jimmy: 301-309, 329, 328, 170, 171 -
Casement, Roger: 302
Castro Ruz, Fidel: 134, 145, 146, 329, 333, 344
Chafets, Zev: 286
Chandler, Raymond: 246
Charbonnier, Marcel: 112, 113, 207
Charlemagne: 103
Chavez, Esther: 136
Chavez, Hugo: 134, 247, 328, 339, 340
Cheney, Dick: 307
Chernov, Viktor Mikhaïlovich: 423(note)
Chesterton, Gilbert E: 224, 389
Chirac, Jacques: 10, 23, 109, 110, 152, 201, 251, 257
Chomsky, Noam: 90, 186, 341, 344
Christodoulos: 59
Chua Aym: 380, 381 (note)
Churchill, Winston: 103, 145, 185, 329, 386, 390
Clark, Harry: 182, 363
Clark, Neil: 445 (note)
Clark, Wesley: 305, 306, 356, 446 (note)
Clinton, Bill: 187, 247, 371, 372, 446 (note)
Clinton, Hilary: 358, 372
Cohen, Mickey: 370
Cohn-Bendit, Daniel: 190-197
Coleridge, Samuel Taylor: 96
Collins Piper, Michael: 24
Colomb, Christophe: 472
Conquest, Richard: 144
Constantin (empereur): 477
Cook, Michael (rabbin): 392, 394
Copernic, Nicolas: 239
Corrie, Rachel: 125, 126, 130, 235
Coulter, Ann H.: 202
Cunningham, Michael: 135
Curtis, Mark: 168
Cyrus: 79
Daedalus, Stephen: 206

Dahlan, Muhmmad: 94, 334
Damoclès: 472
Daniel (prophète): 190-197
Dankner, Amnon: 251-254
Darwin, Charles: 399
Daudet, Alphonse: 109-113
David (roi): 90, 212, 220, 223, 297, 298, 304
Davidsson, Elias: 179
De Charles: 12, 113, 134, 154, 251
De Coster, Charles: 450
De Gaulle, Charles: 354
De Haas, Joost: 116-121
Dean, Howard: 358
Della Reina, Joseph: 438
Derrida, Jacques: 132, 252
Dershowitz, Alan: 244, 260, 304, 305
Deutscher, Isaac: 385 (note)
Dieudonné M'bala M'bala: 112, 124 (note)
Dirani, Mustapha « Capitaine George »: 215
Djerzinski, Félix: 184
Domingo, Joh: 473
Don Yehiya, Eliezer: 392
Dorfman, Ariel: 125, 135
Dostoïevski, Fiodor: 36, 462
Douguine, Alexander: 386, 412, 417, 418 (note)
Dreyfus, Alfred: 279
Dror Yamini, Ben: 240
Duisenberg, Gretta: 117
Duke, David: 117, 118, 131
Dylan, Bob: voir Zimmerman, Robert
Dyonisos: 355
Ebadi, Shirin: 134
Eckart, Dietrich: 360, 361
Eco, Umberto: 118, 256
Edelman, Marek: 126, 135
Edom: 185
Edwards, Robert: 234 (note)
Eichmann, Adolf: 232
Einstein, Albert: 347, 399
Eisen, Paul: 326, 327, 447
Eitam, Effi: 95
Eitan, Rafael: 243
Elbaum, Jacob: 371
Eliade, Mircea: 277
Eliot, Thomas Stearns: 224, 389
Elizabeth (sainte): 474
El-Mesk Amrani, Ali Abu: 461
Eltsine, Boris: 182, 249, 332
Enderlin, Charles: 88
Ensler, Eve: 135
Epstein, Simha: 113, 204, 206
Ertürk Yakın: 136
Esther: 212
Evola, Julius: 224, 478
Ezechiel: 66
Ezra: 356
Fainberg, Victor: 136
Falacci, Oriana: 78, 121, 202, 222
Falcone, Pierre: 221 (note)
Fanon, Frantz: 368
Farès Odéh: 147
Farkhi de Saint-Jean d'Acre: 278
Farouk (roi): 57
Fastow, Andrew: 367, 372, 373, 374
Feinstein, Diane: 376
Feith, Douglas: 286
Fernandez, Alejo: 473
Filatoff, Pierre: 258 (note)

Fini, Gianfranco: 195
Finkelstein, Norman: 179, 194, 286
Finkielkraut, Alain: 78, 113, 124
Firdousi: 80
Fischer, Joschka: 47
Flatto-Sharon, Schmuel: 220, 221 (note), 233
Florensky, Pavel: 172
Fomenko (historien): 105
Ford, Henry: 38, 151-152, 177
Forrestol, James: 24
Fortuyn, Pym: 117, 118, 119
Foxman, Abe: 119, 144, 175, 176, 178, 181, 193, 243, 268, 270, 272, 293, 294, 295, 300 (note), 305, 364, 389
Franco, Francisco: 209
François d'Assise (saint): 473, 477
Frank, Elizabeth: 136
Frankel, Martin: 371
Frattini, Franco: 258 (note)
Freud, Sigmund: 346, 399
Friedman, Michel: 181,192
Friedman, Milton: 401
Fry, Stephen: 123
Fuchs, Klaus: 83
Gaïdamak, Arkadi: 221, 331
Gaïdar, Egor : 247
Galilei, Galileo: 239
Gallus, Cestius: 55
Gandhi (voir Zeevi, Rehavam)
Gandhi, Mohandas Karamchand: 472, 476
Garaudy, Roger: 131, 200, 308
Gates, Robert: 170
Genghis Khan: 103, 145, 206, 235
Gengis Khan: 235
Georges (saint): 477
Gershwin, George: 206
Getty, Paul: 381
Gibson, Mel: 364
Giddens, Lord: 136
Ginsberg, Benjamin: 188, 373
Ginzburg, Carlo: 276, 277
Gitlin, Todd: 224
Giuliani, Rudolph: 341
Glogoczowski, Marek: 148, 430, 443, 444 (note)
Glucksman, André: 113, 125, 402
Godard, Jean-Luc: 190
Goethe, Johann Wolfgang: 196
Gökalp, Ziya: 102
Golan, Matti: 338, 394, 395, 461
Golan, Neta: 355
Gold, Harry: 83
Goldhagen, Daniel Jonah: 113
Goldman Sachs: 367
Goldstein, David: 371
Gorbachev, Mikhaïl: 83, 249, 346
Gould, Jay: 369
Gowans, Stephen: 164
Graf, Jürgen: 389
Grama Saadiya: 460
Grathwohl, Marya: 136
Graulich, Irwin N.: 453, 454
Green, Pincus: 371
Greene, Graham: 226
Greenstein, Tony: 326
Grinsberg Benjamin: 381
Gruber, Ruth: 373
Guderian: 444
Guénon, René: 224, 225 (note), 417

Guevara Lynch, Ernesto «Che»: 478
Guillotin, Joseph: 323
Guinzburg, Carlo: 276, 277
Gumilev, Leon: 103
Gusinsky, Vladimir: 331
Ha Cohen, Ran: 460
Ha'ari: 393
Hafiz de Chiraz: 80
Halévy, Ilan: 186-189, 200 (note)
Halutz, Dan (general): 56, 156, 157
Haman: 211-225
Hamelin: 92
Hamilton: 303
Hammet, S. Dashiell: 246
Hansen, Joseph: 154, 277
Harris, "Bomber": 146, 155, 196
Hart, Celia: 347
Havel, Vaclav: 131, 135
Hector: 61
Hegel, Georg: 197
Hélène: 475
Heller, Stanley: 179
Henri IV: 110
Henry, O.: voir Sydney Porter
Hérode, Antipas: 262
Hérodote: 58
Herzl, Theodor: 448
Herzog, Chaïm: 239
Herzog, Wilhelm: 122
Hesse, Hermann: 388
Hirsh (baron): 449
Hirst, David: 179
Hitchcock, Alfred: 246
Hitler, Adolf: 17, 56, 77, 78, 88, 91, 97, 105, 144, 145, 146, 176, 178, 183, 189, 201, 208, 209, 214, 247, 252 (note), 254, 258, 266, 271,309, 315, 346, 359, 360, 361, 426, 427, 430, 448, 475
Ho Chi Minh: 144
Hobbes, Thomas: 173, 402, 422
Hoffman, Michael: 393
Homère: 211
Horowitz, Elliott: 263
Houellebecq, Michel: 211
Howard, Michael: 377
Hrant Dink: 300
Hugues de Lincoln: 277, 278
Hur, Ben Oded: 265
Hussein, Saddam: 26, 28, 56, 209, 446 (note)
Irving, David: 89, 217, 226, 227, 228, 230, 234, 236
Isaac: 221
Isaacs, Rufus: 423
Isabelle la Catholique : 473
Ismael: 185
Jabotinsky, Vladimir: 442
Jacob, François: 402
Jaffe McClain, Ellen: 356 (note)
Jahangir, Asma: 135
Jason : 140-143
Jean Baptiste (saint): 474
Jean Chrysostome (saint): 393
Jeanne d'Arc (sainte): 113, 119, 308, 478
Jean-Paul II: 147
Jérémie (prophète): 25
Jésus (Christ): 13, 40, 54, 65, 82, 84, 88, 107, 111, 119, 122 (note), 148, 149, 173, 174, 183, 185, 207, 209, 220, 235, 258, 262,

263, 264, 265, 266, 268, 272, 306, 313, 317, 330, 346, 358, 359, 364, 368, 400-408, 414, 418-420, 422, 425, 426, 429, 430, 435-438, 443, 450, 451, 455, 457, 458, 464, 473, 475, 476, 477, 478
Jézabel: 391
Johnston, David C.: 287, 288
Jonas: 446
Jones, Mike: 443
José (toreador): 281
Joyce, James: 119, 206, 239
Judas: 265
Judd, Lord: 136
Judt, Tony: 330
K, Ingrid: 196
Kaddafi, Muammar: 131, 249
Kaganovitch, Lazare: 185
Kaganovitch, Rosa: 185
Kalinine, Mikhaïl: 184, 363
Kandic, Natasha: 136
Kant, Emmanuel: 211, 212
Kantor, Maxim: 335
Kara-Murza, Sergueï: 144, 386
Karsli, Jamal: 184
Karsov, Nina: 239
Kasper, Walter (cardinal): 265
Katzarova, Mariana: 126
Katzav, Moshe: 352
Kaufman: 476
Kautsky, Karl: 179
Keister, Lisa: 368, 369
Kemal, Mustafa: voir Atatürk
Kennedy, Baronne de Shaw: 135
Kennedy, John: 24
Kerry, John: 187, 358
Khalidi, Rachid: 219
Khayyam, Omar: 80
Khodorkovsky, Mikhail: 204, 379
Khosroès: 79
Khouri, Emile: 39
Khrouchev, Nikita: 161, 168, 174
Kissinger, Henry: 72, 351, 352 (note)
Konchak Khan: 104
Konrad Loew, Gyorgy: 425
Korman, Nachum: 234
Kostova, Elizabeth: 136
Kostyrchenko, Guenadi: 162, 185
Kouchner, Bernard: 15, 131, 133
Kovalyov, Serguëi: 136
Kozhimov, Vadim: 144
Krauthammer, Charles: 70
Kristol, William: 52
Krugman, Paul: 218, 219, 459
Kudimova, Elena: 136
Kudklow, Larry: 53
Kuneva, Meglena: 136
Kunyaev, Stanislav: 144
Kurtzman, Joey: 300
Kuznetsova, Svetlana: 41-50
L, Stefan: 332
La Rouche, Lyndon: 177, 178, 181
Lahoud, Emile: 75
Lansky, Meyer: 144 , 370
Lanzmann, Claude: 154, 447
Lapin, Daniel : 202
Laval, Pierre: 134
Lavon: 24
Lawrence, Thomas Edward: 456
Lay, Kenneth: 373, 374

Le Corbusier: 225
Le Pen, Jean-Marie: 78, 133, 134
LeClair, John: 241
Ledeen, Michael A.: 52
Lee, Henry Charles: 277
Legree, Simon: 80
Leitman, Michael: 395
Lemkin, Raphael: 297, 341
Lénine: 120, 161, 168, 172, 174, 179, 180, 182, 240, 336, 423
Leon, Abraham: 179, 180, 241
Lerman, Eran: 85
Lerner, Michael: 177, 374
Leviev, Lev: 223 (note)
Levinas, Emmanuel: 222
Levine, Dennis: 370
Levine, Hanoch: 178
Lévy, Bernard-Henri: 113, 124, 131, 135
Levy, Gideon: 148
Lévy, Marc: 203
Levy, Michael: 407
Lewinsky, Monica: 91,187
Lewy, Guenter: 228
Ley, Robert: 426
Lillhammer: 24
Limonov, Edward: 103
Lindbergh, Charles: 308, 309
Lindemann, Albert: 199 (note), 361 (note)
Lindh, Anna: 24
Lipstadt, Deborah: 305, 359
Litvinenko, Alexandre: 121, 126, 246
Litvinenko, Marina: 126, 136
Livingstone, Ken: 328
Livni, Tzippi: 130, 247
Loewenstein, Jennifer: 194
London, Jack: 73
Lounatcharski (Karol Sobelshon) : 363
Lubawischer Rebbe: 233
Lucifer (Satan): 400, 450, 453
Lughud, Abu: 271
Lukaschenko, Alexander: 83, 321
Luskin, Donald: 218
Luther King, Martin: 178, 478
Luxembourg, Rosa: 422
M'bala M'bala, Dieudonné: 111, 126
Maathai, Wangari: 135
Macbeth, Lady: 281
Madison: 321
Maguire, Mairead: 125, 131
Maharal de Prague: 392
Mahathir, Mohammad: 23, 116, 201-204, 218, 250, 257 (note), 303, 362
Mahler, Horst: 427
Maïmonide: 12, 235, 236
Malcolm X: 478
Malenkov: 161
Malkin, Michelle: 202
Mamet, David: 362
Mao Ze Dong: 144, 475
Marcion: 387, 419, 426, 430
Mardochée : 214
Margareta (reine): 119
Marie (Vierge): 111 (note), 149, 172, 262, 263, 355, 415, 421, 425, 432, 474
Mark Rigg, Bryan: 360
Mars-Jones, Adam: 266
Marti, José: 347
Martillo (Joachim): 298, 301 (note), 404-407

Marx, Karl: 167, 172, 179, 180, 197, 199 (note), 207, 241, 311, 347, 359, 364, 367, 422, 423, 424, 430
Marzel, Baruch: 404
Maurois, André : voir Herzog, Wilhelm
Maxwell, Robert: 342
Maya: 415
McCarthy, Justin: 300 (note)
McCormick, Carolina: 136
McDonald, Kevin: 381
McGowan, Dan: 326
McMillan: 209
Meacher, Baronne: 136
Mearsheimer, John: 81, 91, 118, 303, 327
Mehta, Ardeshir: 473
Meir, Asher: 236, 260
Meir, Gideon: 264, 265
Meir, Golda: 163, 356
Melchisédech: 409
Memmi, Albert: 253
Men, Alexander: 355
Menchú Tum, Rigoberta: 135
Merkel, Angela: 83, 87, 132, 289
Meshaal, Khaled: 248
Metzger: 399
Michel (Saint): 470-478
Milch: 360
Milken, Michael: 367, 370, 371
Milosevic, Slovodan: 83, 445 (note)
Mishima, Yukio: 478
Mistral, Frédéric: 108
Miterrand, Christophe: 221 (note)
Moellemann, Juergen: 193, 196
Mofaz, Shaul: 77
Moffa, Claudio: 275
Mohamed (prophète): 88, 223
Moïse: 392
Molotov, Viacheslav: 145, 146, 163
Mondrowitz, Avrohom: 231
Morel, Solomon: 232
Morris, Benny: 270, 271, 370, 404, 448, 449
Motti (Mordecai Hod): 43-44
Moubarak, Hosni: 95
Moyne, Lord (Walter Guiness): 38
Mugabe, Robert: 16
Mullins, Eustace: 307
Multatuli (Max Havelar): 302
Mussolini, Benito: 178, 224 (note)
Nabokov, Vladimir: 119
Nashashbibi, Mustafa: 41-50
Nasrallah, Hassan: 52, 58, 62, 63, 76
Nasser, Gamal Abdel: 209
Navasky, Victor: 136
Nazgul: 61
Near, Holly: 136
Nerval, Gérard de: 78, 79
Netanyahu, Benjamin: 122, 155, 156
Neumann, Michael: 27, 179, 327, 363, 389, 404, 472
Neven DuMont, Alfred: 289
Nevski, Alexandre (saint): 104, 478
Nevzlin, Leonid: 127, 233
Newman, Paul: 275
Nicolas II (Tsar): 104
Nicolette: 108
Nietzsche, Friedreich: 148, 224 (note), 473
Niké : 474
Nivat, Anne: 136
Nixon, Richard: 24

Nizami, Agus: 30
Noriega, Manuel: 83
Nuri Pacha, Osman: 104
Nuriel, Yehuda: 253
Ochoa, Arnaldo: 346
Ockham: 298
Odeh, Farès: 148
Olmert, Ehud: 31, 37, 62, 67, 71, 72, 95, 96
Ophir, Adi: 472
Orsoni, Pierre-Alexandre: 113
Orwell, George: 70, 270
Owen Owens: 478
Palme, Olof: 377
Pamuk, Orhan: 222
Panarine, Alexander: 316, 385
Panitza, John D.: 136
Paul (saint): 79, 183, 189, 355, 364, 415, 423, 430, 437, 438, 454
Paul, Ron: 336
Pearl, Daniel: 126
Pearl, Mariane: 126, 135
Pelevine, Victor: 134, 343, 401
Peres, Shimon: 37
Perle, Richard: 191, 411, 446 (note)
Perry, Nigel: 39
Persée : 139-143
Persson, Göran: 377
Pétain, Philippe: 134
Petras, James: 286, 92, 311
Philippe (évêque d'Antioche): 60
Philippe Égalité: 181
Pierce, William: 370, 374
Pierre (saint): 437, 438
Pierre, Abbé: 308
Pilate, Ponce: 113
Pinochet, Augusto: 125
Pinter, Harold: 125, 131, 135, 330
Pipes, Daniel: 212 (note)
Platon: 346
Plutarque: 61
Poincaré, Raymond : 96
Pol Pot: 144
Politovskaïa, Anna: 126-130, 246
Polycrate: 58, 59
Pompée: 55
Popper, Carl: 241, 402
Porat, Dina: 232
Posada Carriles, Luis: 176 (note)
Poumier, Maria: 200 (note), 207, 347
Poutine, Vladimir: 91, 126, 127, 128, 130, 131, 134, 135, 246-249, 282, 289, 329, 330, 332, 342, 347
Powell, Colin: 376, 377 (note)
Prejean, Helen: 135
Primor, Adara: 17
Proudhon, Pierre Joseph: 423
Pryce-Jones, David: 202
Qumsiyeh, Mazin: 179, 182
Rabin, Yitzhak: 43, 42, 45
Rachelevsky, Seffi: 393-395
Radichev: 302
Rambam: 86, 385, 437
Rance, Ronald: 238-245, 326
Rand, Ayn: (née Alissa Zinovnieva Rosenbaum): 218, 447
Rastow-Weingarten, Lea: 372, 373
Rea, Lord: 136
Reagan, Ronald: 182,123, 339
Redeker, Robert: 223
Redgrave, Vanessa: 125, 135
Reed, Douglas: 386

Rehn, Elisabeth: 135
Reich, Wilhelm: 119
Reik, Miriam: 136
Reza Shah, Mohammad: 79
Ribbentrop, Joachim von: 145, 146
Rice, Condolezza: 378, 384
Rich, Marc: 367, 371, 372
Richardson (boxeur): 286-287
Rigg, Bryan Mark: 364
Rivera (boxeur): 73
Rizzo, Mary: 328
Robert Bryce; 33 (note), 369
Robespierre, Maximilien: 201
Rockaway: 370 (note)
Rockefeller, John D.: 282
Rogge, Bernhardt: 360
Rogger, Higinio, Monsignor: 260, 261
Roland : 447
Roosevelt, Franklin D: 299
Ropschitz, Manfred: 306, 307
Rosenberg, Alfred: 427, 428
Rosenberg, Ethel: 83
Rosenberg, Julius: 83
Rosenberg, Max: 358
Rothschild, Edouard de: 340
Roumi, Jalaleddin: 84
Roy, Arundati: 249
Rudolf, Germar: 89
Rushdie, Salman: 121, 122, 272
Russell, Bertrand: 423, 476
Ryan (soldat): 138, 155
Sa'adi de Chiraz: 84
Sacca, Anwar: 36
Sack, John: 232
Safire, William: 136
Said, Edward: 206, 271
Saint-Exupéry, Antoine de: 57
Saladin: 64
Salameh, Hassan: 38
Sala-Molins, Louis: 125 (note)
Samson: 26
Sarandon, Susan: 135
Sarkösy, Nicolas: 11, 12, 14, 15, 16, 17, 133, 134, 223, 224
Sartak Khan: 104
Sassoon, Vidal: 202
Satanovsky, Yevgeni: 84
Savino, Domenico: 264, 265
Schell, Jonathan: 136
Schemla, Elizabeth: 19, 221 (note)
Schickelgruber: voir Hitler
Schiff, Jacob: 373
Schiller, Friedrich: 58
Schindler, Oscar: 266
Schmitt, Carl: 131, 173, 311, 312, 313, 314, 316
Schneidman (voir Sharon, Ariel)
Scofield: 321 (note), 454
Seligman, Joseph: 241, 369
Serge (saint): 478
Shahak, Israel: 393, 189, 428
Shakespeare, William: 73
Shalit, Gilad: 34
Shalom, Samuel: 284
Shamir, Israel Adam (dit Samir, Irmas, Mirosami, Smirnov, Jersma): 15, 39, 121, 122, 177 (note), 182, 188, 198 (note), 199 (note), 200 (note), 204, 206, 208 (note), 211 (note), 238-243, 269 (note), 307, 364, 466 (note)
Shammas, Rahma Abu: 156

Sharansky, Nathan : 449
Sharon, Ariel : 21, 23, 31, 109, 117, 122, 131, 154, 157, 191, 156, 195, 209, 233, 373, 447, 449, 451, 460
Sharon, Gilad : 291
Shasha, David : 194, 254
Shavit, Ari : 71
Shusha, Hilmi : 234
Shylock : 73
Siegel, Marty : 370
Simon de Trente (saint) : 257-270
Simonov, Alexei : 135 (note)
Sitta, Abu : 24
Sixte IV (pape) : 258
Skandrani, Ginette : 476
Slovo, Gillian : 135
Smith, Winston : 270
Sniegoski, Stephan : 185, 182
Soffer, Arnon : 155, 156
Solarz, Stephen : 446 (note)
Soros, George : 395, 402, 405, 407, 442, 444, 445-446 (note)
Spencer, Robert : 202
Spengler, Frank : 199, 200
Spielberg, Stephen : 247
Spinoza, Baruch : 119, 121, 180
Spritzler, John : 439
Staline : 56, 83, 90, 97, 144, 145, 160, 161, 163, 168, 169, 171, 174, 184, 185, 209, 216, 315, 336, 347, 423, 425
Steele, Jonathan : 39
Stein, Edith : 355
Steinem, Gloria : 135
Steinhardt, Michael : 370
Steinzaltz, Adin : 235
Stern, Kalmen : 371
Strauss, Leo : 237
Stuart Mill, John : 321
Sulzberger, Arthur Jr. : 181, 381, 395
Sweeney, John : 136
Sydney Porter, William : 366
Tal, Uriel : 235
Talens, Manuel : 206-210
Tchernoy, Mikahïl : 379
Tertullien : 474
Thérèse d'Avila (sainte) : 355
Thion, Serge : 279, 476
Thomas, Mark : 322
Thoreau, Henry David : 302
Tischler, Siegfried : 389
Tlass, Mustafa : 279
Toaff, Ariel : 256-273
Tocqueville, Alexis de : 321
Tocser, Olivier : 124
Tolstoï, Léon : 435
Torquemada, Thomas de : 183
Toynbee, Arnhold : 386
Treanor, Paul : 150
Trotski, Léon : 122, 166, 178, 179, 10, 184, 347, 359, 423
Tucker, Robert C. : 423 (note)
Tutu, Desmond : 124, 131, 135
Twain, Mark : 302
Tyson, Mike, 73
Ugresic, Dubravka : 136
Ulysse : 211, 212
Usupov (prince) : 104
Vaksberg, Arkady : 184

Valentinov, Nikolai : 423 (note)
Van Agt, Dries : 117
Van Creveld, Martin : 192
Van Zaichik : 104
Vanden Heuvel, Katrina : 136
Vanunu, Mordechai : 171, 24, 125
Varela, Pedro : 206, 209
Véronique (sainte) : 147
Victoria (reine) : 232
Volkogonov, Dmitri : 182
Voltaire : 12, 201, 272
Von Hayek, Friedrich August : 402, 443
Von Trott, Adam : 266
Vorochilov, Kliment : 160
Vuchetich, Eugène : 149, 150
Waite, Terry : 135
Walendy, Udo : 217
Walkyries : 474
Wallenberg, Raul : 128, 129, 154
Wallerstein, Immanuel : 378
Walt, Stephen : 81, 91, 118, 303, 327
Washington, George : 129, 201
Webb, Sidney : 423
Weber, Max : 316
Webster, Martin : 377
Weil, Simone : 36, 54, 150, 241, 343, 354, 355, 364, 397, 410, 413, 419, 423, 424, 426, 432
Weininger, Otto : 360, 361, 363
Weinstein, Nat : 175-182, 243, 244
Weir, Alison : 182
Weiss, Philip : 330
Weiss, Sholam : 371
Weisz, Johan : 199-206
Weitzman, Chaim : 100
Wellington : 126
Wellstone, Paul : 377
Wertheim, Peter : 203
Wheeler, William Morton : 398
White, Aidan : 136
Wiberg, Helmut : 360
Wiesel, Elie : 145, 229, 279, 404
Wilhelmson, Lasse : 308, 394
Williams of Crosby, Baronne : 136
Wilson, Woodrow : 180
Wodehouse, P. G. : 123 ,
Wolfowitz, Paul : 177, 191, 286, 446 (note)
Woods, Alan : 160-163, 166, 169, 172
Woolsey, James : 383, 384
Yankelevich, Tatiana : 135
Yassine (sheikh) : 38
Yeoda, Uriel : 259 (note)
Yeshai, Eli : 155
Yeshay, Eli : 155, 156
Yglesias, Matthew : 305
Yuval, Israël : 262
Zach, Nathan : 392
Zacharie : 391
Zacuto, Abraham : 283
Zakut, Walid : 117
Zarathoustra : 473
Zarza, Samuel Ibn : 283, 284
Zeevi, Rehavam : 46
Zemecki, Robert : 246
Zevi Sabattai : 357
Zimmerman, Robert : 388
Zimmerman, Warren : 445 (note)
Zucca, André : 12
Zuckerman, Morton : 243, 381
Zukertort, Johannes : 360
Zündel, Ernst : 227

Imprimé en Union Europénne